U0085704

大 雅 叢 刊

瑞士新國際私法之研究

劉鐵錚等著／三民書局印行

國立中央圖書館出版品預行編目資料

瑞士新國際私法之研究/劉鐵錚等著.
--初版.--臺北市：三民，民80
面； 公分. --(大雅叢刊)
ISBN 957-14-1818-8 （平裝）

1.國際私法—瑞士
579.9 80003503

瑞士新國際私法之研究

© 著　　者　劉鐵錚　陳榮傳　魏杏芳　謝說容　楊富強　莊金昌　何君豪　黃怡騰

發　行　人　劉振強

出　版　者　三民書局股份有限公司

印　刷　所　三民書局股份有限公司

地址／臺北市重慶南路一段六十一號

郵撥／〇〇〇九九九八一五號

初　版　中華民國八十年十月

編　號　S 57081

基本定價　拾　元

行政院新聞局登記證局版臺業字第〇二〇〇號

ISBN 957-14-1818-8 （平裝）

瑞士一九八九年新國際私法評介
——代　序

　　瑞士 (Switzerland)，一個複數語言的中歐國家，一個重要的國際政治與經濟中心，同時其人口百分之十五為外國人，自是特別需要一個完善的國際私法規範。惟在西元一九八九年前，其國際私法卻是支離破碎，而由一個一八九一年制定的法律，與經過不斷之修正以及判例法、郡法規組合而成。

　　一九八七年十二月十八日，瑞士國會通過了一個完整的聯邦瑞士國際私法法典，而支持對該法律作公民複決所必要的期限已經經過，瑞士政府已明令一九八九年一月一日為該法施行日期。

　　瑞士國際私法法典制定的程序，始於一九七三年，由法務部部長聘請費雪教授 (Frank Vischer) 組成一特別委員會而開始。該委員會下分六個小組，由瑞士知名的國際私法學者專家所組成。五年後該委員會提出了第一次草案，歷經多次公開深入的討論，應邀參加者，包括瑞士國內外國際私法學者、瑞士之政治團體、職業團體，以及郡政府。最後產生了第二次草案，經由政府以立法案的方式，於一九八二年向聯邦國會提出，再經過漫長詳細的討論，國會兩院終於於一九八七年十二月十八日通過了該草案，已見前述。

　　依照瑞士法律，所有聯邦法律，應以三種官方語文公布，即法文、德文、義大利文。筆者等所翻譯之瑞士國際私法中文譯文，係根據美國路易斯安拿州立大學法律中心 (The Louisiana State University

Law Center) 在 Symeon Symeonides 教授領導下，根據法文、德文所迻譯而成之英文譯文。

瑞士新國際私法計分十三章，可分為總則及分則二部分。其第一章為總則，規定有關管轄、準據法及外國判決等基本原則性之規定；其餘各章，則為分則部分，大體而言，亦仿總則之體例，包含對不同法律關係之管轄、準據法及外國判決之規定。詳言之，第二至第九章，係規定民法典及債務法所生國際私法之問題；即第二章關於自然人、第三章婚姻、第四章子女、第五章未成年人之保護及監護、第六章繼承、第七章物權、第八章智慧財產權、第九章債、第十章公司、第十一章破產及和解、第十二章國際仲裁、第十三章最後條款。

就總則部分而言，其條文可區別為三類：其一、係對各種連接因素之定義規定，以及限制本法適用之一些程序規則（參考第十至十二條、第十六條、第二十至二十四條、第二十八至三十二條）；其二、即在相關各論中若無不同特別規定時，若干剩餘條款或推論之適用（參考第二條、第五條一項三項、第六條、第八條、第十三至十四條、第二十五至二十六條）；其三、則為若干帝王條款之適用，即不論本法任何地方有相反之規定，均應適用之情形（參考第一條二項、第三條、第四條、第五條二項、三項、第七條、第十五條、第十七至第十九條、第二十七條）。因此，在適用瑞士國際私法，對多數問題為解決時，其步驟有三：即先檢視，就應解決之問題，各論中有無應適用之條款，倘答案是肯定的，自應加以適用，若答案是否定的，則即應適用剩餘條款或推論之規定；其次，必須注意解決涉外法律關係之方法，是否因適用帝王條款之原因，而受排斥不用；最後，在前述解決問題之過程中，應注意適時適用有關之連接因素及程序規則，俾有效妥當解決繫屬之法律案件。

瑞士新國際私法都二百條，無疑地，乃當世各國國際私法制定法

中，最為詳盡之法典，就條文數目言，雖略遜於南美洲之布氏法典 (Bustamante Code)，惟法典之內容而非條文之數量，乃瑞士國際私法力量之所繫。其為歐洲第一個打破傳統區別程序與實體之法律，而將彼此關係密切之管轄權、準據法及外國判決之承認與執行鎔於一爐之法典。本法有關準據法之立法技術規定，也滙集了大陸法系制定法之精神及瑞士特有之準確性，並吸收了大西洋兩岸國際私法學科最進步之學術理論。

瑞士新國際私法固保留了傳統大陸法系之剛性規則，但也採納了美國彈性選法之精神。此種作法或可顯示，如立法時能謹慎深思，制定法也非不可如普通法，成為促進法律隨時進步之工具而非障礙。在修正或制定新法律時，保留適當之平衡性、確定性、預見性與公平性及適應性，當然是可能的，但也絕非簡易之工作。

吾人除拭目以待瑞士新國際私法施行後之實際效果外，理應也從學術觀點，作分析研討。爰邀集國立政治大學法律研究所博士班同學黃怡騰、謝說容、莊金昌、陳榮傳、何君豪、楊富強及魏杏芳共同迻譯其國際私法條文，並為釋義及註解，以供作進一步比較研究時之初步參攷。

書末附錄中所附中外等十餘國國際私法法典，其中部分資料係煩請陳榮傳、賴來焜二位學棣，代為搜集、整理或迻譯而成，極富參攷研究之價值，特此致謝。

劉鐵錚　謹識

瑞士新國際私法之研究

目　　次

第一章 通 則 （劉鐵錚）

第一節 適用之範圍

第一條

1.本法就國際關係事項，規範下列問題：

(a) 瑞士司法或行政機關之管轄權；

(b) 準據法；

(c) 外國判決之承認與執行之條件；

(d) 仲裁。

2.國際條約不受本法之影響。

釋義：

瑞士國際私法第一章共分五節，分別就本法適用之範圍、管轄權、準據法、住所、本據及國籍、以及外國法院判決之承認與執行，加以規定。其第一節為本法適用範圍之規定，僅有一條，惟其適用事項，較一般國家國際私法通常只規定準據法或準據法與管轄權者為廣❶，尚涵蓋外國法院判決之承認與執行（第一章第五節）、破產與和解（第十一章）

---

❶ 例如我國涉外民事法律適用法、一九六五年波蘭國際私法、一九七四年阿根廷國際私法、一九七五年東德國際私法、一九七八年奧地利國際私法、一九七九年匈牙利國際私法、一九八二年南斯拉夫國際私法、一九八六年西德國際私法、一九八七年修正之日本國際私法等是；惟一九八二年土耳其國際私法及一九八四年之秘魯國際私法（民法典第二〇四六條～二一一一條），則包含管轄權、準據法以及外國法院判決及仲裁之承認與執行等問題。

以及仲裁（第十二章）。

上述適用之範圍，均係以國際關係事項爲適用之前提。何謂國際關係事項，本法未作特別說明，參照本法規定之內容及國際私法之學理，國際關係事項，自係指涉外法律關係，申言之，即以含有涉外因素——涉及外國人或外國地之法律關係或法律事項爲訴訟或非訴事件對象時，方有本法之適用。

第二項所謂國際條約不受本法之影響，自係指有關瑞士參加之多邊或雙邊具有國際私法性質之條約，於具備應適用該條約之要件時，條約有優先適用之效力之規定。

第二節　管　轄

Ⅰ．一般規定

第二條

除本法有特別規定外，被告住所地之瑞士司法或行政機關有管轄權。

釋義:

國際私法之案件雖如何複雜繁夥，而歸納之不外二端：一爲法域之管轄；一爲法律之適用。蓋同一法律關係各國法律規定旣不相同，則遇有含涉外成分之法律關係，究應適用何國民商法律，固一問題；而何國法院有其管轄權，尤爲先決問題。瑞士國際私法通則中第二節即爲管轄權之規定，第三節則爲準據法之規定。國際私法上之管轄權，係指對某涉外案件究竟何國法院有其管轄權，與一國民事訴訟法上所規定，就某案件歸內國何地方法院管轄，所謂土地管轄者不同；與依事件之種類或訴訟標的之價額高低而定之管轄，即所謂事務管轄者亦異。國際私法上之管轄權，可稱之爲一般的管轄權，或國際的管轄權，而國內民事訴訟

法上之管轄權，則稱爲特別的管轄權或國內的管轄權。惟瑞士國際私法通則及分則中所規定之管轄，極爲詳盡，就國際關係事項，有取代瑞士聯邦及各邦有關土地管轄之效果❷。

鑒於瑞士即將加入歐洲經濟共同體（EEC）有關民商事件之管轄權及判決之執行公約❸，故瑞士國際私法在民商事件管轄權之規定上，與前述公約，大致相同。

第二條即爲管轄之原則性規定，卽除本法有特別規定外，被告之住所地法院有管轄權。此處所謂之管轄，係指瑞士法院之管轄。所謂本法之特別規定，例如第九十七條有關不動產物權之專屬管轄、第一百一十二條至第一百一十五條有關契約較爲寬鬆之管轄等是。此處應必須指明者，瑞士採取英、美法系之方法，而非德國之方法，卽對內國之管轄與外國判決承認之管轄，並不當然採取相同的管轄規則❹，此外，也值得一提的，是其也無條款規定，瑞士法院得基於不便利法庭之理由，拒絕

---

❷ 參見 McCaffrey, "The Swiss Draft Conflicts Law", 28 A. J. C. L. 241(1980)。

❸ 本公約係於一九六八年簽訂，都六十八條，對歐洲共同市場法院管轄權及判決之承認與執行，規定甚爲詳盡。惟依公約第一條規定，對下列案件不適用之，此卽一、有關身分、行爲能力、自然人之法定代表、夫妻財產制、遺囑及繼承；二、破產、無力償付及其他類似程序；三、社會安全；四、仲裁。請參閱廖建臺著：「外國法院民商判決之承認與執行」（政大碩士論文，民國六十七年）；陳隆修著：「國際私法管轄權評論」（民國七十五年）。

❹ 請比較本法第三條及第二十六條。關於西德之規定，參閱 Martigny, "Recognition and Enforcement of Foreign Money Judgments in the Federal Republic of Germany", 35 A. J. C. L. 721 (1987); 關於英美法系之制度,參閱 Briggs, "Which Foreign Judgments Should We Recognise Today?" 36 I. C. L.Q. 240(1987).

管轄❺。

II. 必要之管轄

第三條

　　當本法未提供瑞士法院管轄及訴訟在他國進行爲不可能或不可能合理地進行時，就與訴因有充分牽連地之瑞士司法或行政機關有管轄權。

釋義:

　　第三條以下，則爲總則中有關住所地管轄之一些例外規定。特別應予重視者，則爲本條之規定，其固有擴大或補充瑞士管轄規定不足之效果，惟實際則在解決於某些特殊情況下，原告在瑞士苦訴無門之困境。法院行使本條之管轄權時，必須符合下述條件：一、在瑞士無其他管轄法院；二、訴訟在他國進行爲不可能或不可能合理地進行；三、考慮所有因素，特別是訴因與瑞士具有充分牽連關係。拒絕管轄爲不公平時，方得由與訴因有充分牽連地之瑞士司法或行政機關行使其管轄權。由於訴因必須與法院地具有充分牽連關係，其管轄權之基礎爲合理，其判決當不致在外國不受承認與執行。本條在管轄上所扮演之角色，實與第十五條在準據上所扮演之角色相同，均爲匡正法條剛性之規定，而以較富

---

❺　所謂不便利法庭原則（Doctrine of Forum Non Conveniens），係指受訴法院對某案件雖有國際管轄權，但若自認爲是一極不便利之法庭，案件由其他有管轄權法域管轄，更符合當事人及大衆利益的話，則在不便利法庭原則之下，即得拒絕管轄。鑒於國際裁判管轄權各國有擴張行使基礎之趨勢，及爲避免國際管轄權行使之衝突，不便利法庭原則如運用妥當，實可作爲一國法院在對管轄權行使上做明智決定之工具。關於本問題請參閱王志文著：「國際私法上不便利法庭原則之發展及應用」，華岡法粹第十八期第一頁（民國七十六年）；Juenger, Forum Shopping, Domestic & International, 63 Tulane L. R. 553(1989)。

彈性之作法補充之。

Ⅲ. 扣押之有效性

第四條

　　當本法未提供在瑞士之其他管轄法院時，使扣押有效之訴訟得在扣
　　押地之瑞士法院提起。

釋義:

　　此一管轄權行使之基礎為被告之財產所在地。惟以被告有財產在某
國，某國法院遂主張對被告有對人的管轄權，該財產既不需先予扣押，
始取得管轄權，而原告所可獲得之請求額，也不受該財產數額之限制，
此種規定為大陸法系國家之通例，例如德國一八七七年民事訴訟法第二
十三條、奧國一八九五年之法律，日本及我國之法律皆然。由於在訴訟
與地方財產間缺少程序上之連繫，其管轄權行使之基礎，即有問題，故
此種規定極可能為外國法院認為違反法律正當程序、正義、或公共政
策，因此其以此為管轄權行使之基礎所作成之判決，即難為外國法院所
承認與執行。美國聯邦最高法院在 Pennoyes v. Neff 乙案之立場，即
為最佳之說明❻。

　　惟瑞士國際私法所以仍採用之，蓋認為在許多情形下，其提供了瑞
士債權人之保障，完全不採為不智。依第四條之規定，瑞士法院行使本
條之管轄時，必須符合下述要件，一、在瑞士無其他有管轄權之法院存

---

❻　95 U. S. 714 (1878)，該判例大要如下：在加州 (California) 有住所
　　之債務人，在奧州 (Oregon) 有不動產，其債權人在奧州法院起訴，惟
　　事先未先申請查封該財產，該財產所在地法院以公示送達方式通知被告，
　　被告缺席，法院遂判決原告勝訴，將該不動產以拍賣方式執行。原債務人
　　起訴請求返還不動產。最後聯邦最高法院判決：奧州法院無對人管轄權，
　　故其判決以及以其為基礎之拍賣皆歸無效，該財產返還原所有人。

在。換言之，財產所在地法院管轄，並非獨立之管轄規定，而僅具有補充之性質，即若對被告在瑞士有其他管轄法院時，此一財產所在地法院管轄便不存在；二、必須先對該財產為扣押，即原告須依本法第十條之規定，聲請法院扣押該財產。此外應予一提者，因行使本條管轄權所作成之判決，其效力僅及於該扣押之財產，而不及於被告未扣押之其他財產，以示限制，並增強本條合理性之基礎。

另外，可附帶一提者，即歐洲經濟共同體有關民商事件之管轄權及判決之執行公約，雖也採取了財產所在地法院管轄之規定，惟其適用僅限於對在歐洲經濟共同體無住所之人，而不得適用於對在歐洲經濟共同體有住所之人❼。

Ⅳ. 合意管轄

第五條

1. 關於財產案件，當事人得就由一定法律關係而生之現在或未來之爭端，合意定管轄法院。此一合意得經由書面、電報、電傳、影印或任何其他傳播媒體，藉其內容足以證明該合意而成立。除有相反約定外，此合意管轄為排他的。

2. 合意管轄為無效，如因其濫用致剝奪一造依瑞士法所提供之法院保障時。

3. 合意管轄之法院不得拒絕管轄

   (a) 如一造在合意管轄法院地之郡有住所或習慣居所或營業地。

   (d) 如解決爭端之準據法依本法為瑞士法時。

釋義：

---

❼　參見該公約第三條。

當事人於訂立契約時協議：就當事人間所生一切爭議，應由某法域法院管轄，而不得在其他有管轄權之法院提起。上述條款是否為其他法域所尊重，換言之，該其他法域之法院，是否對一造當事人違背該條款所提起之訴訟，拒絕審理。

合意管轄法院，也可稱之為外國法院管轄條款，至少應視為當事人有效的接受該法域之管轄。因此，就該當事人間爭執，由當事人協議之法院所為之判決，縱該法院原無管轄權，也不應被其他法域以為裁判之法院，對被告無管轄權作藉口，拒絕承認與執行。此外，當事人一造違背該條款時，雖也可發生損害賠償之訴因，惟無論如何，合意管轄條款之主要目的，乃在限制當事人間之訴訟，僅得於其合意之法域提起，因此，就實際言，除非其他管轄法域之法院對違背該條款所提起之訴訟拒絕審理，否則，外國法院管轄條款，將無實益。

合意管轄條款，得就現在爭議或未來爭議而締結。一般而言，前者之情形，當事人既係為現在之爭執協議管轄法院，少再有違背協議，另行在其他法院起訴；縱使違背，其他法院也都會拒絕審理。至後一種情形，雖意見分歧，惟持平而論，在無充分證據顯示有不公平之情形下，為訴訟之便利及公平，實無正當理由不承認合意管轄之效力。

所謂由一定法律關係而生之訴訟者，指由一定權力義務之關係所生之訴訟而言。合意之標的，必須以由一定法律關係而生之訴訟為限者。蓋法律為保護被告關於管轄之利益，不欲當事人任意擴充其合意之範圍也。至所謂一定法律關係，雖以非屬客觀的不定或廣泛之一般的法律關係為必要，然亦並不限於唯一之法律關係。故不問其為一項或數項均可，且不問其為現在之法律關係或將來之法律關係，與夫訴訟標的之種類如何，惟限於財產案件，均得為之。惟若當事人泛就其間一切訴訟或不定之法律關係所生之訴訟，為合意而變更其管轄者，則其合意不生效

力。此外，應予一提者，須所定者爲第一審法院。至上訴審法院之管轄及其他職務管轄，爲防審級之紊亂與秩序之破壞起見，則不許當事人以合意變更之。及須非專屬管轄之訴訟，此爲公益大於私益之結果，惟當事人就數專屬管轄之法院中，而爲合意之管轄者，自非法所不許。

　　一般而言，外國法院管轄條款在美國之效力，頗不確定。在多數實例中，美國之州法院對違背該條款所提起之訴訟，仍予審理。在另一方面，不少最近聯邦法院之判決，則認定其爲公平合理之條款，而予以執行，拒絕審理違反合意管轄條款所提起之訴訟❽。

　　持平而論，在無充分證據顯示有不公平之情形下，今日實已無正當理由，以拒絕承認外國法院管轄條款之效力。茲臚陳淺見於下：

　　一、各國國際私法，對契約案件（有些國家不限於契約案件，如瑞士）多承認當事人有選法自由 —— 即所謂當事人意思自治原則。外國法院管轄條款係對選法自由之當然補充，蓋保證當事人合意選擇之法律，得以正確地適用，以解決當事人私權之糾紛，其最佳方法厥爲由該法域之法院管轄。

　　二、就訴訟便利及公平言，當事人似也應享有事先選擇法庭之權利，以保證未來爭執應在雙方公認之適當法域提起；原告通常有多數選擇法庭之機會，被告則無，鑒之於被告應受最大保護之原則，以及避免原告濫擇法庭之弊端，承認當事人間合意選擇法庭條款爲有效，對雙方當事人言，似更符合公平、便利之旨；況當事人對訴訟法院既有合意，則對該法院應適用之準據法及程序法，應推定有所知悉，此對雙方言，自屬公平；抑有進者，應適用之法律，既可預知，自也易達成和解，避

---

❽　參閱 W. H. Muller & Co. v. Swedish American Line, Ltd. 224 F. 2d 806Id Cir. 1955); Cerro De Pasco Copper Corp. v. Knut Knutsen, O. A. S., 187 F2d 990 (2d Cir. 1951)。

免訴訟。

三、原始厭惡外國法院管轄條款理由之一，厭惡仲裁條款，今已不存在。現在大多數法域均已承認仲裁條款之效力。咸認仲裁制度為解決私權紛爭之良好方法。

四、由於各國法律對國際管轄權行使之基礎，有擴張適用之趨勢，對同一案件，往往數國法院都有管轄權，承認外國法院管轄條款，對於管轄權之實際衝突，防止管轄權之競合，實大有裨益。

本條第一項所規定者為合意管轄之成立要件。實質要件為，限於財產案件及由一定法律關係而生之現在或未來之爭端。其釋義已見前述。其形式要件，雖不限於書面，但必須透過傳播媒體，藉其內容足以證明該合意，始足當之，似有意排除單純口頭協議。此合意管轄，原則上為排他的，即有使特定有管轄權法院之管轄權消滅及特定無管轄權法院，就特定事件，有管轄權之效力。本條第二項則為合意管轄無效之概括規定，以防止當事人因濫用合意管轄之規定，而剝奪原告原可利用之瑞士法院。按合意管轄如有無效原因存在時，如一方係以脅迫、詐欺方法取得合意，該合意之法院自不受其拘束，也不因此而取得管轄權，惟合意管轄原有排他的合意及競合的合意，在後者之情形，合意管轄之法院如有正當理由時，原非不得拒絕管轄，如認其非一便利之法庭是，但有下列情形之一時，有管轄權之瑞士法院則不得拒絕管轄，此即一、一造在合意管轄法院地之郡有住所或習慣居所或營業所；二、解決爭端之準據法依本法為瑞士法時。

V. 默示合意

第六條

關於財產案件，被告不抗辯法院無管轄權而為本案之言詞辯論者，

以其法院為有管轄權之法院，但在第五條第三項許可範圍下，法院拒絕管轄者，不在此限。

釋義:

本條所規定者為默示合意管轄，即擬制的合意管轄，謂被告不抗辯法院無管轄權而為本案之言詞辯論，即以其法院為有管轄權法院。故擬制的合意管轄並非當事人雙方有定管轄之合意，不過以由被告所為之某種行為，法律視其有管轄之合意而已，是以此項管轄，學者又稱之為應訴管轄。原告向無管轄權之法院起訴，被告不抗辯無管轄權，而為本案之言詞辯論者，雖不能謂其有定該法院為管轄法院之默示承認，但於已為本案之言詞辯論後，仍許其提出管轄錯誤之抗辯，則又易生無益之程序，而有延滯訴訟之虞，此擬制的合意管轄之所由設也。然茲所謂本案言詞辯論，指關於訴訟標的之辯論而言。又所定者須為第一審法院，須非專屬管轄之訴訟，自不待言。

至但書之規定，則在排除合意管轄。依第五條二、三項之規定，須具備一、合意管轄有濫用而無效之情形；二、合意管轄之法院非一造之住所或習慣居所或營業地；三、解決爭端之準據法依本法非為瑞士法時。

Ⅵ. 仲裁契約

第七條

如當事人就一項可仲裁之爭議訂立仲裁契約，受訴之瑞士法院除有下述原因外，應拒絕管轄:

(a) 被告不抗辯而為本案之言詞辯論者;

(d) 法院認定該仲裁契約為無效、不生效力或不能執行;

(c) 仲裁法庭基於顯然可歸責於仲裁程序中被告之理由 而 無 法 成

立。

釋義:

私權糾紛之解決，無論係內國法律關係抑涉外法律關係，原不限於訴訟之一途，其他如和解、調解、仲裁也均可發揮平亭曲直、解決糾紛之功效，又可疏減法院過多之壓力，故各國多採之。其中仲裁，且具有迅速、專家判斷、費用低廉，以及對選擇適用法律原則及商業慣例較富彈性等優點，更受到各國普遍之重視。各國國內法固無論，即有關仲裁之多邊條約也甚多，往者，如一九二三年簽訂有關仲裁條款之日內瓦議定書以及一九二七年簽訂有關外國仲裁判斷執行之日內瓦議定書；近者如一九五八年之聯合國外國仲裁判斷之承認與執行公約等是❾。

仲裁制度之建立目的，在於解決糾紛，故仲裁之標的限於糾紛，無糾紛即無仲裁之可言，然並非所有糾紛均得以仲裁解決，即並非所有糾紛均有仲裁性。至於何種糾紛具有仲裁性，因各國仲裁法制而有不同。依我國商務仲裁條例第一條第一項規定，凡有關商務上現在或將來之爭議，當事人得依本條例訂立仲裁契約仲裁之。故商務上之糾紛，始得依仲裁程序解決，亦即商務糾紛，方具有仲裁性。

瑞士國際私法第七條承認仲裁契約有妨訴抗辯之效力，故對不遵照仲裁契約進行仲裁，而提起之訴訟，應拒絕管轄。惟條文中所謂「可仲裁之爭議」，即仲裁性之問題，自應依瑞士仲裁法規而爲判斷。當事人倘係就不具仲裁性之糾紛，訂立仲裁契約，瑞士法院固不承認該仲裁契約之效力，對一造提起之訴訟，應行使其管轄權；當事人倘係就具有仲

---

❾ 關於仲裁之有關公約及相關問題，請參閱拙著：「論商務仲裁之國際立法」（民國七十三年）；藍獻林著：「論外國仲裁判斷在我國之承認與執行」（政大博士論文，民國七十八年）；林俊益著：「國際商務仲裁㈠」（民國七十九年）。

裁性之糾紛，訂立仲裁契約，除有下述原因外，瑞士法院應拒絕管轄，即承認仲裁有妨訴抗辯之效力。

　　瑞士法院不拒絕管轄之原因，依第七條之規定，有以下三點原因：其一、被告不抗辯而爲本案之言詞辯論，按仲裁爲雙方合意所選擇解決糾紛之方法，有妨訴抗辯之效力，現被告不抗辯而爲本案之言詞辯論，等於雙方均已放棄仲裁，法院自無拒絕管轄之理。其二、法院認定該仲裁契約爲無效、不生效力或不能執行。仲裁契約既經法院認定有此種情形之一，則仲裁失其依據或不能發揮其效果，法院自應受理，行使其訴訟管轄權，而不得拒絕審理。其三、仲裁法庭基於顯然可歸責於仲裁程序中被告之理由而無法成立。例如雙方應各推舉一仲裁人，再由雙方推舉之仲裁人選一第三仲裁人，而被告拒絕不推舉仲裁人，致仲裁法庭無法成立之情形。被告既無誠意進行仲裁於先，則剝奪其妨訴抗辯權，而受理管轄，自屬合情合理，而不致延滯訴訟。

Ⅶ. 反　訴

第八條

　　本案繫屬之法院就反訴亦有管轄權，如此兩訴訟相互牽連時。

釋義：

　　反訴者，通常指訴訟繫屬中，被告對於原告，在本訴繫屬之法院，就與本訴之標的或其防禦方法相牽連之事件，合併本訴之訴訟程序提起之訴也。

　　本條規定之主要用意，在解決反訴之管轄權問題，蓋反訴本係被告對原告所提起之訴訟，何國法院有其管轄權，原應獨立看待，本案繫屬之法院對此一獨立之訴訟，固可能存有管轄權，被告提起此訴訟自無問題；惟如本案繫屬之法院對此訴訟無管轄權，被告猶需去其他有管轄權

之法院起訴，不僅不合訴訟經濟之原則，不同法院對相牽連之兩訴訟，也可能做成互相牴觸之裁判。故本條特規定本案繫屬之法院就反訴亦有管轄權，一舉解決後者之管轄權問題。

條文中所謂本訴與反訴相互牽連，自係被告提起之訴訟，與原告提起之本訴，在訴訟標的或其防禦方法上相互牽連。有下列情形之一者，即為反訴之標的與本訴之標的或其防禦方法相牽連：

一、法律關係同一者：例如對於確認給付請求權不存在之本訴，被告主張該請求權存在，提起請求給付之反訴，此時本訴之法律關係與反訴之法律關係，為同一之給付請求權是。

二、權利由同一法律關係發生者：例如對於請求交付買賣標的物之本訴，提起請求支付價金之反訴，其請求權均由同一買賣關係發生。

三、數形成權屬於同一目的者：例如對於離婚之本訴，提起撤銷婚姻之反訴，就其形成權之主體言，已分屬於配偶之一方，就形成權之內容言，亦可能兩異，而為數個形成權。但各該形成權之行使，其目的均在消滅同一之婚姻關係。

四、本訴與反訴互相排斥，或其中之一為先決問題者：例如對於離婚之本訴，提起確認婚姻不成立之反訴是。

此外，本條管轄權之規定，在適用時，也應具備下列要件，應屬當然：

一、須在本訴繫屬中提起；

二、須在本訴之言詞辯論終結前提起；

三、須係本訴之被告對於本訴之原告提起；

四、須非原告對於反訴所提起之反訴；

五、反訴之標的，須非專屬他法院管轄。

Ⅷ. 同一案件已有訴訟繫屬之停止

第九條

1. 當牽涉同一訴訟客體之案件，已在他國繫屬於相同當事人間，如瑞士法院可以預期該外國法院，在合理期間內，可以做成爲瑞士所承認之判決時，瑞士法院應停止在瑞士起訴程序。

2. 提出訴訟所必要之第一個行爲之日期，在決定訴訟是否已在瑞士提起時，具有決定性。調解聲請爲已足。

3. 當一個可以爲瑞士所承認之外國法院判決提出時，瑞士法院必須駁回提起之訴訟。

釋義:

　　同一當事人間，就同一法律關係，已在另一法域提起時，並不當然排斥在法院地之訴訟。惟爲避免一案二判，也卽避國際管轄權行使之衝突，各國國際私法恆有採取同一事件已有訴訟繫屬之停止規定。

　　此問題在英國特稱之爲 Lis alibi pendens，英國法院就同一訴訟已在外國法院起訴者，常被請求停止英國之訴訟，或禁止外國訴訟之進行。其態樣有二: 其一，同一原告在英國及外國，對同一被告起訴; 其二，在英國之原告乃在外國之被告，相反之情形亦然。前者可稱爲相同原告案件，後者可稱爲相反當事人案件。在此類案件中，法院通常被請求停止此一或另一訴訟。就適用於兩種情形之考慮言，雖屬類似，但其區別，實屬重要性。就法院在相同原告案件採取干涉時，它對訴訟程序先後次序頗爲置重，法院多半是停止第二個訴訟之進行。除非在極例外情形原告能證明其提起後一訴訟，確有正當理由，否則法院總是停止後一訴訟，此蓋由於被告極可能已採取步驟，增加負擔，準備迎接第一次訴訟。在相反當事人案件裏，起訴時間之先後，似無關重要。此蓋由於

法院傾向於允許英國而非外國訴訟程序，　此其於「利用國王法庭之權利，不應輕易拒絕」。　在相同原告之案件，　原告既未顯示其對英國法院之偏好，　則停止任一訴訟，原告也就未便抱怨❿。

瑞士國際私法第六條第一項之規定，　即爲避免一案二判所採之措施。惟其所停止者，乃瑞士之訴訟，且必須符合下述要件：一、在相同當事人間牽涉同一客體之案件，已在外國法院繫屬。其包括相同原告案件固無疑問，若從寬解釋，亦應包含相反當事人案件；二、預期該外國法院在合理期間內可做成判決。不致拖延過久，影響當事人權益；三、該外國法院判決可爲瑞士所承認。　關於外國法院判決是否爲瑞士所承認，請參考本法第二十五條至第二十七條之規定。

同條第二項乃規定提起訴訟所必要之第一個行爲，即爲決定訴訟已否在瑞士繫屬之標準，亦卽用以比較同一案件是否在外國法院繫屬者爲先。而調解之聲請，卽視爲提起訴訟所必要之第一個行爲。乃特別例示之規定。

不論在瑞士繫屬之案件在先或在後，若就同一案件，已有外國法院判決存在，且判決符合瑞士承認之要件時，則根據一事不再理之原則，瑞士法院自應駁回其訴訟，此本條第三項所由設。

IX. 暫時性措施

第十條

瑞士之司法或行政機關得命令時暫時之措施，卽使其對本案無管轄權。

---

❿　關於本問題，請參閱 Dicey & Morris, I *The Conflict of Laws* (10 th ed.1980) pp. 395-402; Cheshire & North, *Private International Law* (10th ed. 1979) pp. 114-119。

釋義:

一國對民事訴訟事件，不論其為涉外或非涉外的，因其領土廣闊，人口眾多，訴訟頻繁，在行言詞審理之第一、二審法院，絕難由一法院全部處理，必須普設法院，分擔其事，惟如何將多數事件分配於各法院，則不能不有一範圍。關於各法院分配事件之範圍，稱為管轄。故管轄一詞，就法院言，乃特定之法院，得辦理訴訟事件之範圍。就當事人言，乃就一定之事件，有服從一定法院的裁判權之意。故當事人私權紛爭，原告必須向有管轄權之法院提起，否則法院將不予受理。惟有時事態緊急，情況特殊，當事人不及向有管轄權之法院起訴，以請求保護，而其他便利可以保障私權之法院，又無管轄權，致令時機錯失，以後難以補救，此自非法律設置法院之本旨。故本條特規定，瑞士之司法或行政機關，即使對本案無管轄權，亦得命令臨時性之措施，以達保障私權之效果。惟條文既曰命令暫時性之措施，故對無時間性、急迫性之案件，自不宜採之。而必須事件急迫，情形特殊，例如有日後不能強制執行或甚難執行之虞，如債務人浪費財產，毀損財產，隱匿財產等是，法院可扣押其財產，暫時禁止其處分；或就顯然有繼續性之法律關係，有定暫時狀態之必要，俾避免損害之發生或擴大。如姓名權受侵害，或扶養關係有爭執時，法院即得應當事人之請求，命令臨時性之措施 —— 定法律關係之暫時狀態。惟既為臨時性之措施，如債權人不於一定期間內向有管轄權之法院起訴，並就該臨時性措施之當否為裁定者，該措施自不應繼續有效，要為當然。

X. 司法協助行為

第十一條

1.司法協助行為應在瑞士完成者，依實施地所在郡之法律。

2.在請求機關請求下，以及爲使在瑞士外之一請求權獲得承認，外國之程序方式得被遵循或予以考慮，惟利害關係人有重大不利原因存在時，不在此限。

3.瑞士之司法或行政機關得依外國法之方式出具證件，或接受聲請人在宣誓下之聲明，如瑞士法律所規定之方式在瑞士外不獲承認並會使得值得保障之法律請求權在該地受到排除。

釋義:

　　一國司法權的行使，是屬地的，即不得逾越國境，惟實際上在今日國際交通發達，內外國人往來與時俱增之情況下，各國司法上協助殆不可避免，否則各不相助，必徒增各國之不便，而無裨於公益。例如有關文書之送達、證據之調查、外國法之釋明等，在在需要合作。給別人便利，即是給自己方便，已成爲國際間司法協助之理論基礎。國際間除藉締結條約之方式●，就此司法協助方面，達成共識，俾資遵循外，各國國內法也多有規範，以補其不足。

　　第十一條第一項之規定，就受託在瑞士完成之司法協助行爲所應適用之法律，明定爲完成地之郡法律。此等事項可如下述：委託事件之**轉送**，應否書面及經由外交機關爲之、委託國應否聲明如受託國遇有相同或類似事件須委託代辦時，亦當爲同等之協助、委託事件之委託書及其他有關文件，如係外國文時，應否附受託國之官方文字，受託法院實際支出之費用，須否償還等。

　　本條第二項之規定，係針對瑞士外之請求權，在瑞士法院或行政機

● 例如海牙國際私法會議曾先後通過下述公約：一九五四年民事訴訟公約、一九六四年文書送達公約、一九六八年之在國外調查證據公約等。請參閱謝說容著：「海牙關於民商事件在國外調查證據公約之研究」（政大碩士論文，民國七十六年）。

關提出時，在請求機關之請求下，以及爲方便對其承認，外國之程序方式得予以遵循，或加以考慮。此固係對不因方式而害實質所採之一種便宜措施，亦表示瑞士對方式問題，不拘已見，從寬處理之態度。惟對當事人有重大不利之情形時，此便宜措施自不得採取，此本項但書之所由規定。

第三項則係針對瑞士司法或行政機關所出具之文件，或接受當事人之聲明，爲恐其在外國不獲承認，致使一值得保障之請求權在外國受到排斥，因而規定有關機關得依據外國法所規定之方式出具文件，或在當事人宣誓下接受聲明，而不必採取瑞士所規定之方式，此種便宜措施，旨在方便當事人權利在外國之行使，而不拘泥內國所定之方式，值得肯定。

XI. 時間限制

第十二條

當在外國之某人必須遵守瑞士司法或行政機關時間之限制時，在其請求於時間限制之最後日到達瑞士之外交或領事機關時， 卽 爲 已足。

釋義:

本條係方便在瑞士外當事人之一種便宜措施之規定。蓋訴訟上往往有各種期間之限制，如當事人在國外，必須趕回瑞士，可能因而耽誤期間上之規定，而瑞士駐外之外交或領事機構旣爲瑞士政府之代表，則在外國之當事人，如必須遵守瑞士司法或行政機關之時間限制時，則於該期間最後日，將其請求或聲明送達瑞士駐外之外交或領事機構時，卽認爲已符合法律所定期間限制之規定。

第三節　準據法

Ⅰ. 牴觸法則之範圍

第十三條

依本法所指定之外國法，包括依該外國法適用於本案之所有規則。

適用外國法某條款時，不得僅因該條款被視爲具有公法之性質，即予以排斥。

釋義:

國際私法乃一國對於涉外法律關係，就內外國之法律，決定其孰應適用之法則。國際私法既以承認外國法律可與內國法律並用爲前提，則於內國法律與外國法律競合時，究應如何加以選擇，並應依據如何標準以事選擇，自應先加決定。一般而言，依照國際私法之規定，就特定涉外法律關係所適用之內、外國法律，謂之準據法。此準據法原則上係以特定涉外法律關係與當事人或某地域之牽連關係爲基礎，而抽象地予以規定。一國何以就涉外法律關係特制定國際私法以爲應適用法律之準則，而不似純粹內國案件逕行適用內國民事法律以爲裁判之基礎，學說上固有種種之主張，然要不外着眼於促進國際交往、確認當事人合法權益及維護內國之公安。特定涉外法律關係與當事人或地域間常有二種以上之牽連關係，國家於制定國際私法時，何以以某種牽連因素爲基礎而決定準據法而捨棄其他連接因素，固係出於政策上之種種考慮，然總不外以被選中之牽連因素與該特定涉外法律關係之關係，最爲密切之故。

對特定涉外法律關係，依國際私法之規定，在以某外國法爲準據法時，卽應以該外國法適用於本案之所有法律爲應適用之法律。此本法第十三條之規定。惟國際私法既係以解決涉外民商法律關係爲對象，通常

所適用之法律，自也應爲民、商性質之法律，而公法性質之法律自不與焉。不過公私法之界線，不僅衆說紛云，標準不一，且有時相互牽連，難以取捨，不能割裂，故第十三條後段特規定，適用外國法某條款時，不得僅因該條款被視爲具有公法之性質，即予以排斥。立法上雖屬新穎，毋寧爲進步之現象也。

Ⅱ. 反 致

第十四條

> 1.當準據法指定適用瑞士法或另一外國法時，此種規定只有在本法有此指示時，始予以考慮。
>
> 2.有關人之身分，依外國法應適用瑞士法時，予以接受。

釋義:

本條係有關反致之規定。反致者，謂於某種涉外法律關係，依內國國際私法之規定，應適用某外國之法律，而依該外國國際私法之規定，卻應適用內國法或他國法時，即以內國法或他國法代替該外國法之適用。反致理論雖早見於西元第十七世紀之法國判例，但遲至十九世紀初期，始逐漸擴大爲英國、法國法院之判例所採用。

自英、法判例後，各國國際私法上陸續採用反致者爲數不少，例如晚近東德一九七五年國際私法第三條、奧地利一九七九年國際私法第五條、匈牙利一九七九年國際私法第四條、西德一九八六年國際私法第四條等是，而明文不採反致者，則有一九四二年義大利、一九四六年希臘、一九四八年埃及以及一九八四年秘魯等國之國際私法。從理論及實務上言，反致可爲如下之分類:

一、直接反致: 對於某涉外法律關係，依法庭地國際私法之規定，應適用某外國法，而依該外國國際私法規定，須適用法庭地法時，受訴

法院卽以內國法爲審理該案件所應適用之法律，謂之直接反致。

　　二、轉據反致：對於某涉外法律關係，依法庭地國際私法之規定，應適用某外國法，而依該外國國際私法之規定，須適用第三國法時，受訴法院卽以第三國法代替某外國法，以爲審判該案件所應適用之法律，謂之轉據反致。

　　三、間接反致：對於某涉外法律關係，依法庭地國際私法之規定，應適用某外國法，而依該外國國際私法，應適用第三國法律，而依該第三國國際私法，卻應適用法庭地法，受訴法院卽以內國法爲審理該案件所應適用之法律，謂之間接反致。

　　四、重複反致：此種法律適用程序，乃係對於直接反致或間接反致再追加一段適用程序，經此追加程序，進而適用某外國之法律，謂之重複反致。

　　就瑞士國際私法第十四條第一項言，其係不採反致爲原則，採取反致爲例外之規定。申言之，就某種涉外法律關係，在依瑞士國際私法之規定，適用某外國法時，原則上卽應適用其民商實體法，以解決該繫屬之涉外法律關係，惟有於本法有特別規定應適用其國際私法時，方適用之。此種特別規定，如第三十七條第一項有關姓名之準據法、第九十一條第一項有關繼承之準據法等是。惟其所採者，也僅限於直接反致及轉據反致。

　　本條第二項，似又爲第一項不採反致爲原則之例外規定，而成爲採取反致之原則性規定，卽對於身分事項，一般應指有關人之行爲能力、親屬、繼承等屬人法事項，在以外國法爲應適用之法律時，若依該外國國際私法之規定，應適用瑞士法時，則適用瑞士法，若依該外國國際私法，應適用第三國法時，則不適用之，此際自適用該外國之實體法。換言之，於身分事項，依本項之規定，僅採取直接反致。

反致條款在國際私法上應否採取，因學者意見及各國之法例不一，至今尚爲國際私法學上一爭論之問題，惟瑞士雖採取反致，但其範圍極爲限縮，至其種類，也僅限於直接反致，轉據反致則以有特別規定時方適用之。與我國涉外民事法律適用法第二十九條相比較，可說是一種適用範圍較窄較爲妥適的一種規定。

Ⅲ. 除外條款

第十五條

1. 依本法指定適用之法律，如從周遭環境觀察，很顯然地此特殊案件與該法僅有些微不足之牽連，而與另一法域之法律，卻有更密切牽連關係時，則例外的不予適用。

2. 前項規定於當事人合意選擇法律時不適用之。

釋義:

國際私法上有關各種涉外法律關係準據法之規定，亦卽所謂選法規則，在以往不論是大陸法系抑英美法系，均採取剛性規則——硬性規定，例如侵權行爲依侵權行爲地法，契約依訂約地（或履行地）法。此種硬性規定有確定、預見可能、易於適用等優點，惟自美國紐約州 Auten v. Auten; Babcock v. Jackson 二案採取較富彈性之選法規則卽所謂最重要牽連說（Theory of the Most Significant Contact）後[12]，影響深遠，除美國法律學院（American Law Institute）一九七一年之第二次國際私法整編[13]，改以最重要牽連主義代替其第一次國際私法整編所採之硬性規則外，瑞士新國際私法第十五條第一項亦採之。按彈性選法規則可補剛性規則之弊，予法官以較多自由，

---

[12] 參閱劉鐵錚著:「國際私法論叢」（民國七十八年版）第十七～二○頁。
[13] 中譯文，參閱劉鐵錚譯:「美國國際私法整編」（民國七十五年）。

以尋求解決個案之最公平、合理之準據法。

惟彈性選法規則，也非並無缺點，例如於涉外案件選擇適用法律時極為重要之特質，如單純、確定、易於適用、結果預見可能等難於保持，而判決一致之目標，也較難實現；況通常法官恪於種種限制，並非均精於國際私法之技術，除非法律有簡單具體之指示，法官實際上很難自所有連接因素乃至分析關係法律中，以確定個案最適當之準據法。

剛性選法規則與彈性選法規則，理論上雖利弊互見，惟瑞士國際私法所採者仍為剛性規則，至第十五條第一項彈性選法原則，乃例外之規定，以濟硬性規則之窮。依本項之規定，就某種涉外法律關係，依本法應適用某國法為準據法時，就周遭情況觀察，包括對各種牽連關係之分析，認該案件與準據法國僅有些微不足之牽連，而與另一未被指定為準據法之法域，卻關係密切，此時法院為求個案之適用法律正確，判決公平，即得依本項不適用原應適用之法律，而例外地適用原未被指定為準據法之法律。

值得注意之點有二：其一，此一除外條款之規定，適用範圍極廣，並不限於涉外契約或涉外侵權行為之案件；其二，此種賦予法官較多自由，使適用法律，更富彈性，實不以本條為限，其他如(一)要求法官斷定並適用與案件事實有密切關係地之法律，如第二十三條第二項、第四十八條第二項等是；(二)明白指示法官自由裁量以選擇應適用之法律，如第十八條、第十九條；(三)由法律設定一般之標準，由法官視個案加以適用，如第四十一條第二項、第七十七條等是。

第十五條第二項則又為第一項之例外規定，即除外條款於當事人合意選擇法律時不適用之。

所謂合意選擇法律，即係指就某種涉外法律關係，當事人得以合意選擇應適用法律之謂。學術上稱之謂當事人意思自主原則 (The Doctrine of Automony of the Parties) 其係以當事人意思作爲連接因素，其理論上之根據係建立在自由放任主義思想上❶。

在國際私法上應否承認當事人意思自主原則，學說上雖有肯定與否定論之爭，但各國實證法上大都採用之。惟在肯定說之下，雖有自由說與限制說二派，前者乃謂當事人有絕對之自由以選擇任何國家之法律，以爲應適用之法律；後者則謂當事人僅能於與案件有牽連關係法域之法律，加以選擇，而不得選擇與案件無牽連關係國家之法律。瑞士國際私法對當事人意思自主原則，除有特別規定，如第一二八條第二項、第一三二條外，原則上均係採取自由說。職是之故，第十五條第一項之除外條款，於當事人合意選擇法律時，自無適用之餘地。

Ⅳ. 外國法之證明

第十六條

　　1.外國法之內容應依職權調查，爲達此目的，得要求當事人協助，在財產案件，得課當事人證明之責任。

　　2.如外國法之內容無從證明，適用瑞士法。

釋義:

　　依一國國際私法之規定，有時旣需適用外國法，則其舉證之責任究將誰屬？調查之方法究將何從？而其所應適用之外國法，不能證明、無從調查時，則其解決之方法又將如何？玆舉其要者，述之如下：

　　關於外國法之證明責任，主要者有下列三說：

　　一、當事人負證明責任說：此說爲英美學者所主張。其說略謂，外國法爲單純之事實，旣屬事實，依當事人主張有利於己之事實，就其事

❶ 關於當事人意思自主原則，請參閱馬漢寶著:「國際私法總論」(民國七十一年版) 第一二一～一五七頁。

實負有舉證責任之原則，當事人應證明之。

二、法官負證明責任說：此為大陸法系學者所主張，其說略謂，外國法之存在與否，無須當事人之證明，蓋外國法果認為係法律，則法官對於職權上所應適用之法律，依法官知法之格言，理當知曉，而無須當事人證明。

三、當事人負輔助證明責任說：此說略謂，外國法之適用，不重視當事人之證明，而重視法官之調查，雖各國立法例不乏責令當事人證明者，但其所證明者非為法律，乃為內外國法律存在之事實，以供法官於調查外國法律時較易着手。

關於外國法之調查，學者間曾提出種種之方法，以調查外國法之存在，如設置國際法律調查局以司外國法之證明，各國相互交換法令公報、准許外國人於內國執行律師業務、締結條約互負受委託證明法律之義務等，此國際協助之方法也，而充實國內法律圖書之設備、翻譯外國法令，此擴充國內設備之方法也。

瑞士國際私法第十六條第一項，原則上雖採取法官應依職權調查外國法，但由其規定得要求當事人合作，以及財產案件，得課當事人以證明之責以觀，在精神及實質上，實係採取當事人負輔助證明責任說。既合於法官知法之格言，不以證明為當事人唯一之責，僅以證明為法官調查之輔，更無以其不能證明而歸敗訴之虞。當事人之合作或證明責任，蓋欲使之助法官之職務，亦可免阻礙訴訟之進行；而當事人縱能證明，猶恐其不實不盡，法院仍得依其職權，從事調查，此與德國民事訴訟法第二六五條：「當事人於法官不知之外國法，雖有舉證之責，但法官對於此項不知之法律，依其職權，亦得從事調查」；日本民事訴訟法第二一九條：「當事人於法官不知之外國法及內國習慣法，均負有舉證之責；但法官仍得依其職權，為必要之調查」；及我國民事訴訟法第二

八三條：「習慣、地方制定之法規或外國之現行法，爲法院所不知者，當事人有舉證之責任；但法院得依職權調查之」，用語上雖不盡相同，但精神上應無二致，所採者，要均爲當事人負輔助證明責任說。

第十六條第二項，係對外國法不能證明所定之解決方法。內國法院適用外國法，雖有證明之法、調查之方，然如不能證明、無法調查時，則將如何解決之耶，學說上有下列三說：

一、請求駁回說：此說略謂，適用外國法，乃內國適用法則之所命，故依內國適用法則之規定，有須適用外國法者，卽可推知其不許適用其他法律；現應適用之外國法旣無從調查而證明之，是其應適用之法律已不存在，法官對於兩造爭點無從判決，則惟有駁回當事人之請求。此說在實際應用上固予法官以極大之便利，然非多數學者所贊成。蓋一則因其予法官以極大之便利，使其對於外國法怠於調查，易爲駁回之判決；二則有背於法官不得藉口法律之不明不備拒絕審判之原則，故非適當之說。

二、適用內國法說：其說略謂，應適用之外國法不能證明時，卽可推定其與內國法同一規定，而適用內國法。蓋內國之國際私法，雖於特殊之情形應適用外國法，但無禁止適用內國法之明文。故外國法不能證明之際，法官依內國法判決之；且法官不得以法律之不明不備爲拒絕審判之理由，乃爲司法運用上當然之原則。故外國法不明時，當以內國法替用之也。此說於實際上雖甚便利，但其所持之理由似欠允當，蓋以內國法之規定，推定爲與外國法之內容相同，未免武斷；至謂內國適用法則雖規定應適用外國法，但並無禁止適用內國法之明文，所以適用內國法，似嫌矛盾。蓋適用法則旣規定應適用外國法，而反適用內國法，殊不免與規定相違背也。

三、適用近似法說：此說略謂，對於涉外法律關係，依國際私法規

定，應適用某外國法，如該外國法不能證明，無從調查時，認爲不宜逕行適用內國法，而應先適用與該外國法近似的法律，卽依據是否屬於同一法系，或是否由某一母國獨立而來等情形，以判斷是否屬於近似法。此說旣無上述二說之弊，而適用者仍爲立法者本意所指之法律，似較妥當。

惟實際上，在現今資訊發達，調查方便之時代，當事人不能證明，法院無從調查之情況，本不應多見，若眞有此種情形發生，法院適用法庭地法，不僅爲實際上之便，同時也能爲兩方當事人所接受，故各國實務上多採取法庭地法說，瑞士國際私法不過明文加以規定耳。

V. 瑞士公共政策之保留

第十七條

外國法之適用如導致牴觸瑞士公共政策時，則不適用之。

釋義:

在一國法院對於涉外法律關係適用內國法時，固與對於內國私法關係而適用內國法時，無所分別；惟因涉外法律關係而適用外國法時，則其情形顯有不同，第一、若干國家國際私法對少數法律關係，就法律之適用，固採單面法則，卽僅規定內國法之適用，而對外國法之適用隻字不提，但除此之外，所採者均爲雙面法則，卽以歸屬未定之連接因素爲基礎，而制定抽象之準據法；第二、於具體案件，必先確定該歸屬未定之連接因素，始能確定應適用之準據法，究爲內國法抑外國法；第三、如應適用之準據法爲內國法，則與內國法律關係而適用內國法，或涉外法律關係因單面法則之規定，而適用內國法時，就結果言並無不同。如應適用之法律爲外國法時，則因法官並非萬能，不可能完全知悉該應適用之外國法律，因此必須經過調查證明外國法之程序，始得悉外國法之

規定及其內容，而予以適用。惟於此有問題者，世界上有上百之國家，而各國法令又繁多龐雜，在未經調查證明外國法程序之前，實難知悉外國法之規定，既經證明之後，如該應適用之法律，有妨害內國公益，危及法庭地一般私法生活之安定，則法庭地法院自無勉強適用之理。因此各國國際私法一方面固明文規定外國法之適用，但同時也就外國法適用之限制加以規定，藉以平衡內外國之公私法益，使於適用外國法之際，不致有侵害內國私法生活安定之虞。此所以各國國際私法都有公序良俗條款之設也，藉以對外國法之適用，作事後之監督限制也。

惟如何限制外國法之適用，立法例上原有三種不同之立法方式，此即：

(一)間接限制主義：即內國法明文規定，內國某種或某幾種法律為絕對強行，凡與此種內國法牴觸之外國法，即不得適用。例如法國民法前加篇第三條規定：「關於警察及公安之法律，凡居住於法國之人，均受其拘束」，依此規定，乃間接否認與此類法律相牴觸之外國法之適用。

(二)合併限制主義：除明文規定內國某幾種法律絕對強行外，復就外國法之有違反內國公共政策與善良風俗者，也一併限制其適用。例如義大利法例，除於第十一條明定：「關於刑法警察法及公共秩序之法律，凡居住於內國領土以內之人，皆應適用」外，復於其第十二條規定：「外國法之適用，不得違反義國法律之強行規定，或違背公共秩序善良風俗」。

(三)直接限制主義：此即內國法明文承認外國法之適用，但外國法與內國公序良俗不能並立時，復以明文限制其適用。如日本法例第三十條規定：「外國法之規定如違反公共秩序及善良風俗時，不適用之」；我國涉外民事法律適用法第二十五條：「依本法適用外國法時，如其規定有背於中國公共秩序或善良風俗者，不適用之」。

瑞士國際私法第十七條，卽係其公序良俗條款之規定，所採者，顯係直接限制立法主義。瑞士法律用語爲公共政策，此與英美法律相同，法國法律則謂之公共秩序，德國法律則謂之善良風俗，而我國法律與日本法律則謂之公序良俗。是各種詞句之意義，殊甚晦澀，未易解釋，正如德國法學家薩維尼所云：「除依內國之道德、內國法之精神及目的而爲解釋，一任於法官之自由判斷外，別無良策也」。

第十七條之規定，在適用上有下列應注意之處，第一、瑞士法律明文規定，適用外國法之結果，有違瑞士公共政策時方限制外國法之適用。此與我國或日本法律之規定，從文義上比較，自有不同。按限制外國法之適用，其標準如何？歷來有所謂主觀說與客觀說之別。前者強調若外國法本身之規定有背法庭地公序良俗時，法庭地法院卽可排除其適用，不問具體案件本身是否確對法庭地造成傷害；而客觀說者又可細分爲結果說及連繫說。結果說者，強調外國法之適用是否受限制，應以其適用之結果，是否危害到法庭地之公序爲斷。至連繫說者，則以爲外國法之適用，是否受限制，除該外國法本身規定違反公序外，尚須視案件是否與法庭地有實質重大之連繫以爲定。瑞士法律自係採客觀說中之結果說。第二、倘若該應適用之外國法，就適用之結果言，牴觸瑞士公共政策時則如何？此涉及外國法適用限制之救濟問題，學說有三，卽：

(一)拒絕審判說：採此說者認爲一國之國際私法，旣明文規定應適用某外國法，卽暗示不能以他國法代某外國法適用之，此種情形與外國法不能證明同，如外國法不能證明時，得拒絕審判，則外國法因違反公序良俗不能適用時，自亦得拒絕審判。

(二)適用內國法說：此說以爲外國法之所以適用，無非因其比較適用內國法合於法理，換言之，國際私法於某種涉外法律關係，究應適用內國法抑某外國法，完全以何者較爲充當，爲權衡之標準；苟依國際私

法適用某外國法，而某外國法之適用又違反內國之公安，於此情形，自以適用內國法為允當，故應以內國法適用之。

(三)分別處理說：此說謂國際私法規定適用外國法，既未排斥內國法之適用，又未於外國法違反內國公安時，明文規定應仍適用內國法。故於某外國法不適用時，法官自得審酌案情，應否適用內國法，抑以另一外國法代替之，分別處理之。

上述三說中，拒絕審判說自不可採。則在適用內國法說與分別處理說瑞士國際私法究何所指？按一般採直接限制主義者，係規定應適用之外國法違背內國公序良俗時，即不適用，至其究為排斥條款之立法抑保留條款之立法，仍有待審究。所謂排斥條款，即排斥該違背內國公安之外國法之適用之條款也。所謂保留條款，即保留內國法之適用之條款也。

瑞士國際私法第十七條顯係採排斥條款之立法方式，一如一九八六年西德國際私法第六條、一九八二年南斯拉夫國際私法第四條、一九八二年土耳其國際私法第五條、一九八七年匈牙利國際私法第七條等是，而未如一九七八年奧地利國際私法第六條、一九七五年東德國際私法第四條之採取保留條款之立法方式。故解釋上，自以採分別處理說為妥適❺。

Ⅵ. 適用瑞士之強制條款

第十八條

基於其特殊目的，不問本法所指定之法律為何，本法不影響瑞士強制條款之適用。

釋義：

依一國國際私法之規定，應適用某外國法時，即應以該外國有關本

---

❺　關於公序良俗條款，請參閱劉鐵錚著：「外國法適用之限制」，載於司法院大法官釋憲四十週年紀念論文集（民國七十七年）第四三五～四六七頁。

案之強行法及任意法為應適用之法律，內國法自不與焉。該應適用之外國法除有因適用之結果，牴觸法庭地之公序良俗外，自應加以適用，惟瑞士國際私法第十八條款則為較為特殊之規定，法庭地法院不適用原應適用之外國法，非因其違背內國之公序良俗而不適用，而是由於瑞士強制條款之特殊目的；而必須適用瑞士之強行法。本條之規定國賦予法官適用法律上之彈性，法律固也定有適用之條件，卽基於瑞士強行法之特殊目的，惟法律所以為強行法而非任意法，皆有其立法目的，適用時，若法官不能克制，謹慎解釋何謂「特殊目的」，致造成裁量權之濫用，自不免陷於擴大內國法適用之結果，有違國際私法制定之目的。惟進一步觀察，本條及第十九條，或為其針對當事人規避法律—— 卽當事人故意藉變更連接因素之歸屬關係，而逃避原應適用之內(外)國法律，而圖適用原不應適用之外國法之行為，所採之法律上對策。實值吾人之注意。

Ⅶ. 考慮外國法之強制條款

第十九條

1. 合於瑞士法律概念之合法及顯然優越利益要求時，一個非本法指定法律之強行條款得予以考慮，如周遭之環境與該法有密切關係時。

2. 在決定是否對該一條款加以考慮時，該條款之目的及適用之結果應予衡量，俾獲致符合瑞士法律概念之決定。

釋義：

本條係進一步賦予瑞士法院適用法律時之彈性，亦係進一步賦予瑞士法院適用法律時之裁量權限。依本條規定，瑞士法院卽得適用原應適用之準據法以外之某外國法之強行規定，惟法律雖授予法官選擇適用法律之裁量權，惟同條第一及第二項也訂有若干標準，以資限制。此卽 1.

必須有合於瑞士法律概念之合法及顯然優越利益要求；　2.周遭環境與該法有密切關係。　至判斷是否合於瑞士法律概念之合法及顯然優越利益時，依第二項之規定，卽須對該外國強行法之立法目的及適用該法之結果，加以衡量評估。

總之，瑞士國際私法第十八條及第十九條之立法例，爲一般國家國際私法所罕見，瑞士法院若能針對特殊案情，謹愼使用，固有發揮彈性選法之功能，匡正硬性規則之弊端，以濟個案之窮；否則，則不免有紊亂法律適用之標準，破壞判決一致之結果。

第四節　住所、本據及國籍

I. 自然人之住所、習慣居所及營業地

第二十條

　1.就本法之目的言，自然人

　（a）有住所於其有久住之意思且居住之國;

　（b）有習慣居所於其在某段期間內所居住之國，卽使此一期間係一事先決定之有限時間;

　（c）有營業地於其職業或商業活動中心地之國。

　2.一人於同一時間不得有二以上之住所。當一人無住所時，適用其習慣居所。民法典中有關住所及居所之條款不適用之。

釋義:

本節規定住所、習慣居所及國籍，此等連接因素爲瑞士國際私法所經常使用者。與英美法系相反，十九世紀末葉之大陸法系國家採用國籍而非住所作爲決定管轄及準據法之標準。惟自第二次世界大戰後，歐洲則有顯著趨勢——從國籍改變爲住所作爲連接因素。此種發展現象可由

晚近海牙國際私法會議諸公約中得窺其一斑，此等公約通常更進一步使用習慣居所以代替住所及國籍作爲主要之連接因素。瑞士國際私法也放棄傳統，大體上採取住所原則，只有在若干方面，例如婚姻實質要件之準據法（第四十四條第二項），離婚及分居之準據法（第六十一條第二項）間亦採取本國法主義。

瑞士國際私法所以放棄本國法主義，改採住所地法主義，無疑地是認爲一般之法律關係與當事人生活中心地之住所，較之與形式上忠順關係之國籍關係更爲密切。而第廿條定義住所爲有久住之意思，也卽其生活關係中心地。習慣居所則係指某人在一段期間內所居住之國，卽使此一期間係事先決定者亦然。

因此，某人之習慣居所通常係指爲特定目的其所居住之地，而非指其家。住所與習慣居所，可藉外國勞工之例子以明之。瑞士僱有大量外籍之人，此等外籍之人在瑞士謀生，但是他們的家庭仍住在其他國家，他們每年規則地返家渡假數週而已。此等人卽係在瑞士有習慣居所，在其本國有住所。其在瑞士之習慣居所使其有受瑞士法院管轄並在若干的關係中適用瑞士法；惟其住所地法仍規範夫妻財產制，其住所地法院而非習慣居所地之瑞士法院就繼承案件有管轄權。

住所與習慣居所之主要不同點，在於後者對第三人言可從外觀上客觀地加以認定，而住所則部分繫於主觀之意圖。習慣居所因此被用爲連接因素，特別是可從外觀產生期待利益。例如有關債之法律。習慣居所在本法中適用頗廣，範圍從前述債法至親屬中婚生子女、認領等有關管轄及準據法，均有其適用（參考第六十六條、六十八條一項、七十一條、七十二條一項），與此相反時，其他問題，例如有關夫妻財產制、離婚、繼承，乃至於婚姻之一些問題，則鑒於某種長期關係所產生之管轄爲重要時，便因而適用住所（參考第四十一條、五十一條、第五十九

條、第八十六條等）。

　　本法雖追隨現代法律趨勢,以住所及習慣居所爲主要連接因素⑯,但國籍在屬人法事項中仍佔有重要地位。其不僅爲對於住居於外國之瑞士人行使保障條款之基礎,且於繼承、成年人及子女之身分、家庭關係,特別是對於父母子女間、配偶間之問題,國籍均爲一次重要之連接因素。最後,國籍在有關屬人法事項中有關外國判決之承認與執行方面,也扮演相當重要之角色。

　　至第二十條第一項第三款所謂之自然人營業地,則係指該人專業或商業活動之中心地。

　　第二十條第二項則規定一人同時不得有二個住所,以及無住所時,習慣居所取代之。而西元一九〇七年十二月十日瑞士民法典有關住所之規定於此不適用之。

　　本項之規定,頗滋疑義。按住所之得喪變更,各國法律規定未必相同,雖關於住所之確定,學說上有一、法庭地法說:卽當事人於何國有住所,以法庭地實體法爲準;二、本國法說:以當事人本國之實體法爲準;三、屬地說:以爲住所與國籍同,均在確定某人與某國(地)之政治社會關係,因此某人是否於某國有住所,卽應以該國之法律爲標準。第一說用以確定當事人於內國有無住所,固然適當,惟用以確定其在外國有無住所,則非適宜。而第二說亦有缺失,若當事人無國籍時,則有難以確定之虞,況住所亦非屬人法事項,以當事人本國爲準據法,實非妥適。採第三說時,則當事人於同一時間,難免不可能有多數住所,或爲多數外國住所,或爲內外國住所,此種衝突,在各國未藉條約或各國立法自治統一規定前,住所一如國籍,多數之情形,本爲難以避免之現

---

⑯　參閱一九七二年海牙商品製作人責任之準據法公約第四條第一項第一款;一九五一年海牙國際物品買賣準據法公約第三條第一項、第二項。

象，瑞士法律硬性規定，一人於同一時間不得有二以上之住所，如何達成？何以不仿解決國籍衝突之規定（第二十三條）而予以解決[17]？此皆頗為費解之問題。至當事人無住所時，則以習慣居所代之。惟習慣居所是否也有積極衝突之問題，此與住所之問題同，茲不贅。

Ⅱ. 公司之本據及營業地

第二十一條

1. 關於公司，其本據相當於住所。
2. 公司之本據視為存在於公司章程或公司協約指定之地。未指定時，公司本據存在於公司實際經營之地。
3. 公司之營業地存在於其本據或分公司所在地。

釋義：

公司為法人，其本據即相當於自然人之住所。就本法目的言，公司依本法第一百五十條第一項，係指任何人的組織體與任何財產的組織體而言，實相當於我國法人之概念，而包含社團法人與財團法人。此第一項概括之規定。

第二項則規定公司之本據（住所）何在之問題。關於法人之住所，應依何標準而定，學說上本有法人之業務中心地說、法人事務所所在地說、法人章程指定地說等，本法則採章程或協約所指定之地。此固較重形式，其易於確定則不容否認。惟若公司章程或公司協約未有明白指定時，公司之本據則存在於公司實際經營之地，此又從形式轉重實際，從主觀改採客觀。蓋非如此，自不足以保護與公司為交易行為之相對人。至第三項則說明公司之營業地當然存在於公司之本據或分公司之所在地。

---

[17] 參閱我國涉外民事法律適用法第二十六條、日本法例第二十七條。

Ⅲ. 國 籍

第二十二條

自然人之國籍依其國籍發生爭議之國之法律決定。

釋義:

國際私法旣涉及外國人或無國籍人, 故不得不藉國籍以區別內外國人, 乃至無國籍人。關於國籍之意義, 各國解釋頗不一致。如英美學派則曰: 國籍者人民對於國家永盡忠順之關係; 德國學派則謂: 國籍者, 人民對於國家絕對服從之關係; 而法國學派則稱: 國籍者爲人民對於國家締結契約之關係。

由此觀之, 國籍者, 人民對於國家忠順之關係, 凡有國籍之人民, 謂之國民; 所以表示其爲一國人民之政治地位, 而定其與國家之關係也。由此關係, 人民對於國家享有特殊之權利, 而同時負有特殊之義務。前者如參政權、服公職之權, 後者如服兵役之義務、受國民敎育之義務是。關於國籍之問題頗多, 於玆從略。瑞士國際私法第二十二條僅在規定自然人之國籍依其發生爭議之國之法律定之。其他國家自不得置喙也。故自然人究具有何國籍, 無論其係生來取得之國籍, 抑傳來取得之國籍, 自應依該國法律定之。因此一條文之規定, 則一人自可能具有數國國籍, 卽所謂國籍之積極衝突; 也可能不具任一國家之國籍, 卽所謂國籍之消極之衝突。

Ⅳ. 多數國籍

第二十三條

1. 當一人具有除瑞士國籍之外一或二以上之外國籍時, 僅瑞士國籍用以考慮決定其原始管轄法院。

2.除本法另有規定外，當一人具有二以上之國籍時，僅與該人具有最密切關係之國籍所屬國用來決定應適用之法律。

3.當在瑞士承認外國判決須依賴一人之國籍時，僅考慮其中之一國籍。

釋義:

瑞士新國際私法雖以追隨現代趨勢，主要採住所作爲連接因素—無論是管轄權、準據法，乃至外國判決承認，但國籍這一傳統之重要連接因素，在屬人法事項方面，仍扮演重要之角色。因此瑞士之國籍，對居於外國之瑞士人，乃提供管轄方面之特別保障之基礎（參考第四十七條、第六十條、六十七條、七十一條、七十六條、八十條、八十七條）；其次國籍在有關繼承、成年人及子女之身分、家庭關係、以及配偶或父母子女之一些問題上，都爲次要補充之連接因素。最後，國籍在有關人、親屬法、繼承法等，有關外國判決之承認與執行上，也占有相當之份量。

在國籍積極衝突之情形，本法可以說放棄了傳統區別內外國籍衝突及外國國籍間衝突之形態，蓋法院遇有內外國籍衝突時，各國恆採內國國籍優先之原則；而在外國國籍衝突時，往往又區分爲同時衝突及異時衝突；在同時衝突時，多數固採關係最密切之國之國籍，在異時衝突時，各國則採後法勝於前法之理論，以最後取得之國籍爲準。本法所採取之方法似不強調此種區分，而重視所涉及者，究爲用以決定管轄權、準據法或外國判決之承認與執行，何一問題而定。

故惟一內國籍優先適用時，即第二十三條第一項之規定，「當一人具有除瑞士國籍之外一或二以上之外國籍時，僅瑞士國籍用以考慮決定其原始法院之管轄」，所謂原始法院係指瑞士國籍所屬之作爲其公民之某一郡或市之法院而言。此種原始法院管轄，已見上述，對住所不在瑞

士之瑞士國民，提供了在瑞士之管轄法院。此一規定可說是一人有權在其本國法院訴訟之表現。採取此種規定鼻祖，法國民法典第十四條，久爲世人所詬病。惟瑞士法律之規定，比較嚴謹，居住於外國之瑞士人欲於其本國法院訴訟時，仍需符合若干之條件，茲以有關婚姻效力管轄權之補充規定第四十七條爲例言之：「當配偶既不在瑞士有住所或習慣居所時，而其中之一爲瑞士人，則其原始地之瑞士司法或行政機關就有關婚姻效力之訴訟或命令採取措施之事件有管轄權，但以該訴訟不能在任一配偶之住所地或習慣居所地提起，或該訴訟不能合理地在該地進行爲限」，是則居住於外國之瑞士人，欲以本國籍之因素，利用瑞士法院時，尚非完全無所限制，而較能爲一般國家所接受。

第二十三條第二項係有關適用本國法之情形。瑞士放棄內國國籍優先之原則，不論當事人具有內外國之國籍，抑具有多數外國國籍，也不問其係同時取得之國籍，一以關係最密切地之國籍，作爲決定適用準據法（本國法）之依據。何國籍爲關係最密切地之國籍，自宜從該當事人之住、居所、財產分布、營業地、家庭關係等因素中，綜合以認定之。此外，本法有特別規定時，上述之規定自不適用。瑞士之立法似更符合內外國平等之原則，不強調內國法之適用，而卻能更符合保障當事人利益 —— 適用其關係最密切國之法律之原則。

第二十三條第三項係有關外國判決之承認之規定，瑞士法律採更寬鬆之態度，而規定在瑞士承認外國判決如依賴某人之國籍時，僅須符合其中之一國籍之要件即可，即採盡可能承認外國判決之原則（參閱第六十五條）。

V. 無國籍人及難民

第二十四條

1. 一個人依西元一九五四年九月二十八日有關無國籍人地位之紐約公約被承認為無國籍人時，即視為無國籍人，或一個人與其國籍所屬國之關係曾中斷達某種程度致其情況相當於無國籍人時，即視為無國籍人。

2. 當一個人依西元一九七九年十月五日瑞士聯邦有關庇護之法律被承認為難民時，即視為難民。

3. 當本法適用於無國籍人及難民時，住所代替國籍。

釋義:

　　一個人沒有任何國家的國民資格，便是無國籍人，即不是任何國家的國民。

　　無國籍狀態的發生，可因下列幾種原因：一、出生：採出生地主義的國家，其男女在採血統主義的國家內，所生之非婚生子女，即難取得國籍；二、親屬法上之原因：如為外國人妻者，倘喪失其原籍後，未取得夫之國籍，即成為無國籍人；三、因歸化之原因：脫離一國國籍，未取得他國國籍前，也成為無國籍人。無國籍人，沒有任何國家有權為他作外交保護，於遭受居留國虐待或迫害時，又無權請求任何國家經由外交途徑交涉阻止。

　　西元一九三〇年國際聯盟在海牙召開會議，通過「國籍法衝突問題公約」，針對無國籍者的痛苦，定有一些補救規則，如外國人妻者喪失其國籍，應以取得夫的國籍為條件等是。又該公約所附「關於某些無國籍情形議定書」規定，在採血統制國家出生者，雖其父無國籍，或國籍無可考者，如其母有該國國籍，仍應取得該國國籍。該公約所附「關於無國籍特別議定書」又規定，因居留外國逾期致國籍被剝奪的無國籍者，其居留地國仍然可以遣返他回原籍國，原籍國不得拒絕收容。一九五三年，聯合國國際法委員會擬定「消除未來無國籍公約」和「減少未

來無國籍公約」都規定，嬰兒不能取得他國國籍者，取得出生地國國籍等；一九五七年「已婚婦女國籍公約」訂明：爲外國人妻時，或在婚姻關係存續中，丈夫國籍的變更，不當然自動影響妻子的國籍，各國應給予外籍妻子經由歸化程序以取得國籍之便利；一九六一年的「減少無國籍公約」，一則依出生地主義，規定每人應取得出生地國籍，再依血統主義，規定在締約國境外出生者，如其父母爲締約國國民，也應有該締約國國籍。以上所述均爲國際間爲減少無國籍人發生所作之努力。惟由於各國利害關係不同，並未完全加入各公約，故其成效並非顯著。西元一九五四年聯合國召開國際會議，簽定了「無國籍者地位公約」，訂明無國籍人享有宗教自由，在工、農、商各方面，應與其他外僑平等，在社會安全和救濟方面，應與當地國民平等，因生命或自由而逃亡入境者，不受非法入境或非法居留的處罰。

本法第二十四條第一項前段乃規定凡依一九五四年無國籍人地位公約，被承認爲無國籍人時，即視爲無國籍人。後段之規定，則在指一人雖非沒有國籍，但因其與國籍所屬國之關係曾中斷達某種程度，致其情況相當於無國籍人時，即視爲無國籍人。

同條第二項則爲有關難民之規定。按難民的國籍問題，也很棘手。一九二二年創設的「南生護照」可使無國籍者得到旅行或定居的權利，但持這種護照者，如果要回原居住國，就須取得特別許可。一九三三年「難民國際地位公約」簽訂後，持用這種護照者，才獲得進一步之保護，如規定締約國不得驅逐長久居住其國內的難民，應准許難民利用其法院等。一九五一年「難民地位公約」及一九六七年的「關於難民地位的議定書」除對何謂難民，定義爲符合下列要件之人民：1.離開原居住國；2.無法或不願再得到該國保護或返國；3.原因爲有遭受迫害之虞；4.迫害之理由爲因種族、宗教、國籍、社會團體或政治意見等，對難民

之地位，也多所保障，如規定不得對之歧視，享有外僑或國民待遇、不受非法入境或非法居留的處罰等 ⑱。

第三項則爲有關前二者準據法之規定，卽對本法適用於無國籍人或難民時，則以住所代替國籍之規定。

第五節 外國判決之承認與執行

Ⅰ. 承 認

第二十五條 原則

外國判決在瑞士受到承認：

(a) 如爲判決國家之司法或行政機關有管轄權；

(b) 如該判決不再接受普通救濟程序或其爲確定終局判決；及

(c) 如不具備第二十七條拒絕承認之理由。

釋義:

法院判決爲一國司法權的實施，而司法權的行使，除有條約規定外，原則上只能在該國領域內發生效力，不能強制他國予以承認並加以執行。

惟一國法院判決，如果在外國不能發生效力，不僅損傷司法的威信，也影響當事人旣得權尊重的原則；反之，如一國判決在外國能發生效力，則有下述實益：

一、當事人經合法裁判取得之權利獲得保障，增加人民對法院的信賴，人民必樂於從事公力救濟，對社會秩序的維護，必大有裨益。

二、可避免在外國重新訴訟，減少訴訟進行的困難，如證人之傳喚

---

⑱ 關於上述問題，請參閱 Goodwin-Gill, *International Law and Refugees*(1983)，中譯文見王福邁譯：「國際法與難民」(民國七十九年)。

及證據的調查，乃至於管轄權之取得等， 其減少費用之支出， 更不殆言。

三、因身分關係帶來之困擾可以避免，如婚姻不被承認，則影響子女之身分地位；離婚不被承認，則影響當事人之再婚等是。

基於上述理由，縱無條約的存在，各國多在一定條件下，承認外國法院判決在內國亦得予以承認並執行。

就瑞士國際私法之規定言，雖與一般國家之規定，乃至國際公約之規定，大同小異，惟下述特點，值得首先一提：

一、瑞士國際私法關於外國法院判決之承認與執行， 最顯著 之 特點，厥為除對外國破產裁定之承認，仍採相互主義原則外（參考第一六六條）， 對其他外國法院之判決，已取消相互主義原則。按相互主義原則，乃言須外國承認內國判決之效力，內國始可從而承認彼國判決之效力，此種擔保，或以該國法令規定， 或以條約宣言， 或以慣例認許均可，且其認許之條件，雖不必求其盡同，但關於重要之原則，不宜相去太遠。相互主義原則雖有其必要，而為無奈之規定，但瑞士國際私法能率先廢止，實足顯現其超人一等的世界觀，以及其在國際私法領域上所居之領導地位。

二、本法對若干關係身分之法律行為，如婚姻、收養等採取承認有效之原則，近乎推定其為有效。蓋認為在外國所成立之身分關係，創造了一種社會事實，不應在事後為瑞士法院所破壞，也即基於既得權保護之原則也。當然，此種情形若有第二十七條不予承認之條件存在時，自不得認為有效。

三、關於外國法院判決，本法就外國法院管轄權及瑞士法院管轄權樹立了不同之標準，申言之，在親屬法及繼承法事項，本法承認外國法院較瑞士法院享有更多之管轄權（比較第四十三條第一項與第四十五條

第一項; 第五十九條與第六十五條第一項即可知之); 惟在債法上, 本法承認瑞士法院較外國法院擁有較多之管轄權。此一現象實由於瑞士憲法第五十九條之規定使然, 該一憲法條文保障有住所在瑞士之債務人有在住所地被訴之權利。因此, 針對有住所於瑞士之債務人所為之外國法院判決, 將違背此一憲法原則, 自不為瑞士法院所承認, 除非被告有合意接受該法院管轄或不抗辯法院無管轄權而為本案之言詞辯論, 或於反訴法院對本訴有管轄權之情形, 則屬例外 (參考第二十六條), 但在另一方面, 債務人雖不在瑞士有住所, 本法仍認許債權人在若干情形下, 得在契約履行地或侵權行為發生地或結果地之瑞士法院提起訴訟 (參考第一一三條、第一二九條第二項)。

　　本條係規定瑞士承認外國判決之原則, 至對各種不同法律關係判決之承認之特別規定, 則散見於其他條文。就對外國法院判決承認之一般原則言, 須符合之要件有三, 此即:

　　一、為判決之外國司法或行政機關須有管轄權。所謂有管轄權, 並非指依判決國之法律, 有無管轄權, 而係依瑞士法律, 也即依本法第二十六條之規定, 予以認定外國法院有無管轄權。本法第二十六條規定; 外國機關有下列情形之一者有管轄權:

　　　(a) 如該管轄權係基於本法某一條款而產生, 或者無該條款時, 被告於判決國有住所;

　　　(b) 關於財產案件, 如當事人依本法有效之契約下, 合意接受為判決機關之管轄; 或者,

　　　(c) 關於財產案件, 如被告不抗辯無管轄權而為本案之言詞辯論者, 或者,

　　　(d) 在反訴案件, 如為判決之機關就本訴有管轄權且該兩請求權相互關聯時。

二、如該判決，不得接受普通救濟程序或其為確定終局判決。所謂外國判決不再接受普通救濟程序，係指該判決已不得以普通方式 如 上訴，加以救濟而言，至其得否依特別程序如再審或非常上訴程序加以救濟，則非所問。而確定終局判決通常即不再接受普通救濟程序。

三、如不具備依第二十七條拒絕承認之理由。此為承認外國判決之消極要件，關於其詳，留待後述。

第二十六條　外國機關之管轄權

外國機關有管轄權：

(a) 如該管轄權係基於本法某一條款而產生，或者無該條款時，被告於判決國有住所；

(b) 關於財產案件，如當事人依本法有效之契約下，合意接受為判決機關之管轄；或者

(c) 關於財產案件， 如被告不抗辯無管轄權而為本案之言詞 辯 論者；或者

(d) 在反訴案件，如為判決之機關就本訴有管轄權且該兩請求權相互關聯時。

釋義：

關於外國判決之承認，要件之一，厥為為判決之外國機關須有管轄權，惟其管轄權之有無，非依為判決國之法律決定，而係依請求承認國之法律斷定，此一般國家之通例。瑞士法律所規定之外國機關有管轄權之情形有四，此即：

一、如該管轄權係基於本法某一條款而產生，或者無該條款時，被告於判決國有住所。例如本法第六十五條規定，外國有關離婚或分居判決之承認，其第一項即有配偶任一造之住所地國、習慣居所地國或本國法院有管轄權，則此等國家之機關，就離婚或分居即有管轄權；此外，

縱瑞士國際私法就其管轄權無特別之規定，但被告住所地國之法院則有管轄權。蓋爲保護被告之利益，在被告住所地之法院起訴，對被告最爲有利，故被告住所地國法院，自應具有管轄權。

二、關於財產案件，當事人依本法有效之契約下，合意接受爲判決機關之管轄。此卽指合意管轄。民事訴訟不論其爲內國案件抑涉外案件，以採不干涉主義爲原則，對於當事人之利益，亦宜注意及之。故除專屬管轄外，殊無不許當事人以合意定其管轄法院之理。瑞士國際私法於本條特規定，關於財產案件，當事人合意管轄爲有效，可使該爲判決之外國機關因而取得管轄權。

三、關於財產案件，原告向無管轄權之法院起訴，被告不抗辯無管轄權，而爲本案之言詞辯論者，雖不能謂其有定該法院爲管轄法院之默示合意，但於已爲本案之言詞辯論後，仍許其提出管轄錯誤之抗辯，則又易生無益之程序，而有延滯訴訟之虞，此所以各國多有擬制合意管轄之規定。於此情形，瑞士國際私法固承認其爲取得內國管轄權之原因（參考第六條），同樣地，於本條也承認其爲外國法院取得管轄權之原因。

四、爲判決之外國法院，依瑞士法律，就本訴有管轄權，則該法院就被告於訴訟繫屬中，依原告之訴所生訴訟程序，對於原告提起之訴，卽承認其有管轄權。惟本訴與反訴兩請求權須互相牽連。此種規定無非以本訴與反訴之言詞辯論及其他調查證據等項程序，可以相互利用，以免發生兩重訴訟程序之勞，及裁判之相互牴觸而已。是則旣認外國法院對本訴有管轄權，自無不承認其對反訴亦有管轄權。

第二十七條 *拒絕承認之理由*

1.判決之承認應予拒絕，如承認顯然違背瑞士公共政策時。

2.判決之承認應予拒絕，如一造證明：

(a) 無論係依其住所地法或習慣居所地法，其均未獲適當地送達，但其不抗辯而為本案之言詞辯論時，不在此限；

(b) 該判決違背由瑞士程序法觀念演變而來之重要原則，以及特別是該造當事人未獲辯論之機會；

(c) 相同當事人間就同一訴訟標的之訴訟，已首先在瑞士提起，或已在瑞士作成判決，或該爭議以前已於第三國作成判決，但後者必須符合瑞士承認之要件。

3.此外，不得就外國判決為實體之審查。

釋義:

本法第二十五條規定外國判決在瑞士受到承認之要件有三，即須有管轄權、須為確定終局判決及須無拒絕承認之理由。其中除對何謂確定終局判決，本法未作特別說明外，第二十六條之規定，係補充說明何種情形下，外國法院有管轄權，而第二十七條則在說明何種情形下，應拒絕承認。有下述情形時，即有拒絕承認之理由:

一、如承認外國判決，則顯然違背瑞士之公共政策時。公共政策乙辭與他國用語善良風俗、公共秩序等，雖辭異而義同，均為極抽象之辭，用以表示一國之立國精神及基本國策或根本的倫理觀念等。語雖簡而義極賅，俾可由司法者體察情勢，作個別之審斷。外國法院判決違背瑞士公共政策時，即應拒絕承認該判決。在解釋上固不以外國法院判決所宣示之法律上效果，有背於公共政策者為限，其本於有背於公共政策之原因，而宣告法律上效果者，亦應包括在內，惟所謂外國法院判決有背於公共政策之原因而宣告法律上效果者，則應指依其判決本身認定之事實，或依其所依據之法律,顯然有背瑞士公共政策而言。換言之,請求承認國不可以自為實體之審認結果，有異於外國法院實體之認定，從而否認外國法院判決之效力，此不僅基於國際間司法裁判權之相互尊重,

亦外國法院判決承認之基本法理所使然，而爲同條第三項所明文之規定。

二、無論係依被告之住所地法抑習慣居所地法，被告均未獲適當地送達。按法院書記官依一定之程式，以書面通知一定事項於訴訟關係人之行爲，謂之送達。送達之方法依其方式之不同，固可爲種種之分類，如本人送達、補充送達、留置送達、囑託送達及公示送達。然要須合乎被告住所地法或習慣居所地法之規定，且獲適當地送達始可，否則被告訴訟權未獲保障，自難提出有效之防禦方法，對被告爲不公平，此種外國法院判決，自應拒絕承認。惟被告縱未接獲適當送達，其已出庭就未獲適當送達，不爲抗辯而爲本案之言詞辯論時，則可視爲已放棄其抗辯權，程序上瑕疵已經補正，其權利未受侵害。請求承認國自不應再就被告未獲適當送達乙事，而拒絕承認外國法院判決，此本款但書規定之所由設。

三、外國判決違背由瑞士程序觀念演變而來之重要原則，以及，特別是該造當事人未獲辯論之機會。本款係有關程序正義原則之規定，未予被告以辯論之機會，僅條文之例示耳。眞理愈辯愈明，未予被告辯論機會，對被告之保障自有未周，其他如無訴訟代理人制度、無法院推事廻避之規定，似均可視爲違背程序觀念演變而來之重要原則。

四、就同一當事人間之同一訴訟，雖有外國法院判決，惟該一訴訟係首先在瑞士提起，現尚未終結，或後在瑞士提起，但瑞士已作成判決，爲免一案兩判及執行二個判決，以及尊重內國判決之考慮下，自應拒絕承認外國法院之判決；或當事人之爭議，以前已於第三國作成判決，且又符合瑞士法律承認之要件，則基於一事不再理之原則，自應拒絕承認作成在後之該外國法院判決。

以上二、三、四點，均應由被告負舉證之責任，否則法院不予審

究 。 至本條第三項則明文規定， 瑞士法院不得就實體爲外國判決之審查， 似在強調外國判決之承認， 乃各國司法權之相互尊重與信賴， 而非訴訟之再開， 故不得就實體上事項， 再爲審理。

Ⅱ. 執 行

第二十八條

依第二十五條至第二十七條應承認之判決， 在利害關係人請求下宣示爲有執行力。

釋義:

外國法院判決於符合一定要件下， 是否可當然作爲執行名義， 學說上本有不同之主張， 有認爲可作爲執行名義者， 有認爲須經內國機關之宣示始可執行者。 依本條之規定， 瑞士國際私法顯係採後者， 即必須經主管機關之宣示， 此爲必須執行之方式， 至其程序， 則依第二十九條之規定。

Ⅲ. 程 序

第二十九條

1. 爲判決之承認或執行之聲請， 應向對請求援用外國判決之郡之主管機關提出。 聲請時應附下列文書:

   (a) 完整及簽證之判決繕本;

   (b) 一項宣誓聲明該判決已不得爲通常程序之救濟或者該判決爲確定終局判決; 及

   (c) 如爲缺席判決， 須有證明缺席之一造曾受適當地送達以及有爲辯論機會之官方文書。

2. 反對承認與執行之一造有權出席此一程序及提出其辯詞。

3.當外國判決係以先決問題被援用時，受理之機關本身即可就其承認爲決定。

釋義:

受有利判決之當事人，在向瑞士法院或行政機關，請求承認或執行該外國判決時，應向請求援用該判決之郡之主管機關爲之。當事人爲聲請時，應提出下列文書： 即一、完整及經簽證之外國法院判決繕本；二、一項宣誓聲明該判決已不得爲通常程序之救濟或者該判決爲確定終局判決；三、如爲缺席判決，即一造辯論判決，須有證明缺席之一造曾受適當地送達以及有爲辯論機會之官方文書。

至於爲判決之外國法院是否具有管轄權，以及有無拒絕承認之原因存在，受聲請之瑞士主管機關，自應依職權或當事人之證明而審查之。

本條第二項則係保護受不利裁判之當事人或其他利害關係人而設之規定，即使此等人有權參加此一請求承認或執行之程序，俾得適時提出有利於己之主張，如有不應承認之原因存在等是。

本條第三項規定，當外國法院判決係以先決問題被援用時，審理機關本身即可就其承認爲決定。按國際私法上所謂先決問題(preliminary question) 或附隨問題 (incidental question)，原係其受訴法院在審理本案過程中， 其他次要附隨的含有涉外成分的法律關係， 也發生問題，關於其究應依法庭地法國抑本案準據法國國際私法，以定其準據法之問題。例如某甲未立遺囑死亡，某乙主張係其配偶而請求繼承遺產，關於甲乙是否早已離婚發生爭議，則繼承即爲本案之法律關係，離婚有否成立，即爲先決問題，如繼承依法庭地國際私法應適用丙國法，則離婚究應適用法庭地國際私法抑本案準據法國 (丙國) 國際私法，即爲國際私法上先決問題之問題所在❶。惟本條第三項所規定者，乃指甲乙離

---

❶ 關於附隨問題，請參閱劉鐵錚著:「國際私法論叢」(民國七十八年版) 第二四三～二五六頁。

婚已有外國判決存在之情形。此時受理機關即可根據前述第二十五條至第二十七條之規定，以決定是否承認該外國判決，俾解決審理本案時所遭遇之先決問題。

Ⅳ. 司法交易（和解）

第三十條

第二十五條至第二十九條適用於和解，惟必須該和解在作成地國被視爲相同於司法裁判。

釋義：

和解原有訴訟上和解與訴訟外和解之分。訴訟外之和解，亦稱民法上之和解，即當事人約定互相讓步，以終止爭執或防止爭執發生之契約。訴訟上之和解，亦稱裁判上之和解，即當事人於訴訟繫屬中，在受訴法院或受命推事、受託推事前，約定互相讓步，以止息其間之爭執，同時有終結訴訟全部或一部之契約。故訴訟上之和解，就其止息關於訴訟標的之點言之，雖有私法上法律行爲之性質，與訴訟外之和解相類似，但就其終結訴訟之全部或一部之點言之，則爲訴訟上之法律行爲，與訴訟外之和解有異。就我國法律言，惟訴訟上之和解，始與確定判決有同一之效力，故和解成立後，當事人不得就該法律關係更行起訴。

惟各國法律規定不一，不論係訴訟上之和解，抑訴訟外之和解，如依和解作成地國之法律，其有與司法裁判相同效力者，即有既判力與執行力者，則該種外國和解，在瑞士也可受到承認與執行，其條件與程序，一如外國法院判決，故有本法第二十五條至第二十九條之適用。

Ⅴ. 非訟管轄權

第三十一條

第二十五條至第二十九條類推適用於非訟管轄權之判決或行為之承
認與執行。

釋義:

所謂非訟事件者,乃指國家為保護私權,適用登記及聲請程序,使
生私權變動之效果,而不涉及訴訟之事件是也。非訟事件可有廣狹二
義,廣義者,不以由法院處理者為限,即行政機關處理者,如土地登
記、公司登記,亦包括在內,但狹義者則專指法院管轄者而言,如夫妻
財產契約登記之管轄、無人承認之繼承財產之管轄、公司解散或重整事
件之管轄等是。

瑞士國際私法所承認之非訟管轄權似不以法院管轄者為限,此由其
所用判決或行為之用語,即可知之。對外國非訟管轄權之判決或行為,
向瑞士主管機關請求承認或執行時,則本法有關對外國判決承認與執行
之各條規定,依本法第三十一條之規定,均可類推適用。

Ⅵ、民事身分之登記

第三十二條

1. 有關民事身分之外國判決或行為應依監督民事身分之郡主管機關
   之裁決於民事身分簿登記之。
2. 符合第二十五條至第二十七條之要件時,登記應予核准。
3. 如當事人之權利在為判決地之外國訴訟程序中是否受到充分尊重
   不清楚時,在登記前應予利害關係人陳述之機會。

釋義:

所謂民事身分,係指人之出生、死亡或婚姻之成立、收養等身分關
係而言,當事人依外國判決或行為取得之身分,在瑞士應予登記,俾便
周知。其登記之程序,則是向主管民事身分之郡機關為聲請,經其核准

後，則於登記簿上登記（第一項），郡主管機關是否核准，仍依本法第二十五條至第二十七條之規定，予以審查，即外國機關是否有管轄權，是否為確定之判決，有無拒絕承認之理由，若符合審查要件之規定，自予核准，並准登記（第二項）；惟此種民事身分之登記，影響當事人及利害關係人之權益，故為保障利害關係人之利益，於當事人權利在為判決地之外國程序中，是否受到充分尊重，有欠明確時，在登記前應予利害關係人陳述之機會（第三項）。

第二章　自然人 (楊富強)

I. 原　則

第三十三條

1. 除本法另有規定外，住所地之瑞士司法或行政機關就屬人法事項有管轄權並適用住所地法。
2. 但關於對人格權之侵害適用瑞士民法關於侵權行為之規定。

釋義:

「屬人法」乙辭，起源於十三世紀時義大利後註釋學派關於人之法則之理論。係指個人法律地位上之某些事項，應專受與其人有永久關係之國家之法律管轄，而不受其人偶然所在之國家之法律支配，此一與其人永保關係之國家之法律，即為其人之屬人法。至受此一法律管轄之事項，其範圍如何，各國法制並不一致。如從廣義解釋，則舉凡有關個人身分能力之問題；親屬之關係如夫妻、親子、監護、婚姻、離婚、收養等；以及繼承之問題均屬之。

個人之屬人法，雖云係與其人關係永固之國家之法律，而事實上則有本國法與住所地法之分。本國法為個人國籍所屬之國家之法律，而住所地法則為個人住所所在之國家之法律。一般言之，在十三世紀以後之五百餘年間，個人之屬人法一向取決於住所。此因在此期間，既無現代式之國家，亦無忠順之觀念，與個人關係最深之地域，即為其住所之所在地，故屬人法之決定，惟有依據住所之一途。不過，自西元一八○四年

法國統一民法 —— 拿破崙法典 —— 問世以後，個人之屬人法應依國籍而定之原則，初見建立。此可由該法典第三條之規定知之，卽有關身分能力之法律，支配一切法國人，而無論其在國內或國外。嗣後，義大利學者馬志尼於一八五一年著文，高唱有關個人人格之一切問題，均應受其本國法之支配，繼之，義國卽以本國法為屬人法，並將屬人法之範圍，由身分能力而擴及於親屬關係之全部。此一屬人法，乃使個人之屬人法事項，不依個人身體之所在，而專依其人政治忠順之所屬❶。

　　本國法主義與住所地法主義，並稱屬人法之二大原則，二者之優劣，雖不斷有所爭論❷，惟各有採取之國家❸。值得重視的是瑞士之舊國際私法，係以當事人本國法為屬人法，而此新國際私法卻廢棄傳統，改採住所地法為屬人法。其第三十三條第一項之規定，卽為此項原則之

---

❶　參閱馬漢寶著：「國際私法總論」（民國七十一年）第六〇～六四頁。

❷　關於以住所地法主義為當事人之屬人法，其理論上之根據主要者不外下列四端：1.住所乃個人生活之中心地，個人之一切法律關係，莫不與住所相連；2.一人旣於某地設置住所，卽有服從該地法律之意思，適用住所地法，卽尊重當事人意思之表現；3.以住所地法為屬人法，有對於本國人及外國人一視同仁之結果。且不若本國法主義之須查考一人之國籍，故對於無國籍人或雙重國籍人，卽不生適用法律之困難；4.一人之住所何在，不難知悉，非若國籍藉護照可以隱蔽僞造。至以本國法主義為當事人屬人法者，其理論之根據主要者有下述各點：1.國籍為人民與國家間之連鎖，以本國法為屬人法，最為適宜，因屬人法中之各項民事法律關係，與一國之風土、氣候、文化、人種均有關係，惟有其本國法，方於此各方面，斟酌盡善；2.近代國家以統一民族為本，故屬人之法律，亦應本諸全民族之準則；3.如以住所地法或行為地法為屬人法，則以現代國際交通頻繁，民事法律關係之變動逾多，不能始終受同一法律之管轄，有失法律之統一性及永久性；4.國籍雖可變更，究不若變更住所之易，國籍雖有衝突情形，但住所固同有積極與消極衝突之情形，況住所之命意，各國不甚一致，而住所與居所之區別，也乏一致之標準。

❸　例如英、美、丹麥、挪威、冰島以及阿根廷、巴西、瓜地馬拉、尼加拉瓜、巴拉圭、秘魯等國均以住所地法為屬人法；而比、荷、盧、羅馬尼亞、保加利亞、捷克、芬蘭、德、希、匈、波蘭、土耳其、敍利亞、以色列、南斯拉夫、埃及、中、日、泰、哥倫比亞、古巴、多明尼加、厄瓜多爾、海地、宏都拉斯、墨西哥、委內瑞拉等國，則以本國法為屬人法。

確立。第三十三條第一項，對於屬人法事項，確立了管轄及準據法之原則，即住所地之瑞士司法或行政機關有管轄權並適用住所地法，至本法就屬人法事項，關於管轄權及準據法有特別規定時，自從其規定。

本條第二項則爲對於人格權侵害應適用法律之特別規定，即適用瑞士民法第一二〇九條以下有關侵權行爲之規定。按所謂人格權者，乃存於權利人自己人格之權利，申言之，即吾人於與其人格之不可分離的關係上所享有之社會利益，而受法律保護者是也。例如生命、身體、自由、貞操、名譽、肖像、姓名、信用等權利，均屬之，此等權利爲構成人格之要素，總稱爲人格權。瑞士民法對此等權利之保障，有詳密之規定，故本法特明定以之爲應適用之法律。

Ⅱ. 權利義務能力

第三十四條

1.權利義務能力依瑞士法。

2.爲法律關係先決要件之權利義務能力，其起點及終止依該法律關係所應適用之法律定之。

釋義:

本條規定權利義務能力之準據法。可爲權利主體之地位或資格，謂之權利能力，亦曰人格，在法、日民法稱之爲私權之享有，德、瑞民法則稱爲權利能力。惟現代法律，凡得享受權利者，同時亦得負擔義務，故權利能力，實應與義務能力合併而稱爲權利義務能力。權利能力，爲國內公安及政策之所繫，外國人旣入國境，其所享權利及所負義務，自當服從內國法規，苟須依其他法律如本國法或住所地法，殊不免有侵害內國主權之嫌，且有妨害內國公安之虞。故外國人權義能力依法庭地法，已成爲多數學者公認之原則，瑞士國際私法第三十四條第一項即採

之。

　　本條第二項則為權利能力準據法之特別規定，也即作為法律關係先決要件之權利能力，其始期及終期，不當然依法庭地法，而係依該法律關係所應適用之法律定之。按關於權利能力之始終，於現代國家尚有不同之規定，如出生後有生存能力或經過二十四小時，始得認有人格等（法國民法第七百二十五條、西班牙民法第三十條），或有關損害賠償、贈與、繼承等問題，胎兒視為已出生等（瑞士民法第三十一條、德國民法第八百四十四條、第一千九百三十三條、法國民法第七百二十五條、第九百零六條、日本民法第七百二十一條等），或於死亡時期，有推定同時死亡，有以年齡、性別等為標準推定其死亡之順序等（德國民法第二十條、瑞士民法第三十二條、法國民法第七百二十條以下、西班牙民法第三十三條以下）。關於此等問題，並非無法律牴觸之可能，惟此等問題與具體之法律關係，如請求損害賠償、繼承等牽連而提起者，始會發生問題，因此此特別權利能力之存否，應隨個別案件，即依該系爭法律關係之準據法判斷，如關於胎兒是否享有私法上之繼承權問題，依瑞士國際私法第三十四條第二項之規定，即應依該繼承法律關係之準據法定之；又如死亡之推定，即一般權利能力之消滅，亦同。

Ⅲ. 行為能力

第三十五條　原　　則

　　人之行為能力依其住所地法。依住所地法已有行為能力者，不因嗣後之住所變更而受影響。

釋義：

　　行為能力乃指得為法律行為之能力而言，所謂法律行為即指合法行為中以意思表示為要素之行為。易言之，以獨立的意思表示，使其行為

發生法律上效力之資格，卽行為能力是也。然人之身體、智能發育未達成熟之狀態，為保護其本人及社會之利益，自應對此等人之行為能力加以限制，此制度為各國法制所採。惟行為能力始於何時，其限制之要件及效果，各國規定並不完全一致，故國際私法上發生涉外的行為能力之限制及其效果，究應依何國法律為其準據法等問題。

關於行為能力準據法之問題，各國立法例頗不一致，大致有屬人法主義 —— 本國法或住所地法，以及行為地法主義之別。瑞士國際私法原則上係採取住所地法主義，此見於第三十五條之規定；例外時，為保護交易之安全及相對人之利益，則採取行為地法主義，此規定於第三十六條第一項。

瑞士國際私法第三十五條，就行為能力之準據法，採住所地法主義，已如上述。此住所地當係指為法律行為時之住所地而言，而非指行為前或行為後之住所地。故如依行為時之舊住所地法，當事人有行為能力，縱其後住所地變更，依新住所地法無行為能力，就該法律行為言，當事人自有行為能力；依行為時之舊住所地法，當事人無行為能力，要不因其嗣後住所地變更取得行為能力，而就該法律行為言，認當事人已有行為能力；依舊住所地法，當事人無行為能力，而依行為時之新住所地法，當事人有行為能力，就該法律行為言，自應認當事人有行為能力；惟如依舊住所地法，當事人有行為能力，而依行為時之新住所地法當事人無行為能力時，此際，就該法律行為言，可否視當事人有行為能力？各國立法例未必一致。若嚴格貫徹行為時之住所地法，則自應認該當事人，就該法律行為言，為無行為能力；但有些國家，根據旣得權之理論，認旣已成年永為成年，而認其有行為能力。瑞士國際私法第三十五條後段所採之，卽指此種情形。此種立法例，與我國舊國際私法 —— 法律適用條例第五條第三項所規定者：「有能力之外國人，取得中國國

籍，依中國法無能力時，仍保持其固有之能力」。在精神上應屬相同❹。

第三十六條　交易之安全

1. 法律行爲一造當事人依其住所地法欠缺行爲能力時，若依行爲地之法律有行爲能力者，不得主張其無行爲能力，但相對人已知或可得而知其無行爲能力時，不在此限。

2. 本條規定不適用於有關親屬法、繼承法或不動產物權之法律行爲。

釋義:

第三十六條第三項之規定，卽係關於行爲能力準據法之例外規定，採行爲地法主義，此蓋爲保護交易之安全。所謂法律行爲一造當事人依其住所地法欠缺行爲能力時，指依其住所地法，僅有限制行爲能力或無行爲能力，此時若依行爲地法爲有行爲能力，則認其有行爲能力，蓋所以維護交易之安全，免相對人或第三人因不明行爲人住所地之法律，而蒙受意外之損失。處此國內外交易頻繁，一切行爲均以捷簡爲要，交易

---

❹ 設此種例外規定之理由，有基於旣得權利說者，認當事人旣在舊本國有能力，不能因國籍之改變而消滅之。有基於正義說者，謂法律不變更人之固有行爲能力，乃求事實之合乎正義。有本於默認說者，謂無能力人不能自動入籍，內國旣允許外國人入籍，是已默認其有行爲能力矣，故應保有其能力，乃當然之事。惟反對者則認爲，旣得權必在同一法制之下，始得存在，新國籍國決無承認舊國籍國旣得權之理。正義說之理由空泛，未切實際。默認說用之於歸化情形，尙屬可通，但若用之於因土地轉讓而取得國籍情形，則難於解釋。我國現行涉外民事法律適用法則將法律適用條例第五條第三項予以刪去。蓋因此項問題之發生，大都由於外國法之成年年齡，較國內法規定較低之故，然按近代各國法律所定之成年年齡，大多數較我國爲高，有一部分國家則與我國相等，其較我國爲低者，僅蘇俄、土耳其等少數國家，因此，法律適用條例第五條第三項之規定，適用之機會極少，且成年之外國人，因收養、認領或歸化等原因，取得中國籍者，必係出於自己之意思，甘願與我國同化是其入籍後之行爲能力，應受中國法之支配，亦屬事理之常，在法律上更無庸特設規定，保留其固有行爲能力。參閱涉外民事法律適用法草案說明書。

之際，若必先審究相對人住所何在，而後依其住所地法以定行為能力之有無，不特展延時日，且亦事所難能，於此場合，對於屬人法之適用，特設例外規定，正所以保障交易之安全。同條項但書所謂：「相對人已知或可得而知其為無行為能力時，不在此限」。是又恢復住所地法之適用，蓋於此情形，相對人已無特別保護之必要，咎由自取，無礙交易之安全耳。惟值得注意者，係瑞士之立法例，著重保護一般之交易安全，不以內國交易安全為限，與日本法例第三條第二項或我國涉外民事法律適內法第一條第二項，係專以保護內國交易安全而採之行為地法之例外規定，有所不同。二者相較，自以瑞士之規定為優❺。

　　同條第二項乃第一項之例外規定，其結果仍適用第三十五條原則之規定，即依當事人之住所地法，以定其有關親屬法或繼承法或不動產物權之法律行為之行為能力問題。

Ⅳ. 姓　名

第三十七條

1. 在瑞士設有住所者，其姓名依瑞士法。在瑞士以外地區設有住所者，其姓名依其住所地之國際私法所指定之法律。

2. 但當事人得請求其姓名依其本國法。

釋義：

　　姓名不僅涉及個人之名譽人格，且個人財產權之取得、設定、移轉、變更或為其他登記時，也與姓名之使用息息相關；而個人之姓或名，一

---

❺　日本法例第三條第二項規定：「外國人依其本國法為無能力者，其在日本之法律行為，如依日本法為有能力，即視為有能力」。我國涉外民事法律適用法第一條第二項規定：「外國人依其本國法無行為能力或僅有限制行為能力，而依中國法律有行為能力者，就其在中國之法律行為，視為有行為能力」。

經取得後，在何種條件下，得以變更，在在與本人利害相關。故在涉外關係上，不能不定其法律之適用。本法第三十七條乃一般性之規定，第三十八條及第三十九條之規定，乃有關姓名變更之問題，第四十條則為有關姓名之登記問題。

關於姓名究依何國法律規範，瑞士國際私法區分在瑞士有住所及在瑞士以外地區有住所，二種情形，分別規定其應適用之法律。即前者依瑞士之有關法律，後者則依其國外住所地之國際私法所指定之法律，申言之，於後者之情形，則採取反致，惟本法雖有採取反致，即適用當事人國外住所地國際私法之明文，但依同法第十四條之規定，也僅限於直接反致或轉據反致，而不及於重複反致及間接反致。此外，另依第三十七條第二項之規定，當事人均得請求依當事人本國法為支配姓名所應適用之法律，而此本國法則不包括其國際私法，不可不察。

第三十八條　姓名之變更

1. 請求人在瑞士之住所地之主管機關對其請求變更姓名有管轄權。
2. 在瑞士未有住所地之瑞士公民，得向其原屬之郡之主管機關請求變更姓名。
3. 姓名變更之要件及其效力，依瑞士法。

釋義:

姓名有時因不雅、同名等原因，有時確有變更之必要；惟姓名之變更，對個人財產關係及身分關係，均可能發生影響，不能任意為之。故第三十八條特規定姓名變更之管轄權誰屬及應適用之法律問題。依本條第一項、第二項，在瑞士有住所地之人，其請求變更姓名時，其瑞士住所地之主管機關有管轄權；在瑞士未有住所之瑞士公民，則得向其在瑞士原屬之郡之主管機關請求之。至具備何種條件，主管機關始得准許其變更姓名，以及變更姓名後，究發生如何之效果，依同條第三項，則以

瑞士法爲準據法。

第三十九條　在外國之姓名變更

在國外發生之姓名變更，若依請求者住所地國法或其本國法爲有效者，瑞士承認之。

釋義:

本條規定在國外之姓名變更問題。當事人在國外之變更姓名，若合乎其住所地國法或其本國法變更姓名之要件，而爲有效之變更時，瑞士也承認之，惟變更後效果如何？究應適用瑞士法抑其住所地國法或其本國法，本條規定不夠清晰，適用時易滋疑義。解釋上似宜採依瑞士法爲妥。

第四十條　在民事身分登記簿之登記

在民事身分登記簿之登記，依瑞士保存登記之法規辦理。

釋義:

姓名無論有無變更，在瑞士均應登記於民事身分登記簿上，其規定均依瑞士有關法規辦理之。

V. 失蹤宣告

第四十一條　管轄權與準據法

1. 已知之失蹤人最後住所地之瑞士法院對其有爲失蹤宣告之管轄權。

2. 瑞士法院也得基於正當利益之理由，而主張對失蹤宣告事件有管轄權。

3. 失蹤宣告之要件及其效力，依瑞士法。

釋義:

按失蹤宣告係指自然人失蹤，離去其住所或居所而生死不明，達一

定期間，由利害關係人聲請法院為失蹤宣告(或死亡宣告)，俾結束各種法律關係之制度也。蓋人既失蹤，則其有關之權利義務，必無法確定，此種狀態，若任其長久繼續，則不利於社會者甚大，例如財產之荒廢，及配偶、繼承人之不利等問題，均有善後處置之必要，因此各國法律上均有失蹤宣告或死亡宣告之制度，以濟其窮。

依本條第一項及第二項，瑞士法院主張享有失蹤宣告之管轄權，其情形有二：

一、失蹤人最後已知之住所地在瑞士，則瑞士法院有管轄權。此由於住所乃吾人生活關係之中心地，而失蹤宣告無非藉以確定失蹤人向來以住所為中心之法律關係，為保護其住所地之公益及經濟起見，其管轄權屬於失蹤人最後住所地法院管轄，自屬適宜。

二、瑞士雖非失蹤人最後住所地之國家，惟瑞士法院基於正當利益之理由，亦得主張其對失蹤宣告事件有管轄權。此一規定極為概括籠統，何謂正當利益之理由？也頗為抽象。適用時宜斟酌具體案情以認定之。惟一般而言，有下列情形之一時，瑞士法院主張其對失蹤宣告事件有管轄權，即可謂基於正當利益之理由：(一)失蹤人在瑞士有財產。所謂財產係包括有體之不動產、動產及債權或其他無體財產，惟其物理的所在地，難以確定時，究應以何種情形認為在瑞士有該財產？就關於著作權或專利權、商標權等工業所有權，如在瑞士註冊或登記，或其他債權在瑞士法院得請求或其債務人之住所在瑞士之情形，似皆可認為在瑞士有財產；(二)應依瑞士法律而定之法律關係之案件。所謂法律關係，不論其為身分關係抑財產關係，皆包括在內。惟瑞士法院不僅須對該法律關係有管轄權，且依瑞士國際私法之規定，該案件並以瑞士法為準據法。如被保險人失蹤，其繼承人因而與保險公司涉訟，如瑞士法院對保險契約之訴訟有管轄權，且應以瑞士法為應適用之法律時，則繼承人因

請求給付保險金而聲請死亡宣告，瑞士法院卽可主張有死亡宣告事件之管轄權。

　　本條第三項所規定者爲死亡宣告之要件及其效力之準據法。關於涉外的死亡宣告之要件及其效果，究應以何國法律爲其依據，學說紛歧。惟主要者有本國法主義，謂各國關於死亡宣告之效力規定，莫不認其能變更人之身分能力。人之身分能力依本國法，故死亡宣告亦應依本國法。否則，不僅不足以保護被宣告者之利益，且足以使第三者受種種不利；其次爲法庭地法主義，認失蹤宣告，固與被宣告者身分有關，但其同時亦爲保護第三人之利益及內國之公益，況失蹤之住居地國對於失蹤宣告，旣許其有管轄權，自當亦許其以法庭地法爲宣告之準據法，俾收於內國宣告者，不致因當事人國籍之不同，而不能收劃一之效果。瑞士國際私法所採者，卽爲法庭地法主義。

第四十二條　在國外所爲之失蹤或死亡宣告

　　在國外所爲之失蹤或死亡宣告，若爲失蹤人已知之最後住所地國或其國籍所屬國國家所爲者，瑞士亦承認之。

釋義：

　　本條係規定瑞士以外國家所爲之失蹤宣告或死亡宣告，在瑞士之承認問題。倘爲失蹤人最後住所地國或其本國所爲之失蹤宣告或死亡宣告，瑞士卽承認其宣告爲有效。惟此種宣告旣爲法院之裁判，自當受同法第二十七條之限制。另宣告之效力，究應以何國法爲準，宣告國法抑瑞士法？似欠明白。解釋上宜採承認地國法爲妥，俾在承認國能收劃一之效果。

第三章　婚　姻 （謝説容）

　　本法第三章爲關於國際私法上有關婚姻法律關係之規定，分爲四節；第一節爲婚姻之締結，第二節爲婚姻之一般效力，第三節爲夫妻財產制，第四節爲離婚及別居。內容主要是針對各該事項之管轄權有無，準據法選擇、外國判決之承認……等等加以規定。本法對於婚姻法律關係之規定，頗具彈性，較爲寬容，富自由、開放的精神。惟在立法風格上，條例嚴謹、內容包羅廣泛、體系分明。大致是就各種不同的實體事項，分別規定其管轄權、準據法及對外國判決之承認……等等，而非專就管轄權、準據法及對外國判決之承認等三大主題作個別規定，也非如我國涉外民事法律適用法幾全爲準據法選擇之規定。本法實結合了實體法及程序法之性質，絕非單純程序法❶。然而，此種立法方式雖然較能配合各別實體事項之需要，但難免疏漏；如合適本國管轄者未爲規定，或外國適切合理的判決未在承認之列。

第一節　婚姻之締結

Ⅰ. 管轄權

---

❶　瑞士新國際私法也整合了關於管轄、準據法及對外國裁判之承認三大課題，並分置在各個實體準據中加以規定，而非專就該三大課題分闢各別章節加以規範，卽以本法第一章之規定爲一般適用條款，而在各論方面受到修正。
　　石黑一憲譯：「ヨーロツパ國際私法の新たる展開—オーストリア、ユーゴスラヴィア、スィス及び西ドイツにおける改正とその動向」，判例タイムズ第四九九號（昭和五十九年八月二十五日）第四九～五〇頁。

第四十三條

1. 如締結婚姻之男女，其一方在瑞士有住所或瑞士之國民，則瑞士當局就婚姻之締結有管轄權。

2. 在瑞士無住所而欲締結婚姻之外國男女，如其婚姻在其住所地國或本國將被承認，則主管當局得認其在瑞士結婚。

3. 不得僅基於瑞士許可或承認之離婚在外國不被承認，而拒絕締結婚姻之認可 ❷ 。

釋義：

本條第一項，定管轄的原則，係依國籍及住所。前者與當事人身分狀態關係密切，後者爲當事人生活中心。故婚姻之管轄權以住所或國籍定之。然，僅此三者，尚有未殆，婚姻之締結與締結地關係密切，因此，在瑞士締結婚姻者，瑞士亦應有管轄權。

第二項規定，至少有二意義：一、則避免男女爲規避其住所地國或本國之婚姻障礙而至瑞士結婚之情事，以示尊重他國法權並端正風氣；二、則配偶在瑞士結婚者，不因其非國民或居民而予否認，只要該婚姻爲其住所地國或本國承認者，主管機關即得認可，以尊重男女對婚姻締結地選擇之自由。

第三項規定，乃因應外國離婚限制嚴格而不承認瑞士許可之離婚，進而拒絕承認瑞士對於再婚之許可，以致造成了瑞士法律秩序未能保持及當事人幸福受影響，而爲此規定。

Ⅱ. 準據法

第四十四條

---

❷ 張慧瓊著：「國際私法上婚姻問題之研究」(政大碩士論文，民國七十九年)第五○頁。

1.在瑞士結婚之實質要件，依瑞士法；

2.外國人間之婚姻，雖未符合瑞士法所定之要件，但符合男女一方本國法之要件者；

3.在瑞士結婚之方式，依瑞士法❸。

釋義：

　本條所規定之結婚要件之準據法，係就婚姻締結地在瑞士者爲規定，不包括在外國結婚者（參照第四十五條）。本條對於婚姻之實質要件及方式原則上依瑞士法，係採場所支配行爲原則。惟若該外國人間之婚姻未符合瑞士法所定之實質要件，但具備男女一方本國法之實質要件時，其婚姻乃有效成立，是爲例外採屬人法之一——本國法之情形。

　本條採場所支配行爲原則，乃認婚姻之締結，攸關舉行地之公序良俗，故依當地法律以維護其法律秩序，且舉行地恒爲單一，適用上簡單明確。但他說則認爲；雖然結婚與舉行地之公安有關，但與當事人本國

---

❸　關於婚姻實質要件之準據法，可分爲婚姻舉行地主義、住所地法主義及本國法主義，再者，採本國法主義之法制於雙方當事人不同國籍時，其解決方法有下述二種：一、夫之本國法主義，二、當事人各該本國法主義；至於形式要件準據法之立法主義有：一、舉行地法主義，二、本國法主義，三、折衷主義即採舉行地法主義及本國法主義，惟其適用方式則非累積適用而是選擇適用，易言之，係將場所支配行爲之原則，視爲任意之規定；唯婚姻形式要件之準據法，在採折衷主義之立法例子，雖有利於涉外婚姻之成立，但由於各國關於實質要件之準據法仍大異其趣，故所謂跛行式婚姻之發生，仍難以避免，故如何緩和，統一實質要件準據法之差異，猶爲今後研究之重要課題。

劉鐵錚著；「婚姻成立要件暨相關問題之研究」。政大法學緒論第三十期（民國七十三年）第十八～二二頁。

蘇遠成著：「從賈桂琳再嫁談到跛鴨式之婚姻」，司法通訊第三十七期（第二版）（民國五十七年）。

之民情風俗亦有關，故應依其本國法❹。本法酌探之，於第二項設有補充規定。

又第二項所謂「具備男女一方本國法之要件」應指具備男或女之本國法之要件，而非指男及女各符合其各別本國法之要件。至於第三項規定結婚方式依瑞士法，乃酌量客觀之方式與舉行地公序良俗關係頗鉅，故概依瑞士法。但此立法或將使外國人配偶至內國結婚者徒增困擾。

Ⅲ. 在外國締結之婚姻

第四十五條

1. 在外國有效成立之婚姻，瑞士亦予承認。
2. 締結婚姻之男女，一方爲瑞士國民或雙方在瑞士均有住所者，其在外國締結之婚姻，除當事人顯有規避瑞士法所定婚姻無效事由之意圖外，予以承認。

釋義:

關於本條規定，原第二草案第四十三條規定「在外國締結之婚姻，如在締約國有效，且在男女一方之住所地國或本國有效者，在瑞士予以承認」。本法則刪除後段規定不問其在男女方之住所地國或本國是否有效，只要在外國有效成立之婚姻，在瑞士概予承認，以示尊重外國法權，維護婚姻之旣成事實。然爲免本國法律秩序受到破壞，復於第二項規定國民或住民意圖規避法律之婚姻無效事由，而至外國結婚生效者，不予承認，以免助長此取巧脫法的行爲。

---

❹ 又在欠缺婚姻要件，而致婚姻無效或得撤銷者，因婚姻是否有無效或得撤銷之原因，在結婚當時已存在，與離婚之原因事實通常發生於結婚以後，彼此關係不同，故就婚姻無效或得撤銷之性質而論，亦應適用與婚姻成立要件所適用之條件。
劉鐵錚著，前揭文第二四頁。

第二節 婚姻之一般效力

I. 管轄權

第四十六條 原 則

夫妻一方之住所及無住所者其居所所在地之瑞士司法或行政主管機關，有權管轄關於婚姻效力之訴或措施❺。

第四十七條 本籍地法庭

夫妻雙方在瑞士無住所及居所，而其一方為瑞士國民者，關於婚姻效力之訴訟或申請無法向夫妻一方之住所或居所所在地之主管機關提出或無法合理地向該主管機關要求此等程序，則其本籍地所在之司法或行政主管機關有權管轄關於婚姻效力之訴或措施。

釋義:

夫妻之住、居所為其營婚姻共同生活之所在，與當地關係密切，故關於婚姻效力之訴或措施，由其住所地或居所地之瑞士司法或行政主管機關管轄，以收簡明、便利之效，此第四十六條規定之旨。惟若夫妻雙方住所地各異其管轄機關時，本法並未規定何機關有管轄權，如依本條規定，原告配偶即得任向一管轄法院起訴；此似與「以原就被」起訴原則相背，徒生被告應訴之不便。

第四十六條規定管轄權，係以在瑞士之住、居所為準，第四十七條

---

❺ 婚姻管轄權，立法例上，有一、本國法院管轄主義；二、住所地法院管轄主義； 此主義又分為婚姻住所地法院管轄及夫或妻住所地法院管轄 權 主義；三、折衷主義，如兼採本國法院管轄主義與住所地法院管轄主義，或本國法院管轄主義與婚姻舉行地主義。
張慧瓊著：「國際私法上婚姻問題之研究」，（政大碩士論文，民國七十九年）第七～八頁。

規定乃為避免一方配偶為瑞士國民時，因夫妻雙方在瑞士無住所或居所時，若向夫妻一方之住、居所所在地之主管機關提出訴訟或申請，會有阻礙或不公平致影響訴訟權利時，乃賦予其戶籍所在地之司法或行政主管機關有管轄權，以補充前條之不足。本條對保障國民訴訟權、維護訴訟地位之平等言，頗具價值。但尚有疑問，其一，所謂「無法合理地向該主管機關提出」，含有不確定的法律概念，如何始謂「合理」或有爭議。其二，對於在瑞士無住、居所之瑞士國民的婚姻案件，以原告為瑞士國民，瑞士（本國）法院即有管轄權，此似對在瑞士無住、居所之他方被告保護欠周，有違「被告應受較大保護原則」，惟因本條係基於本國國民訴訟權之保障，尚稱公平合理。

Ⅱ. 準據法

第四十八條　原　則

1. 婚姻之效力，依夫妻之住所地法。
2. 如夫妻之住所不在同一國，則婚姻之效力，依與該案例有最密切關係之一方住所地法。
3. 當依第四十七條，本籍地所在之瑞士司法或行政當局有管轄權時，則適用瑞士法。

釋義:

本法首先揭櫫男女平等原則，明定婚姻之效力應依夫妻共同住所地之法律，但如夫妻無共同住所地者，始依與本案具有何之密切關連之法律，蓋住所地既為夫妻生活之本據，自以該地之法律做為決定夫妻間婚姻效力之準據法較為妥適。茲有疑問者，乃此之所謂夫妻之住所地，係指夫妻締結婚姻當時之所在地，或其他時期之住所地，即夫妻得否變更其住所地，如得變更，其準據法應如何適用，由本條條文之字面意義固

無從尋出端倪，但解釋上，如採不變更主義，雖然有助於維繫婚姻效力之安定性，但不免戕害、漠視夫妻實際上生活之需要，故仍以變更主義爲妥，至於新、舊準據法之適用問題，因婚姻之效力具有倫理、身分之色彩，故得否類推適用第五十五條關於夫妻財產制準據法變更之規定，仍有待商榷❻。

第四十九條　扶養義務

夫妻間的扶養義務，依一九七四年十月二日關於扶養義務準據法之海牙公約。

釋義：

本法立法精神，雖與國際立法趨勢一致，然此等以公約內容爲準據法之依據，適用上係以間接方式完成，卽以公約規定之準據法爲準據法，非如本法其他準據法適用的條文，直接規定應適用的準據法。

依該公約第四條規定，首先應適用扶養權利人之居所地法（居所變更時，關於其變更以後的問題，依新的居所地法），第五條規定，依扶養權利人之居所地法無法受扶養時，依扶養權利人及扶養義務人之共同本國法。第六條規定，依扶養權利人及扶養義務人之共同本國法仍無法受扶養時，則依有管轄權之主管機關所屬國之內國法；此乃採有利於扶

---

❻　日本法例第十四條與我國涉外民事法律適用法第十二條規定相同，原則上關於婚姻之效力應依夫之本國法，此處所指之本國法，因係指夫之現在的本國法而非指婚姻當時之本國法，卽採變更主義。唯因其有違男女平等原則，故其法例改正綱要試案卽改以夫妻共同本國法爲其準據法，但如夫妻無共同國籍者則有下列之提案：
甲：夫妻最後共同本國法。
乙、夫妻一方在其本國有住所地者，依其本國法。
丙：夫妻共同住所地法。
山同鐐一著，「國際私法の研究」（昭和六十年九月十日，日復刻版第一刷發行）第二〇八～二〇九頁。
川上太郎，「新版，判例國際私法」（昭和五十七年二月十五月十一版）第八八頁。

養權利人之適用方式。至於因離婚、別居或婚姻無效而產生之夫妻間扶養義務，應依離婚之準據法處理，無本條規定之適用❼。此外，此所謂「居所」應包括住所及居所。另外，所謂「依有管轄權之……」亦有問題，若其管轄權歸屬消極衝突或積極衝突時，當如何解決? 尚待研究。

Ⅲ. 外國的判決或措施

第五十條 *外國判決或措施之承認*

關於婚姻效力之外國判決或措施，為夫妻一方住所地國或居所地國所為者，則瑞士予以承認。

釋義:

本條對於婚姻效力之外國判決或措施，以住（居）所地國所為者始予承認，似乎範圍過小。因婚姻關係與夫妻之住所及本國皆有密切關係，乃至於當事人合意裁判國，只要該判決或措施不違反公安，概予承認，應無不妥，增加彈性並尊重他國法權。

又本法第四十七條及第四十八條三項，皆有對於夫妻雙方在瑞士無住所及居所，而其一方為瑞士國民者，若其訴訟權受到限制時，承認瑞士之管轄權並適用瑞士法律以保障之。然而本條卻無類似規定。只要為判決或措施者為住所地國或居所地國即予承認，卻未言及當事人本國法院之判決，似未能稱妥。

第三節　　夫妻財產制

Ⅰ. 管轄權

第五十一條

---

❼ 張慧瓊著，前揭文第五二頁。

關於夫妻財產制之訴訟或措施，由下列之機關爲之：

1. 因一方配偶死亡致夫妻財產制消滅者，瑞士有權清理繼承之司法或行政主管機關（第八十六 —— 第八十九條）。

2. 因裁判解消婚姻契約或別居，致使夫妻財產制消滅者，瑞士有權管轄（婚姻解消或別居）效果（第五十九、六十、六十三、六十四條）之司法或行政主管機關；

3. 其他情形，瑞士有權管轄婚姻效果（第四十六、四十七條）之司法或行政主管機關。

釋義：

本條規定對於夫妻財產制之訴訟或措施、區分死亡、裁判解消婚姻或別居及其他情形三者，分別定其管轄機關，以使上述情事相關之夫妻財產制問題，由各該情事之管轄機關管轄。以期使此等情事之夫妻法律關係由一機關管轄，使所爲判決或措施爲一貫，不相齟齬。

惟若依本條規定可得數管轄法院者，其管轄權之歸屬乃屬內國管轄權劃分之問題。然應注意者，此之有權管轄機關有數個時，應以實際上已開始爲繼承清理或已受理離婚或別居訴訟之機關管轄，俾達節省時間及勞力之利益。

Ⅱ. 準據法

第五十二條　夫妻合意選擇之法律：原則

1. 夫妻財產制，應適用夫妻所合意選擇之法律。

2. 夫妻得選擇其共同住所地法或將來婚姻成立後之住所地法或夫妻之本國法，爲其夫妻財產制所應適用的法律，第二十三條第二項之規定不適用之。

釋義：

　　夫妻財產制乃伴隨婚姻關係成立而發生，兼具有身分法及財產法性質，對於其準據法選擇主要立法主義有意思主義、本國法主義、住所地法主義、動產及不動產區別主義等四者。本法採當事人自決之原則，但以住所地法及本國法爲基礎。第一項規定，予當事人合意選擇準據法之自由，尊重其婚姻財產的自由。第二項規定得爲選擇之準據法依據，以避免合意選擇漫無止境，影響交易安全，故規定得選擇之準據法爲共同住所地法或婚姻成立後之住所地法或夫妻一方之本國法❽。

　　有疑問者，關於夫妻財產制可合意選擇之準據法，是否以第二項所列者爲限？或者仍可選擇此外之他國法爲準據法？似應以該項所列者爲限，否則依第一項規定夫妻本得恣意選擇，殊無第二項列舉得選用之準據法之必要。

　　另外，關於夫妻一方之本國法，本條第二項後段排除了第二十三條第二項之適用。依該條項規定「除本法另有規定外，如一人有二以上之國籍，則決定準據法時，僅考慮與其個人關係最密切之國籍」，故當夫妻一方爲雙重國籍者，各該本國法皆可選爲夫妻財產制之準據法，不以與其個人關係最密切之本國法爲限，以增加選擇彈性，放寬夫妻自主權。

第五十三條　夫妻合意選擇之法律：方式

　　1.合意選擇夫妻財產制所應適用的法律時，應以書面爲之或由婚姻契約得以明顯推定者爲限，其餘方面應適用夫妻所合意選擇之法

---

❽　江川英文著：「國際私法」（昭和三十年八月初版）第二三五～二三六頁。川上太朗前揭書，第八九～九〇頁。
　　久保岩太朗著：「國際私法構造論」（昭和三十九年九月初版一刷）第三〇八～三〇九頁。
　　洪應灶著：「國際私法」，第一三七～一三八頁，各種立法例之得失利弊。
　　李健著：「夫妻財產制度準據法之決定（上）」，法學叢刊第一一九期（民國七十四年）第九五～一〇〇頁。

律。

2.夫妻得隨時選擇或變更應適用之法律，在無相反約定時，當事人於婚姻成立後（就其夫妻財產制）所選擇應適用之法律溯及婚姻成立之時起生效。

3.夫妻未變更或撤銷其所選擇之法律前，該法律仍得有效適用。

釋義:

本條規定合意選擇夫妻財產制之方式要件。依第二項規定，須以書面合意或可由婚姻契約中明顯推定者爲限。立法旨意在於使適用關係明確、並昭愼重。至於，夫妻財產制的其他要件及效力，則應依夫妻所合意選擇之法律。又此之「合意選擇」應包括「合意選擇準據法」及「合意變更準據法」；因合意變更乃是合意選擇原準據法以外之法律，性質上仍爲合意選擇。

夫妻合意選擇或變更應適用的法律者，並無時間上的限制，得隨時爲之（第二項前段）。即婚前、婚後及婚姻成立當時均得爲選擇或變更應適用的法律，但若婚姻關係消滅後，則不得爲之，因此時夫妻財產制已失其存在無待選擇準據法。另外，若婚前所爲之合意選擇，應爲附停止條件的法律行爲，以結婚爲生效條件❾。

依第二項後段規定，原則上婚姻成立後合意選擇之法律溯及婚姻成立時生效，但有反約時則不在此限。夫妻得約定自選擇時起發生效力，或選擇前、後某時起發生效力。惟此項溯及效力是否包括婚姻成立後，變更適用法律之情形？若是，則恐礙交易安全，若否，則夫妻財產自由

---

❾ 夫妻財產制準據法得否變更，有採變更主義、不變更主義及折衷主義，所謂變更、不變更主義文義已甚明顯，固不待贅文，但所謂折衷主義，則以該財產之取得係在夫（或夫妻）之國籍或住所變更以前或以後，而異其準據法之適用，即如該財產係在變更前取得者，依原準據法，變更後取得者則反之。李健，前揭文第一○四～一○七頁。

又受限制。依本條意旨，應包括之。蓋夫妻財產制應尊重夫妻財產自由，且縱然一方配偶曾與第三人發生法律關係時，本法第五十七條規定，原則上依法律關係發生時該配偶住所地法定其效力，除非第三人明知或可得而知其準據法。此規定應可減少變更準據法對交易安全的危害。

第五十四條　夫妻未合意選擇法律時：原則

　　1.夫妻未合意選擇準據法時，其財產制應適用

　　(a) 夫妻共同住所地法，如無共同住所地者，

　　(b) 依夫妻最後共同住所地法。

　　2.夫妻未有共同住所地，依其共同之本國法。

　　3.夫妻未有共同住所地且無共同國籍者，依各別財產所在地之瑞士法律。

釋義：

　　夫妻財產制因兼具身分法及財產法性質，因此本法酌採與主體身分有關的連接因素；依屬人法兩大原則——住所地法及本國法，並採與財產客體有關的連繫因素；即物之所在地法。依本條規定，夫妻未合意選擇準據法時，其夫妻財產制準據法，依序是夫妻共同住所地法、最後共同住所地法、共同本國法、各別財產所在地之瑞士法律。

　　有問題者，本法第二十條二項規定「一人無住所時，以居所代替之」於本條是否適用或可類推適用？由於本條於無共同住所時，已設有其他連接因素（最後共同住所地、共同國籍地……等）來決定準據法，無須適用或類推適用第二十條二項規定以共同居所地法替代共同住所地法。

　　另外，若無上述諸連接因素致無法決定準據法時，該適用何法律？似可以共同居所地法（最後共同居所地法）為應適用法律。因婚姻生活

與居所地關係密切，且夫妻營婚姻共同生活，幾不可能未嘗有過共同居所地。

第五十五條　夫妻未合意選擇準據法時：住所改變時之可變性及溯及力

　　1.如夫妻變更其住所地，由一州移至他州時，依新的住所地法並溯自婚姻成立之日起發生效力，但夫妻得依書面協議排除該項溯及之效力。

　　2.如夫妻已依書面合意繼續適用其原準據法或依財產性契約負有義務者，住所地之變更，不影響原準據法之適用。

釋義：

　　夫妻生活與現時住所地關係密切，故其夫妻財產制，依現在住所地法為當。又若住所變更時，若分別前後住所地法之適用，則前後效力不一，依依新的住所地法，使溯及婚姻成立時生效，俾統一夫妻財產制之效力。然而，為增加適用的彈性，復予夫妻雙方得以書面排除新準據法之溯及效力（第一項後段）。亦得以書面合意繼續適用原準據法（第二項前段）。前者，前後適用法律不一，後者，繼續適用原準據法。

　　為免夫妻圖規避財產契約責任，或避免準據法改變影響契約責任妨礙交易安全，故規定夫妻已依財產性契約負有義務者，住所地之變更，不影響原準據法之適用。

第五十六條　夫妻財產契約之方式

　　夫妻財產制契約之方式，如符合夫妻契約成立地法或其實質準據法之要件者，仍有效成立。

釋義：

　　本條規定，夫妻財產制契約方式，若符合契約成立地法或其實質準據法之要件者仍有效成立。觀本法第五十三條第一項規定「合意選擇夫妻財產制之準據法時，應以書面為之或由婚姻契約得以明顯推定者為

限， 其餘方面應適用夫妻所合意選擇之法律」。 此二條規定關係如何？
第五十三條係指合意選擇準據法契約之成立要件須爲書面合意或婚姻契
約中顯能推定者， 其餘事項如合意之有效、無效、得撤銷與否所選用之
準據法。而本條則指所選擇之夫妻財產制契約之方式， 如何有效成立。
亦卽前者係指該合意選擇之方式要件，後者則指應適用之夫妻財產制契
約之方式成立生效問題。例如；夫妻甲乙共選住所地（甲國）法爲準據
法時，其合意選擇之方式依第五十三條之規定， 應依書面或婚姻契約顯
可推定之要件外， 其餘則依甲國法。至於夫妻財產制契約之方式， 則依
本條之規定。換言之， 第五十三條係規範合意選擇之要件問題，第五十
六條則係夫妻合意選擇夫妻財產制之準據法後， 再進一步就夫妻財產制
契約之形式要件加以規定。

第五十七條 與第三人之法律關係

夫妻財產制中， 一方配偶與第三人間之法律關係， 應依其法律關係
發生時， 該配偶住所地之法律定其效力， 但如在法律關係發生時，
第三人明知或可得而知其夫妻財產制之準據法者， 應依該法律定其
效力。

釋義:

本條規定在保護交易之安全， 以客觀上明確易知之住所地法定其效
力， 只在第三人明知或可得而知該準據法時， 依該準據法定其效力。立
意頗佳， 然尚有未殆。其一、夫妻財產制之效力可能因不同住所之夫妻
各與第三人發生法律關係而異其效力。同一夫妻之財產制效力竟有多種
甚至衝突， 可能對第三人間不公平，且使夫妻財產制之效力不固定。其
二、卽便爲維護交易安全， 有必要選一客觀明確之法律定其效力， 則該
配偶住所何在？ 可能不及法律關係發生地明確可知。當然若顧及交易安
全， 則勢必探客觀因素替代主觀意思爲妥， 但另一方面， 影響當事人意

思自主實難避免❿⓫。

Ⅲ. 外國判決

第五十八條

1.關於夫妻財產之外國裁判，有左列各款情形之一者，在瑞士仍承認其效力。

(a) 該裁判係被告配偶住所地之法院所作成或加以承認者；

(b) 該裁判係原告配偶住所地之法院所作成或加以承認者，而被告配偶非居住於瑞士者；

(c) 該裁判係依現行法規定之夫妻財產制準據法國法院所作成或

---

❿　關於夫妻財產制適用範圍究竟如何歷來素有爭議，日本學者川上太郎固僅略謂包括夫妻財產契約的成立要件，如行為能力及方式，應被適用之法定夫妻財產制之內容及效力等等，環視各國法例關於夫妻間之扶養義務，及家庭生活費用之負擔、繼承等法律是否與夫妻財產制性質迥然有別，二者如有關連，應如何決定其準據，仍大有問題存在。誠然，夫妻財產制和繼承、扶養等問題在理論上或可明顯區分，但事實上欲確定死亡配偶所遺留財產之範圍，先依其夫妻財產制加以清算，故縱認夫妻財產與繼承有前後順序之別，如必須同時適用夫妻財產法上之請求權及繼承上之請求權時應分別適用夫妻財產制之準據法及繼承之準據法，但仍有諸多弊端存在；其次有關夫妻間家庭生活費用之負擔，較夫妻間之扶養義務更具經濟性質，故亦有認係屬夫妻財產制之規範範疇。

⓫　綜觀瑞士一九八七年新國際私法就夫妻財產制固已有相當週全之規定，但關於夫妻締結或選擇財產制契約的能力，則未設特別規定，對夫妻之保護似顯不週。日本現行法就此固付諸闕如，但改正綱要第十三條則明定應依各當事人之本國法，蓋鑑於夫妻締結財產契約之行為能力，在學說上有將之視為財產的行為能力，有將視為特別的身分行為能力，且如將夫妻締結契約之能力問題逕依效力準據法判斷，仍有欠當之處，故將改正綱要中將之明文化、以避免歧義。此外依外國法所定之夫妻財產制在瑞士之效力如何，有無對抗之效力，亦無規定，實嫌缺憾。日本改正綱要提案則以依外國法所定之夫妻財產制，如夫妻之一方，在日本有住所或為營業時，非經登記不得對抗第三人。

山田鐐一前揭書，第二一八頁～二二二頁。

加以承認者，或者

(d) 就涉及不動產之範圍言，該裁判係不動產所在地法院作成或承認者。

2.對於夫妻財產制因婚姻或死亡、宣告婚姻無效、離婚或別居而採行保護性措施之外國裁判，應適用本法有關婚姻、離婚或繼承（第五十條、六十五條、九十六條）一般效果之條款。

釋義:

關於夫妻財產制之外國裁判，為被告配偶住所地法院或原告住所地之法院（被告配偶非居住於瑞士）或夫妻財產制準據法國法院等國，所作成或加以承認者，本法承認其效力。惟，承認範圍似較狹隘，諸如與夫妻身分或財產有關之國家（如夫妻本國法或不動產所在地）所為之裁判或加以承認之裁判，應可在無違公安的情形下予以承認效力，以示尊重他國法權。

又本條第二項規定對於夫妻財產制因婚姻或死亡，宣告婚姻無效，離婚或別居而採行保護性措施之外國裁判，應適用本法有關婚姻、離婚或繼承等一般效果之條款（本法第五十條、第六十五條、第九十六條參照），而不適用本條第一項特別專就夫妻財產制之外國裁判承認之規定。如此，雖然使關於婚姻、離婚、繼承等之外國裁判較為一貫，但也使關於夫妻財產制之外國裁判效力，依相關事項（婚姻、離婚、繼承）及裁判性質（是否為採行保護性措施）而有所不同。

第四節　離婚及別居

離婚及別居，都將造成夫妻婚姻共同生活之關係消滅，故二者間權利、義務關係頗為相似，因此，本法對於離婚及別居之管轄權有無、準

據法、附隨效果之管轄，外國判決之承認等，都爲相同規定。

Ⅰ. 管轄權

第五十九條　原　則

有關離婚或別居之請求，下列法院有管轄權：

(a) 被告配偶住所地之瑞士法院；

(b) 原告配偶係瑞士國民或居住在瑞士達一年以上者，其住所地之
法院。

第六十條　本籍地法庭

夫妻均未居住在瑞士，但其中之一方係瑞士國民者，就離婚及別居
之訴訟如無法在他方配偶住所地之法院提起或在該地提起顯失公平
者，其在瑞士本籍地之法院，就該訴訟有管轄權。

釋義：

此兩條文係規定關於離婚或別居請求之管轄法院。由於離婚或別居
影響身分關係，與一定地域之風俗、民情、倫理、道德等關係密切，故
各國咸以屬人法之連接因素——國籍或住所，爲制定管轄權之基礎。其
立法主義有本國法院管轄主義、住所地法院管轄主義、折衷主義。本法
似採折衷主義立法；原則上依第五十九條，採住所地法院管轄主義。例
外爲求公平，始依第六十條，採本國管轄主義。

第五十九條規定，原則上原、被告住所地之法院皆有管轄權，惟原
告配偶尙須爲瑞士國民或居住於瑞士達一年以上者，其住所地之法院方
有管轄權。本條第二款對原告配偶住所地法院之管轄權所爲限制，頗偏
護本國原告及境內居民。又本條第二款雖對原告配偶住所地法院之管轄
權設有條件，但若符合此條件之原告即得選擇向自己住所地法院或被告
住所地法院起訴，有違「以原就被」之起訴原則，若被告配偶住所不同

原告配偶住所，應訴上相當不便，若一造缺席判決之情形，不僅影響判決之安定，且常使身分關係不能確定，影響配偶及利害關係人甚鉅[12]。

　　第六十條規定；夫妻均未居住於瑞士，而配偶之一方為瑞士國民者，若離婚或別居之訴訟權利在他方配偶住所地法院受限制有失公平者，得向其在瑞士之戶籍地法院起訴，以保護本國人之訴訟權利。此立意雖佳，但對居住於外國之配偶應訴時頗為不便，且判決效力執行效果如何亦未知。再者，就世界各國之法制言，離婚雖多為承認，但別居制度時，僅以一方為瑞士國民就由瑞士法院管轄，尚且依第六十一條第四項規定應適用瑞士法律，此顯然不符內、外國法律平等原則。對夫妻雙方之法律信賴亦有保護不公之嫌。

Ⅱ. 準據法

第六十一條

　1.關於離婚及別居應適用瑞士法律。

　2.但夫妻有共同國籍，且僅一方居住在瑞士者，應適用夫妻共同本國法。

　3.夫妻共同本國法不准許離婚或其離婚條件過於嚴苛者，如夫妻之一方係瑞士國民或居住於瑞士達二年以上者，應適用瑞士法律。

　4.依第六十條之規定，瑞士本籍地之法院有管轄權者，則適用瑞士法律。

釋義：

　　本條關於離婚及別居之準據法主要係採法庭地法主義並酌採本國法

---

[12]　相較之下，日本改正綱要提案甲似較詳盡，卽一被告在日本有住所者，日本法院有管轄權；如被告在日本無住所，但原告有住所者，在下列之場合，日本法院有管轄權：㈠原告被遺棄，被告行踪不明，其他相類之場合。㈡被告應訴而無異議者。山田鐐一前揭文，第二二二～二二六頁。

主義。

　　第一項規定，乃採法庭地法主義，蓋離婚及別居之法律關係，與法庭地之公序良俗息息相關，爲維一國法律之安定與內國社會秩序，因此關於涉外之離婚及別居，依法庭地法（卽瑞士法）。

　　第二項規定，爲前項之例外規定，酌採本國法主義；若夫妻雙方具有共同本國者，如僅其中之一居住於瑞士，應適用該共同國籍國法。又此所謂共同國籍法，不限於瑞士以外國家之共同國籍，例如，夫具有瑞士及甲國之雙重國籍，妻亦有瑞士及甲國之雙重國籍，若雙方均住於瑞士，自應適用瑞士法，若只一方居住於瑞士，則法院似可依實際狀況考量適用共同本國法 —— 瑞士法或甲國法。又若夫具有瑞士及甲國雙重國籍，妻具有甲國國籍，且只夫住在瑞士，則法院應以甲國法爲準據法❸。

　　第三項係第二項的補充規定；若夫妻一方係瑞士國民或居住瑞士達二年以上者，如夫妻共同國籍地法不准許離婚或其離婚條件過苛者，應適用瑞士法律。蓋依當前各國法制，絕大多數承認離婚制度之價值，然仍有部份國家，因於宗教理由多不願承認離婚或嚴格限制，徒於破綻婚姻當事人及其家屬帶來莫大痛苦，故本法設本項規定以爲救濟。

　　第四項規定，若依第六十條規定，瑞士戶籍地之法院有管轄權者，則適用瑞士法律。亦卽夫妻均未居住在瑞士，但其中之一係瑞士國民者，就離婚及別居訴訟如無法在他方配偶住所地之法院提起，或在該地提起顯失公平者，其在瑞士戶籍地之法院就該訴訟有管轄權，並適用瑞

---

❸　又此之夫妻共同國籍法係指「目前現在」卽離婚當時之國籍法或係離婚原因事實發生時之國籍法，不無疑問。由現行國際離婚法潮流已從絕對離婚原因主義走向相對離婚原因主義，有實主義步向破綻主義之趨勢以觀關於離婚之准否旣重在夫妻現處之婚姻狀態是否已達無法維持之程度，則其準據法自應以目前現在之夫妻共同國籍法爲準，較符合國際趨勢，同樣地在適用瑞士法律之場合，亦應採同一立場方稱妥當。

士法。然而，本項規定似屬多餘；因本條第一項已明定離婚或別居訴訟係依瑞士法（法庭地法）並非住所地法，故無慮依住所地法判決。且六十條適用的要件之一是夫妻均未居住瑞士，而第二項適用要件之一是僅其中一位住在瑞士，故亦無本條第二項依共同國籍法之適用。因此六十條之情形當依瑞士法律，無須明定。此外，若他國不允許離婚時，適用瑞士法，尚頗合理。但若他國不承認別居制度時，因此制度尚非國際共識，概依瑞士法恐違法律平等原則並破壞該他國配偶之法律信賴。

Ⅲ. 暫時性措施

第六十二條

1. 離婚或別居訴訟繫屬中之瑞士法院，除該法院就其實體顯無轄權或已經有既判力之裁判加以確認者外，有作成暫時性措施之權限。

2. 前項暫時性措施，應適用瑞士法律。

3. 現行法有關夫妻間扶養義務（第四十九條）、親子關係（第八十二、八十三條）及未成年子女之保護（第八十五條），不受本條規定之影響。

釋義:

本國法院無管轄權及已有既判力之裁判者，本國法權即不應發動，否則無管轄權或一事再理，將使本國法院判決逾權或徒勞無功。然而，有時案件相關事宜頗重要或緊急，有予以保全之必要，故本條第一項規定，訴訟繫屬中之瑞士法院，除該法院就其實體顯無管轄權或已有既判力裁判加以確認者外，有命為暫時性措施之權，以利爾後訴訟案件之調查及進行，保護當事人之權益。另外，所謂「無管轄權」應指瑞士法院無國際管轄權，而非指該瑞士法院無國內管轄權之情形。

又採暫時性的措施，既爲權宜性、重時效的方法，自以適用法庭地法爲當，以利措施之順行、明確。故本條第二項規定：前項暫時性之措施，應適用瑞士法律。

本條第三項規定，現行法有關夫妻間扶養義務、親子關係及未成年子女之保護，不受本條規定之影響。此之「不受本條規定之影響」，應指夫妻扶養義務、親子關係、未成年子女之保護等不問是否就其實體顯無管轄權或已經有確定裁判，概得作成暫時性措施；而非概不得作成暫時性措施。因此些事項，亦有保全之必要無概予否定之理，且此些事項，涉及夫妻之生活維持或子女保護之問題，故爲保全有關事宜起見，實有概得作成暫時性措施之必要。

Ⅳ. 附隨效果

第六十三條

1. 瑞士法院有權管轄離婚或別居之訴訟者，對於離婚之附隨效果亦有管轄權。
2. 離婚或別居之附隨效果，應適用離婚或別居之準據法。
3. 現行法有關姓名（第三十九～四十條）、夫妻間之扶養義務（第四十九條）、夫妻財產制（第五十二～五十七條）、親子關係（第八十二、八十三條）及未成年子女之保護（第八十五條），不受本條規定之影響。

釋義:

本條第一項規定，瑞士法院有權管轄離婚或別居訴訟者，對於離婚之附隨效果亦有管轄權，乃採本案法庭地法院管轄主義。本條第二項對離婚或別居之附隨效果之準據法，則採本案準據法說。此二項之規定，使離婚及別居與其附隨效果，能夠有統一的管轄權及一致的準據法適

用，使整個離婚及別居的法律關係，能有較一貫的解法，避免裁判矛盾或未竟完全⓮。

又本法對於姓名、夫妻間扶養義務、夫妻財產制、親子關係及未成年子女之保護等，已另為管轄權及準據法之規定，故優先於本條規定離婚及別居之附隨效果管轄權及準據法之一般規定，而適用各該事項之管轄權及準據法之特別規定。

V. 判決之補充或變更

第六十四條

1. 離婚或別居之裁判若係由瑞士法院所作成，或依第五十九條或第六十條之規定，瑞士法院具有管轄權者，瑞士法院對於補充或變更該裁判之請求有管轄權。現行法有關未成年子女保護之規定，不受本條規定之影響。

2. 補充或變更離婚或別居裁判之訴訟，應適用離婚或別居之準據法。現行法關於姓名（第三十七～第四十條），夫妻間扶養義務（第四十九條），夫妻財產制（第五十二～第五十七條），親子關係（第八十二、第八十三條），及未成年子女保護之規定，不受本條規定之影響。

釋義:

依本條第一項規定，瑞士法院對於離婚或別居裁判之變更或補充之

⓮ 本法就離婚及別居之裁判管轄權雖設有明文，但對於婚姻無效或撤銷之管轄權問題則缺乏規定，在學說上，固有認婚姻之無效或得撤銷係與婚姻成立相關之問題，故主張婚姻舉行地有管轄權，或如在因締結婚姻致國籍發生變更者，則由原國籍國管轄，但在各國之立法，判例實務上，則以準用離婚之管轄權為通例，蓋一、婚姻之無效或撤銷，在消滅婚姻關係之點上，與離婚並無差異。二、準用離婚管轄權也較符合當事人之便利。山田鐐一前揭書，第二〇七～二〇八頁。

請求於下列情形有管轄權；一、該裁判係由瑞士法院作成者，二、被告配偶住所地之瑞士法院，三、原告配偶係瑞士國民或居住瑞士達一年以上者,其住所地之瑞士法院,四、夫妻均未居住瑞士而其中之一方為瑞士國民者，若其訴訟權在他方配偶住所地法院受影響者，其瑞士戶籍地之法院（第五十九、六十條）。至於現行法有關未成年子女保護之規定，則不受本條規定之影響。亦即，離婚或別居裁判之變更或補充，縱然與未成年子女有關，但對未成年子女保護規定之適用不受影響，不依本項規定定管轄之有無。

本條第二項，規定離婚或別居裁判之變更或補充之請求，應適用之準據法為離婚或別居之準據法，使該裁判所依之實體法能為一致，求得較一貫合理地解決。至於現行法關於姓名、夫妻扶養義務、夫妻財產制、親子關係及未成年子女保護之規定，不受本條規定之影響。亦即此些事項應適用有關該事項準據法之規定，不因其與離婚或別居之裁判變更或補充相關、而改變其準據法之適用，並不依本項規定之準據法。

Ⅵ. 外國判決

第六十五條

1. 離婚或別居之外國判決，如係由夫妻一方之住所地、習慣居所地或國籍所在地之國家所作成或為各該國家所承認者，在瑞士仍被承認。

2. 但如作成裁判之國家並非夫妻之共同國籍國或僅原告配偶係該國國民者，只在具有下列情形之一時，瑞士始予承認。

   （a）提起訴訟時，至少一方配偶之住所地或習慣居住地係在該國，且被告配偶在瑞士無住所者；

   （b）被告配偶已服從該外國法院之管轄權而無異議者；

(c) 被告配偶已明示同意瑞士承認該判決者。

釋義:

　　本條第一項規定瑞士所承認之外國判決，包括夫妻一方之住所地國、習慣居所地國或國籍所在地國所作成或加以承認之判決，便與夫妻屬人性因素相關的住居所、國籍配合。

　　本條第二項規定，對夫或妻本國所作成或承認之判決限制瑞士承認之範圍，亦即若該本國非夫妻共同國籍國或僅為原告配偶國籍國時，為保障被告配偶而只在被告與該國有地緣關係（住、居所），或被告服從管轄而無異議，或被告明示同意瑞士承認該判決者，瑞士始予承認。

　　本條對外國判決之承認所為規定，尚稱適當，惟立法技術上不無可議之處；第一項中已明定對夫妻一方之國籍所在地國所作成或承認者加以承認，第二項又單就國籍國作成或承認者，嚴格承認條件。因此有兩點值得檢討，一、第二項規定以嚴謹態度觀之，會造成「該項是對判決國之判決所作承認之限制而非只針對夫妻一方國籍國判決所做的承認限制」之誤會。二、既然對於國籍國判決或加以承認者，認為有多點應加限制，則若單獨列項，或許較為一致且明確❺。

---

❺　瑞士當局從一九七三年指定以 Frank Vischer 教授為首之特別委員會，著手研究該國國際私法之起草工作，歷經一九七八年之第一草案，直至一九八二年作成第二草案向聯邦國會提出，又經過聯邦國會兩院激烈之討論後，此法案終於在一九八七年十二月十七日被通過，並於一九八九年一月一日正式生效。此一嶄新的國際私法法典，顯然已結合了瑞士與大西洋兩岸關於國際私法潮流之最新發展，其婚姻法當然也不例外。但是在詳盡、周延之成文法規外，在適用上，仍不免有若干疑義產生，尤其是關於外交婚、領事婚是否承認（即當事人之一方依其本國法，在該國大使，公使或領事館舉行婚姻者，其效力如何，方式上是否有效）又外國人在瑞士締結婚姻者，關於其具備婚姻要件之證明有無在本法或他法加以規定之必要，該項證明是否須具體明確抑或一般性質即可，夫妻有無增訂婚約準據法之必要，凡此均有待更進一步之研究與發展！

第四章　親子關係　(莊金昌)

第一節　因出生之親子關係

Ⅰ. 管轄權

第六十六條　原　則

子女之習慣居住地或父母之一之住所地之瑞士法院，對於親子關係之成立或爭執所提起之訴訟之判決有管轄權。

釋義：

有關管轄權在本法第二條有原則性之規定，即規定被告住所地之瑞士司法或行政機關有管轄權。而本條以親子關係之成立或爭執所提起之訴訟，以子女習慣居住地或父母之一之住所地之瑞士法院為其管轄法院。

習慣居住地為海牙國際私法會議長久以來所提倡，做為替代國籍與住所地之屬人法之連繫因素。做為國籍與住所地之折衷之觀念，首次正式出現於一九五一年之海牙國際私法會議締結之 Convention to regulate Conflicts between law of Nationality and the law of Domicile ❶ 將住所定義為個人慣居之地，而一般英國學者認為習慣居住地為一介於住所地與居所地之觀念。

---

❶　關於本公約之詳細內容，請參閱劉鐵錚：「國際私法論叢」(民國七十八年)第二一六～二一八頁。

英美法學者認爲子女之身分問題與其本身有最重要之關係，因此應以其之固有住所 (domicile of origin) 爲依據較爲合適。

德國在親子事件中，只要一方當事人在德國有經常居所，德國法院即有管轄權 (參見德國民事訴訟法第六四〇條之一第二項)。

第六十七條　本籍地之法院

當父母無住所在瑞士，且子女並無習慣居住地在該處時，關於親子關係之司法上之成立或爭執所提起之訴訟，如該訴訟不能於父母之一之住所地或子女習慣居住地提起，或者該訴訟不能在該處合理獲得提起時，父母之一之瑞士本籍地之法院對該裁判有管轄權。

釋義:

習慣居住地依本法第二十條第一項第二款之規定，其定義爲在某特定期間而居住在該處，即使該期間係預先訂定之有限期間。

依本法第二十三條規定當一個人除了瑞士國籍外尙擁有一或多個外國國籍時，則瑞士本籍地法院被考慮爲決定其管轄權之法院。本籍地即固有住所是每個人於出生時由法律所賦予的住所，固有住所之觀念與國籍相連接在一起。

美國國際私法第六十九條規定: 特定法域對於身分事件，非以合理之方法將訴訟通知當事人及提供合理之應訴機會者，不得行使司法管轄權。

Ⅱ. 準據法

第六十八條　原　　則

1.親子關係之發生 (die Entstehung)、確立 (或成立 die Festellung) 和爭執 (die Aufectung) 應適用子女習慣居住地國之法律。

2.但如父母均無住所在子女習慣居住地國，且如父母和子女擁有相同之國籍時，適用後者國家之法律（即適用同國籍之國家之法律）。

釋義：

　　婚生子女關係應從父母與子女那一方之本國法，此問題之立法主義，有子女之本國法主義及父母之本國法主義兩種，子女之本國法主義以保護子女之權利義務爲主旨，而在採血統主義爲出生授籍原則之國家則因婚生子女關係之確定與國籍之決定尤有關係，所以適用父母之本國法以配合血統主義，又因子女是否婚生子女係就子女與父母之關係而決定，當以適用父之本國法爲合理。

　　我國有關子女身分之問題，規定於涉外民事法律適用法第十六條「子女之身分，依出生時其母之夫之本國法，如婚姻關係於子女出生前已消滅者，依婚姻關係消滅時其夫之本國法」，因子女之身分，一般言之，父子間較常發生問題，而母子間通常出生時即已確定，較無問題。

　　在奧國關於婚生子女之成立要件及其訴訟，應依該子女出生當時夫妻之屬人法決定之，若婚姻在生產前已爲解除，則依夫妻之屬人法決定之，若該子女之父母雙方之屬人法不同，則以最有利於使該子女成爲合法婚生之一方之屬人法爲準據法（參見一九七八年六月十五日奧國國際私法第二十一條）。

　　德國則規定子女之婚生身分以出生時依第十四條第一項對其母之婚姻一般效力所應適用之法律爲準據，出生時父母分屬不同國而子女依其中一國法爲婚生者，則其爲婚生。父母之婚姻在出生前已解消者，以解消時爲準。子女亦得依其經常居所地 (gewöhnlichen Aufenthalt) 法而否認其婚生。父母與婚生子女間之法律關係，依第十四條第一項對婚姻之一般效力之準據法，婚姻不存在者，適用子女有經常居所之國之

法律（參照一九八六年七月二十五日西德國際私法新法第二十條）。

英美法有關是否爲婚生子女之問題，一向以實體上該子女是否於合法之婚姻中出生 (born in lawful wedlock) 爲依據，而該婚姻是否爲合法之婚姻再依其國際私法而定，如該子女於合法之婚姻中出生，則爲或被推定爲婚生子女。

第六十九條　決定之時間

在決定親子關係之發生、司法上之成立或爭執之適用法，以出生之日來決定。

但在親子關係之司法上之成立或爭執之情形，如在決定子女之利益是如此需要時，則以提起訴訟之日來決定。

Ⅲ. 外國之判決

第七十條

關於親子關係之司法上成立或爭執之外國判決在瑞士被承認，當該訴訟係在子女之習慣居住地或國籍之國家或母親或父親之住所地或國籍之國家所提起時。

釋義:

每一國法院對於他國法院之判決，並不當然承認其效力，此乃由於維護內國主權使然，然因國際間相互之關係，凡屬合法管轄之外國法院所解決之涉外法律關係，其效力亦應爲其他有關國家所承認。英美法系國家，通常不承認外國判決之效力，當事人必須在該等國家重新提起訴訟，其在外國所獲得之判決，得做爲訴因 (Cause of Action)，並由法官酌量其可受理之條件。

依美國國際私法規定「在外國的兩造辯論程序中，經公平審理所成的有效判決，就該判決之直接當事人及訟爭的訴訟原因而言，可獲得

美國的承認」❷，外國判決原則上不能獲得美國的承認，除非美國法院相信該外國法院有管轄權，並且「有提供充分公平的外國審理之具有適當管轄權之法院，經由法定程序傳喚，傳喚被告或被告自己到庭而依通常程序爲審理之一個使外國人與本國人間能夠獲得正義之司法制度，且法院或法律制度無任何偏頗之跡象，或無以詐欺獲取該判決」。

外國法院之確定判決如合乎國際規準，應被認爲一種既得權而受普遍之尊重，其要件需爲ⓐ在訴訟程序上法院於受理請求許可執行之訴訟時，應首先審查外國判決之副本，尤其翻譯本之眞實性，然後再審查外國判決之訴訟程序在形式上是否合法；ⓑ外國判決必須依內國法認爲係屬合法管轄之法院所爲之判決；ⓒ外國判決必須依內國國際私法指定應適用之法律所取得之權利，始予承認；ⓓ外國判決必須不違背內國公序良俗，而當事人又無法律詐欺之情事，其效力始爲內國所承認。

瑞士有關外國判決之承認及效力仍須依其國際私法第二十五條至第三十二條之規定。

第二節 認 領

Ⅰ. 管轄權

第七十一條

1. 認領子女之管轄權是屬於子女出生地或習慣居住地之瑞士機關，爲母或父之住所地或本籍地之機關亦同。

2. 當認領發生在一司法程序進行中而其親子關係具有法律上重大意義時，在訴訟繫屬中之法院亦得接受該認領。

---

❷ 參見美國法律學院所編之「美國國際私法整編」第九十八條。

3.對於親子關係之司法上之成立或爭執訴訟之裁判有管轄權之法院，對於認領之否認亦有管轄權（第六十六條及第六十七條）。

釋義:

關於非婚生子女之認領子女之出生地、習慣居住地及父母住所地或本籍地之機關均有管轄權。惟在一司法程序中，認領是否成立爲一先決問題時，則該訴訟繫屬之法院，對該認領亦有管轄權，此本條第二項所規定。

Ⅱ. 準據法

第七十二條

1.在瑞士認領子女得依據子女之習慣居住地或國籍之法律或父或母之住所地或國籍之法律。認領之日期是具決定性的。

2.在瑞士認領之方式依照瑞士法。

3.認領之否認依照瑞士法。

釋義:

關於非婚生子女身分問題，首先應加以考慮者爲無辜子女之利益，在民法上已將此一觀念吸收，在國際私法上亦如此，爲確保其準據法之單一，儘可能視之爲一體而受同一法律之支配，非婚生子女問題常指出社會秩序之混亂而涉及到公安，以致於原應適用之法律被公安之名排除其適用，例如有些國家禁止非婚生子女之認領，以免使不正常之關係合法化，或雖許認領，然對於亂倫所生之子女或姦生子女則有所限制❸。

現代法律多半趨向於幫助和改善未婚媽媽所生子女之地位，例如非

---

❸ 參閱 Case eiv. 8. Mars. 1938 Fortaine C. Pulteney, D.P. 1939. 1.17Note Nast 1838, 653 以及法國民法第334條之10，引自曾陳明汝，「國際私法原理」（民國七十年）第三六六頁。

婚生子女與生母之關係，在多數國家亦可由於分娩之事實而當然視爲婚生子女無須認領❹。

　　未經父母之婚姻而發生親子關係，其方式在實體法上有日耳曼法系之血統主義及羅馬法系之認領主義，依血統主義因出生之事實而當然發生親子關係，依認領主義只能依具備一定方式之認領，始能發生親子關係。瑞士國際私法仿照羅馬法系，就認領而發生之親子關係規定其準據法。

　　關於認領實質要件之準據法，有法院地法主義，謂非婚生子女之認領應依屬地法，不適用外國法律，此主義風行於美洲國家，而爲布氏法典 (Bustament Code) 所採取。但認領爲身分行爲，尚無適用法院地法之特別理由，所以學者均認其應受屬人法之支配，屬人法主義中分爲母之住所地法主義、母之本國法主義、母及子之本國法主義、子之本國法主義及各該當事人之本國法主義。

　　我國有關認領之要件之準據法規定於涉外民事法律適用法第十七條第一項「非婚生子女認領之成立要件，依各該認領人、被認領人認領時之本國法」，依此規定認領之成立要件就父或母，適用父或母之本國法，就子女適用子女之本國法，認領須俟其分別兩者具備要件後始得成立。雖其立法用意在期兼顧雙方之利益，然只要任何一方之本國禁止非婚生子女之認領，則此一認領即無法成立，對雙方當事人均非有利，各國立法及學說均偏向於顧全子女之利益，若能承認依認領者或被認領者任一方之屬人法所爲認領的效力，較符合時代之潮流。如一九七二年法國新民法第三一一條之十七規定，凡依認領者或被認領者任一方之屬人法所爲之認領均承認其效力。奧國國際私法第二十二條規定婚生子女因

---

❹　參閱我國民法第一〇六五條第二項規定。

其後父母之婚姻而被認領之要件， 應依其父母之屬人法決定之， 若其父母雙方之屬人法不同，則以最有利於使該子女被認領之屬人法爲準據法，而西德新國際私法第二十一條第二項亦規定依準正以外之方式取得婚生地位，依爲表示婚生之一方父母所屬國法，如爲認領之父母在子女取得婚生地位前死亡，則依認領人最後所屬國法。

Ⅲ. 在外國所爲之認領或否認

第七十三條

1. 在外國所爲子女之認領在瑞士被承認，如在子女之習慣居住地或國籍之國家，或母或父之住所地或國籍之國家是有效時。
2. 認領之否認之外國判決如在前項所述其中之一國家所作成者在瑞士被承認。

釋義:

本條規定只要在子女之習慣居住地或國籍之國家或母或父之住所地或國籍之國所爲有效之認領在瑞士被承認，而認領之否認之判決在上述國家所提起者在瑞士亦被承認，因其所採取者與瑞士國際私法相同之準據法。

Ⅳ. 準 正

第七十四條

第七十三條類推適用於外國準正之事件。

釋義:

所謂準正係子女因父母事後結婚而取得婚生地位。

第三節　收　養

Ⅰ. 管轄權

第七十五條

1. 准許收養之管轄權是屬於收養人或收養夫妻之住所地之瑞士司法或行政機關。
2. 關於親子關係之司法上之成立或爭執之訴訟有裁判管轄權之法院，對收養爭執之裁判亦有管轄權（第六十六條及第六十七條）。

釋義：

在英美法中，法院管轄權之確定實較法院地準據法選擇規則重要，一九六四年海牙會議有關收養命令之管轄權、準據法及承認之公約 (The 1964 Hague Convention on Jurisdiction Applicable Law and Recognition of Decress Relating to Adoption) ❺有關管轄權之規定為「可以批准收養之管轄權是在於ⓐ收養者習慣居住地國之當局(authorities) 或於夫婦共同收養時,雙方共同習慣居住地國之當局; ⓑ收養者之國籍地之當局或於夫婦共同收養時，雙方共同之國籍地之當局。上述之習慣居住地及國籍，必須於提出收養之申請時及於被批准收養時皆存在方可（參見該公約第三條）。」

美國法律整編國際私法第七十八條規定特定法域對於收養成立要件於下列情形者，得行使司法管轄權: ⓐ收養者或被收養者在該法域內有住所者，以及ⓑ該法域對於收養者與被收養者或被收養者之法定監護人均有對人之司法管轄權。即要求以小孩之住所(其親生父母之住所)或養

---

❺　關於本公約詳細內容，請參閱劉鐵錚:「國際私法論叢」（民國七十八年）第一八七～一九三。

父母之住所爲法院之管轄權方可。有些州認爲小孩之居所 (residence) 於該州內，及養父母之住所於該州內，卽使得該州之法院對該收養事件有充足之管轄權基礎，至於法院對該小孩是否有對人訴訟管轄權基礎並不重要。

　　瑞士則是採取以收養人或夫妻爲共同收養時以其住所地之瑞士法院或行政機關爲其管轄權機關。

第七十六條　本籍地法院

　　收養人或爲收養之夫妻並無住所在瑞士且其中之一是瑞士人，且他們不能在他們國外之住所爲收養或不能在該處合理地得到提起收養程序時，准許收養之管轄權屬於本籍地之司法或行政機關。

釋義：

　　如前條所規定准許收養之管轄權是屬於收養人或收養夫妻之住所地之瑞士司法或行政機關，而本條則規定收養人或收養之夫妻無住所在瑞士，而其中之一人爲瑞士國籍時，則以其本籍地之司法或行政機關對收養之准許加以管轄，但以不能在同外之住所爲收養或不能在該處合理地提起收養之程序爲限，以保障收養之成立係爲子女之利益，而海牙國際私法會議於一九六四年簽訂之有關收養命令之管轄權準據法及承認之公約，係針對國際收養，在該公約下爲收養命令之管轄權，得基於下列兩種而取得。收養人或收養配偶之習慣居住地或者收養人或收養配偶之國籍，已如前條所述（參照該公約第三條之規定），卽當配偶欲收養時，必須有共同習慣居住地或共同國籍在法庭地時，該國始取得管轄權，配偶若無共同之習慣居住地或共同之國籍時，則不能在該公約下爲收養，瑞士法係以住所地爲準而非以習慣居住地，但輔以國籍。

II. 準據法

第七十七條

1. 在瑞士收養之要件依瑞士法。

2. 當收養在收養人或爲收養夫妻之住所地或國籍地之國家不被承認且該子女之利益在該處將受到嚴重侵害時，該機關必須同時考慮到有疑問之國家法律規定之要件，縱如此該承認不能得到確保時，則該收養不予准許。

3. 在瑞士提起准許收養無效之訴訟適用瑞士法，在其他國家所爲之收養准許僅於依瑞士法亦存有相同無效之原因時，在瑞士可能被認爲無效。

釋義：

　　由於收養制度本身將創設養親與養子女間之擬制的血親關係，因此在多數國家亦均以之歸入屬人法之範圍，有收養人屬人法主義與被收養人屬人法主義、收養人及被收養人各該本國法主義兩種立法主義，又因將養親及養子女間的關係儘量比擬爲與婚生子女間之親子關係，在此情況下宜適用婚姻效力之準據法，亦卽適用收養者之法律。在多數國法制下被收養者應爲未成年人（在我國無此限制），因此被收養者當然應生活於收養人之家中，故以收養人之法律爲適宜。

　　在德國收養依收養人在收養時所屬國法，由配偶之一方或雙方收養者，依第十四條第一項對婚姻之一般效力應適用之法爲準據（參照一九八六年西德國際私法新法第二十二條），奧國國際私法第二十六條規定收養及終止收養關係之要件應依養父或養母任一方之屬人法決定之。若該養子女之屬人法規定，須徵得該養子女本人或與該養子女有法定親屬關係之第三人之同意，則該養子女之屬人法就此點而言亦爲準據法。收養之效力應依收養人之屬人法決定之，若由夫妻共同收養，則依規範該婚姻之屬人法之法律決定之，但夫妻一方死亡後，應依生存之他方之屬

人法決定之。此乃爲增加對養子女之保護而爲之規定。

在英美法因收養皆須經法院之許可（我國民法修正後亦規定收養應聲請法院認可），故美國法院視收養爲一程序法規，而無法律選擇法規 (choice of law rule) 問題之存在，故一向皆以法院地法爲準據法（參照美國國際私法整編第二百八十九條規定），以求得未成年被收養者最大幸福之保障。而一九六五年十一月十五日之海牙公約規定收養之成立要件依受理機關之法律，通常爲收養者習慣居住地或其本國法。法國判例及多數學說則偏向於適用被收養者之本國法，然當收養人爲法國人時，則又以法國法爲適用，此外，外國法之規定若違反法國公安時，亦將被排除適用。

我國有關收養之條文規定於涉外法律適用法第十八條收養之成立及終止，依各該收養者被收養者之本國法。收養之效力依收養者之本國法。故我國有關收養成立及終止之要件須同時符合收養者之本國法及被收養者之本國法方可，此一分別適用說，由於雙方法律所規定條件之不同，致使涉外收養關係，難以成立，實非適宜，誠如法國學者Batiffol所說「無異於使當事人雙方之法律重疊適用，而違反一般有利於收養制度之原則」，因此關於收養之準據法實宜採多數國所採行之收養者之本國法主義較妥。

本條規定在瑞士收養之要件依瑞士法並將不予准許收養之情況予以規定，以杜爭議。

Ⅲ. 收養及外國法相似制度

第七十八條

1. 當收養人或爲收養之夫妻之住所地或國籍之國家已准許之外國收養在瑞士被承認。

2.收養或外國法相似制度，依瑞士法除成立親子關係外尚有其他重
　要效果時，在瑞士僅承認作成地國所賦予之效力。

釋義:

　　在外國合法成立之收養關係，在內國法院是否承認，其承認之標準
爲何，均爲涉外收養之承認之問題，任何法律衝突問題，其解決之點有
二，一爲權利取得之問題，卽權利之取得變更喪失之準據法問題，另一
爲旣得權問題，卽權利在管轄法域依法取得之後，在他國之效力若何。
在收養亦同，其可能發生之問題也不外乎此二者。如中國人在中國收養
一日本人，究應適用何國法律，以在中國取得合法之收養，此爲權利取
得之問題，應依照我國涉外法律適用法第十八條，以定其準據法，若合
乎該適用法律之成立要件時，則收養關係在中國卽合法存在，同樣地若
一瑞士人在瑞士收養一中國人，在我國是否受到承認，則爲旣得權問
題。如該收養依取得權利地國法律認爲合法取得者，則得爲承認。旣得
權旣爲權利取得後之效力承認問題，苟其權利非依取得權利地之法律，
已合法取得，則其效力自無爲他國所承認之問題。因而本條規定在收養
人或收養夫妻住所地或國籍已准許之外國收養在瑞士被承認，其效果亦
係在作成地國有承認之效力，在瑞士方承認其效力。

　　收養身分之重要性，主要爲收養後之效果，依收養可能發生之效果
有子女之國籍、對養父母姓氏取得權、扶養權、繼承權及因父母死亡之
損害賠償請求權，而養父母相對的亦取得對養子女之扶養請求權及繼承
權。如對外國收養賦予特定之效果，將影響國內法域重要之公共政策
時，該內國法將不與之，例如收養者收養之目的僅在於使養子女入境
時，則對於在外國所收養之子女，不准其繼承養父母之財產。

第四節　親子關係之效力

Ⅰ. 管轄權

第七十九條　原　　則

1. 子女習慣居住地或其等住所地，無住所時，爲被告父母之習慣居住地之瑞士法院，對關於親子關係之訴訟及特別在有關扶養子女之訴訟之判決有管轄權。

2. 本法有關姓名（第三十三條、第三十七條至第四十條）未成年之保護（第八十五條）及繼承（第八十六條至第八十九條）之規定不受本條之影響。

第八十條　本籍地之法院

當子女或爲被告之父母無住所或習慣居住地在瑞士且其中之一爲瑞士國人時，本籍地之法院有管轄權。

釋義:

本條規定仍是原則以住所或習慣居住地在瑞士之法院有管轄權，如無，但其中之一人爲瑞士國籍人時，仍以瑞士之本籍地法院有管轄權。

第八十一條　第三人之請求權

依第七十九條及第八十條指定之瑞士法院對下列裁判有管轄權：

(a)經許可之主管機關事先之墊款之賠償請求權。

(b)發生於子女出生時之扶養費和費用賠償而由母親提出之請求權。

Ⅱ. 準據法

第八十二條　原　　則

1. 父母與子女間之關係適用子女習慣居住地之國家之法律。

2. 但如父母無住所於子女習慣居住地之國家，且父母和子女之國籍相同時，適用該本國法。

3. 本法有關於姓名（第三十三條、第三十七條至第四十條）、未成年人之保護（第八十五條）、繼承（第九十條至第九十五條）之規定，不受本條之影響。

釋義：

　　親子關係在民法上稱爲父母子女關係，親包括父與母，子包括子與女，親子關係可分爲自然的親子關係與擬制的親子關係，前者又可分爲婚生子女與非婚生子女關係，後者則指收養關係而言。父母子女關係爲構成民法上人之身分之因素，所以在國際私法傳統地歸入屬人法之範圍。

　　關於親子間權利義務關係之準據法，有子女本國法主義、父母本國法、子女本國法合併主義、親權行使地法主義以及財產所在地法主義四種立法主義；瑞士國際私法對於親子關係之準據法係採取子女習慣居住地國家之法律，但父母與子女有共同國籍時，則適用其共同國籍之本國法。而有關姓名、未成年人之保護、繼承依其特別之規定，則不受本條之影響。

　　我國涉外民事適用法第十九條係採取父母本國法主義，其規定爲「父母與子女間之法律關係，依父之本國法。無父或父爲贅夫者，依母之本國法」，依此規定，應先適用父之本國法，只要父生存，卽使父喪失親權，或對於子女已設置監護人，或父與母離婚，應一律適用父之本國法，父死亡而非婚生子女未經認領，適用母之本國法。至於本條中所規定父之本國法或母之本國法，均係指父或母現時之本國法而言，其所以不適用子女出生時父或母之本國法，乃避免複數子女於不同時期出生，而父或母如國籍有所變動或法律有所變更，勢必使父母與子女間法律關係以不同之法律爲準據法而有不公平之待遇。

第八十三條　扶養義務

1. 父母和子女間之扶養義務適用一九七三年十月二日扶養義務準據法之海牙公約。

2. 就母親扶養及發生於子女出生時之費用賠償請求權之請求權利之範圍在前述公約未規定時，將類推適用其規定。

釋義：

各國扶養義務制度甚受各國風俗習慣、道德觀念、財產制度甚至社會福利制度之影響，其間甚有差異，因此為解決其法律衝突而設之準據法，亦須對此加以考慮，因而扶養準據法之立法主義，頗有鑑於扶養之實體法規與法院地國之公序良俗有關而主張採取法院地法，但扶養義務係因一定身分關係而發生，因此乃認為應適用屬人法較多，而屬人法主義又分為扶養權利人本國法主義及扶養義務人本國法主義，我國涉外民事法律適用法第二十一條規定扶養依扶養義務人之本國法，乃採扶養義務人本國法主義。

海牙扶養公約係採取扶養權利人習慣居住地之內國法，扶養權利人不能由義務人獲得扶養時，適用雙方共同本國法（見該公約第四條及第五條）。德國國際私法亦同此規定（參見德國國際私法新法第十八條第一項）。

Ⅲ. 外國判決

第八十四條

1. 關於父母與子女間之相互關係之外國判決在瑞士被承認，如該判決係在子女之習慣居住地或為被告父母之住所地或習慣居住地國家所作成時。

2. 本法有關於姓名（第三十九條）、未成年之保護（第八十五條）及繼承（第九十六條）之規定不受本條之影響。

第五章　監護及其他保護措施

（莊金昌）

第八十五條

1. 關於未成年保護事件之瑞士司法或行政機關之管轄權、準據法及外國判決或措施之承認，應依照一九六一年十月五日有關未成年保護之管轄權及準據法之海牙公約。

2. 該公約被類推適用於一人已成年然依瑞士法其僅爲未成年人且該人並無習慣居住地於簽約國中之一國。

3. 當保護該人或其財產是有必需要時，瑞士司法或行政機關仍有管轄權。

釋義：

監護之制旨在保護無能力人之利益，本國法屬人法最適合於保護，故一般均以屬人法爲監護之準據法，監護之當事人有監護人及受監護人，因而有主張應以監護人屬人法爲其準據法，或主張受監護人屬人法爲其準據法。

奧國國際私法第二十七條規定「監護關係之設立與終止之要件及其效力應依被監護人屬人法決定之。關於監護關係之其他爭議，就僅涉及監護關係之監督而言，應依監督該監護之權力機關之法律決定之」，係採受監護人屬人法爲其準據法。

德國國際私法亦採受監護人所屬國法爲準據法，其第二十四條規定「監護之發生、變更與終止以及法定監護與監理內容，依受監護人或受監理人所屬國法，有禁治產之情形，得依第八條之規定，依德國法命監

護，亦得不命監護，而依民法第一千九百十一條之規定命監理。因不能確定何人為關係人或關係人在他國而有必要處置監理時，應適用對該事件之準據法。暫時處分以及命監護監理之內容，依為命令之國之法律」。

美國國際私法對監護事件之管轄係規定於其第七十九條特定法域對於子女或成人之監護權之決定或監護人之指定事件，於有下列情形之一者得行使管轄權；(a)子女或成人於該法域內有住所者；(b)子女或成人現在該法域內者；(c)子女或成人在該法域無住所，且現在亦未在該法域內，而該法域對於糾紛之當事人皆有對人之司法管轄權者。

我國有關監護之條文規定於涉外民事法律適用法第二十條：監護依受監護人之本國法，但在中華民國有住所或居所之外國人有下列情形之一者，其監護依中華民國法律：一、依受監護人之本國法，有應置監護之原因而無人行使監護之職務者。二、受監護人在中華民國受禁治產之宣告者。因此我國係以受監護人之本國法為準據，以期達到保護受監護人之目的，外國人在我國有住所或居所時，在特殊情況下為維持社會秩序，亦以我國法律為準據，監護一般可分為對未成年人之監護 (Guardian; Vormundschaft) 及對精神病患者之監理 (Curator; pflegeschaft)，如德國國際私法卽兼有二者，但我國涉外法律適用法並未加以區分，瑞士國際私法亦同。英美法有關於監護之問題常以住所地法為準據，英國法律規定任何有關未成年子女之監護權或未成年子女財產之處理，法院應將未成年子女之幸福與照顧視為最高原則 (shall regard the welfare and care of the minor as the first and paramount consideration, 參照英國 The Guardianship of Minors Act 1971, article)。

第六章 繼 承 (莊金昌)

I. 管轄權

第八十六條 原 則

1. 死者最後住所地之瑞士司法或行政機關就關於處理繼承結算和繼承爭執之裁判有管轄權。

2. 不動產所在地國主張專屬管轄時，不受本條之影響。

釋義:

　　本條規定繼承之管轄以死者最後住所地之瑞士司法或行政機關對繼承之結算和繼承事項之爭執有管轄權。不動產所在地國對座落在該國之不動產主張有專屬管轄權時，固排除第一項之管轄，否則則不然。

第八十七條 本籍地法院

1. 死者本籍地之司法或行政機關，於瑞士國人死亡時居住於瑞士國以外之地，而外國機關並未主張其管轄權時，有處理繼承之管轄權。

2. 本籍地之機關通常有其管轄權，當依遺囑或遺囑之契約，而瑞士人有其最後住所於該外國需遵從其管轄權或遵從瑞士法律，而其全部或部分財產位在瑞士時，第八十六條第二項不受本規定之影響。

釋義:

　　本條係規定死者死亡時居住於瑞士國以外之地區，外國機關並未主

張管轄權或財產之全部或部分位在瑞士時，由死者本籍地之法院或行政機關來行使其管轄權。

第八十八條 *所在地法院*

 1.如一外國人住在外國而於死亡時留有遺產在瑞士，而外國機關並未主張管轄權，此時該遺產所在地之司法或行政機關有管轄權去處理該部分位於瑞士之遺產。

 2.如財產在不同之地區，首先採取法律行動之瑞士機關有管轄權。

釋義：

 前已述死者最後住所地之瑞士司法或行政機關對於繼承事項原則上有其管轄權（第八十六條），本籍地之法院在某些情況下亦有管轄權，而本條則是外國人住於外國而死於瑞士留有遺產在瑞士時，由遺產所在地之瑞士機關處理該遺留在瑞士之遺產，而財產分散在不同之瑞士地區，由首先行使管轄權之瑞士機關行使其管轄權。

第八十九條 *保存措施*

 如死者在外國有其最後住所且留有財產在瑞士時，則該財產所在地之瑞士機關，必需採取必要措施而為暫時保護該財產。

Ⅱ. 準據法

第九十條 *最後住所在瑞士*

 1.有繼承權之人有最後住所在瑞士時適用瑞士法。

 2.但外國人得依遺囑或遺囑契約將其繼承權適用其國籍中之一國家之法律，然其死亡時該處分人不再保有該國籍或已取得瑞士之國籍時，其選擇是無效的。

釋義：

 繼承具有財產法與身分法之性質，因而著重繼承財產法性質者即主

張繼承應依財產所在地法，但著重繼承身分法性質者，則認爲繼承應適用屬人法。而依財產所在地法主義者，被繼承人之財產分散在數國時，關於不動產適用不動產所在地法，關於動產則適用動產所在地法或被繼承人之住所地法，因其未必爲同一國之法律，因此繼承分別適用數國法律，其立法原則爲繼承分割主義，但繼承適用屬人法者，即使財產分散在數國，仍認爲單一體，此國家即爲繼承人之本國法或住所地法，其屬人法之適用屬繼承單一主義。

繼承無論爲立遺囑之繼承或未立遺囑之繼承，皆應從被繼承人之屬人法（住所地法或國籍法）爲準據，才較能保護財產所有人之被繼承人。如奧國國際私法第二十八條規定死亡繼承應依被繼承人死亡之時其屬人法決定之。如遺產處分程序於奧地利執行，則繼承財產之取得及其遺產上之債務責任應依奧地利法決定之。我國涉外民事法律適用法第二十二條亦規定「繼承依被繼承人死亡時之本國法，但依中華民國法律中華民國國民應爲繼承人者，得就其在中華民國之遺產繼承之」。有關不動產之繼承英美法，不論是有立遺囑或無立遺囑之繼承，均以被繼承人死亡時不動產所在地法爲準據法，至於標的物應爲動產或爲不動產，以物之所在地法（Lex situs）爲定性之基準。

本條規定爲繼承人最後住所地在瑞士時，適用瑞士法，如繼承人僅一人而其最後住所在瑞士時當無問題應適用瑞士法，但如繼承權人有數人，有最後住所在瑞士或他國時則如何？外國人得以遺囑或遺囑契約來選擇其應適用之法律，但仍以其所具有國籍之一之法律爲限，然爲處分時已不保有該國籍或已取得瑞士籍時，其之選擇是無效，即非應適用瑞士法。

第九十一條 最後住所在外國

1.繼承財產之人其有最後住所在瑞士以外之國家時，適用死者住所

衝突法則（國際私法）所指定國家之法律。

2.依照第八十七條瑞士之司法或行政機關有管轄權，繼承在瑞士死者有最後住所在外國時，應適用瑞士法，除非死者依照遺囑或遺囑契約有明示適用其最後住所之法律。

第九十二條　適用繼承及清算之法律範圍

1.繼承之準據法決定繼承財產之構成，何人得請求繼承、請求何部分、何人負擔繼承之債務、繼承法之何種規定得予援用，以及何種措施在何種條件下，得予命令。

2.此種措施之執行適用該有管轄權機關之國家法律，該法律特別在保存措施及清算有其適用，並包括遺囑執行人之管理。

第九十三條　方　　式

1.遺囑方式之效力適用一九六一年十月五日海牙國際私法會議有關遺囑方式之準據法之公約。

2.本公約類推適用於其他死因處分之方式。

釋義:

有關一九六一年十月五日遺囑處分方式應適用法律之海牙公約之有關規定，請參見後述。

無論是英美法或大陸法，有關遺囑效力方面，一般乃儘量尊重遺囑人之意見，如上述公約對成立遺囑之形式要件有大幅度之放寬。而英國一九六三年之 Wills Act 將其加以引用而規定於其第一條，一遺囑之訂立如若符合下列地方之內國法，則被視爲有效地訂立Ⓐ遺囑訂立地Ⓑ當遺囑被訂定時或立遺囑人死亡時(a)立遺囑人之住所地(b)立遺囑人之習慣居住地(c)該地爲立遺囑人之國籍地。

海牙遺囑公約，以遺囑具備如次數種國家法律中任何一者所規定之方式者，即視爲有效(A)遺囑人作成遺囑之國家之法律(B)遺囑人作成遺囑

時或死亡時有其國籍之國家之法律(C)遺囑人當時有住所之國家之法律(D)遺囑人當時有其習慣居住地之國家之法律(E)遺囑關於不動產時，該不動產所在地之法律（參見該公約第一條）。

第九十四條　處分能力

一個人有死因處分能力，如為處分時之處分人在其住所地或其習慣居住地國或其國籍中之一國家之法律具有此能力時。

釋義：

本條規定只要為處分人於其住所地；習慣居住地或國籍國中之任一國之法律認為其具有死因處分能力時即有該能力。

英美法於訂立有關不動產遺囑之能力，一向依不動產地法而加以決定，至於有關訂立動產遺囑能力之問題，一般依立遺囑人立遺囑時之屬人法（即住所地法）而來決定，如死亡時之住所與立遺囑時之住所不同時，一般以立遺囑時之住所地法為準據較妥。

第九十五條　遺囑行為及其他相互死因處分

1.遺囑行為適用為處分人做成遺囑時住所地國之法律。

2.如在遺囑內處分人表示其繼承應服從其本國之法律時，該法即取代住所地法律之適用。

3.如符合每一處分人住所地之法律或其所擁有之共同本國法及其所選擇之法律時，其相互之死因處分是有效的。

4.本法關於形式之效力及遺囑能力之規定（第九十三條、第九十四條）不受本條之影響。

釋義：

遺囑云者，遺囑人為使於其死後發生法律上之效力，依法定方式所為之無相對人之單獨行為也。其應適用之法律，原則上為遺囑人作成遺囑時之住所地法，但遺囑人特別表示願適用其本國法時，則適用其本國

法。所謂相互之死因處分，係指二人以上遺囑人，約定互相爲某種給付，或互相指定他方爲繼承人之遺囑，此種遺囑，易生弊端，外國立法例，有置積極的禁止規定者，如日本民法第九百七十五條。故關於其應適用之法律，本法規定較爲嚴格，卽第三項所規定者，須符合每一處分人之住所地法，或其共同本國法，或其共同所選擇之法律，方始有效。

Ⅲ. 外國之判決、措施、文件及權利

第九十六條

1. 下列於外國所提出之關於繼承之判決、措施、文件及由繼承所衍生之權利，在瑞士被承認。

   (a) 在死者有其最後住所之國家或被死者所選擇爲繼承準據法之國家所作成、取得、提出或陳述，或在這些國家被承認者。

   (b) 牽涉到不動產時，在該不動產所在之國家所作成、取得、提出，或陳述或在該國被承認者。

2. 如不動產所在之國家主張專屬管轄時，僅該國所爲之裁判、措施或文件被承認。

3. 死者財產所在地國家所爲之保存措施，在瑞士被承認。

第七章　物　權 （陳榮傳）

第一節　管　轄

第九十七條　*不動產*

關於不動產物權之訴訟，專屬於在瑞士之不動產所在地之法 院 管
轄。

釋義：

瑞士新國際私法全文分十三章共二百條，目前條文分量之多係居各
國國際私法法典之冠，此外，其各章皆包含管轄、準據法及外國法院之
判決等三部分，將國際私法的實體部分（準據法之指定或選法原則）
及相關的程序性規定冶於一爐，頗能符合國際私法制定之實際便利原則
●。晚近捷克（一九六四年）、土耳其（一九八二年）❷ 及南斯拉夫（一

---

❶　一般認為國際私法包括三大部分，即法院管轄、準據法之選擇及外國法院
　　判決之承認，而國際私法上所討論之管轄，並非案件究應繫屬於何一法院
　　之問題，其所解決者，僅是「何國」之法院有管轄權而已，所以又稱為
　　「一般管轄權」，以別於個別法院於內國就法律規定之分配所得之「特別管轄
　　權」。請參考：劉鐵錚著：「論國際管轄權衝突之防止」，收入於所著國際
　　私法論叢（政大法學叢書（十三）），（民國七十五年二月再增訂初版），第
　　二五七～二七六頁；馬漢寶著：「國際私法總論」（民國七十二年八月第八
　　版）第一七四～一八八頁；陳隆修著：國際私法管轄權評論（五南圖書公
　　司，民國七十五年十一月初版）。
❷　土耳其此項立法之概括說明，請參閱 Gülören Tekinalp, "Der tür-
　　kische Gesetzentwurf über internationales Privatrecht und
　　Zivilverfahrensrecht," 46 *Rabels Zeitschrift für ausländi-
　　sches und internationales Privatrecht* 27-56(1982); T. Ansay & E.
　　Schneider, "The New Private International Law of Turkey,"
　　1990 *Netherlands International Law Review* 139-161 (1990).

九八二年）❸之國際私法皆已採取此種立法方式❹，唯在各章中分別就各主題規定此三部分，制定不同於各體（micro）性之總體（macro）性國際私法者❺，瑞士還是第一個嘗試成功的立法例。

我國國際私法（涉外民事法律適用法）並未就一般管轄權之問題，爲特別之規定，通說認爲應依該法第三十條規定，「引致」（準用）❻民事訴訟法關於特別管轄權之規定。不動產具有不能變更其物理位置之特性，土地且構成國土之一部分，因此立法上在考慮不動產與其座落地之地理位置與經濟環境不可分離之密切關係後，通常以其所在地之法院爲

❸ 請參閱 Anton Lipowschek, "Das neue jugoslawische internationale Privatund Prozessrecht im Bereich des Vermögensrechts," 49 *Rabels Zeitschrift für ausländisches und internationales Privatrecht* 427-466 (1985).

❹ 三浦正人，「1987 年スイス連邦國際私法翻譯」，刊：名城法學第 39 卷第 1 期（1989 年），第六七頁，第六九～一一五頁載瑞士新法之條文日文譯文。惟一九七八年奧地利國際私法與一九八六年西德國際私法仍將修正重點聚在法律之適用上，其條文之中文譯文及基本問題之討論，請參考陳隆修著：「比較國際私法」（五南圖書公司民國七十八年十月第一版），第一七九頁以下；劉初枝著：「西德一九八六年新國際私法」，收入於：國際私法研究會叢書編輯委員會主編，慶祝馬敎授漢寶六秩華誕國際私法論文集（民國七十八年四月再版），第一一五頁以下。Fritz Schwind, "Das östereichische IPR-Gesetz im Deutschsprachigen Rechtkreis," 54 *Rabels Zeitschrift für ausländisches und internationales Privatrecht* 251-268 (1990). 對奧國國際私法之發展及新法所採之「功能性」選法原則，亦有所闡釋。

❺ 見 Adam Samuel (Note), "The New Swiss Private International Law Act," 37 *International and Comparative Law Quarterly* 682 (1988).

❻ 引致是德文 Verweisung 或英文 reference 之翻譯，意指法律關於繫爭問題之解決，因立法經濟之理由，並未具體規定其解決方法，而僅在文字上指示法官參考其他條文決定之者，故一般之國際私法法典其實都是廣義的「引致法」。請參考陳榮傳著：「論法律之互引——『引致』」，刊：法學叢刊第一三五期（民國七十八年七月），第九十五頁以下。但就法學方法論言，塡補立法者應規定而未規定之法律漏洞，應藉類推適用爲之，與準用或引致無關。

有專屬管轄權之法院，承認其對該不動產瞭解最稔，最具利害關係❼。例如我國民事訴訟法第十條：「因不動產之物權或其分割或經界涉訟者，專屬不動產所在地之法院管轄。其他因不動產涉訟者，得由不動產所在地之法院管轄」。基本上言，瑞士新法本條之規定，頗能反映各國在此方面之共同立法趨勢❽。

原來瑞士國際私法涉外物權問題亦未設明文規定，瑞士新法係以物之所在地法主義爲基本原則，再略作調整。關於不動產物權之訴訟因專屬其所在地之瑞士法院管轄，所以本條解釋上不得由當事人之合意決定管轄法院，而排除其適用❾。但有專屬管轄之案件係僅以物權訴訟爲限，其原因法律關係如僅具債權性質，即不適用此項規定❿。

第九十八條 動 產

　　1.關於動產物權之訴訟，得由被告住所地或無住所時之習慣居所地之瑞士法院管轄。

　　2.被告於瑞士無住所與習慣居所者，動產所在地之瑞士法院得管轄之。

釋義：

　　動產物權以佔有爲其公示表徵，以交付爲其變動要件，並無如不動產與其所在地有密不可分之利害關係，因此有關動產物權之訴訟之管轄，仍依一般民事訴訟之原則，得由被告住所地或無住所時之習慣居所地之瑞士法院管轄。本條第二項規定例外時得由動產所在地之瑞士法院

---

❼　折茂豐著：「國際私法（各論）」〔新版〕（有斐閣，昭和六十年六月新版十刷），第八十三頁。

❽　請參考蘇遠成著：「國際私法」（五南圖書公司，民國七十三年五月第一版），第一二八頁。

❾　Botschaft Ziff. 272.

❿　請參閱瑞士聯邦法院判決 BGr. 30.3.1976, BGE 102 II 143.

管轄，顯示瑞士新法嘗試擴大瑞士法院之管轄權的企圖。我國民事訴訟法並無關於動產物權相關訴訟之管轄的規定，所以解釋上應認為有關動產物權之訴訟，依一般審判籍判定其管轄法院。

惟應注意者，係關於動產物權之管轄，瑞士新法之規定係承襲歐陸法系之傳統，但英美法例則不採此說，而認為動產與不動產同係權利之客體——物，其權利皆有對世之效力，其訴訟同屬對物訴訟 (action in rem)，均應由物之所在地國法院管轄，無分軒輊。我國學者也有贊成此例者，其理由略謂：一、動產與不動產既均為物，其訴訟之管轄應歸一致；二、動產物權訴訟之管轄具有屬地性質，應由動產之所在地法院管轄；三、動產所在地法院就訴訟之進行及判決之執行，比較便利，故應由其管轄❶。

瑞士新法本條規定係以被告住所作為決定法院管轄之主要依據，再輔以習慣居所地或物之所在地之備位或補充性標準❷。如係物權所由發生之債權，如抵押債權之訴訟，則應由債務人之住所地法院管轄❸。

第二節　準據法

第九十九條　不動產

1. 不動產之物權，依不動產所在地法。

---

❶ 請參考劉甲一著：「國際私法」(三民書局，民國七十七年十月，再修訂再版)，第四四三頁。
❷ 住所難免涉及主觀之設定意思，較難決定，所以必須另有比較客觀之補充性連接因素，請參閱 F. A. Mann, *Beiträge zum Internationall Privatrecht* (Berlin: Duncker & Humblot, 1976), S. 25 ff.;R.H. Graveson, *Comparative Conflict of Laws: Selected Essays,* Vol. 1 (Amsterdam: North-Holland Publishing Co., 1977), pp. 160-178.
❸ Amtl. Bull. SR 1985 154.

2.因不動產之放射或侵入（emission）　所生之結果及因此所生之
請求權，適用本法關於侵權行為之規定（第一百三十八條）。

釋義:

物往往因其爲動產或不動產而有不同之規範,而物之屬性之判定,通
常係以物事實上所在地之法律爲依據。瑞士民法第六百五十五條規定:
「1.土地所有權之標的物爲土地。　2.本法稱土地者,謂一、不動產,二、
記載於土地簿册之獨立且有繼續性之權利, 三、礦場, 四、土地共有權
之應有部分」。即係瑞士法院判定物之屬性之基本規範。

本條規定不動產物權之準據法。第一項之適用範圍除物權本體之存
否、 範圍及行使方式外, 亦應爲其物權行爲之方式之準據法之決定依
據。我國涉外民事法律適用法第五條第二項規定:「物權之法律行爲,
其方式依物之所在地法」。第十條第一項規定:「關於物權, 依物之所在
地法」。可供參考。此項「物之所在地法 (lex rei sitae)」的運用, 有
人認爲主要係因不動產之物權問題, 具有「土著」之性格所致[14], 也有
人認爲係因其適用有助於交易安全之保障,且事實上也最容易管理該不
動產故也[15]。此項準據法之適用範圍, 可包含所有的物權關係, 舉凡不
動產物權性質之判定、物權之取得、喪失、移轉, 乃至其效力之問題,
皆可適用[16], 且不論物權行爲是否應獨立於債權行爲（負擔行爲）之
外, 物權行爲是否具無因性, 皆不影響物之所在地法之適用[17]。物權之

---

[14]　折茂豐, 前引註[7], 第八四頁。
[15]　Frank Vischer und Andreas von Planta, *Internationales Privatrecht*, 2. Aufl. (Basel und Frankfurt am Main: Verlag Helbing & Lichtenhahn, 1982), S. 155.
[16]　A.a.O., S. 156; Anton K. Schnyder, *Das neue IPR-Gesetz: Eine Einführung in das Budesgesetz vom 18. Dezember 1987 über das Internationale Privatrecht (IPRG)*, (Zürich: Schulthess Polygraphischer Verlag, 1988), S. 85.
[17]　Gerhard Kegel, *Internationales Privatrecht: Ein Studienbuch*, 5. Aufl.(München: C.H. Beck'sche Verlagsbuchhandlung,1985), S. 435.

共有關係通常都另有其原因法律關係，故如係各共有人間未涉物之本體之權利爭執（例如應有部分之確認），原則上應優先適用其共有關係之準據法；如爭執與共有物之整體有關（例如限定物權之設定），始認為不動產物權之訴訟。

本條第二項之規定，主要係針對一不動產對他不動產，有煤氣、蒸氣、臭氣、煙氣、熱氣、灰屑、喧囂、振動及其他與此相類之侵入情形而為規定。此種法律關係有些國家將之列為應予調整之不動產相鄰關係（如我國民法第七九三條），逕依物之所在地法⓲，瑞士新法規定其應依侵權行為之規定定其準據法，頗富新意。

第一百條　動產：原則

　　1.動產物權之取得或喪失，依取得或喪失所本之事實發生時，動產所在地法。

　　2.動產物權之內容及其行使，依動產所在地法。

釋義：

瑞士民法第七一三條規定：「稱動產所有權之標的物者，謂性質上可移動之有體物，及得為法律上支配而不屬於土地之自然力。」此種立法例與我國民法第六十七條規定：「稱動產者，為前條所稱不動產以外之物」，採取二分法中之除外法則者並不相同。

我國涉外民事法律適用法僅於第五條第二項規定：「物權之法律行為，其方式依物之所在地法。」第十條第一項規定：「關於物權，依物之所在地法。」此外並無針對動產物權之準據法為特別規定。瑞士新法於本條以下分別就動產之性質上差異，規定詳細之國際私法選法原則，頗足為我國將來修法之借鏡。

⓲　請參考劉甲一，前引註⓫，第二八六頁。

　　瑞士新法就動產之準據法，雖然原則上採物之所在法主義，其連接因素之設計，仍可概略分爲客觀連接 (objektive Anknüpfung) 與主觀連接 (subjektive Anknüpfung) 二種。後者主要係指第一〇四條之規定，其他皆爲客觀連接之條文。本條係動產的一般原則性規定，所以僅可適用於未在本條以下作特別規定之動產，其規定雖係以物之所在地法爲本，仍按連接時點之不同，將「取得及喪失」與「內容及行使」分別規定。第一項規定物權之得喪，依得喪之原因事實發生時之動產所在地法，因爲瑞士新法揚棄所有人住所地法主義，認爲動產與不動產同樣以其所在地法爲準據法❶，而動產具有容易變動位置之性格，所以動產物權之變動，卽應依實際變動時之所在地法，特爲如上之規定設計。第二項之所以如此規定，是因爲單純物之所在地變更，尚不至發生物權範圍或歸屬之變動，但各國所規定之動產物權的內容及其實現方式多有差異，爲使物之使用依附於其所在或被佔有之實態，而脫離其權利歸屬之判定問題，乃硬性規定應依物之實際所在地法。

第一百零一條　動產：轉運中物品

　　轉運中物品之物權因法律行爲而有得喪之變動者，其物權依目的地國法。

釋義：

　　瑞士新法在本條以下所設特別規定，目的係在限制前條所揭櫫之物之所在地法原則之適用。本條所規定者係轉運中物品(res in transitu，

---

❶　傳統上認爲不動產具有土著之性格，已如前述，至於動產則有「動產隨人 (mobilia personam sequuntur)」、「動產附於人骨 (mobilia ossibus inharent)」等原則；自此乃產生不動產與動產依不同之法則決定其準據法之「區別主義（異則主義）」，惟近代各國已紛紛改採同以物之所在地法爲準據法之「統一主義（同則主義）」，見：山田鐐一著：「國際私法」，（筑摩書房，昭和六十三年十一月初版六刷）第二五七頁以下；劉甲一，前引註❶，第二八〇頁以下。

Sachen im Übergang) 因法律行為而取得、喪失的問題，其所以須要特別規定，是因為其物之所在地通常不易確定，易生疑義也。所謂**轉運中物品**，係已從出發地出發，尚未到達目的地之「在途之物」。關於其準據法，學者向來就有出發地國法說、目的地國法說及物之事實所在地國法說之爭，第一說與第二說因物已出發或未到達，被認為與其地之利害關係已切斷，或因可能於途中改變目的地而不切實際，故以不難發現的物之事實所在地國法為準據法較妥。學者中有認為上述各說認為某國之法律可以為準據法者。是因為各國對於該物具有某種「運輸利益 (Verkehrsinteresse)」，而亦有認為有關之利益其實只是發送人與受領人等當事人之利益耳，因此可由當事人就「新」、「舊」物之所在地法，選擇其一為準據法者。惟 Kegel 教授認為與其依並不明確之當事人意思為連接因素，不如尊重比較客觀之外部「表徵 (Vorstellung)」，依當事人是否明知物在運送途中，適用發送地法或目的地法[20]。日本學者澤木敬郎認為，物將來之所在地，即其目的國之法律與物權之變動有最密切之牽連關係[21]，或許也可以作為瑞士新法規定之一項理由。此外，英國學者有認為如不知轉運中之物之實際所在地者，移轉行為如依其準據法為有效時，在英國亦視其為有效[22]，亦值參考。

　　瑞士新法就此一問題仍採目的地國法說，主要乃認為出發地國與係爭之動產之屬地牽連，已被割絕，其適用之要件則係強調物之所以在途中，係因出發時已與某項法律效果牽連[23]，故如該動產係因被偷竊而轉

---

[20] 請參閱 Gerhard Kegel, a.a.O, S 438 f.
[21] 澤木敬郎著：「新版國際私法入門」，（有斐閣，昭和六十三年八月新版七刷）第一九五頁。
[22] Lawrence Collins et al., ed., *Dicey and Morris on the Conflict of Laws,*, Vol. 2, 11th ed. (London: Stevens & Sons Limited, 1987), p. 946.
[23] Botschaft Ziff. 273.3.

運至他國，乃無本條之適用。可見此項立法亦寓有配合動產擔保權之準據法之深意[24]。

第一百零二條　動產：運送往瑞士之物品

1. 自他國運送往瑞士之動產，於未發生物權之得喪前所發生之事實，視為發生於瑞士。

2. 於外國有效設定所有權保留之負擔，與瑞士法之規定不符者，其所有權之保留僅於該物進入瑞士國境後三個月內有效。

3. 於外國有效設定之所有權保留之負擔，不得對抗善意第三人。

釋義：

　　轉運中物品之物權之得喪，依前條規定應依其目的地國法，但此項原則之適用係以因運送所由發生之法律行為而發生之物權變動為限。本條特別針對自外國運送，而以瑞士為目的地國之動產而規定，其目的在解決轉運中所發生之事實之準據法。按：因事實而生之法律關係，一般係以事實發生地法為其準據法（參考我國涉外民事法律適用法第八條），本條第一項之設計旨在說明瑞士新法認為，瑞士法律對於以瑞士為運送目的國之動產，具有與其他轉運中之物不同之利害關係，因此轉運期間所發生之事實，如果實之分離、動產之添附、埋藏物之發現、無主物之先佔及遺失物之拾得等[25]，皆視為發生於瑞士，從而適用瑞士法之規定。其目的雖在解決未於外國發生物權變動之物之法律關係，主要目標則係藉單面法則之設計，擴大瑞士法之適用範圍。

　　本條第二項所稱保留所有權之負擔，係指與佔有之狀態分離之物權，如我國實務上常見之讓與擔保或動產之附條件買賣，及買受人於繳

---

[24] Anton K. Schnyder, a.a.O., S. 86.

[25] 此種因事實而發生之物權變動，通常係依物之實際所在地法，請參考折茂豐，前引註[7]，第九八頁。

清償款前雖可佔有、使用買賣標的物，卻未能取得所有權之情形是。瑞士民法第九一二條規定：「 1.質物得由權利人交還典質證券而贖回；但已出賣者不在此限。 2.權利人未能交出證券者，於清償期屆至後，得證明其權利而贖回其物。前項權利，縱該典質機構明示規定須將證券交還始得贖回質物，亦自清償期屆至時起經過六個月後，歸屬於權利人。」可見質權設定亦與保留所有權之情形相當，同有本條之適用。此外瑞士民法第九一四條規定：「營業上所爲附買回條件之買賣，視同典質。」亦可供參考。

　　第二項主要在規定所設定之負擔，符合外國法規定，卻爲瑞士法所不容之情形。其所以規定該所有權之保留僅於該物進入瑞士國境後三個月內有效，逾此期限卽失其效力，乃因大陸法系國家之物權皆採「物權法定主義」，有時也就某種擔保權之設定，規定應以某特定之方式爲之，其國內法所未規定之物權卽不允設定，如有設定亦屬無效，未依法定之方式爲之者，亦然。但在不採「物權法定主義」的國家，依債權之方式達成物權之作用，或未依特定方式亦可有設定物上負擔，固皆能配合交易之需要，仍難免發生與他國認定態度不一致之情形。

　　就法制之發展趨勢言，卽使大陸法系國家之法律也有逐漸使法定主義緩和之跡象，我國實務上普遍承認債務人或第三人得爲擔保債務人之債務，將擔保標的物之權利移轉於擔保權人，約定於債務清償後再取回標的物，如未履行債務則任擔保權人就標的物取償之讓與擔保卽爲適例。惟外國既承認此項物權，且已於該國成立此項權利，瑞士若斷然拒絕予以承認，未免有失國際私法保護既得權之意旨，故特參考法院實務之經驗，設此間接選法規定予以折衷[26]。惟因物權法定主義既有緩和之

---

[26] Anton K. Schnyder, a.a.O., S. 87.

趨勢，所有權保留之負擔是否與規定該主義之精神之條文（如我國民法第七五七條）相違，應就法律條文之規定與實務上判例之司法造法活動，一併觀察，例如「最高限額抵押權」之設定已爲我國最高法院所承認，即不應認其與我國法之規定相牴觸。

　　本條第三項係在配合前項之折衷設計，認爲瑞士法所不容之物權雖例外承認其有效成立，爲保護交易安全計，仍規定其不得對抗善意第三人。

第一百零三條　動產：準備出口之物品之保留所有權

　　準備出口之物品之保留所有權負擔之設定，依目的地國法。

釋義：

　　在物權法定主義之原則下，物權依物之所在地國法似係當然之理，惟物權法之衝突可能造成瑞士之物權在他國不知爲何物而罹於無效之問題，倘動產不出國境尙無大礙，一旦到不承認其權利之國家則情況嚴重矣。故本條乃在物之事實所在地法之原則下，規定準備出口之物品之限定物權之設定，逕依其輸往之國之法定之，以免造成在將來物之所在地違背物權法定主義，權利狀態失衡之問題。瑞士在此方面規定依外國法之規定決定物上負擔之設定，實係擴張本國法適用範圍之趨勢之一大讓步。惟立法資料仍顯示，如買受人於貨物出口時亦有住所於瑞士時，亦應依瑞士法爲之[27]。

第一百零四條　動產：當事人合意選擇準據法

　　1.當事人就動產物權之取得或喪失，得合意選擇出發地或目的地國法，或其法律行爲所適用之法律爲其準據法。

　　2.準據法之合意選擇，不得對抗第三人。

---

[27]　Botschaft Ziff. 273.5.

釋義:

法律行為因其性質之不同可分為債權行為 (負擔行為)、物權行為及準物權行為 (處分行為)，其法律上效力各不相同。債權行為僅使當事人間發生具相對性之債之法律關係，在國際私法上通常依當事人意思自治之原則，解決其選法問題❷；處分行為直接使權利發生變動，所以經常被忽略行為之特性，逕以係爭權利之準據法決定。

瑞士新法於本條特別規定物權行為之準據法，亦得於某種程度內任由當事人合意選擇之，卽承認其得適用有限度的當事人自治原則。此項立法因屬創制，立法時曾引起不小爭執❷，其意義主要則有以下三點：一、物權之內容及行使方式，在物權法定主義的要求下，固以依物之所在地法為妥，惟在與之不牴觸之原則下，也不妨由當事人為較具彈性的選法行為。二、因當事人意思表示之發動，而產生法律效果者，無論其為債之關係或物權變動，均不妨由當事人合意選擇準據法。三、英、美法系國家不採物權法定主義，負擔行為與處分行為之分類也不明顯，各國國際私法頗有必要就物權行為之準據法，採取較具彈性之選法原則。

與物權行為關係最密切者，不外乎動產實際曾經存在之出發地或目的地及其所由踐履之債權行為，所以本條第一項規定其選法之範圍亦以此為限。因其連接因素之選擇並非毫無限制，所以如就法律上所未規定者而為合意選法，並不生法律上之效力。第二項規定其選法之約定不得對抗第三人，乃尊重物之所在地法之具體表現，同時也具有保護交易安全之功能❸。

第一百零五條 特別規則：債權、有價證券或其他權利之設定質權

---

❷ 請參閱劉鐵錚，前引註❶，第六七～一○二頁；馬漢寶，引註❶，第一二一～一五七頁。

❷ Anton K. Schnyder, a.a.O., S. 88.

❸ A.a.O..

1. 債權、有價證券或其他權利之設定質權，依當事人所選擇之法律。但此項法律之選擇，不得對抗第三人。

2. 當事人未選擇應適用之法律時，債權、有價證券之設定質權，依質權人習慣居住地所在國法；其他權利之設定質權，依該權利所應適用之法。

3. 質權人對債務人之主張，以質權標的物之債權之準據法所規定者為限。（直譯：非適用於設定質權之債權之法律，不得對抗債務人。）

釋義：

本條規定得移轉之權利設定質權之準據法。瑞士民法第八九九條規定：「1.可讓與之債權及其他權利得設定質權。 2.就前項權利所設定之質權，除另有規定者外，適用關於動產質權之規定。」與我國民法規定大致相同。權利質權之設定乃物權行為，本可適用前條規定❸，惟因其標的物為無形無體之債權，不具有須依物之所在地法之動產之特性，乃特設此條文明定其得自由選擇準據法。但為保護交易安全計，仍於第一項但書規定其選法之合意不得對抗第三人。

第二項依債權行為準據法規定之例，明定無選法合意時之補充規定。權利與其主體及所由發生之法律具有不可分離之密切關係，故本項規定債權、有價證券之設定質權，依質權人習慣居所地所在國法；其他權利（如著作權、商標權等無體財產權）之設定質權，依該權利所應適

---

❸ 此種權利質權之設定，一般是指以債權、有價證券或智慧財產權等為其標的，但有些國家之法律亦使其擴及地上權等不動產權利（如日本），其準據法之決定有三種不同之見解：一、將其與一般動產質權同視，而依物之所在法；二、依債權本身之準據法；三、視其為債權讓與，而依該準物權行為之準據法。見：山田鐐一，前引註❶，第二六一、二六二頁。我國涉外民事法律適用法第十條第二項規定：「關於以權利為標的之物權，依權利之成立地法」似採第一說。

用之法。

因設定權利質權之法律行為得獨立於為其標的物之權利之成立之外，另有其準據法，所以可能發生權利質權之設定與為其標的物之權利之準據法不同之情形。但權利質權係以其他權利之存在為前提所設定之物權，倘質權人依設定權利質權之準據法所得行使之權利，超過為其標的物之權利之準據法所規定債權所得行使者，即必發生法律適用之困難，故本條第三項特別規定無論權利質權係依何國法律而設定，質權人對債務人所得為之主張，皆以適用於為質權標的物之債權之法律所規定者為限。例如瑞士人持法國公司之股票向德國人借款，並設定質權，則質權人向法國公司主張權利時，即應依法國法之規定為之。

第一百零六條 **特別規則: 貨物證券 (表彰貨物之證券)**

1. 貨物證券之表彰貨物所有權，依貨物證券上所指定之法律; 如未指定時，依發票人營業所所在國法。

2. 貨物證券或其所表彰之貨物之物權，依視貨物證券為動產時所應適用之法律定之。

3. 二人以上分別直接或依貨物證券主張其所表彰貨物之物權者，其優先次序依貨物所應適用之法律定之。

釋義:

本條規定表彰貨物權利之證券，即貨物證券之準據法。貨物證券具有多重性質，就其為運送契約之證明文件言，其有債權性質乃不容置疑; 就其表彰物之所有權之點以觀，則難脫物權之性格。瑞士新法將其規定於物權章，即認其簽發貨物證券之行為乃物權行為，且貨物證券與運送契約雖密不可分，但貨物證券仍非運送契約之自體，充其量只能為其證明文件而已。

本條第一項規定貨物證券之表彰貨物所有權，依貨物證券上所指定

之法律，換言之，貨物證券之準據法純依貨物證券本身之法律關係定
之，與運送契約之內容無涉，因此也不依運送契約之準據法。不過此項
準據法之指定，仍係由雙方當事人合意訂定而來，具有雙方性，並非不
得適用當事人意思自主之原則❸。本項之規定僅在說明貨物證券之準據
法非依運送契約之準據法決定之，非謂此二者之準據法不得爲同一國法
律，也非謂其決定準據法之原則不得爲同一。本項後段規定貨物證券如
未指定準據法時，依發票人營業所所在國法，實際上已於某種程度內認
爲貨物證券具有設權證券之性格，因此準據法指定之規範已傾向於物權
之規定，發票人營業所所在地國法與貨物證券之牽連關係，僅次於貨物
證券上準據法指定之合意，由其補充當事人意思表示之欠缺，自係妥
當。

　　本條第一項僅規定貨物證券是否或如何表彰貨物所有權之準據法，
第二項則針對貨物證券與其所表彰之貨物之物權之準據法而爲規定。按
貨物證券在國際上，尤其是海上運送之載貨證券，皆以之爲貨物之「替
身」，所以該證券雖亦爲一紙書面，其意義卻不可與普通紙張僅有其本
身價值者同日而語。本項規定之特色在於：貨物證券之物權之準據法，
依貨物證券之所在地法，從動產之原則，而不從契約之原則；貨物證券
所表彰之貨物之物權，亦依貨物證券之所在地法，而不從貨物之實際所
在地法，表示貨物之物權性已爲貨物證券所吸收矣。瑞士民法第九二五
條規定：「1.就以交付於運送人或倉庫之貨物，發行表彰該貨物之有價
證券時，此項證券占有之讓與視爲貨物本身之讓與。2.貨單之善意受領
人與貨物之善意受領人利益相牴觸時，後者優先於前者。」可供參考。

　　本條第三項規定數項有關貨物之物權之優先次序決定之準據法，謂

---

❸　參閱楊仁壽著：「論載貨證券之準據法」，刊：法令月刊第三七卷第十一期
　　（民國七十五年十一月），第六～九頁。

二人以上分別直接或依貨物證劵主張其所表彰貨物之物權者，其優先次序依貨物之準據法決定之。例如託運人在甲國出示貨物證劵，並為其設定質權，嗣後運送人又在乙國表示對貨物有占有之狀態無訛，並設定質權於他人。此二質權之優先次序如何即有問題，本法以貨物之準據法決定之，排除貨物證劵準據法之適用❸，主要係因信賴貨物實際占有之事實者，較諸信賴持有貨物證劵而間接占有貨物之狀態者，更值得保護也（貨物證劵有可能係偽造之無法表彰權利之空劵）。

第一百零七條　特別規則：運輸工具

> 船舶、航空器或其他運輸工具之物權，其他法律另有規定者，依其規定。

釋義:

船舶、航空器或其他運輸工具性質上亦屬動產，其物權本依動產物權之規定即可，惟因其不斷移動，仍有其與其他動產不同之特性。一般而言，火車、汽車等運輸工具之準據法為其事實所在地法，船舶、航空器則以其船籍國法或登記國法代替其所在地法❹。但因交通工具於國際間馳駛乃其常態，各國於此方面恒透過條約之訂定或共通法律原則之建立，止其紛爭，故本條規定有關動產之規定僅於其他法律無特別規定時，始得適用於交通工具。本條所謂其他法律，在概念上包含條約之內容，乃係當然。

第三節　外國法院之判決

第一百零八條

---

❸　Amtl. Bull. NR 1986 1354; Anton K. Schnyder, a.a.O., S. 90.
❹　折茂豐，前引註❼第九二頁；山田鐐一，前引註⓳，第二七四頁。

1.不動產所在地國法院所為或承認之不動產物權判決，於瑞士承認之。

2.外國法院就動產物權所為判決，如有下列情形之一者，於瑞士承認之：

(a) 為被告住所地所在國法院所為者；

(b) 為動產所在地國法院所為者，但以被告於該國有習慣居所者為限；

(c) 為當事人所選定之法院地國法院所為者。

釋義：

關於外國法院判決之承認，我國僅於民事訴訟法第四〇二條設有消極性的一般規定：「外國法院之確定判決，有左列各款情形之一者，不認其效力：一、依中華民國法律，外國法院無管轄權者。二、敗訴之一造，為中華民國人民而未應訴者，但開始訴訟所需之通知或命令已在該國送達本人，或依中華民國法律上之協助送達者，不在此限。三、外國法院之判決，有背公共秩序或善良風俗者。四、無國際相互之承認者。」瑞士新法則積極規定應予承認之外國法院之判決類型，其重點置於管轄權之審定上。

關於不動產物權之判決，各國率皆專屬其所在地之法院管轄，故該法院所為判決或經其承認之判決，依第一項規定，瑞士法院應予承認。但瑞士境內之不動產，依第九十條規定，瑞士法院有專屬管轄權，外國法院無權審判，所以此處之不動產實際上是指位於外國之不動產而言❸ 。動產物權之判決，則以被告之住所或習慣居所地、動產所在地或當事人所選定之法院所在地，為判斷其管轄權有無之基準，故第二項特

---

❸ Anton K. Schnyder, a.a.O., S. 90.

爲如上之規定。值得注意的是，本法第九十八條雖未以當事人合意選定之法院，爲有管轄權之法院，爲配合第一〇四條當事人得合意選擇準據法之規定，本條仍規定瑞士法院應尊重當事人合意選定之外國法院所爲判決。又因動產物權爭訟案件之管轄權，非如不動產之專屬於所在地法院，較具彈性，故外國法院判決之承認，瑞士法院也有較大之裁量空間，爰第二項應予承認之判決之範圍，並不包括經有管轄權之外國法院所承認者在內。但如外國法院之判決顯與瑞士之物權法定主義原則牴觸，尤其與其所承認之類型及發生之標準相違時，該判決仍不宜承認❸。至此處外國法院判決承認之規定，自國際私法之意義與性質上言，似不包括外國政府因行使公權力之高權行爲，對人民財產權所加之限制之爭執在內❸。

---

❸ A.a.O..

❸ Frank Vischer und Andreas von Planta, a.a.O., S. 161 f.

第八章　智慧財產權 (陳榮傳)

第一節　管　轄

第一百零九條

1. 被告於瑞士之住所地或無住所時被請求保護之地之瑞士法院，就關於智慧財產權之訴訟，得行使管轄權。但就外國之智慧財產權之效力或有關登記之訴訟，不在此限。

2. 可對多數被告於瑞士提起訴訟，而其請求所本之事實與法律上理由基本上相同者，得於有管轄權法院對所有被告合併起訴。訴訟首先繫屬之法院有專屬管轄權。

3. 被告於瑞士無住所時，就智慧財產權於瑞士之效力或與其在瑞士登記有關之訴訟，得於所登記之代表人之營業所所在地之瑞士法院，或未登記代表人時之登記機關所在地之法院起訴。

釋義:

本章特別針對智慧財產權之涉外民事法律問題之解決，設計如其他各章之管轄、準據法及外國法院之判決等部分之規定。

智慧財產權係英美慣用的名稱，其在日本被稱為知的所有權，在歐洲則多以無體財產權 (immaterial property right, Immaterialgüterrecht) 稱之，主要係指非有體物而具有財產價值之智能結晶。一般認其內容包括著作權、專利權及商標權等三項，後二者因與工業之昇級有關，有時也被稱為工業所有權 (industrial property) 或工商之法

律保護 (gewerblicher Rechtsschutz)。但無論智慧財產權或工業所有權，皆屬學術用語，尚未成為法定名稱，瑞士於其新國際私法中採用此一名稱，可使前述固有內容以外之新興智慧財產權，如營業秘密 (trade secret)、技術秘訣 (know-how) 及半導體晶片之線路配置 (mask 或 potography)，皆有適用之可能，頗足為我國將來立法時之借鏡。

瑞士新國際私法將本章列於物權章之後，債權編之前，在體例上甚為妥當，因為智慧財產權之客體雖然無法觸及，而且具有許多專有之特性，與「物」不同，但其與物仍有不少相似之處，例如智慧財產權具有某種程度之排他性，得自由予以處分，得作為質權之標的物等，皆與物權無殊。所以其乃介於物權與債權（無對抗第三人之效力）之間的第三種權利，編章之間作如此安排，自係妥當。惟亦有不少學者，認為著作權與專利權應歸入物權❶。此項見解亦值參考。

智慧財產權之民事爭議主要有三：智慧財產權之是否存在、智慧財產權之讓與及其侵害。後二者原可分屬契約及侵權行為之適用範圍，惟本條依條文原意及準據法指定的規定方式觀之，適用之範圍似未以因智慧財產權本體之涉外問題為限。所以只要與智慧財產權有關之訴訟，其管轄即應適用本條之規定，此種立法方式亦與一般之學術討論相符❷。

第一項規定被告之住所地或被尋求保護智慧財產權之地之瑞士法院，得行使管轄權，係承襲本法關於普通審判籍之原則性規定。因為智慧財產權通常係國家之特許或因依法向註冊登記機關註冊或登記始發生

---

❶ 參見 Henri Batiffol 原著，曾陳明汝譯，「國際私法各論」(正中書局，民國六十四年三月臺初版)，第二一六頁❶。

❷ 參見 Eugen Ulmer, *Intellectual Property Rights and the Conflict of Laws* (Deventer: Kluwer Law and Taxation Publisher, 1978), pp. 14-16.

之權利，其權利之效力具有很明顯之域內屬地性 (territoriality)，爲與將來判決之執行成效配合，本法乃以一般尚有留存被告財產之被告住所地或原告選擇之法院地爲管轄法院。但外國之承認智慧財產權或其相關之登記事項，多少與國家主權有關，所以應於該國循法定程序予以解決，不宜向瑞士法院起訴❸。著作權在各國立法例上已有由註冊保護主義改採創作保護主義之趨勢，表示立法之趨勢係認爲智慧財產權之發生是出於創作人之努力成果，而非國家之積極行爲使然，值得注意。我國民事訴訟法第十七條規定：「因登記涉訟者，得由登記地之法院管轄」，則仍表明應由登記國之法院處理有關登記之訴訟之意旨。

　　第二項規定共同訴訟之特別審判籍，其目的主要在求訴訟之經濟，因爲同一案件如由原告分別在不同之瑞士法院起訴，不免造成裁判資源之浪費，同時也可能產生裁判歧異之情形，如俟其於各法院皆起訴後，再由上級法院裁定移轉於某一瑞士法院，不如立法時規定其得選擇其中一法院，對所有被告一併起訴也。

　　第三項規定被告於瑞士無住所地時之管轄法院。本國是否承認外國之智慧財產權及承認之程度如何，涉及外國人在內國之地位如何之問題，但因無法適用普通審判籍之規定，特別於此規定由所登記之代表人之營業所所在地之瑞士法院，或未登記代表人時之登記機關所在地之瑞士法院管轄。我國民事訴訟法第十七條之規定，與此亦甚吻合。

第二節　準據法

第一百十條

---

❸　立法意旨仍以被告於瑞士有住所時爲例外，見 Amtl. Bull. NR 1985 156; Anton K. Schnyder, a.a.O., S. 92.

1.智慧財產權依被請求保護該智慧財產之國之法。

2.因侵權行為所生之請求權，當事人得於損害發生後，合意選定法院地法為準據法。

3.就智慧財產所訂立之契約，依本法關於債權契約之規定（第一百二十二條）定其準據法。

釋義:

本節規定智慧財產權之準據法，第一項係關於智慧財產權之本體，第二項關於智慧財產權之侵害，第三項則係授權契約之規定。

智慧財產權因具有域內屬地性，其本體（權利之發生、範圍及存續期間）之準據法向依保護國之法❹。本條第一項所稱被請求保護之國之法，在概念上包括該國所訂定之條約之相關內容及該國內國法有關保護外國人權利之規定。我國涉外民事法律適用法第十條第二項所規定:「關於以權利為標的之物權，依權利之成立地法」即係針對如智慧財產權等「準物權」，而設之規定❺。其所謂「權利之成立地」，就智慧財產權而言，即係予以保護之地，基本上與瑞士新法所採之原則相當。值得注意的是，我國有關智慧財產權之保護法規，皆有關於保護外國人權利之特別規定，如專利法第十四條:「外國人所屬之國家與中華民國如無相互保護專利之條約、協定或由團體、機構互訂經濟部核准保護專利之協議，或依其本國法律對中華民國國民申請專利，不予受理者，其專利申請，得不予受理。」商標法第三條:「外國人所屬之國家與中華民國如

---

❹ 參見 Eugen Ulmer, supra note 39, pp. 34, 68; Hans Köhler, Internationales Privatrecht, 3. erweiterte Aufl. (Wien: Springer-Verlag, 1966), S. 118; 紋谷暢男著:「工業所有權法と屬地性」，收入於: 澤木敬郎編，國際私法の爭點（ジュリスト增刊）（有斐閣，昭和五十五年），第二四、二五頁。

❺ 參見我國涉外民事法律適用法草案說明，第十條第二項部分。

無相互保護商標之條約或協定，或依其本國法律對中華民國國民申請商標註冊，不予受理者，其商標註冊之申請，得不予受理。」著作權法第十七條：「外國人之著作合於左列各款之一者，得依本法申請著作權註冊：一、於中華民國境內首次發行者。二、依條約或其本國法令、習慣，中華民國人之著作得在該國享受同等權利者。前項註冊之著作物，著作權人享有本法所定之權利。但不包括專創性之音樂、科技或工程設計圖形或美術著作專集以外之翻譯。前項著作權人為未經認許成立之外國法人，對於第三十八條至第四十四條之罪得為告訴或提起自訴。但以依條約或其本國法、慣例，中華民國人之著作得在該國享受同等權利者為限。」

　　第二項規定智慧財產權之侵權行為所生損害賠償請求權之準據法。因為此種侵權行為與其他型態之侵權行為並無特異之處，本項為求與第一百三十二條侵權行為之一般性規定相呼應，特規定當事人得於損害發生後，合意選定法院地法為準據法。其詳請參照該條之說明。

　　第三項規定就智慧財產權所訂立契約之準據法。此項契約係指為處分智慧財產權而訂定之授權契約，因此項契約而生之債權債務關係，可適用當事人意思自主之原則，由當事人合意選定準據法，所以本項僅規定適用關於債權契約之規定❻。至發生智慧財產權之移轉變動的授權行為，乃所謂之準物權行為，與債權行為尚有不同，似仍宜適用前面關於物權行為之規定。

---

❻　我國國際私法著作關於智慧財產權保護問題之論述，請參考：Henri Batiffol 原著、曾陳明汝譯，前引註❶，第二一六～二二三一頁；曾陳明汝著：「國際私法原理」(臺大法學叢書(十二))，(民國七十三年五月新版)，第二五三～二八四頁；何適著：國際私法釋義，(民國七十二年六月第一版)，第二六三～二六八頁；梅仲協著：「國際私法新論」(民國六十九年六月第三版)，第一六八～一七一頁。

第三節　外國法院之判決

第一百十一條

1. 外國法院就智慧財產權之侵害所爲之判決，如有下列情形之一者，於瑞士承認之:

(a) 爲被告住所地國法院所爲者;

(b) 爲被請求保護該智慧財產權之國之法院所爲者，但以被告於瑞士無住所者爲限。

2. 外國法院就智慧財產權之效力或登記所爲之判決，以由被請求保護該智慧財產權之國之法院所爲，或爲其所承認者爲限，（於瑞士)承認之。

釋義:

　　承認外國法院判決的第一個要件，乃該法院應具有管轄權❼。本條因此依照第一百零九條所規定之管轄權確定之原則，決定得承認其判決之法院。第一項係關於智慧財產權之侵害的判決之承認，第二項則係其他判決之規定。其所以因判決內容之不同而分別規定，主要係因智慧財產權之侵害與一般侵權行爲無殊，而與智慧財產權之存在、效力或登記有關之事項，與國家之智慧財產權之基本政策密不可分，故必須由該國法院所爲或已獲其承認者，始於瑞士承認之，以免將來執行之困難。

　　本條雖僅規定瑞士法院得承認有管轄權之法院所爲判決，在侵權行爲訴訟爲被告住所地國或被請求保護國，在其他則爲予以保護之國之法院所爲之判決,但其他有關承認外國法院所爲判決之條件,如程序正義、

❼　馬漢寶著:「國際私法總論」(民國七十二年八月第八版)，第一八二頁。

內國之自然正義及公序良俗等，亦應於承認時一併予以考慮。故亦請參照本法第二十五條至第二十七條之規定及其相關說明。

第九章　債　　法 （何君豪）

第一節　契　約

Ⅰ. 管轄權

第一百一十二條　原　則

　　1.被告住所地，無住所地者其習慣居所地之瑞士法院，對契約引起之訴訟有爲裁判之管轄權。

　　2.被告營業所地之瑞士法院，就關於其營業所生之債之訴訟，亦有爲裁判之管轄權。

釋義:

　　第一項規定就契約所生法律關係之普通審判籍，欲以某人爲被告而提起訴訟，爲保護被告之利益，須向被告住所地之法院起訴，由其住所地之法院管轄，此卽爲「以原就被」原則，如被告於瑞士無住所者，則由其習慣居所地之法院管轄，蓋被告之住居所爲生活之中心，在被告之住居所起訴，對被告之保護最爲週到。

　　第二項規定設有營業所之特別審判籍，蓋因營業運作所引起之債涉訟，如在營業所地之法院提起訴訟，於調查證據及事實上較爲便利。

第一百一十三條　履行地

　　被告於瑞士無住所、習慣居所、或營業所，但有爭執之履行須在瑞士爲給付者，該訴訟可於履行地之瑞士法院提起。

釋義:

本條規定乃在補充「以原就被」原則之不足，因被告可能無住所、習慣居所、或營業所，致原告無法在被告之普通審判籍起訴，故乃規定履行地法院之管轄權，以補充「以原就被」原則之不足。惟本條既在補充「以原就被」原則之不足，故須於被告欠缺普通審判籍之前提下始有適用，而非與被告之普通審判籍並存。

第一百一十四條 消費者契約

1. 契約符合第一百二十條第一項所列舉之要件，消費者可以選擇，在下列各地之瑞士法院提起該訴訟：

(a) 其住所或習慣居所；或

(b) 供給者之住所，無住所者，居所

2. 消費者不可預先放棄其住所或習慣居所地法院之管轄權。

釋義：

有關消費者契約（詳見第一百二十條）訴訟，依第一項（a）消費者可在其住所或習慣居所之法院起訴，此乃為謀消費者起訴便利所設之特別規定，亦為「以原就被」原則之例外，以達保護消費者之旨，惟須注意者，本條之規定僅於契約符合同法第一百二十條所列舉之要件時始有其適用。又第一項（b）乃被告普通審判審之重申規定，並未創設新的法院管轄權。

第二項規定消費者不可預先拋棄本條第一項（a）所規定之管轄權，蓋該條項乃為保護消費者而設，如可預先拋棄，將難達保護消費者之旨，故規定不可預先拋棄。如於定型化契約中合意約定以非消費者住所或習慣居所地之瑞士法院為排他的管轄法院，仍應認該排他之約定無效，消費者住所或習慣居所地之法院仍有管轄權。

第一百一十五條 僱傭契約

1. 被告住所地或受僱人慣常履行其工作地之瑞士法院，就關於僱傭契約所生之訴訟，有為裁判之管轄權。
2. 此外，該訴訟由受僱人提起，可在其位於瑞士之住所或習慣居所地之法院為之。

釋義:

本條乃規定關於僱傭契約所生訴訟之管轄法院，依第一項規定被告住所地或受僱人慣常履行其工作地之瑞士法院有管轄權，因被告住所地之瑞士法院乃被告之普通審判籍，故僅一重申規定，至於受僱人慣常履行其工作地之瑞士法院乃被告之特別審判籍，可達訴訟經濟，使法院得以省時省事，蓋僱傭契約以受僱人之給付勞務為重心，其法律關係與受僱人慣常履行其工作所在地關係密切，故宜於使該地之法院有管轄權。

第二項規定訴訟由受僱人提起者，可在其位於瑞士住所或習慣居所地之法院為之，因受僱人通常較無資力，此項規定可達保護受僱人之目的。本條之設立旨趣與第一百一十四條第一項（a）相同皆在保護經濟上之弱者，惟兩者互異者，在於第一百一十四條第一項（a）之特別審判籍，依同條第二項之規定，不得預先拋棄，而本條則無相類似之禁止規定。

Ⅱ. 準據法

第一百一十六條 通則：當事人合意選法

1. 契約由當事人合意選擇之法律所規範。
2. 合意選法必須明示，或從契約約款或從情狀可得確定。此外，合意選法由當事人合意選擇之法律規範之。
3. 合意選法可於任何時期作成或修正。如於契約締結後作成或修正，合意選法溯及於契約締結時而適用，但不影響第三人之權

利。

釋義:

一、第一項規定契約由當事人合意選擇之法律所規範，此即國際私法上所稱之「當事人意思自主原則」，即以當事人自由選擇之法律，為規範係爭法律關係之準據法，我國涉外民事法律適用法第六條第一項之規定，亦屬此項原則之具體法例。本項可得而言者如下:

1.綜觀本條全文，第一項之「當事人自主原則」僅適於契約之實質要件，而不適用於契約之形式要件，蓋契約之形式要件應適用本法第一百二十四條之規定。此與我國涉外民事法律適用法關於契約準據法之規定，即契約之實質要件應適用該法第六條第一項之規定（採意思自主原則），契約之形式要件則適用該法第五條之規定之情形，頗為近似。

2.「當事人意思自主原則」在立法例上有限制說與自由說兩種，限制說認當事人所選擇之法律必須與契約有實質之牽連關係，自由說則認當事人選擇法律應有完全之自由，不受任何限制。而本條第一項之規定並未設有任何限制，應係採自由說，即當事人合意選擇法律有完全之自由，不受任何限制，所選擇之法律不必與契約有實質之牽連關係。

二、依當事人意思而定準據法時，所謂「當事人之意思」。可能有三種解釋:即「明示之意思表示」、「默示之意思表示」、「推定之意思表示」三種。參酌本條第二項，當事人合意所選定之法律必須以明示為之，或該合意選擇之法律可得確定，所謂明示乃指「明示之意思表示」，所謂可得確定乃指「默示之意思表示」，是以瑞士國私法所採「當事人意思自主原則」包括「明示之意思表示」及「默示之意思表示」。本條第二項後段乃規定，規範當事人合意選法協議本身之法律，因當事人合意選法協議本身，乃先於當事人合意所選擇之法律而存在，

故在尚未確定當事人合意選法之協議本身是否有效前，亦無從判斷當事人合意所選擇之法律是否有效，依本條第二項後之規定該合意選法協議本身之效力，應由當事人合意所選擇之法律所規範。反對當事人合意選擇法律之協議本身亦應由當事人合意選擇之法律所規範，其有力之論據如下：當事人合意選擇法律協議本身是否有效，須依當事人合意所選擇之法律來決定，而當事人合意所選擇之法律是否有效，則須依當事人合意選法協議本身是否有效來決定，此即犯有邏輯上「循環論證」之謬誤。惟此一現象乃司法實務上普遍之現象，如被害人以侵權行為為由，在侵權行為地之法院對加害人起訴，如法院判定侵權行為不存在，則法院應為原告敗訴之判決。但如以邏輯觀點觀之，亦同有「循環論證」，蓋侵權行為地之法院對侵權行為案件是否有管轄權，須視該法院所在地是否為侵權行為地，而欲判斷法院所在地是否為侵權行為地，必須對侵權行為案件為實體之審理始能確定。而法院在處理此一問題時，皆假定原告起訴之事實為真以決定管轄法院，再由依此假定有管轄權之法院對侵權行為事實為實體之審理，縱日後審理結果認侵權行為之事實不存在，亦不影響其為管轄法院。於決定應由何種法律規範當事人合意選法之協議本身時，亦應採取同一處理方式，即先假定當事人合意選法之協議本身有效，以決定當事人所合意選擇之準據法，再依此準據法以判斷判合意選法之協議本身是否有效，如判斷之結果認該合意選法之協議本身無效，則仍不影響當事人合意選擇之法律可為規範選法合意本身之效力。

　　三、本條第三項乃規定合意選法之時期，依該項規定合意選法可於任何時期作成，合意選法作成後，並可於任何時期修正。又該項規定合意選法於契約締結後作成或修正，合意選法之效力溯及於契約締結時，蓋合意選法應以契約締結前作成或修改為常態，而於契約締結生效後開

始適用。如不於契約締結前以合意選擇法律，則仍應依本法第一百一十七條之規定決定契約之準據法，契約締結後再以為合意選法，如無溯及既往之規定，則該合意選擇之新準據法應自作成或修正後開始適用於契約，則同一契約關因時間之不同將會適用不同之準據法，使法律關係趨於複雜，同理，於契約締結前已有合意選法，而於契約締結後再加修正，亦有相同之弊病，故本條第三項乃設有溯及既往之規定。惟契約締結後之合意選法作成或修正如有溯及效力，常會使第三人依原有準據法而生之權利受到影響，基於「保障既得權」法理，第三項但書規定溯及之效力不影響第三人之權利。

第一百一十七條 **通則：合意選法之欠缺**

1.合意選法欠缺時，契約由關係最密切國之法律所規範。

2.如一方當事人於一國有習慣居所，而該當事人須為履行行為，且此履行行為為契約之特徵，視為契約與該國有最密切關係；或如契約於一方當事人之商業行為或職業行為過程中締結，其營業地國。

3.下列履行行為尤應認為契約之特徵：

(a) 於讓與契約，讓與人之給付；

(b) 為物或權利使用而訂之契約，應授予使用之當事人所為之履行行為；

(c) 於委任契約、承攬契約、其他提供勞務之契約，勞務之提供；

(d) 於寄託契約，受託人之履行行為；

(e) 於擔保或保證契約，擔保人或保證人之履行行為。

釋義：

一、第一項乃規定合意選法欠缺時契約之準據法，依該項規定合意

選法欠缺時契約由關係最密切國之法律所規範。

二、與契約之關係最爲密切其定義相當抽象，本條第二項乃規定於下列二種具體情形下，視爲契約與該國有最密切關係：

1.如一方當事人於一國習慣居所，而此一造當事人須爲履行行爲，且此一履行行爲爲契約之特徵，視爲契約與該國有最密切關係。

2.契約於一方當事人之商業行爲或職業行爲中締結，此一方當事人之營業地國視爲與契約有最密切關係。

三、本條第三項在於說明何謂履行行爲爲契約之特性，其列舉之情形有下列五種：

1.讓與契約中，讓與人之給付：所謂「讓與契約」指自願與絕對移轉不動產權利或占有之契約 ❶。

2.爲物或權利之使用而訂立之契約，應授予使用之當事人所爲之履行行爲：所謂「爲物或權利之使用而訂立之契約」，其例示如借貸契約或租賃契約等是。

3.於委任契約、承攬契約、其他提供勞務之契約，勞務之提供：所謂「其他提供勞務之契約」，如僱傭契約是也。

4.於寄託契約，受託人之履行行爲。

5.於擔保或保證契約，擔保人或保證人之履行行爲。

第一百一十八條　特則：動產之買賣

1.動產之買賣由一九五五年六月十五日之國際貨物買賣契約準據法海牙公約所規範。

2.第一百二十條不受本條之影響。

釋義：

---

❶ Steven H. Gigis, Law Dictionary(2nd, 1984), p.18.

一、本條第一項規定，動產之買賣由一九五五年六月十五日之國際貨物買賣準據法之海牙公約。

2.第二項規定，第一百二十條之有關準據法之適用不受本條之影響，卽依第一百二十條所定之準據法如與本條所定之準據法不同，仍應適用第一百二十條所定之準據法。

第一百一十九條　特則：不動產

1.有關不動產或其用益之契約由不動產所在地國之法律規範。

2.雙方合意選法在許可之列。

3.然而，契約之形式由不動產所在地國之法律規範，除非該國允許其他法律之適用。就座落在瑞士之不動產，其形式由瑞士法規範。

釋義:

一、本條第一項規定，有關不動產或其用益之契約由不動產所在地國之法律規範。本項乃在規範與不動產或其用益有關之債權契約之實質要件，有關不動產或其用益之債權契約之形式要件應適用本條第三項之規定，而關於不動產物權本身則應適用本法第九十九條之規定。依本項規定有關不動產或其用益之債權契約之準據法，原則上係採「物之所在地國法」，由不動產所在地國法規範。

二、第二項規定有關不動產或其用益之債權契約之實質要件，可由當事人合意所選擇之準據法所規範，卽當事人間如以合意選擇準據法，則該準據法應優先於不動產所在地國法而適用。

三、第三項乃在規範有關動產或其用益之債權契約之形式要件，依該項規定形式要件之準據法亦採「物之所在地國法」，由不動產所在地國法規範，並採反致之立法例，但有關不動產或其用益之債權契約之形式要件應以不動產所在地國法為準據法，如依不動產所在地國法應適用第

三國法者，卽以該第三國法為準據法。又若不動產座落於瑞士，則不動產所在地國法卽為瑞士，故其形式要件由瑞士法規範。

四、不動產物權本身、與其有關之債權契約之實質要件、及與其有關之債權契約之形式要件，三者間準據法之比較：

1.相同點：三者原則上皆採「物之所在地國法」，適用不動產所在地國法。

2.相異點：有關不動產或其用益之債權契約之實質要件，採「當事人意思自主原則」，於當事人間欠缺合意選法時始採用「物之所在地國法」，且不採反致規定。有關不動產或其用益之債權契約之形式要件，則僅採「物之所在地國法」，惟兼採反致之規定。至於不動產物權本身僅採「物之所在地國法」，且不採反致規定。

五、中、瑞有關不動產或其用益之債權契約準據法規定之比較：

1.有關不動產或其用益之債權契約之實質要件：其本質與一般債權契約無異，我國涉外民事法律適用法對此並無特別規定，故仍應適用涉外民事法律適用法第六條之規定，由當事人以其合意選擇準據法，如當事人間無合意選法時，則依合意選法欠缺之規定定其準據法。瑞士亦採「當事人意思自主原則」，於當事人間欠缺合意選法時，則適用「不動產所在地國法」。中、瑞兩國對有關不動產物或用益之債權契約，其實質要件之準據法皆不採反致規定。

2.有關不動產或其用益之債權契約之形式要件：其本質亦與一般債權契約無異，我國涉外民事法律適用法對此並無特別規定，參酌依涉外民事法律涉用法第五條第一項之規定，仍係採實體要件準據法與行為地法選擇適用說，且不適用反致之規定。而瑞士之國際私法則規定適用「物之所在地法」，且兼採反致之規定。

第一百二十條 特則：消費者契約

1.為供給貨物或服務予消費者現在個人或家庭之用，且無關於其職業或商業行為而訂之契約，由消費者習慣居所地國之法律規範:

(a) 如供給者在該國收受訂單;

(b) 如在契約締結之前，於該國有要約或廣告，且消費者在該處採取締結契約所需之一切必要措施; 或

(c) 如供給者為達下訂單之目的，引誘消費者至外國。

2.雙方之合意選法在禁止之列。

釋義:

一、本條第一項規定消費者契約由消費者習慣居所地國之法律規範。惟所謂「消費者契約」係指，為供給貨物或服務予消費者現在個人或家庭之用，與消費者之職業或商業行為無關，且符合下列要件之一，所簽訂之契約:

1.消費者在其習慣居所地國收受訂單;

2.在契約締結之前，供給者在消費者習慣居所地國為要約或廣告行為，而消費者於該處已採取締結契約所需之一切必要措施。

3.供給者為達下訂單之目的，將消費者引誘至國外。

二、消費者契約其性質雖屬一般之債權契約，但為達保護消費者之目的，本條第二項特別規定不適用「當事人意思自主原則」。

第一百二十一條 特則：僱傭契約

1.僱傭契約由受僱人慣常履行其工作國之法律規範。

2.如受僱人於數國慣常履行其工作，僱傭契約由僱傭人有營業所所在地國之法律規範，或如於該國無營業所者，其住所或習慣居所地。

3.雙方當事人就僱傭契約，可合意適用受僱人有習慣居所地國法，或僱傭人有營業所、住居、或習慣居所地國法。

釋義:

　　一、本條第一項規定僱佣契約之準據法爲受僱人慣常履行其工作地之法律規範，卽對於僱佣契約採取「履行地法原則」。

　　二、第二項乃規定受僱人於數國慣常履行其工作，僱佣契約應由受僱人有營業所之慣常履行工作地國法規範，如受僱人於數慣常履行工作地國皆無營業所，由受僱人有住所或習慣居所地國法規範。

　　三、參酌第三項規定，瑞士對僱佣契約亦採「當事人意思自主原則」，惟係採限制說，當事人所可合意選擇之準據法，僅限於受僱人之習慣居所，或僱佣人之營業所、住所，或習慣居所所在地國法。又此受僱人之習慣居所，或僱佣人之營業所、住所，或習慣居所所在地，不必同時爲受僱人之慣常履行其工作地。

第一百二十二條　特則：智慧財產權契約

1. 關於智慧財產權契約，由移轉或讓渡智慧財產權之一方當事人之習慣居所地國法規範。

2. 雙方之合意選法在許可之列。

3. 僱佣人與受僱人就受僱人於其受僱範圍內與過程中，就受僱人發明之智慧財產權所締結之契約，由僱佣契約之準據法規範。

釋義:

　　一、本條第一項乃關於智慧財產權契約之準據法，依該項規定關於智慧財產權契約，應由移轉或讓與智慧財產權之一造當事人，其習慣居所地所在地國法規範。

　　二、關於智慧財產權契約性質上屬債權契約，故第二項乃規定關於智慧財產權契約亦適用「當事人意思自主原則」，本條第一項規定僅於當事人間欠缺合意選法時始有適用。

　　三、第三項規定，僱佣人與受僱人於其受僱範圍內與受僱過程中，

就受僱人發明之智慧財產權所締結之契約，由僱傭契約之準據法規範。

第一百二十三條 共通規定: 收受要約後之沉默

一方當事人不就締結契約之要約回覆者，其沉默之效果由其習慣居所地法規範。

釋義:

當事人之一造不就締結契約之要約回覆者，其沉默究生何種效力，各國所採之立法例未一致，本條規定該一造當事人可請求適用其習慣居所之法律，以規範其沉默之效果。

第一百二十四條 共通規定: 形式

1. 契約形式如符合契約準據法，或作成地法所規定之要件有效。
2. 契約由位於不同國之人所締結，其形式要件符合此數國法之一所規定之要件者有效。
3. 爲保護當事人之一方，契約之準據法要求遵守特別之形式，契約形式之效力專由該法規範，除非該法允許其他法律之適用。

釋義:

一、本條第一項規定契約形式要件之準據法，參酌該項規定係採契約實質要件準據法與作成地法選擇適用說，此與我國涉外民事法律適用法第五條第一項之規定相同。

二、若契約由位於不同國之人所締結，該契約之作成地便橫跨數國，則應以何一作成地國法爲準據法，或累積適用此數作成地國法，或選擇適用此數準據法國法便成疑義，參酌第二項之規定係採選擇適用此數作成地國法。

三、第三項規定，契約實質要件要準據法爲達保護當事人一造之目的，要求契約之形式須符合特別之形式要件，則契約之形式要件則專由該契約之實質要件準據法所規範，不再採實體要件準據法與作成地法選

擇適用規定。但若該契約實質要件之準據法，如允許其契約之形式要件
準據法由其他法律規範，則其形式不再專屬由該契約實質要件準據法所
規範，瑞士法院仍應適用本條第一、二項之規定。

第一百二十五條 共通規定: 履行之方式與檢查

履行與檢查之方式由其實際實施地國之法律規範。

釋義:

契約履行之方式及其檢查之方式或態樣，依本條規定由該履行或確
認行為，實際實施行為所在地國之法律規範。

第一百二十六條 共通規定: 代理

1. 基於契約而發生之代理權，代理人與本人之法律關係由其契約準
   據法所規範。

2. 代理人行為拘束本人與第三人之要件，由代理人營業所所在地國
   法規範，或如該營業所不存在，或無法為第三人所得知，由代理
   人於具體個案由實施主要行為地國法規範。

3. 代理人依僱傭契約須對本人負責，且無其自己之商業營業所，其
   營業所視為於本人之所在地。

4. 第二項所指定之法律，亦規範第三人與無權代理人之法律關係。

釋義:

一、代理之形態可分為法定代理與意定代理兩種，本條第一項所規
範之範圍乃基於契約關係而發生之代理權，即以意定代理為適用對象。
代理關係與其基本法律關係係屬二事，故論理上代理關係之準據法，與
其基本法律關係之準據法未必同一。代理關係須由三方當事人所構成，
即本人、代理人、與相對人，此即代理之三面關係，故發生 1.本人與代
理人; 2.本人與第三人; 3.代理人與本人三種法律關係。本條第一項所
規定者乃本人與代理人之代理關係，依該項規定本人與代理人之法律關

係，應由其基本法律關係之準據法所規範。

二、第二項所規範者乃本人與第三人之法律關係。一般而言，本人應就第三人與代理人所締結之契約負責任時，須符合下列二個前提要件: 1.代理人有權拘束本人; 2.代理人與第三人所締結之主要契約有效。惟代理人之行為是否有拘束本人之效力，在發生訴訟時，兩種利益可能會發生衝突，國際私法之立法上，偏重保護第三人之立法例有二: 其一為主要契約準據法，其二為代理人行為地法; 偏重保護本人之立法例亦有本人住所地法或內部關係準據法❷。參酌本條第二規定，瑞士立法例原則上係採代理人營業所所在地國法為本人與第三人之準據法，於代理人無營業所存在，或該營業所無法為第三人得知時，始採代理行為地國法，蓋以代理人之營業所所在地國法為準據法，可免確定某一特定行為之行為地之麻煩。

三、本條第三項規定，代理人無自己之商業營業所，而代理人與本人之基本法律關係為僱傭契約，依此僱傭契約代理須對本人負責者，應以本人所在地視為代理人之營業所，不適用第二項規定之代理人行為地法。即於符合本條第三項之要件時，對本人與第三人之準據法，採偏重保護本人利益之本人所在地國法主義。

四、第四項規定乃規範代理人係無權代理之情形，即在於規範本人與第三人間之準據法。在通常情形代理人之行為其效力及於本人，代理人不必就其代理行為對第三人負責，惟在本人與第三人之關係，適用本條第二、三項之規定，本人不對第三人負責時，則代理人所為之代理行為即為無權代理，便發生應適用何國法律規範無權代理人與第三人之問題。依本法第四項之規定，在代理人之代理行為為無權代理時，本條第

---

❷ 劉鐵錚著: 「論國際私法上代理關係之準據法」一文，見其所著「國際私法叢論」一書 (再增訂初版，民國七十五年)，第一五一～一六一頁。

二項所指定之準據法亦規範無權代理人與第三人之法律關係。

第二節　不當得利

Ⅰ. 管轄權

第一百二十七條

被告住所，無住所者，其習慣居所或營業所所在地之瑞士法院，就不當得利之訴訟，有為裁判之管轄權。

釋義：

本條乃規定不當得利之審判籍，參酌該條之規定，由被告住所地之瑞士法院管轄，如被告無住所地者，則由被告習慣居所或營業所所在地之瑞士法院管轄。

Ⅱ. 準據法

第一百二十八條

1. 不當得利之請求權，由規範不當得利所由生之實際或假定法律關係之法律所規範。

2. 如缺乏此一法律關係，該請求權由得利發生地國法規範。雙方得同意適用法庭地法。

釋義：

一、所謂「不當得利」乃無法律上之原因而受有利益，至於所謂「無法律上之原因」，依非統一說可區別為：1.基於給付而受利益，與2.因給付以外之事由而受有利益，二種類型。基於給付而受利益者，有係因事實行為而為給付，有係因法律行為（債權行為）而為給付。其中因法律行為（債權行為）而為給付，欠缺給付之原因又可分為三種：1.

自始欠缺給付因， 即為給付原因之法律行為（債權行為）不成立或無效； 2.目的不達， 如附停止條件之債權行為， 其停止條件未能成就； 3.目的消滅， 如附有解除條件之債權行為， 其解除條件成就❸。 本條第一項乃在規範因法律行為（債權行為）而為給付， 欠缺給付原因之情形， 參酌該項規定， 此種情形不當得利之請求權， 應以規範原因法律行為（債權行為）之法律為準據法。 本條第一項所謂「 實際法律關係」， 係指目的不達或目的消滅之情形， 所謂「假定法律關係」 係指目的自始欠缺之情形。

　　二、 如不當得利非因某種法律關係（原因法律行為）而發生， 則不當得利之請求權由事實發生地國法規範。

　　三、 瑞士法與我國法之比較： 依我國涉外民事法律適用法第八條之規定， 不當得利依事實發生地法， 並不區別不當得利是否基於某種法律關係（原因法律關係）而發生。 惟不當得利之請求權及其範圍固可依事實發生地法， 但如原有某種法律關係存在（原因法律關係）， 則合法原因之有無仍應適用原法律關係之準據法， 否則即會有矛盾發生。 如繼承人甲基於被繼承人依瑞士法作成之遺贈文件， 在法國付與乙一千瑞士法郎， 後甲發覺依法國法遺贈文件並無拘束力， 於是在瑞士法院提起不當得利之訴， 要求乙償還一千瑞士法郎， 如謂不當得利之原因有無應適用事實發生地法（ 法國法）， 則乙無合法原因接受利益， 從而須返還所受之款項； 但乙亦可基於原遺贈文件向甲訴請交付該款項， 蓋依瑞士法該遺贈仍屬有效， 此際即有矛盾產生❹。 故我國涉外民事法律適用法對基於某種原因關係而發生之不當得利， 雖仍適用事實發生地， 而瑞士法適用原因法律關係準據法不同， 但關於該「合法原因」之有無， 仍應與

❸　孫森焱著：「民法債編總論」(七版，民國七十六年)，第一〇九～一一一頁。
❹　馬漢寶著：「國際私法總論」(八版，民國七十二年)，第一一六頁。

瑞士法為同一之解釋，而適用「原因法律關係」準據法。

第三節　侵權行為

Ⅰ．管轄權

第一百二十九條　原　則

1. 被告住所，無住所者，其習慣居所或營業所地之瑞士法院，就基於侵權行為之訴訟，有為裁判之管轄權。

2. 若被告於瑞士無住所、居所或營業所，訴訟可於行為地或結果地之瑞士法院提起。

3. 若多數被告可於瑞士被訴，且請求權基於同一事實或同一法律基礎，訴訟可於同一管轄權法院對所有被告提起。第一個受訴訟之法院有排他管轄權。

釋義:

一、本條乃規定侵權行為之審判籍，參酌該條之規定，由被告住所地之瑞士法院管轄，如被告無住所地者，則由被告習慣居所或營業所所在地之瑞士法院管轄。

二、本條第二項規定，被告無住所、居所、或營業所，若侵權行為地或結果發生地有一於瑞士者，有關侵權行為之訴訟可於行為地或結果地之瑞士法院提起。

三、第三項規定，多數被告可於瑞士被訴，且請求權係基於同一事實或法律基礎，則原告可於對其中之一被告有管轄權之法院，對所有被告提起訴訟。又第一個受訴之對其中之一被告有管轄法院有排他管轄權，其他對其中之一被告有管轄法院，於原告對此多數被告提起共同訴訟後，喪失管轄權。

第一百三十條 特 則

> 1.損害事件發生地之瑞士法院，就核能設備或核能物質運送所引起
> 損害之訴訟，有爲裁判之管轄權。
>
> 2.若該地無法確定，訴訟可於下列之法院提起：
>
> （a）如核能設備之操作者有義務須負責任，於該設備所在地之瑞
> 士法院。
>
> （b）如運送許可證之持有人有義務須負責任，於其住所或選定爲
> 其司法住所地之瑞士法院。

釋義:

一、本條第一項乃規定，核能設備或物質運送所引起損害訴訟之管
轄權，參酌該項之規定，若該損害事件發生於瑞士者，損害發生地之瑞
士法院對該訴訟有管轄權。

二、若該核能損害事件發生於何地無法確定者，則有關核能損害事
件之訴訟可於下列之法院提起：

1.若核能設備之操作者，對此核能損害事件須負責任，則有關核能
損害事件之訴訟，可於該核能設備所在地之瑞士法院提起。

2.若核能物質運送許可證之持有人，對於此核能損害事件須負責
任，則可於該運送許可證持有人之住所或選定司法住所所在地之瑞士法
院提起訴訟。

第一百三十一條 對保險人之直接訴訟

> 對民事責任保險人之直接訴訟，可於保險人於瑞士之營業所，或行
> 爲地或結果地之瑞士法院提起。

釋義:

若侵權行爲之加害人或受害人依保險契約可向保險人請求賠償，則
可於保險人於瑞士之營業所，或侵權行爲之行爲地或結果地之瑞士法院

起訴。

Ⅱ. 準據法

第一百三十二條 通則: 當事人之合意選法

當事人於損害事件發生後之任何時期, 得合意適用法庭地法。

釋義:

關於侵權行爲之準據法, 依本條之規定亦適用「當事人意思自主原則」, 惟所可選擇之法律僅限於法庭地法。 就此而觀, 瑞士國際私法就侵權行爲允許當事人合意以法庭地法爲準據法, 以法庭地法爲侵權行爲準據法之弊病有下列幾點: 1.過度擴張內國之公序法觀念; 2.違背法律之安定性; 3.不合理限制當事人訴權; 4.判決難期公允; 5.侵權行爲責任與刑事責任不同; 6.難期實現判決一致之目的❺。 惟參酌本法第一百二十九條之規定, 關於侵權行爲之訴訟, 僅被告之住所、 習慣居所、 營業所、 侵權行爲地或結果發生地之瑞士法院斯有管轄權, 故本條雖規定當事人可合意適用法庭地法, 實際上該法庭地法之範圍仍不出乎, 加害人住所、 習慣居所、 或營業地法, 與侵權行爲行爲地法與結果發生地法。

第一百三十三條 通則: 合意選法之欠缺

1. 若侵權行爲人與被害人於同一國有習慣居所, 基於侵權行爲之請求權由該國之法律所規範。

2. 若侵權行爲人與被害人並無於同一國有習慣居所, 該請求權由侵權行爲作成地國之法律所規範。 然而, 若該行爲之結果發生於他國, 如侵權行爲人可預見此結果將於該處發生者, 適用該他國

---

❺ 劉鐵錚著: 「論侵權行爲之準據法」一文, 見前註❷, 第四～五頁。

法律。

3. 儘管前述之規定，若侵權行爲違犯侵權行爲人與被害人間前已存
在法律關係，基於此行爲之請求權，由該法律關係之準據法所規
範。

釋義:

　一、若侵權行爲人與被害人就侵權行爲案件，並無適用法庭地法之
合意，依本條第一項之規定，如侵權行爲人與被害人於同一國家有習慣
居所，則以該國之法律爲侵權行爲之準據法。

　二、若侵權行爲人與被害人無適用法庭地法之合意，亦未於同一國
有習慣居所者，則以侵權行爲作成地國法爲準據法，若於侵權行爲作成
地外，尚有結果發生地，且此結果發生地爲侵權行爲人所可預見者，則
以結果發生地國法爲準據法。

　三、債務不履行時而亦構成侵權行爲，最常見者爲加害給付，非但
違反契約義務，亦同時構成侵權行爲，如醫師爲病患看病過失傷害其身
體，一方面違反醫療契約，他方面亦構成侵權行爲，本條第三項規定，
於此情形侵權應由原契約關係之準據法所規範，而排除本條第一、二項
之規定。

第一百三十四條　特則: 道路交通事故

道路交通事故引起之請求權，由一九七一年四月五日之道路交通事
故準據法海牙公約所規範。

釋義:

　因交通意外事故所生之侵權行爲賠償請權，參酌本條之規定，由
一九七一年四月五日之交通意外事故準據法海牙公約所規範。

第一百三十五條　特則: 產品責任

1.基於產品瑕疵或瑕疵敍述所生之請求權，以被害人之選擇，由下述法律所規範：

  (a) 侵權行為人營業地國法，無營業地者，其習慣居所地；或

  (b) 產品取得地國法，除非侵權行為人證明，此產品未經其同意於該國行銷。

2.若基於產品瑕疵或瑕疵述敍所生之請求權由外國法所規範，除該侵害之損失為瑞士法所認許外，於瑞士不認許其他損失。

釋義：

一、本條第一項乃規定，產品瑕疵或瑕疵敍述所生之侵權行為賠償請求權之準據法，即因瑕疵產品或瑕疵敍述所生加害給付之賠償請求權之準據法。參酌該項規定，被害人可選擇下述法律之一為準據法：

  1.侵權行為人營業地國法，如侵權行為人無營業地者，其習慣居地國法。

  2.產品取得地國法，但侵權行為人能證明，此項產品未經其同意在產品取得地國行銷者，不在此限。

二、第二項規定，因產品瑕疵責任所生之侵權行為，若以外國法為準據法，其損害賠償之範圍以瑞士法所認許者為限，即採侵權行為人營業地國法（或習慣居所地國法）或產品取得地國法，與法庭地法累積適用說。

第一百三十六條 特則：不正競爭

1.基於不正競爭行為之請求權，由該行為發生結果之市場所在地國法所規範。

2.如一行為專屬侵害特定競爭者之營業利益，準據法為營業受影響所在地國法。

3.第一百三十三條第三項不受本條之影響。

釋義：

一、本條第一項在規範基於不正競爭行為所生之請求權，參酌該條規定，不正競爭行為之請求權，由不正行為發生結果之市場所在地國法規範。此乃採取「損害結果發生地法」為不正競爭侵權行為之準據法。

二、第二項規定，若一侵權行為僅侵害特定競爭者之營業利益，應以該營業受影響所在地國法為準據法，與本條第一項同亦採「損害結果發生地法」為準據法。

三、第三項規定本法第一百三十三條第三項所規定之準據法不受本條之影響。即不正競爭行為人與被害人間前已存在某種法律，則不正行為之請求權應由原法律關係之準據法所規範。

第一百三十七條　特則：限制競爭

1. 基於限制競爭所生之請求權，由該阻礙直接對被害者造成影響之市場所在地國法所規範。

2. 若基於限制競爭之請求權由外國法所規範，除該限制競爭之損失為瑞士法所認許外，於瑞士不認許其他損失。

釋義：

一、本條第一項乃在規範限制競爭所生之請求權，參酌該項規定，限制市場競爭所生之請求權，由該限制競爭行為對被害人造成影響之市場所在地國法規範，即採「損害結果發生地法」為準據法。

二、第二項規定若限制競爭行為之準據法為外國法，其損害賠償之範圍以瑞士法認許者為限，即採「損害結果發生地法」與「法庭地法」累積適用說。

第一百三十八條　特則：物之放射

因不動產之損害放射性所引起之訴訟，以被害人之選擇，由不動產座落地國法，或該放射之結果發生地國法所規範。

釋義：

由不動產發出有害放射物所引起之訴訟，如煤氣、蒸氣、臭氣、烟氣、熱氣，及其他與此相類之有害放射物所引起之訴訟，依本條之規定，以被害人之選擇，適用不動產座落地國法或損害結果發生地國法。

第一百三十九條 特則：人格權之侵害

1. 基於透過媒體，特別是新聞、廣播、電視、或其他資訊之公共媒體所造成人格權侵害之請求權，以被害人之選擇，由下列法律所規範：

   (a) 被害人習慣居所地國法，如侵權行為人可預見損害將於該國發生；

   (b) 加害人之營業所或習慣居所地國法；或

   (c) 侵害行為結果發生地國法，如侵權行為人可預見該結果將於該國發生。

2. 對有周期性質之公共媒體請求賠償之權利，專屬由出版品發行地或廣播傳送地國法所規範。

釋義：

一、本條第一項之規定乃關於透過媒體侵害人格權之準據法，所謂媒體特指新聞、廣播、電視、或其他資訊之公共媒介，參酌該項之規定，應以被害人之選擇由下列之法律所規範：

　　1. 被害人習慣居所所在地國之法律，但須侵權行為可預見損害結果將於該國發生。

　　2. 加害人之營業所或習慣居所地所在地國法。

　　3. 侵權行為結果發生地國法，如侵權行為人可預見該結果將於該地發生者。

二、對具有周期性質之公共媒體所致人格權侵害之損害賠償請求

權，依本條第二項之規定，專屬由出版品發行地或廣播傳送地國法規範，卽排除本條第一項之規定。

第一百四十條　特別規定：多數侵權行為人

如多數人參與一侵權行為，準據法須就各人為各別之決定，無論其為何種角色。

釋義：

本條乃有關共同侵權行為準據法之規定，無論其於共同侵權行為人擔任何種任務或扮演何種角色，準據法仍須就各人為各別之決定，卽共同侵權行為人可於瑞士被訴，雖可依本法第一百二十九條於同一管轄法院對所有被告起訴，但其所應適用之準據法仍須為各別之決定。

第一百四十一條　特別規定：對保險人之直接訴訟

被害人可對須負責任一方當事人之保險人直接提起訴訟，如該訴訟為侵權行為準據法或保險契約準據法所允許。

釋義：

保險契約係由侵權行為人與保險人訂定，侵權行為人固可依保險契約對侵權行為人提起訴訟請求依約給付，惟被害人是否可對須負責任一造當事人之保險人直接提起訴訟，則有疑義，蓋被告人與侵權行為人之保險人間並無契約關係，保險人本身亦非侵權行為人，故各國對被害人可否對侵權行為人之保險人可否提起訴訟，亦可能有不同之規定。本條規定，被害人可否對侵權行為之保險人直接提起訴訟，應依侵權行為準據法或保險契約準據法而決定。

第一百四十二條　準據法之適用範圍

1. 侵權行為之準據法尤其決定侵權能力、責任之條件與範圍，與孰應負責。

2. 於行為地有效之安全與行為規則應列入考慮。

釋義:

一、依本條第一項之規定，侵權行爲準據法之適用範圍包括下列幾項：即侵權行爲人是否具備侵權能力、成立侵權行爲責任之條件、應負侵權行爲責任之範圍、與何人應負侵權行爲責任。

二、侵權行爲與侵權行爲地有密切之關係，故第二項規定，侵權行爲地有效之安全與行爲規範亦應考慮在內。

第四節 共通規定

Ⅰ. 多數債務人

第一百四十三條 對多數債務人之請求權

若一債權人對多數債務人主張請求權，其法律效果，依規範債權人與請求權所由主張之債務人間法律關係之法律，而決定。

釋義:

共同債務之效力可分爲債權人與債務人之關係及債務人相互間之關係，前者稱爲對外效力，後者稱爲對內效力，本條乃規範多數債務人之債務關係，即規範其對外效力。參酌本條之規定，共同債務之對外關係由債權人與債務人間法律關係之準據法所規範。

第一百四十四條 共同債務人間之求償權

1. 一債務人對其他共同債務人直接或代位享有求償權，若該求償權爲規範雙方之債務之法律所允許。

2. 對共同債務人求償權之行使，由共同債務人對債權人所負債務之準據法所規範。僅涉及債權人與行使求償權債務人間法律關係之爭議，由後一債務之準據法所規範。

3. 負有公共職務之機構，其行使求償權之權利，由該機構之準據法

所規範。該求償權之容許與行使依前二項之規定。

釋義:

一、本條第一項乃求償權是否存在之規定，即一債務人對另一共同債務人是否直接或代位享有求償權，係有關共同債務人間內部效力之規定，參酌本條第一項規定，須規範此二債務之法律所允許。所謂「此二債務」係指共同債務人對債權人所負之債務，與共同債務人中之一人欲對另一共同債務人所負之償還義務（對另一共同債務人而言即為追索權），亦即須共同債務對外法律關係之準據法，與共同債務人所負被追索債務之準據法所允許。

二、第二項乃共同債務人間求償權行使之準據法，即共同債務人之一人如何對其他共同債務人行使求償權之準據法，參酌第二項之規定，應由共同債務人對債權人所負債務關係之準據法所規範，即由共同債務之外部關係之準據法所規範。但如僅涉及求償權之人債權人與債務人間法律關係之爭議，則應由規範追索債務之準據法所規範，即適用共同債務之內部關係準據法。

三、如共同債務人之一人為負有公共職務之機構，其追索權之成立應由該機構之準據法所規範，至於其行使仍應用前兩項之規定。

Ⅱ. 請求權之轉讓

第一百四十五條　契約轉讓

1. 請求權依契約轉讓，由當事人合意選擇之法律所規範，如無合意選法，由所讓與請求權之準據法；讓與人與受讓人所為之合意選法，未經債務人之同意，不得對其主張。

2. 關於受僱人請求權之轉讓，當事人之合意選法，僅於第一百二十一條第三項有關僱傭契約規定允許限度內，有效。

3.讓與之形式，專屬由讓與契約準據法所規範。

4.僅涉及讓與人與受讓人間法律關係之爭議，由構成讓與基礎之法律關係準據法所規範。

釋義：

一、本條第一項乃請求權讓與契約之準據法，仍採「當事人意思自主原則」，請求權之讓與人與受讓人之準據法固依「當事人意思自主原則」決定，惟該讓與契約之準據法並不當然適用於居於第三人地位之債務人（卽讓與契約之標的請求權之債務中），如締結讓與契約當事人間所爲之合意選法，未經居於第三人地位之債務人之同意，該合意選法卽不得對居於第三人地位之債務人主張，居第三人地位之債務人仍可對讓與契約之當事人主張適用原請求權所應適用之法律。如讓與契約當事人所爲合意選法之合意經居第三人地位債務人之同意，則讓與契約當事人之合意選法亦適用於原來之債務人。我國涉外民事法律適用法第七條規定，債權之讓與，對於第三人之效力，依原債權之成立及效力所適用之法律。有關讓與契約本身所應適用之準據法則未規定，惟讓與契約旣係依法律行爲而發生債之關係，仍應適用我國涉外民事法律適用法第六條之規定，卽原則上仍係採「當事人意思自主原則」。然如讓與契約當事人間所爲之合意選法經原請求權之債務人同意，則原請求權之債務人可否對讓與契約當事人主張適用原請求權所應適用之準據法？吾人以爲，原請求權之債務人仍可主張依涉外民事法律適用法第七條之規定，適用原請求權之準據法，惟原請求權之債務人旣同意讓與契約當事人間所爲之合意選法，則應認原請求權之債權人與債務人間有以讓與契約準據法爲原請求權準據法之合意，故我國法與瑞士法有所差異，惟適用上並無極大不同。

二、僱傭契約原則上有屬人性，其請求權之讓與不似一般財產權讓

與自由，參酌本條第二項規定，仍有限度地採「當事人意思自主原則」，限於第一百二十一條第三項規定允許之限制，卽僅可於受僱人習慣居所地國法、僱傭人營業所、住所、習慣居所地法內爲合意選法。

三、本條第三項規定，有關讓與契約之形式要件專屬由讓與契約之準據法所規範，而不採契約實質要件準據法與行爲地法選擇適用說。

四、本條第四項乃規定僅涉及讓與人與受讓人間法律關係爭議之準據法，參酌該項規定，由構成讓與基礎之法律關係準據法所規範，所謂構成讓與基礎之法律關係準據法，係讓與所由生之原因債權行爲之準據法。

第一百四十六條　因法律運作而生之移轉

1. 因法律規定而生請求權之移轉，由新舊債權人間原有法律關係之準據法所規範，如欠缺該法律關係，由規範請求權之法律。

2. 規範請求權之法律，其欲保護債務人之規定，不受本條之影響。

釋義：

一、本條第一項因法律規定而生請求權之移轉，如保證人於清償後，債權人之債權移轉於保證人，或善意第三人因善意取得而取得票據債權是。前者新舊債權人間有法律關係存在，卽新舊債權人間有保證契約存在，參酌該項之規定，該請求權之移轉由原有法律關係之準據法所規範，卽由保證契約之準據法所規範。新舊債權人間並無原有法律關係存在，如善意第三人所善意取得而取得票據債權，該請求權之轉讓應由規範請求權之準據法規範，於本例中卽爲規範票據債權之準據法。

二、本條第二項規定，規範請求權之法律中欲保護債務人之規定，不受本條規定之影響。依本條第一項之規定，新舊債權人間原有法律關係存在，請求權之移轉由原有法律關係之準據法所規範，惟該規範請求權本身之法律有關保護債務人之法律規定，不因適用原有法律關係之準

據法而受影響。

Ⅲ. 貨　幣

第一百四十七條

1. 貨幣之定義依發行地國法定之。

2. 貨幣對債務金額之效果，依該債務之準據法決定。

3. 履行付款地國法，決定付款應用何種貨幣為之。

釋義：

一、本條第一項規定，貨幣之定義須依貨幣發行地國法定之。

二、所謂貨幣對金額之效果，即指貨幣之價格，貨幣之價格可分：1.額面價格；2.金屬價格；3.流通價格；4.滙兌價格；5.古董價格❻。貨幣之價格影響對貨幣金額之效果，參酌本條第二項之規定，應依該債務之準據法決定。

三、本條第三項乃規定應用何國法律決定應用何種法律付款，參酌該項規定，應依付款地國法定之。

Ⅳ. 請求權之消滅時效與消滅

第一百四十八條

1. 請求權之準據法規範其消滅時效及其消滅。

2. 於因抵銷而消滅之情形，其準據法為規範被抵銷之請求權之法律。

3. 債之更新、免除，與抵銷契約，依本法關於契約準據法之規定（第一百一十六條以下規定）。

---

❻　見前引註❸，第二七九頁。

釋義：

一、本條第一項規定，請求權之取得時效與消滅時效，應適用該請求權本身之準據法。

二、抵銷之債權可分為主動債權與受動債權，債務於因抵銷而消滅之情形，應由受動債權之準據法所規範。

三、第三項規定，債之更新、免除、與抵銷之協定，應由本法中有關契約之準據法所規範，蓋債之更新、免除、與抵銷協定本身亦為一債權契約，故本項規定應適用本法中有關契約之準據法，如本法第一百一十六條之規定是。

第五節　　外國裁判

第一百四十九條

1. 有關債法所生請求權之外國裁判於瑞士被承認：

    （a）如於被告住所地國所判決；或

    （b）如於被告習慣居所地國所判決，但以該請求權有關之一行為在該國實施為限。

2. 其亦被承認：

    （a）如該判決與契約之債務有關，並於履行地國判決，且被告於瑞士無住所；

    （b）如該判決與因消費者契約而生之請求權有關，並於消費者住所或習慣居所地國判決，且滿足第一百二十條第一項規定之要件；

    （c）如該判決與因僱傭契約而生之請求權有關，並於受僱人工作機構地或履行工作地判決，且受僱人於瑞士無住所；

(d) 如該判決與因營業運作而生請求權有關，並於營業所在地國判決；

(e) 如該判決與不當得利有關，並於其行為或結果地判決，且被告於瑞士無住所；或

(f) 如該判決與侵權行為之義務有關，並於其行為或結果地判決，且被告於瑞士無住所。

釋義：

　　本條乃規定外國法院有關債權請求判決被瑞士法院承認情形，本條分兩項訂定，本條雖將外國法院有關債權請求權判決為瑞士法院之情形分兩項訂立，惟其為瑞士法院承認之效果則無不同。

第十章　公　　司 (楊富強)

I . 定　義

第一百五十條

1. 本法所稱之，公司，係指任何由人組織之社團及任何財產組織。

2. 不被認定爲團體之合夥，適用本法關於契約所適用之法律的規定
   （第一百十六條以下）。

釋義:

　　按一九八九年瑞士新國際私法爲解決涉外案件中，有關公司之管轄權、準據法及其他問題，特於第十章規定公司，列爲一章，以爲依據。本條爲第十章之首，係定義性條文，第一項規定本法所稱「公司」一詞之意義；第二項則將不包括在前項範圍內之合夥❶，直接規定其所應適用之法律，即本法關於契約所適用之法律的規定。而依本法第一百十六條之規定，契約原則上乃適用當事人所選擇之法律，即承認「選法自由」❷原則；同時，當事人亦可在任何時間下作成或修改此一被選擇之法

---

❶　在我國，合夥亦被視爲民法上之有名契約（民法第六六七條以下），不承認其爲公司法上之組織，此點與本條第二項之規定頗爲近似。

❷　所謂「選法自由」原則，又稱爲「當事人意思自主」原則，依我涉外民事法律適用法第六條第一項之規定，法律行爲發生債之關係者，其成立要件及效力，依當事人意思定其應適用之法律，即指此原則而言。此規定與瑞士新國際私法第一百十六條之規定類似，惟我涉外民事法律適用法第六條第二項以當事人之本國法，行爲地法（發要約通知地、要約人之住所地）或履行地法以爲當事人意思不明之準據法，則與瑞士新國際私法第一百十七條以與該契約有最密切關聯國家之法律爲準據法者不同，可參照該條之釋義及註解，恕不贅述。

律，但不可損及第三人之權利。如當事人並無選擇契約所應適用之法律，此時，則適用與該契約有最密切牽連國家之法律（第一百十七條第一項參照）。總之，視本條合夥行為之性質究屬如何，而應適用本法第一百十六條以下有關各種不同性質契約所應適用之法律。

我國涉外民事法律適用法對有關涉外案件中公司之管轄權及準據法等問題均乏規定，適用時應依涉外民事法律適用法第三十條之規定，以民事訴訟法、公司法或民法等相關規定補充解決之。

II. 管轄權

第一百五十一條　原　　則

1. 有關公司法律所生之爭議，對該公司、其成員、或基於公司法律應負責之人提起訴訟時，公司所在地之瑞士法院有管轄權。

2. 對公司之某一成員或基於公司法律應負責之其他人提起訴訟時，被告住所地之瑞士法院或無住所時，居所地之瑞士法院亦有管轄權。

3. 基於公開發行記名證券及公司債所生之責任訴訟，即使當事人間合意選擇法庭，發行地之瑞士法院亦有管轄權。

釋義:

本條係規定公司管轄權之原則。第一項為適用有關公司法律所生之爭議而起訴時，原則上以公司所在地之瑞士法院為管轄法院，故在適用時，須以該涉外案件之公司於瑞士境內有住所地方有其適用。此與我國法之規定同❸，均乃基於內國公益之需要所設之規定，蓋非如此，外國

---

❸ 我國民事訴訟法第二條第三項規定：「對於外國法人或其他得為訴訟當事人之團體之訴訟，由其在中華民國之主事務所或主營業所所在地之法院管轄」。

法人在內國之行為若影響公益致生爭議時，內國法院將無管轄權，殊非保護內國人民之旨，故以該外國公司在內國之住所地（主事務所或主營業所）所在地之法院為管轄法院，此為本條第一項所由設也。

第二項係單純對「人」之訴訟，採「以原就被」之原則，亦符一般對被告之管轄原則，即以被告住所地之瑞士法院管轄，無住所時，即以居所地代之，我國民事訴訟法第一條亦採此一理論。有問題者，本項係以被告之住所地或居所地之瑞士法院管轄，與第一項以公司住所地之瑞士法院管轄者不同，而第一項除對公司訴訟外，亦有如本項之對人訴訟，在解釋上，此二項對人之被告應無不同，此時，應如何解決其管轄問題？於此點，本法並無明文規定，惟在解釋上，應可適用管轄競合理論解決❹。

第三項係以公司公開發行記名證券（如股票）或公司債所生之訴訟時，決定其管轄法院。當事人（公司與股東或公司債權人）間固可合意選擇管轄法院，惟基於公益，發行地之瑞士法院亦有管轄權。

第一百五十二條　外國公司之責任

依第一百五十九條直接對應負責之人或因該人之行為而對外國公司提起訴訟時，管轄權屬於：

(a)住所地之瑞士法院。如無住所時，被告居所地之瑞士法院；或：

(b)公司實際經營地之瑞士法院。

釋義:

查本法第一百五十九條之規定，依外國法設立者為外國公司，若依

---

❹　管轄競合係指對於「同一事件」（當事人、訴訟標的、訴之聲明同一）有數法院得以管轄，而由其中一法院加以管轄之謂。我民事訴訟法第二十二條對管轄競合之解決，係由原告選擇，得向其中任一法院起訴，謂之「選擇管轄」。

瑞士法，外國公司應負責時，其管轄權依本條之規定。卽對外國公司應
負責之人起訴時，由被告住所地或居所地之瑞士法院管轄；若對該外國
公司起訴時，以其實際經營地之瑞士法院管轄❺。本條規定 a 款，與第
一百五十一條第二項規定之原則相同，適用時固無疑義；惟 b 款以外國
公司之實際經營地的瑞士法院管轄，卽與第一百五十一條第一項規定以
公司住所地之瑞士法院管轄迥異，適用時卽生疑義。惟本法第一百五十
一條旣冠以條目爲「原則」（principle），則在適用上，例外規定應優
先於原則規定之適用，卽以本條 b 款之規定優先，要無可疑。

第一百五十三條　保護措施

> 爲保護在其他國家有本據地，而在瑞士境內有資產之公司所採之措
> 施，資產所在地之瑞士司法或行政機關有管轄權。

釋義:

　　本條係爲保護內國之公益而設。蓋外國公司雖於瑞士境外有住所或
主營業所，但其在瑞士境內有資產（不動產或動產）者，就該資產所生
之保護措施，資產所在地之瑞士司法或行政機關有權採取一切必要之處
分，以免影響瑞士之利益或公安。例如，如該外國公司在瑞士境內有不
動產，今因債權債務關係涉訟，瑞士人民可向不動產所在地之瑞士法院
請求假扣押該不動產，以防該外國公司脫產。又如，於前述情形如係動
產，且易腐壞者，動產所在地之瑞士法院亦可依聲請拍賣該動產，並提
存拍賣所得之價金，俟日後訴訟終結，再予分配。此類保護措施，於我
國民事訴訟法或強制執行法等法律中，亦屢見不鮮❻。

---

❺　依美國法律學院（The American Law Institute）所編之「法律整
　　編」（*Restatement of the Law*）國際私法篇第四十七條之規定，特
　　定法域對於營業於其法域內之外國法人，就該營業所生之訴因，得行使司
　　法管轄權。亦將由公司經營地之法院管轄原則。參劉鐵錚譯，「美國法律
　　整編——國際私法」，中華民國七十五年四月版，第八三頁。
❻　如我民事訴訟法第二九條、強制執行法第六〇條等規定是。

III. 準據法

第一百五十四條　原　　則

　　1.公司若根據設立國法律之規定，符合公開或登記之要件，則適用
　　　設立國之法律。欠缺此等要件，但係依據設立國之法律組成者亦
　　　同。

　　2.公司如無法符合此等要件，則適用其實際經營地所在國之法律。

釋義:

　　本條規定涉外法律關係中公司所應適用準據法之原則。卽公司原則
上適用其所由設立國之法律，但以該公司符合該設立國應公開或登記之
要件者爲限，若不符合時，如該公司確係依設立國之法律所組成者，亦
同。例外時，則適用公司實際經營所在國之法律，以爲補充，並與本法
第一百五十二條 b 款之規定相呼應。

　　按公司依某國之法律設立者，通常可推定其有適用該國法律之意
思，故此時適用設立國之法律以爲公司之準據法，對作爲當事人之公司
而言並無不利，且對法院地國而言，亦無調查之不便，故樂爲各國所採
行❼。我涉外民事法律適用法對外國法人之準據法雖乏明文規定，但於
第三條規定，外國法人經中華民國認許成立者，以其住所地法爲其本國
法，卽外國法人雖依外國法設立，但在我國仍須經認許之程序後，我國
法院方得以其住所地法爲其本國法，惟是否適用，則須視各該條文中，
適用外國人之「本國法」時，方有其適用，非可一概而論❽。

---

❼　See generally Stephen McCaffrey, The Swiss Draft Conflicts
　　Law, *The American Journal of Comparative Law* vol. 28. pp.
　　235-285, at 282. (1980).

❽　如涉外民事法律適用法第六條第二項、第二十九條之規定。

第一百五十五條 準據法之適用範圍

除本法第一百五十六條至第一百六十一條另有規定外，公司所適用之法律特別決定下列事項：

(a) 公司之法律性質❾。

(b) 公司之組成及解散。

(c) 公司之行爲能力❿與權利能力⓫。

(d) 公司名稱或商號名稱⓬。

(e) 公司組織。

(f) 公司內部關係，尤其是公司與其成員間之關係。

(g) 對觸犯公司法規定之責任。

(h) 對公司債務之責任。

(i) 依據公司組織組織，爲公司行爲之人之代理權。

釋義:

依前條規定公司所應適用之準據法後，本條卽規定準據法之範圍，決定本條所列之各事項，俾臻明確，避免適用時之困擾。

IV. 特殊連接因素

第一百五十六條 公開發行參加證券及公司債所生之請求

藉由創立計畫書、廣告或其他類似公開之方法發行參加證券及公司債所生之請求，適用該公司所應適用之法律或發行國之法律。

---

❾ 所謂公司之法律性質，卽依準據法決定其在法律上不同之分類，如究爲股份有限公司、有限公司或無限公司、兩合公司等。例如，我公司法第二條之規定是。

❿ 參前述本法第三十五條。

⓫ 參前述本法第三十四條。

⓬ 所謂「商號名稱」(trade name)，依瑞士法，乃公司用以與其非正式名稱相別，而在瑞士登記之名稱。

釋義:

從本條開始至第一百六十條，乃規定公司之特殊連繫因素（special connecting factors）， 藉以與第一百五十四條之一般連繫因素相區別。換言之，公司原則上固須適用設立國之法律，並以實際經營所在國之法律補充之，惟遇有特殊連繫因素存在時，即須適用其所指向之準據法，不復有第一百五十四條之適用。

本條乃針對公司公開發行參加證券（如股票）及公司債所生之請求等事項，決定其所應適用之準據法。卽不再適用該公司原所應適用之法律（卽設立國法或實際經營所在地法）；而應適用發行該記名證券或公司債之國之法律。 此乃基於訴訟資料方便取得及保護發行國之公 益 而設，否則，如公司在甲國設立，卻於乙國公開發行股票，發生糾紛時，若仍須依甲國法解決， 此無異剝奪乙國法對乙國人民之保護， 殊不合理，故規定發行國之法律方可適用，以防不公。

美國法律整編之國際私法第三百零二條亦規定除第三百零一條所規定者外，關於涉及公司權利義務之其他爭執，就特定問題言，以與該事件及當事人具有最重要牽連關係之法域之實體法決定❸。一般而言，發行參加證券或公司債之發行國對該發行之事項或承購人而言，乃具有最重要之牽連關係，故適用發行國法律以決定發行參加證券或公司債之事項者，亦為一般國際私法原則所肯認。

第一百五十七條　名稱或商號名稱之保護

　　1.對於已在瑞士商業登記處登記之公司名稱或商號名稱，在瑞士境內為保護其免受侵害，適用瑞士法。

　　2.如在瑞士商業登記處並無登記，公司名稱或商號名稱之保護則適

---

❸　參考劉鐵錚譯，同前註❺，第四七七頁。

用不正競爭所應適用之法律 (第一百三十六條)，或適用侵害公司人格權之法律 (第一百三十二、第一百三十三及第一百三十九條)。

釋義:

本條係特殊連繫因素中有關公司名稱或商號名稱之保護時，其所應適用之準據法。即若已在瑞士商業登記處 (Swiss Commercial Register) 登記公司之名稱或商號名稱，為保護其在瑞士境內免受侵害，當然適用瑞士法; 惟若在瑞士境內並無登記，此時，有關公司名稱或商號名稱之保護，適用本法有關不正競爭 (unfair competition) 之規定，或認係侵害公司人格權利，而適用該等規定。換言之，如認係不正競爭，則依本法第一百三十六條之規定，適用不正競爭行為結果發生市場地之法律，如係因特定競爭者之營業利益遭受不法侵害，則適用該競爭者受侵害營業之所在地法律⑭。例如，A公司之名稱在瑞士並無登記，今在瑞士境內有B公司假冒A公司之名稱為不正競爭時 (如低價傾銷)，瑞士即為不正競爭行為結果發生之市場地，此時，固可適用瑞士法，惟若以不正競爭方法外銷法國，造成法國市場之影響時，即應適用法國法，故未可一概而論。

除適用上述有關不正競爭之規定外，亦可將其視為侵害公司人格權利⑮，而適用本法第一百三十二、第一百三十三及第一百三十九條各該

---

⑭ 參本法第一百三十六條。
⑮ 依瑞士法，所謂人格權 (rights of personality) 包含三大部分，即(1) 身體人格權 (physical personality): 包含生存權、身體完整權、遷徙權、性自由權、死後遺體保護權等。(2) 隱私人格權 (private personality): 包含婚姻權、家庭擁有權及一切相關權利。(3) 社會人格權 (social personality): 包含姓名權、肖像及聲音權、隱私權、名譽權等。*See* Symeon C. Symeonides, Swiss Federal Statute on Private International Law of December 18, 1987-An English Translation, *The American Journal of Comparative Law* vol. 37, pp. 187-246. at 229. n. 108 (1989).

規定之準據法。卽原則上可由當事人合意選擇法庭地法；或侵害人與被侵害人在同一國家有習慣居所地時，適用該國法律等。此外，依第一百三十九條之特別規定，亦有各種侵害人格權利類型之準據法可資適用，實用時應特別注意其各該類型之區別，以爲妥善正確適用❶。

第一百五十八條　代理權之限制

對於限制公司機關或代理人之代理權事項，不爲他方當事人有營業地或居所所在地國家之法律所認知時，公司不得主張之。但他方當事人已知或應知此項限制時，不在此限。

釋義：

爲保護善意第三人（卽相對人），本條特對於公司限制其機關或代理人之代理權事項，若不爲相對人所屬國之法律所認知時，公司不得以其限制對抗相對人。但相對人若係惡意或有過失（明知或應知而不知）時，不在此限，卽可對抗之，以謀法律之衡平。我國法對於代理權之限制亦設有類似規定，例如民法第一百零七條規定，代理權之限制，不得以之對抗善意第三人；但第三人因過失而不知其事實者，不在此限。又如民法第一百六十九條但書規定：第三人明知其無代理權或可得而知者，不在此限，亦同此。故適用時可參酌之。

美國法律整編國際私法第二百九十二條第二項前段規定：依代理人與第三人爲行爲之行爲地實體法，本人應就代理人之行爲負責時，應負其責任❶。本項規定亦隱含卽使本人限制代理人之代理權，但依行爲地法，本人仍應就代理人之行爲負責時，不得以其限制對抗第三人。此爲代理關係之原則，用以保護與代理人爲交易之第三人，此係本條之由設也。

---

❶　參本法第一三二、一三三及一三九條之釋義及註解。

❶　參考劉鐵錚譯，前引註❺，第四六〇頁。

第一百五十九條　外國公司之責任

公司若依外國法設立，而其行為在瑞士境內或從瑞士開始，對於以公司名義為行為之人的責任，依瑞士法。

釋義：

本法對外國公司之設立探隸屬國籍說，即以外國法律所組織設立之公司為外國公司[18]，此與一般國內之通說同，至於同處歐洲之英國，以在他國設立而在英國營業之公司，稱之為外國公司[19]，亦同本條之規定。

雖係外國公司，但其在瑞士境內之域內行為，或從瑞士開始之域外行為，若係以公司名義而為行為，則該行為人之責任，依瑞士法判定之，此亦基於公益所由設也。蓋雖係外國公司，原則上適用設立國或實際經營國之法律（本法第一百五十四條參照），但外國公司之域內行為或從域內開始之域外行為常涉及內國之公益，故本條特設規定，於此情形適用瑞士法，以保護內國之公安及利益，並與本法第一百五十一條及第一百五十二條關於瑞士法院有管轄權之規定相配合，以達到內國法院適用內國法之便利原則。美國法律整編國際私法第四十九、第五十條對外國法人之域內行為或域外行為但結果在法域內者，亦有如本法之規定[20]，可參照之。

---

[18] 關於公司國籍之認定，學說雖尚非一致，但多以公司住所地為認定標準（參林咏榮著，「比較公司法」，（民國四十八年四月版），第三六～三七頁）。所謂公司住所地，即其本公司所在地（我公司法第三條第一項）。易言之，若依我國學說及法律規定，公司之住所設於中國，依住所地法（即中國法）設立組織之公司，即為中國公司。反之，本公司住所在外國，依該外國法律所組織之公司，乃為外國公司。另參馬漢寶著，「國際私法總論」，（民國七十一年十月版），第一六一～一六五頁。

[19] 參林咏榮著，「商事法新銓（上）──公司篇」，（民國七十四年）第四三四頁，註❶。

[20] 參考劉鐵錚譯，前引註❺，第八四～八五頁。

Ⅴ. 外國公司之瑞士分支機構

第一百六十條

1. 在瑞士境外有本據地之公司，可在瑞士有分支機構，此分支機構適用瑞士法。

2. 此一分支機構之代表人適用瑞士法。被授權代表此一分支機構之數人中，至少須有一人在瑞士有住所，且須在瑞士商業登記處登記。

3. 關於在商業登記處之強制登記，由聯邦行政委員會規定其形式。

釋義：

按分公司爲受本公司管轄之分支機構（我國公司法第三條第二項參照），外國公司之住所如於瑞士境外，固依本法適用設立國或實際經營國法，但如其於瑞士境內有分支機構者，則應適用瑞士法以爲準據之規定，其理不說自明。蓋一來基於內國公益之考慮，二來外國公司之分支機構旣在瑞士境內，卽表示其設有事務所或營業所於瑞士，揆諸本法第一百五十一條管轄權之規定，此時，準據瑞士法以資解決因分支機構所衍生之爭議，堪稱便利也。

此一分支機構固應適用瑞士法，則其代表人亦應適用瑞士法，以資配合。故第二項規定分支機構之代表人應適用瑞士法，例如，有關代表人資格之積極限制或消極限制等㉑，應符合瑞士法之規定是。若代表人有數人時，依本項後段規定，其代表人中至少須有一人設住所於瑞士境內，且須登記，至其國籍則非所問。故其代表人爲瑞士人民或外國人民

㉑ 如我公司法對外國公司代表人亦規定其須經常留駐中國境內，且應設置代表人辦事處，並報明辦事處所在地，向中央主管機關備案（第三八六條第二項、第一項參照）。

均無不可， 惟須至少有一人於瑞士境內有住所， 且須在商業登記處登記， 俾於對其訴訟時， 瑞士法院依本法第一百五十一條第二項之規定， 將有權管轄。

至於此項登記因涉及公益， 故第三項規定是為強制登記 (mandatory registration)， 且由瑞士聯邦議會 (Federal Council) 規定其形式。

Ⅵ. 轉換為瑞士公司

第一百六十一條　原　　則

1. 如適用於公司之外國法准許， 而外國公司在無清算及新設下， 亦得適用瑞士法。惟此公司須符合外國法所規定之要件， 且亦須適應瑞士法規定之組織形式。
2. 即使不具備外國法所規定之要件， 聯邦議會亦得授權改變其法律地位， 特別是重要之瑞士利益受威脅時尤然。

釋義:

本條係「準據法轉換」之規定， 蓋外國公司依本法第一百五十四條， 原應適用設立國法或實際經營國法， 惟本條准許該外國公司在一定之條件下， 轉換準據法， 而使其成為瑞士公司❷。即原適用於該公司之外國法須無禁止轉換之規定， 且該公司應同時符合該外國法及瑞士法規定之要件及組織之形式; 此外， 該公司亦須無清算或新設之情形方可。故此種準據法之轉換乃單純之轉換， 以避免公司因經營不善， 面臨解散或重整之際， 以準據法之轉換， 達到「規避法律」(evasion of law)

---

❷　S. McCaffrey, *supra* note 7, at 283.

之目的❷。

　　惟如該外國法規定之要件無法符合，依第一項之規定，原應不許其**轉換**，但瑞士聯邦議會亦得授權該公司改變其司法地位，尤其是當適用該外國法（卽不許該公司轉換），瑞士之重要利益將受威脅時尤然。本項規定爲前項之例外，以內國之公益爲重，但在解釋上，本項應作嚴格之限縮解釋，卽僅限於該公司不具備外國法規定之要件，且該外國法有准許轉換準據法之規定時，方有其適用。故爲免侵害他國法律，瑞士聯邦議會於此情形，應避免授權改變公司之司法地位，蓋相互尊重他國之法律，乃國際私法之前提原則。必也該外國法准許轉換，而該公司復無符合該外國法規定之要件，瑞士聯邦議會方得於必要時（如瑞士之重要利益受威脅時）授權改變公司之司法地位，以免侵及該外國法對公司之管轄。

第一百六十二條　決定之時間

1. 依瑞士法，公司須在商業登記處登記者，若能證明該公司已移轉其業務中心至瑞士，且已接受依瑞士法所規定之組織形式者，適用瑞士法。

2. 依瑞士法，公司無須在商業登記處登記者，若該公司一經明顯表明適用瑞士法之意圖，且其一經獲得與瑞士之充分牽連關係，並接受依瑞士法所規定之組織形式者，則立卽適用瑞士法。

3. 在被允許爲登記前，資合公司須證明其資本符合瑞士法下，由聯邦議會授權某事務所製作發表之會計審核所包含。

---

❷　所謂「規避法律」，係指在國際私法上，當事人爲便利達成某種目的，故意避免一種實體法，而適用另一種實體法之謂。通常於此情形，當事人必須先於轉換國建立連繫因素，方能達其目的。惟於本條之情形，只須該公司符合法定要件便可。有關「規避法律」之問題，可參馬漢寶著，前引註❶書，第二三六頁以下。

釋義:

按有關準據法轉換之規定，係瑞士新國際私法特有之規定，前條規範轉換之要件後，本條接以轉換決定之時間作規定，使其明確。卽外國公司如須在瑞士商業登記處登記者(如第一百六十條第二項)，該外國公司如已將其主營業所轉移至瑞士，且具備瑞士法對公司設立之要件者，卽可適用瑞士法。換言之，於此時，視其已轉換瑞士公司。若無須登記者，該外國公司則須有適用瑞士法之明示意思表示，惟是否須作成書面，法無明文，在解釋上，固以文書作成爲妥，但以口頭通知者，亦不限制。此外，該外國公司亦須與瑞士取得充分之牽連關係，所謂充分之牽連關係，例如，公司已將其主營業所移至瑞士，或公司之股東或代表人均設有住所於瑞士境內等 ❷❹，若符合此等要件，且亦具備瑞士法所規定公司組織之形式者，亦可立卽適用瑞士法。上述二項情形，均須由該外國公司負證明之責，在實用時，應注意其時間點，而此亦爲本條第一、二項規定之要旨。

第三項之規定係針對資合公司 (Capital Company) 而設，卽外國公司若係資合公司，在瑞士境內欲爲轉換登記前，須證明該公司之資本穩固、會計作業健全，而符合瑞士法下，由聯邦議會所授權制作之會計審核報告 ❷❺。蓋資合公司重視其資本結構之穩固性，該公司欲轉化成瑞士公司，當然須經瑞士法之審核，以保障投資大衆，否則，若資本結構發生問題，致有重整、清算、解散或破產等狀況產生，殊非保護瑞士人民之旨，故本條特設規定，以其通過會計審核爲其決定時間。

---

❷❹ 如本法第一五一條、第一六〇條之規定。

❷❺ 所謂公司之「資本」(capital) 一詞，本法原文（德語版）之意指公司「最初之資本」而言，簡譯成「資本」一詞，亦無減損其義 。*See* S. C. Symeonides, *Supra* note 15, at 236, n. 136.

VII. 轉換爲外國公司

第一百六十三條　原　則

1. 瑞士公司在無清算及新設下，若能證明下列事項，得適用外國法：

   (a) 已具備瑞士法所規定之要件；

   (b) 在外國法下能繼續存在；且

   (c) 已對其債權人發出公告，通知其改變法律地位之意圖，並要求債權人表明其請求。

2. 若發生定義於一九八二年十月八日聯邦法律第六十一條所定之國際衝突時，關於本國經濟供應之保護性措施的規定，不受本條之影響。

釋義:

　　本條規定係與第一百六十一條相對，該條規定外國公司轉換爲瑞士公司之要件（適用瑞士法），本條則係瑞士公司轉換爲外國公司之規定（適用外國法），惟因原係瑞士公司，則爲加強保護公司之債權人，本條規定之要件頗爲嚴格。卽瑞士公司除須符合本國法規定之要件外，更須能在其轉換之外國法下具備該國對公司組織形式之規定，且其轉換亦不可侵害債權人之權益，故第一項（c）款特規定該公司須先對其債權人發通知，告知其改變公司司法地位之意圖，並請債權人表明其請求，始生轉換之效力，而可適用外國法㉖。惟在本條，該瑞士公司是否適用外國法，仍有裁量餘地，而非強制須適用外國法，此從條文中「得」

㉖　此種通知或公告債權人，始生某種效力之規定，於我國法下亦屢見不鮮。如民法第三○五條第一項規定:「就他人之財產或營業概括承受其資產及負債者，因對於債權人爲承受之通知或公告，而生承擔債務之效力。」可供參考。

(may) 字可觀出'，而與第一百六十一條外國公司轉換成瑞士公司者，須強制適用瑞士法者不同。蓋使瑞士法可獲多適用之機會也。

　　第二項係具有保護性措施之規定，即如係發生國際衝突，且合於一九八二年十月八日瑞士聯邦法律 (Federal Statute) 第六十一條之定義時，為保護瑞士境內經濟供給無缺所為之措施，不受本條規定之影響。換言之，於此時，瑞士聯邦政府得限制瑞士公司轉換成外國公司，以保護其本國經濟供給之利益。

第一百六十四條　公司之債務

　　1.若外國公司可提供表面證據證明其債權人均已獲清償，或其債務已獲擔保，或債權人同意免除，則其在瑞士商業登記處之登記可塗銷之。

　　2.非於公司債權人獲得清償或其債務已獲擔保，公司在瑞士境內之募集程序不得開始。

釋義:

　　本條係有關公司債務之規定，第一項規定外國公司在瑞士境內欲結束營業，刪除登記時，其債務責任之問題。按外國公司依本法可在瑞士境內有分支機構，且代表人中至少須有一人在瑞士有住所，並須為強制登記（參第一百六十條），今若外國公司欲結束營業，刪除登記時，為保護瑞士境內之債權人，特規定外國公司須提出可供即時調查之表面證據 (prima facie evidence) 證明其債權人均已獲清償，或其債務已獲擔保，甚或債權人同意免除其債務者，方可塗消登記。此種規定與我國法之規定類似，例如，我公司法規定外國公司應未撥其在中國境內營業所用之資金；或外國公司無意在我國境內繼續營業者，不得免除申請撤回認許前所負之責任或債務等⑦，均係保護債權人之規定，實用時可

---

⑦　參考我國公司法第三七二條、第三七八條等規定。

參酌之。

　　第二項則係對一般公司（不論其國籍如何）募集程序之限制。按公司爲籌措資金，常須發行新股或公司債，此種募股或募債之程序與公司資本結構有密切關係，故本法特規定，除非公司之債權人均已獲淸償，或其債務已獲擔保，否則公司之募集程序不得開始，用以保護公司之債權人，並防公司債務不當的累積。我國公司法對公司募股、募債之程序亦規定頗嚴，其立法意旨亦係保護公司債權人及維護公司資本結構之完整、穩固❷❽。

Ⅷ. 外國判決

第一百六十五條

1. 關於公司法律所衍生請求之外國判決，符合下列條件之一者，在瑞士可承認之：
   - （a）此判決在公司所在地之國家宣判或被承認，且被告在瑞士境內無住所；或
   - （b）此判決在被告住所地國或習慣居所地國宣判。
2. 關於藉由創立計劃書、廣告或其他類似公開之方法公開發行參加證券及公司債所生請求之外國判決，若該判決在公開發行記名證券或公司債之發生國宣判，且被告在瑞士無住所時，此外國判決可爲瑞士所承認。

釋義：

　　按本法於各章中均設有各種訴訟所衍生請求之外國判決在瑞士承認或執行之規定（如第一章第二十五～第三十二條，第三章第五十條、第

---

❷❽　參考我國公司法第二四六條以下及第二六六條以下。

五十八條、第六十五條、第四章第七十條、第八十四條、第六章第九十六條、第七章第一百零八條、第八章第一百十一條、第九章第一百四十九條之規定是），本章亦於本條中明定關於公司法律所衍生請求之外國判決，在瑞士可承認之要件。

第一項係針對一般公司法律所生請求之外國判決而設，若其具備 (a)、(b)兩款所定要件之一者，卽可於瑞士承認之。第二項則乃針對藉由公開發行記名證券（如股票）或公司債所生請求之外國判決，在瑞士可被承認之要件作規定，其要件均請見譯文，均不再贅。

瑞士新國際私法對外國判決之承認與執行分別各章之不同情形作規定，堪稱鉅細靡遺。雖顯繁瑣，惟適用時明確，是其優點。我國法中對外國判決之承認與執行，分別於民事訴訟法第四百零二條及強制執行法第四十三條爲一般性之規定，立法雖稱簡便，惟無分別各種不同類型之法律關係作不同規定，適用時應特別注意比較其差別。

美國法律整編國際私法第五章第二節（第九十八條）及第三節（第九十九條至第一百零二條）分別就外國判決之承認及執行作規定。依該法第九十八條之規定，外國判決獲美國承認之條件極爲簡單，卽該判決只要係在外國經公平審理（a fair trial）所作成之有效判決（a valid judgement）卽可❷，而第三節對外國判決之執行，亦僅對金錢判決之執行及命爲禁止爲一定行爲之判決的執行兩種作規定而已❸，適用時應分別以觀。

---

❷　劉鐵錚譯，前引註❺，第一三五頁。
❸　同上註，第一四〇～一四五頁參照。

第十一章　破產與和解 (楊富强)

].承　認

第一百六十六條

1. 基於破產管理人或債權人之請求，在債務人住所地國所爲之外國破產裁定，在瑞士可承認之：

   (a) 如此裁定在其宣告國爲有效者；

   (b) 如依本法第二十七條，無拒絕承認之理由者；

   (c) 如宣告國採取互惠主義者。

2. 如債務人在瑞士有分支機構，在本法第一百七十二條規定之債權人分類有法律確定力前，聯邦債務催收及破產法第五十條第一項所規定之程序得以適用。

釋義：

本章係規定涉外法律關係中破產與和解❶程序之管轄權及準據法。

---

❶　在瑞士法下，所謂「和解」(composition)係破產債務人與其債權人間之協定 (arrangement)，依該和解契約，債務人可延遲其清償，或先償付一部分債務於債務人，避免破產程序之施行。該和解成立後，須經法院之認可方可執行，法院認可後，對不同意和解或未參加債權人會議之債權人均有效力。*cited in* Symeon C. Symeonides, Swiss Federal Statute on Private International Law of December 18, 1987: An English Translation, The American Journal of Comparative Law vol. 37, pp. 187-246, at 237, n. 140. (1989)。
如基此和解之概念，則依瑞士法，其和解程序之規定與我破產法之規定類似，概念相同。有關我國破產法和解程序之規定，參錢國成著：「破產法要義」，(民國七十二年十一月修訂十二版)，第二五頁以下。

本條乃規定外國破產裁定之承認，如其係於債務人住所地國法院所爲，且合於本條規定要件之一者，基於破產管理人或債權人之請求，該外國破產裁定在瑞士可被承認之。

第一款要件規定該裁定須爲有效之裁定，換言之，須訴訟程序無瑕疵者（例如，爲裁定之法院須有管轄權等）方可，此與美國法律整編國際私法第九十八條規定類似，已見前第一百六十五條時所述，玆不贅。

第二款要件則須該外國裁定無本法第二十七條所列情形之一者，如該外國裁定之內容違反瑞士之公序良俗時❷，卽不予承認。

第三款係互惠原則之規定，如該爲裁定之外國亦有承認瑞士法院破產裁定之規定者，本法亦承認之。

第二項係規定外國法人在瑞士境內破產時所應適用有關債權人分類之規定與程序，其適用之順序。卽瑞士聯邦債務催收及破產法(Federal Statute on Debt Collections and Bankruptcy)第五十條第一項所規定之程序先行適用，除非本法第一七二條之規定最後得以適用。蓋該條係有關破產債權人之分類及其所受清償總額之規定（詳下述），有助於外國法人在瑞士破產程序之終結也。

Ⅱ. 程 序

第一百六十七條　管轄權

1. 請求承認外國破產裁定之聲請，應在瑞士境內之財產所在地法院提起。第二十九條之規定準用之。

2. 如該財產之所在地位於一處以上，唯有第一個被請求之法院有管

---

❷　參考本法第二十七條第一項。

轄權。

3.破產債務人之債權視為位於其債務人之住所所在地。

釋義:

外國破產事件之裁定如欲於瑞士境內被承認且加以執行，必該破產事件中有財產位於瑞士，否則，即無請求承認之必要。故此時，該財產所在地之法院應有權管轄，蓋此涉及內國公益也。此外，本法第二十九條有關外國判決之承認及執行之規定，於本條第一項之情形準用之，請逕參照，茲不贅。

若財產所在地有多處，依第一項之規定，各該財產所在地之法院均有權管轄，惟本條第二項限定只有第一個被請求承認之法院有管轄權，固可解決競合管轄之不便，但其決定時間 (determinative time)究以何者為判準，本法並無明文，適用時可能滋生疑義。

依本條第一、二項之規定，外國破產裁定承認之聲請原則上應由財產所在地法院管轄，此於財產為有形體之動產或不動產時固無問題，若財產為無形無體之債權時，自不免發生認定上之疑義。按債權乃係債權人得向債務人請求為一定行為之權利，實際上係以債務人之行為為其核心，故本條特於第三項規定以債務人之住所地為其所在地，以杜爭議。

第一百六十八條　保存性措施

提起請求承認外國破產裁定之聲請後，法院得依聲請人之請求，依聯邦債務催收及破產法第一百六十二條至第一百六十五條及第一百七十條之規定，發布保護措施。

釋義:

在瑞士境內請求承認外國破產裁定之聲請人，為保存其可得之利益，得向法院聲請發布保存性措施（conservatory measures），該項保存性措施，乃依瑞士聯邦債務催收及破產法第一百六十二條至第一

百六十五條及第一百七十條之規定發布❸。所謂保存性措施，乃法院爲保護內國公益，依職權或依聲請所爲之非訴訟的行爲。例如，爲防破產債務人在瑞士境內之資產爲不當之讓與（即脫產行爲），於請求承認外國破產宣告之裁定前，聲請人可請求法院實施保全程序（如假扣押或假處分），故此種保存性措施又稱爲保護措施（protective measures）。本法於第一百五十三條亦設有類似規定，可參酌之❹。

第一百六十九條 公 告

　　1.承認外國破產宣告裁定之判決應公告之。

　　2.此判決應通知財產所在地之債務催收局、破產局、土地登記官及商業登記處。如有需要，亦須通知聯邦智慧財產局。此規定亦適用於終結或中止破產程序，或撤回破產之判決。

釋義:

　　瑞士法院於承認外國破產宣告之裁定後，應以判決認許，並應公告，俾相關之利害關係人得以知悉。此外，於外國破產事件之程序中，因其有資產位於瑞士境內者，因涉及公益，法院亦應將該判決通知財產所在地之相關機構，如債務催收局（Debt Collection Office）、破產局（Bankruptcy Office）、土地登記官（Land Register Officer）及商業登記處（Commercial Register Office）。若破產程序涉及無體財產權之爭議時，亦須通知瑞士聯邦智慧財產局（Federal Office for Intellectual Property）。

　　同時，此一規定亦適用於破產程序之終結、中止或撤回，而法院以判決宣告時，即須公告與通知。

---

❸ 瑞士聯邦債務徵收和破產法之相關規定，因查閱困難，於此不擬作介紹，請諒察。

❹ 我破產法第七十二條亦有類似規定，請參照。

我國破產法關於破產宣告，亦規定法院為破產宣告時應公告之事項
❺，可參照比較之。

Ⅲ. 法律效果

第一百七十條 通　　則

　　1.除本法另有規定外，關於位在瑞士境內之債務人財產，承認外國
　　　之破產裁定有依瑞士法規定之破產效果。

　　2.瑞士法所規定之期間，從承認之判決公告時起算。

　　　3.債權人會議或監督委員會，不予設立。

釋義:

　　按本章之規定，承認外國破產裁定可於瑞士境內執行，原係在緩和
瑞士國際破產法之限制。蓋依該法之規定，外國法院所為之破產裁定，
原則上不為瑞士法院所承認，除非兩國間有可資適用之國際協定，瑞士
法院方承認其裁定之效力，而在瑞士境內有其法律效果❻。本章自第一
百六十六條至第一百六十九條，均係關於承認外國破產裁定之要件及管
轄權之規定，本條即規定外國破產裁定於瑞士被承認後之法律效果，即
有依瑞士法宣告破產之相同效果。同時，規定其時效之起算點，係從承
認該外國破產裁定之判決公告時起算，以杜爭議。

　　此外，該外國破產裁定雖係有同依瑞士法宣告破產之效果，但在瑞士
法下，將無債權人會議或監督委員會之組成，故本條第三項用以排除之。

第一百七十一條 撤銷之訴

---

❺　參考我國破產法第六十五條。

❻　*See* Stephen McCaffrey. The Swiss Draft Conflicts Law,
　　The American Journal of Comparative Law vol. 28. pp. 235-
　　285, at 283 (1980).

撤銷之訴適用聯邦債務催收及破產法第二百八十五條至第二百九十二條之規定。此訴訟亦得由外國破產管理人或被授權提起此類訴訟的債權人之一提起。

釋義:

按撤銷之訴源自於古羅馬法之 "*actio pau Liana*", 原意爲債權人得對債務人損及債權人利益之處分加以撤銷之謂❼。本條特設撤銷之訴所應適用之要件及有權起訴之人, 故若破產債務人捏造假債權參與破產債權分配時, 外國之破產管理人或有權提起訴訟之債權人之一均可起訴撤銷之, 惟應適用瑞士聯邦債務徵收及破產法第二百八十五條至第二百九十二條之規定, 固不待言。

我破產法對此類撤銷之訴亦設有規定, 即破產債務人若有詐害行爲或有擔保或清償債務之行爲, 致有侵害債權人之權利時, 破產管理人可聲請法院撤銷之❽, 惟依國我破產法, 債權人無提起撤銷之訴之權利, 同時, 該撤銷權亦受有二年除斥期間之限制❾。

第一百七十二條　債權人分類

1. 本法只承認下列債權人之分類:
   (a) 依聯邦債務催收及破產法第二百十九條所指定之擔保債權人。
   (b) 聯邦債務催收及破產法第二百十九條第四項所規定之前四類無擔保債權人, 而在瑞士有住所者。
2. 唯有第一項規定之債權人方得提起規定於聯邦債務催收及破產法第二百五十條之主張債權人分類之訴。
3. 當債權人在外國破產程序中已受部分清償, 其有權受清償者, 爲

---

❼　*See* S. C. Symeonides, *supra* note 1, at 238. n. 145.
❽　我國破產法第七十八、七十九條參照。

依瑞士之程序分得之數額扣除所生費用後之餘額。

釋義：

　　按破產債權係於破產宣告前所成立，得以強制執行之財產上對破產債務人之請求權[10]，而債權人依其有無擔保或有無其他特定權利（如別除權）等，亦可分成有擔保債權人、無擔保債權人、優先債權人、別除權債權人……等。我破產法對破產債權人之分類，除承認一般之破產債權人外（卽無擔保或無優先權者），復承認有別除權之債權人[11]，有優先權之債權人[12]等。而依瑞士法，所謂債權人之分類（Classification of creditors），係指爲破產管理人所承認之破產債權人，並對其依有無擔保或有無其他權利之關係所作之分類[13]，此一概念與我國破產法規定相似，適用時可參酌之。

　　本條第一項規定得被承認之債權人的分類，須合乎(a)、(b)兩款之一者，非(a)、(b)兩款所定之債權人分類，不受本法所承認。第二項則規定提起債權人分類之訴者[14]，以第一項所定之債權人爲限，第三項則規定破產債權人若已於外國破產程序受一部之清償，復於瑞士破產程序受清償者，定其應得之總額，以明破產債權人之權利。

第一百七十三條　分配 —— 承認外國債權人之分類

　　1. 依本法第一百七十二條第一項規定之程序爲分配後，所剩餘額將照會外國破產管理人，或有權受照會之債權人。

---

[9]　我國破產法第八十一條參照。

[10]　參錢國成著，前引註[1]書，第一二二頁。

[11]　我國破產法第一〇八條。

[12]　我國破產法第一一二條。

[13]　S. C. Symeonides, *supra* note 1, at 238. n. 146.

[14]　所謂主張債權人之訴，依瑞士法係指債權人對其不被歸入債權人之分類者，主張應爲歸類之訴；或已爲歸類之債權人，對非應歸類，然卻已爲歸類之債權人，主張其不應歸類之訴。*See* S.C. Symeonides, *supra* note 1, at 239. n. 149。

2.此餘額僅得於承認外國債權人之分類後照會之。

3.有權承認外國破產裁定之瑞士法院，對於外國債權人之分類，亦有管轄權。法院在外國債權人之分類中，應特別審查在瑞士有住所之債權人是否已受公平待遇。有關之債權人亦有權聽證。

釋義:

本條規定係接續前條而來。卽外國破產程序於依前條規定將破產財團分配於瑞士之債權人後，如有餘額，法院應通知外國破產管理人，或有受通知之權的債權人。如法院承認外國債權人之分類，亦得於承認後通知之，同時，承認外國破產裁定之瑞士法院，對於此項外國債權人之分類，亦有權管轄，俾可將餘額再分配於外國債權人。惟瑞士法院於此時應特別審查在瑞士有住所之債權人是否受到公平對待，同時，該債權人亦有權可要求舉行公聽會。

第一百七十四條　分配 —— 不承認外國債權人之分類

1.當外國債權人之分類不被承認，餘額將分配給定義於聯邦債務催收及破產法第二百十九條第四項中之第五類債權人。然此類債權人在瑞士境內須有住所。

2.在法院所指定之期間內，債權人分類並無被請求承認者，前項規定亦適用之。

釋義:

於瑞士法院不承認外國債權人之分類時，依第一百七十二條所分配後之餘額，應如何處理，本條卽作規定。卽分配給於瑞士境內有住所，且係定義於瑞士聯邦債務徵收及破產法第二百十九條第四項中之第五類債權人。

第一項規定亦適用於瑞士法院指定時間命外國債權人聲請承認其分類而不請求者，蓋於權利上睡覺，不值保護也。

Ⅳ. 和解及類似程序: 承認

第一百第十五條

為外國有權機關所承認之和解或類似程序，可在瑞士承認之。本法第一百六十六條至第一百七十條之規定準用之。在瑞士境內有住所之債權人有權聽證。

釋義:

按於外國所作成之和解或類似程序，若經外國具有權能之機關（如法院）加以承認，則亦可於瑞士承認之，並準用本法第一百六十六條至第一百七十條之規定。例如，於我國所作成之法院和解或商會和解，經我國法院予以認可或商會主席署名並加蓋商會鈐記後❶，亦可於瑞士承認之，此本條前段所由設也。若該項和解契約有債權人設住所於瑞士境內者，並得主張舉行公聽會以維權利。

---

❶　參考我國破產法第二十九條及第四十七條。

第十二章　國際仲裁（魏杏芳）

Ⅰ. 適用範圍：仲裁法庭所在地

第一百七十六條

1. 本章規定適用於仲裁法庭位於瑞士境內、且仲裁協議完成時，至少有一方當事人在瑞士境內無住所亦無習慣居所之所有仲裁。
2. 當事人以書面排除本章規定的適用，並同意排他的適用各郡有關仲裁程序規則時，本章規定不適用之。
3. 仲裁法庭所在地由雙方當事人或當事人指定的仲裁機構決定之；欠缺此項決定時，則由仲裁人加以決定。

釋義：

　　過去的國際私法立法例，鮮少有將國際仲裁列爲規範對象者；目前由於國際貿易的發達與頻繁，國際仲裁已成爲解決國際商務糾紛的重要方式，本法特設專章加以規定，是爲本法特色之一。

　　第一節首先劃定「國際仲裁」的適用範圍，用以說明本法意義下的國際仲裁爲何。第一百七十六條第一項提出二項標準，第一：仲裁法庭所在地必須位於瑞士境內；第二：仲裁協議完成時，當事人至少有一方在瑞士無住所亦無習慣居所。有關前一標準，雖然在國際仲裁的場合，仲裁人可能在不同的國家開會審理爭端，也可能在瑞士以外的地方作成仲裁判斷，但既然「仲裁法庭位於瑞士境內」，解釋上應認爲當事人有意約定以瑞士爲仲裁地。至於後一標準，本法認爲在仲裁協議完成時至

少有一方當事人於瑞士無住居所者，該仲裁卽具有涉外性而得適用本章規定。故理論上仲裁雙方當事人卽使皆爲瑞士籍，如在仲裁協議完成時有一方於瑞士無住居所，該仲裁卽有可能被視爲國際仲裁。

在本章規定制定前，瑞士境內的國際仲裁，均與其國內郡與郡之間的仲裁一般，適用瑞士郡法 (cantonal law)，該郡法原爲各郡間爲處理有關仲裁事件所爲之約款❶。現本章已專就國際仲裁事件加以規範，惟本條第二項例外地允許當事人以書面排除本章所定程序之適用，仍適用郡法有關仲裁的程序規則。

仲裁法庭所在地旣爲國際仲裁的要件之一，如何決定仲裁法庭所在地自然十分重要，且仲裁法庭不同於一般常設法院，故本條第三項特別規定仲裁法庭所在地的確定方法。由於仲裁協議原爲契約的一種，因此仲裁法庭應定於何處，本於當事人自主原則，首先應由當事人或當事人指定的仲裁機構決定，如未能依此方式確定時，則由組成仲裁法庭的仲裁人加以決定。

Ⅱ. 可仲裁性

第一百七十七條

1.所有具有財產性質之事項，皆得爲仲裁標的。

2.如仲裁協議之一方當事人爲國家、國營企業或係國家控制 的 組

---

❶ Adam Samuel, "The New Swiss Private International Law Act," *International and Comparative Law Quarterly*, Vol. 37, 1988, p. 689.
　瑞士爲一邦聯國家，各郡除有相當獨立的行政權外，郡的司法權亦相當獨立，在仲裁方面，各郡亦各有其仲裁法。爲解決郡與郡間仲裁法制的衝突，瑞士於一九六九年三月二十七日又通過「邦際仲裁公約」，爲各郡仲裁的統一法。參考藍瀛芳著：「商務仲裁中之衡平仲裁制度」，商務仲裁，六十八年十月，第四期，第十五頁。

　　織，該當事人不得援引其本國法，就該爭議的可仲裁性或其得爲
　　仲裁協議一方當事人之能力，提出抗辯。

釋義:

　　仲裁協議的成立要件及效力，原則上應有「當事人意思自主」的適
用，但涉及仲裁協議的某些事項則不受當事人意思的支配，爭議的可仲
裁性即爲其一❷。爭議的可仲裁性屬仲裁協議的效力問題，爭議如欠缺
可仲裁性，仲裁協議即屬無效。

　　一般而言，係爭權利或法律關係如得以和解方式解決，具有允許私
人自由處分性質者，便認爲該爭議具可仲裁性❸。故凡刑事案件，或婚
姻、遺囑等家事案件，均不得作爲仲裁標的; 反之，與財產權有關事項
而與公序良俗不違背者，則得約定提付仲裁❹。

　　大多數國家皆明文規定何種爭議得提付仲裁，但各國寬嚴不一❺。
瑞士國際私法於本條第一項規定凡具財產性質之事項，得爲仲裁標的;
而所謂財產性質之事項，依據解釋，在瑞士法下，只要得以金錢評價的
請求權，即爲財產性質請求權而爲財產事項，不論該請求權是本於債務
法、財產法、親屬法或繼承法而來❻。故瑞士國際私法對爭議的可仲裁

---

❷　蘇義雄著:「國際商務仲裁契約與國際私法」，中興法學，（民國六十三年
　　十二月），第九期，第八二頁。
❸　楊崇森著:「商務仲裁之理論與實務」，臺北: 中央文物供應社（民國七十
　　三年十二月），第二三～二四頁。
❹　黃鈺華著:「國際商務仲裁中之法律適用問題」，臺大法律研究所碩士論
　　文(民國七十五年)，第六四頁。
❺　有關法、德、美、英等國爭議仲裁性的不同規定，參考同上註，第六十四
　　頁。
❻　"Swiss Federal Statute on Private International Law of
　　December 18, 1987," An English Translation by Jean-Claude
　　Cornu, Stéphane Hankins, and Symeon Symeonide, *The
　　American Journal of Comparative Law*, Vol. 37, 1989, p. 196,
　　note 9.

性係採較寬鬆的態度，賦予廣泛的承認。我國商務仲裁條例第一條明揭仲裁之客體爲「商務上爭議」，我國是民商合一國家，解釋上不論是依商事法規（海商、公司、保險、票據）或依民事法規所生交易事項之爭議，均有可仲裁性❼。

應另加說明的是，各國既然對爭議的可仲裁性規定不同，則遇有國際仲裁時其爭議之可仲裁性究應依何國法律解決便有疑義；換言之，爭議的可仲裁性也有法律衝突問題。就此，各國法律未直接明文規定，國際公約也無直接的解決方案，只能由各國對外國仲裁判斷承認及執行上，推知其態度。一九五八年「聯合國承認及執行外國仲裁判斷公約」（Convention on the Recognition and Enforcement of Foreign Arbitral Awards）第五條第二項(a)款明定，爭議之事項，依被請求承認及執行國之法律不得以仲裁解決者，該國主管機關得拒絕承認及執行。換言之，爭議的可仲裁性應以被請求承認及執行國之法律爲準據法。該公約截至一九八七年七月一日止，締約國共有七十七國❽，可見此原則應爲目前多數國家所採。由於爭議的可仲裁性通常涉及一國的公安問題，故該公約賦予執行地國依其本國法律加以判斷，以維護執行地國的法律尊嚴。不過我國商務仲裁條例第三十二條第一項第三款規定，「仲裁判斷依判斷地法規，其爭議事項不能以仲裁解決者」，法院應駁回請求承認外國仲裁判斷的聲請。此種求諸外國法律以決定是否得在我國承認及執行外國仲裁判斷的規定，無論在實際或理論上均有未符❾。

仲裁協議的一方當事人有時可能爲國家或國營機構。由於私人與國

---

❼　黃鈺華，同前引註❸，第六六頁。
❽　張迺良著：「貿易糾紛與商務仲裁」，商務仲裁，第二十二期（民國七十八年九月），第二二頁。
❾　黃鈺華，同前引註❸，第六七～六八頁。

家間爭端，若由仲裁方解決，就私人方面而言，可免於他方當事人之
法院基於國家利益而判決偏頗；在國家方面則爲保護其崇高地位及隱私
性，較願意接受具隱私性的仲裁程序。尤其是一國爲促進其本國充分發
展，鼓勵外國人前往投資而發生的爭端，更須依賴仲裁制度加以解決
❿。爲解決此類投資爭端，在世界銀行贊助下，於一九六六年簽訂之解
決國家與他國國民間投資爭端公約 (The 1966 Convention on the
Settlement of Investment Disputes between States and
Nationals of other States) 第四章，即規定仲裁程序之進行。該
公約第二十六條尚規定「爭端當事人同意依本公約之規定進行仲裁時，
除另有聲明外，應認爲同意仲裁排除任何其他救濟方法。……」❶，有
效地避免一國對於仲裁協議主張主權豁免。本法於本條第二項的規定，
其目的即在禁止國家或國營企業藉爭議可仲裁性或當事人能力等問題，
於仲裁協議訂立後再規避仲裁程序，其主旨與上述公約之規定一致。

Ⅲ. 仲裁協議

第一百七十八條

1. 仲裁協議如作成文書，無論以電報、電傳、電視拷貝或以其他通
   訊方式足證明其內容存在者，其形式皆屬有效。

2. 有關仲裁協議的實質內容，如合於當事人所選定法律的規定˙或
   合於係爭實體問題準據法，特別是主契約準據法的規定，或合於

---

❿　劉興善譯：「國際商務仲裁之國際私法問題：最近發展之研討」，商務仲
　　裁（民國七十二年十二月），第十期，第二六頁。
❶　其原文如下：
　　Article 26 Consent of the parties to arbitration under this
　　Convention shall, unless otherwise stated, be deemed consent
　　to such arbitration to the exclusion of any other remedy……

瑞士法者，皆屬有效。

3.仲裁協議的有效性，不得以主契約可能無效或仲裁協議所涉之爭
議尚未發生為理由，提出抗辯。

釋義:

本條規定仲裁協議的形式及實質問題。依國際私法原則，契約之成
立要件及效力，得依當事人的意思定其所應適用之法律，仲裁協議為契
約的一種，自有當事人意思自主原則的適用。一九五八年聯合國承認及
執行外國仲裁判斷公約第五條第一項（a）款亦規定「仲裁判斷受不利判
斷之一方證明下列事由時，仲裁判斷之承認及執行的聲請應拒絕之：
（a）……本公約第二條所稱仲裁協議依當事人所約定之準據法為無效者
……」；可見國際公約允許當事人依其約定的準據法定仲裁協議的效力。
此於仲裁協議實質方面固勿論，在形式要件方面，由於形式與實質關
係密切，各國判例大抵主張契約形式的準據法應與契約實質的準據法同
⑫。不過瑞士國際私法就此另有特別規定。

第一項規範仲裁協議的形式要件。只要是見諸文字的書面證明，無
論以何種通訊方式存在，仲裁協議的形式即屬有效。一九五八年「聯合
國承認及執行外國仲裁判斷之公約」（Convention on the Recogni-
tion and Enforcement of Foreign Arbitral Awards）第二條第
二項規定，稱「書面協定」，包括「當事人簽名而載於契約或仲裁協議
中的仲裁條款，或包含於互換之信件或電報中之仲裁條款」，故仲裁協
議應屬要式行為，但不以正式的契約書為必要，僅為表明當事人合意的
書面即可⑬。我國商務仲裁條例第一條第二項明定仲裁契約應以書面為
之；解釋上應與本條第一項及上述公約的規定同，即書面不以正式文件

---

⑫ 蘇義雄，見前註❷，第八四頁。
⑬ 楊崇森，見前註❸，第二七頁。

為限。

　　本條第二項係有關仲裁協議實質方面有效性問題。所謂實質（Substance）應指除形式之外，仲裁協議的內容應依何法律成立、生效而言。例如仲裁地、準據法的指定、仲裁人之選任方式等。第二項規定仲裁協議的實質，如合於當事人所選定之準據法或係爭實體問題準據法，尤其是主契約準據法，甚至合於瑞士法規定者，皆屬有效。由是觀之，本項的目的，不外在使於瑞士境內進行的國際仲裁，較易成立，避免仲裁協議的內容因不合某特定國家法律的規定而無效。

　　本條第三項規定仲裁協議不因主契約無效而無效。此為「主契約與仲裁條款分離原則」的成文化。該原則在德國及瑞士法院的判例已獲肯定，美國聯邦法院亦採此原則❶，故國際仲裁協議有其獨立性，其效力不取決於主契約有效與否，而應另定準據法。此外同項中尚規定不得以「爭議尚未發生」為由，主張仲裁協議有瑕疵。各國仲裁法規多允許對將來之爭議作成仲裁協議，但以一定法律關係所生之爭議為限❶，本項之規定應亦同其旨。

Ⅳ. 仲裁法庭

第一百七十九條　組　織

　　1.仲裁人由當事人合意指定、解職或取代。

　　2.如欠缺前項合意，得請求仲裁法庭所在地之法院決定之；該法院應類推適用邦法有關仲裁人指定、解職或取代的規定。

　　3.法院受請求指定仲裁人時，法院應准許其請求；但經大體審查認當事人間無仲裁協議者，不在此限。

---

❶　黃鈺華，見前註❹，第六四頁。
❶　楊崇森，見前註❸，第二五頁。

釋義:

當事人依仲裁協議，將爭議提付仲裁後，首要程序即爲選定仲裁人。通常是由當事人在仲裁協議中或另以合意加以選定，仲裁人之解職或另代以他人，亦由當事人合意爲之；此爲本條第一項所示之原則。但在國際仲裁場合，若雙方當事人國籍不同，依合意選定仲裁人恐非易事。故各國通常由雙方當事人各指定一名仲裁人，再由此二仲裁人共推另一仲裁人，組成合議仲裁庭進行仲裁⓰。不過本法並未如此規定。在欠缺當事人選定仲裁人合意時，依本條第二項，得逕請求仲裁法庭所在地之法院代爲指定。由於瑞士各郡有其關於仲裁的地方法規，受請求的法院得類推適用郡法，選定仲裁人或予以解職或另代以他人。我國商務仲裁條例第四條明定「仲裁契約，如未約定仲裁人，亦未訂明如何選定，應由兩造當事人，各選一仲裁人，再由兩造選出之仲裁人，共推另一仲裁人；如不能共推時，當事人得聲請法院爲之選定」。與瑞士國際私法規定不同。

仲裁協議存在爲爭議提付仲裁並選定仲裁人之前提，故本條第三項規定，法院受選任仲裁人之請求時，原則上應予准許，但在大體審查仲裁協議的成立生效要件後，認無仲裁協議存在時，應予拒絕。所謂大體審查，應指就仲裁協議的書面、及爭議提付仲裁條款而言。至於仲裁協議是否實質上合法成立，則應求諸仲裁協議本身之準據法，於仲裁人就任後，由仲裁人決定之。

第一百八十條 仲裁人不適任

1. 仲裁人有下列情形之一者，得視爲不適任：

（a）不具有當事人約定應有之資格者；

⓰ 楊崇森，見前註❸，第三五頁。

(b) 依當事人所採之仲裁規則，存有不適任之理由者；

(c) 依情況顯示，就其是否得獨立行使職權得產生合理懷疑者。

2. 任一造當事人，僅得以指定仲裁人以後始知悉之理由，主張其所指定或參與指定之仲裁人不適任。不適任的理由應毫不遲延地通知仲裁法庭及他造當事人。

3. 遇有爭議，且雙方當事人未就主張仲裁人不適任之事項提供遵行程序時，仲裁法庭所在地有權法院應作成明確決定。

釋義:

本條係有關仲裁人資格之規定。依各國通例，對仲裁人的資格，在消極資格方面，有不許未成年人、無行為能力人及精神異常之人為仲裁人的限制外，在積極資格方面通常未有設限，即不問人種、國籍、性別、宗教、教育程度等，當事人可自由選任其所信賴之人❼。本條第一項規定仲裁人的消極資格。由於當事人得合意選定仲裁人，故欠缺當事人所認應具備之資格者，自不宜擔任仲裁人，事理至明，是為本條第一項 (a) 款所由規定。又依目前國際仲裁原則，已承認當事人對選擇仲裁程序法有自主性，即當事人得自由選定程序法❽，而仲裁人的選任為仲裁程序的一部分，若依當事人所選之程序法，特定仲裁人有不適合就任仲裁人的情形者，對在瑞士進行的國際仲裁即應視為不適任，此為第一項 (b) 款規定之要旨。此外仲裁人雖合於當事人所要求的資格，依當事人所選定之仲裁程序法亦無任何不宜情事，但仲裁人的職務具有準司法性質，必須有公正無私的態度，始能作成令當事人心服的判斷，發揮仲裁制度的功能，故若依客觀情況顯示，仲裁人有未能獨立行使職權之虞

---

❼ 楊崇森，見前註❸，第三三頁。

❽ 有關當事人得自由選定仲裁程序法的原則，請參考第一百八十二條之說明。

者，自不適合擔任仲裁人而應予拒卻。

仲裁人就任後應即進行仲裁程序，如當事人尚可任意主張仲裁人不適任者，勢必延滯仲裁程序的進行，本條第二項特別明定限於基於選任後始知悉的事實，始得拒卻仲裁人，並應立即通知他方當事人及仲裁法庭，選任前之事實應視爲對仲裁人的適任與否無影響。然而對應否拒卻仲裁人有爭議，且仲裁當事人亦未確定或建立一套解決程序時，依第三項之規定則應由仲裁法庭所在地之法院作成明確的最後決定。我國商務仲裁條例亦有類似本條之規定。第十一條謂「仲裁人有左列各款情形之一者，當事人得向法院聲明拒卻，通知該仲裁人，並聲請法院另爲選定：……」可見依我國法進行之仲裁，對於拒卻仲裁人的主張應即向法院聲明之，並由法院另爲選定，不待當事人先行依自定的程序解決。

V. 訴訟繫屬

第一百八十一條

自一造當事人向仲裁協議所指定的單一或多數仲裁人提出爭議，或在無指定的情況下，自一造當事人開始建立仲裁法庭的程序時起，仲裁程序視爲正在進行中。

釋義:

仲裁程序原應依仲裁程序法來進行，而何時仲裁程序已開始則爲適用仲裁程序法的前提，故本條特就仲裁程序開始的時點加以規定。原則上向仲裁人提付仲裁聲請時爲仲裁開始，如仲裁協議未指定仲裁人者，則自任一當事人開啓選任仲裁人程序以組成仲裁法庭時起，視爲仲裁程序已在進行中。

VI. 程 序

第一百八十二條 原 則

1. 雙方當事人得直接制定或參考仲裁規則制定仲裁程序，亦得遵行其自行選定之仲裁程序法。

2. 雙方當事人如未制定任何程序，必要時應由仲裁法庭直接或參考仲裁法規建立仲裁程序。

3. 無論選用何種程序，仲裁法庭應確保當事人間的公平，及雙方當事人在反訴程序中接受審問之權利。

釋義:

程序法的確定是國際仲裁制度中廣泛討論的問題。在確定仲裁程序法前，首先應決定仲裁程序法的適用範圍，就此各家說法不一[19]。原則上除仲裁協議的成立要件、效力、當事人能力及爭議是否具仲裁性等問題，不屬仲裁程序法的規範外，自當事人提付仲裁、仲裁人選任、仲裁法庭組織、仲裁人權限，乃至仲裁判斷的作成、公布等皆屬仲裁程序的範疇[20]。該等事項應以何國法律為準據法，始合於國際商務仲裁的理論與實際呢？依目前國際仲裁的趨勢，對程序的準據法多採開放的態度，允許當事人自由選定，以符合仲裁的自主性原則。例如在倫敦舉行的仲裁，當事人合意以紐約州的仲裁法為準據法，即屬合法。雖然有學者謂一國的程序法，僅能在特定區域內有其效力，不得域外適用[21]，但各國法規及國際公約均對此原則加以肯定[22]，例如一九五八年聯合國承認及執行外國公斷裁決公約第五條第一項 (d) 款規定「仲裁判斷受不利益判斷之一方證明下列事由時，仲裁判斷之承認及執行的聲請應拒 絕 之:

---

[19] 劉興善譯:「國際商務仲裁之國際私法問題: 最近發展之研討」，載於商務仲裁第九期（民國七十一年），第十一頁。

[20] 黃鈺華，見前註[4]，第七八頁。

[21] 劉興善譯，見前註[19]，第十六頁。

[22] 黃鈺華，見前註[4]，第八三～八七頁。

……(d) 仲裁法庭之組成或仲裁程序未依當事人仲裁協議之約定；或當事人未訂立仲裁協議時，仲裁法庭的組成或仲裁程序未依仲裁舉行地法者。……」據此可見國際公約允許當事人以仲裁舉行地法以外之他國法律，作為仲裁程序法；當事人未約定或約定仲裁程序法有不備時，則以仲裁舉行地法為補充規則。

就我國商務仲裁條例的規定而言，該條例第三十三條第一項第一款明文規定「仲裁之組織或程序，未依判斷地法者，他方當事人得聲請法院駁回當事人就外國仲裁判斷承認之聲請」，可見我國仲裁法仍以仲裁判斷地法為唯一仲裁程序法，未承認當事人有選定仲裁程序法的權限，實與前述原則有違背。

瑞士國際私法對仲裁程序法的決定，亦採開放自由的態度。本條第一項規定得由當事人自行制定或自由選定仲裁程序法，當事人若未制定或選定時，或雖曾制定或選定仲裁程序法但有不備之處，依上段說明，應以仲裁地法即瑞士國際私法即本法為仲裁程序法，但本條第二項尚允許仲裁法庭於必要時自行建立仲裁程序，可見瑞士國際私法對仲裁程序法的選定，並不堅持瑞士法應於其內國適用的原則。

仲裁制度是以當事人所選仲裁人作成之判斷，以解決紛爭的自主解決方法，具有準司法性質，得以取代訴訟的各項不便。然仲裁程序如未能依公平原則進行，且當事人的權利未獲完全闡明主張的機會，最後的判斷自難昭公信，一般人自不樂於採納仲裁方式，故本條第三項特予明文，不過縱無本項規定，亦理應如此，故本項應為提示注意規定而已。

第一百八十三條　臨時及保全措施

1. 如無相反約定，仲裁法庭在一方當事人的請求下，得命令採取臨時或保全措施。

2. 受影響的一方當事人如未自動遵守該等措施，仲裁法庭得請求有

權法院加以協助。該法院應適用其本身應適用的法律。

3.仲裁法庭或法院對於臨時或保全措施的聲請，得以提供相當擔保
為條件。

釋義：

仲裁程序一如訴訟程序亦有保全問題。為慮及仲裁程序終結後，債
權人之權利可能因債務人之行為無法實現，為免權利受侵害或暫維法律
關係現狀，仲裁人往往有採取保全措施的必要。但保全處分應向仲裁人
聲請或僅法院有權為之，在德、日民事訴訟皆無規定❷。一九七六年聯
合國國際貿易委員會仲裁規則第二十六條第一項允許仲裁法庭在任一造
當事人的要求下，採取中間保護措施 (interim measures of prote-
ction)，且同條第三項更規定，向司法機關請求採取中間措施者，不應
視為違反仲裁協議。可見依該聯合國仲裁規則，仲裁法庭既司法機關皆
有權採取必要保全措施。而瑞士國際私法則在本條規定，保全措施的聲
請應向仲裁法庭為之（本條第一項），如受命令之當事人不自動遵守者，
得請求有權法院協助。故與上述聯合國仲裁規則之規定略有不同。此外
法院在協助實現臨時或保全措施時，應適用該法院自身通常進行保全程
序時所適用的法律，與當事人選定程序法之事項無關。為免當事人任意
聲請保全措施致他造當事人受到損害，以及仲裁法庭或法院採取保全措
施及協助採取保全措施所支出的費用，本條第三項特明定仲裁法庭或法
院得命提供相當擔保，作為採取保全措施的條件。

我國商務仲裁條例原無保全程序的條文，於七十一年修訂該條例時
增訂第二十七條規定：「仲裁契約當事人之一造，依民事訴訟法有關保
全程序之規定，聲請假扣押、假處分者，不適用同法第五百二十九條之

---

❷ 楊崇森，見前註❸，第五七頁。

規定。……」（按民事訴訟法第五百二十九條係有關命聲請假扣押債權人於一定期間內起訴之規定），可見依我國法，仲裁程序中保全措施之聲請，只有向法院爲之，未見允許向仲裁法庭聲請之規定者。

第一百八十四條　證據調查

1. 仲裁法庭得自行調查證據。
2. 如有必要就證據調查向國家司法機關請求協助，得由仲裁法庭，或在仲裁法庭的同意下由雙方當事人向仲裁法庭所在地的法院提出。法院應適用其應適用的法律。

釋義:

　　仲裁人一如訴訟程序中之法官，應依其調查所得之證據及因此形成之心證，爲公平公正的裁決。而證據的調查及判斷應由仲裁法庭爲之。例如詢問當事人，使當事人口頭陳述或提出書面代替陳述，詢問證人、鑑定人、調查或勘驗文書等，皆屬證據調查的方法；至於證據的證明力問題亦委諸仲裁法庭加以判斷。一九七六年聯合國國際貿易法委員會仲裁規則 (Arbitration Rules of UN Commission on Internatioal Trade Law, 1976, 簡稱 UNCITRAL Arbitration Rules) 第二十五條第六項即規定:「所提證據的許可性、關聯性、重要性及證據力，由仲裁法庭決定之」。本法於本條第一項的規定應同其旨。然仲裁法庭究竟非一般司法機關，不具有公權力，在調查證據上自不如司法機關容易。例如雖可詢問到場之證人或鑑定人，但不得對不到場之證人或鑑定人加以拘提，且不能使證人或鑑定人具結（我國商務仲裁條例第十五條）。遇此情形，依本條第二項規定，得由仲裁法庭或雙方當事人請求仲裁法庭所在地法院協助調查。該法院應依一般訴訟時其所適用的法律調查之，與當事人選定之仲裁程序法無關。我國商務仲裁條例第十六條與本條的規定相當。其條文爲:「仲裁人認爲必要之行爲，非法院不得

爲之者，得請求法院爲之。受請求之法院，關於調查證據，有受訴法院之權。」可見在我國有關證據調查之協助，應由仲裁人向法院聲請，並準用民事訴訟法所定之程序。

第一百八十五條 其他事項的司法協助

如有必要請求司法機關就其他事項加以協助，應向仲裁法庭所在地之法院提出。

釋義:

本條係延續前條有關司法協助的概括規定，在仲裁程序中，需要法院協助者多爲證據調查事項，因該等事項須透過公權力之行使始易達目的，例如命令證人、鑑定人到場、命陳述意見、命具結等，但除此之外尚有須請求司法機關協助者，例如公示送達、囑託送達等，該等事項之協助，依本條規定應向仲裁法庭所在地之法院提出請求；至於應由何人提出，本條並未規定，但參考前條第二項協助調查證據的規定觀之，仲裁人或雙方當事人應均得爲之。

VII. 管 轄

第一百八十六條

1. 仲裁法庭決定其管轄範圍。
2. 對管轄權之異議，應於任何就實體事項之抗辯提出前爲之。
3. 原則上仲裁法庭應以預先判斷的方式定其管轄權。

釋義:

本條以管轄（jurisdiction）爲標題，不過本條之管轄，與國內民事訴訟法之管轄，係在同級或不同級法院間，就多數訴訟事件依法劃定行使裁判權的意義❷不同。由於就特定仲裁事件的仲裁法庭只有一個，

---

❷ 姚瑞光著:「民事訴訟法論」，著者發行，民國七十七年四月，第十八頁。

自無在不同法庭間劃分審理權限的問題，故此處所謂管轄，係指仲裁法庭就提付仲裁的事項是否有權限 (Competence) 審理裁決之謂，應與國內法審判權的概念相當。依本條第一項規定，仲裁法庭自行決定其自身是否有權仲裁。 此種規定實與有關仲裁的國際公約一致， 例如一九七六年聯合國國際貿易法委員會仲裁規則 (Arbitration Rules of UN Commission on International Trade Law, 簡稱 UNCITRAL Arbitration Rules) 第二十一條第一項，一九六五年解決國家與他國國民間投資爭端公約 (Convention on the Settlement of Investment Disputes between States and Nationals of Other States) 第四十一條第一項[25]均明示其旨。不過依學者見解，對於仲裁法庭就其權限的決定，法院有最後決定之權[26]。

當事人如主張提付仲裁的爭議， 依仲裁協議不在仲裁法庭權限內者，該異議應於仲裁程序進入實體事項審理前提出，換言之，應於當事人就實體事項提出抗辯前為之（本條第二項）。此種規定的目的無非在避免審理已進入實體事項的審理後，再由於程序問題被推翻，有害仲裁程序的經濟。上述一九七六年聯合國仲裁規則 (UNCITRAL Arbitration Rules, 1976) 第二十一條第三項也有相同規定。

對於仲裁法庭權限的爭議，通常仲裁法庭得將之視為先決問題 (preliminary question) 先行判斷後，再續行其他仲裁程序；亦得於仲裁程序終結後，於最後判斷中再就權限爭議表示意見。上述一九七六年聯合國仲裁規則 (UNCITRAL Arbitration Rules, 1976) 第二十

[25] Article 41 (1): The Tribunal shall be the judge of its own competence. ……

[26] Pieter Sanders, "Procedures and Practices under the UNCITRAL Rules," *The American Journal of Comparative Law,* Vol. 27, 1979, p. 461-462.

一條第四項即規定仲裁法庭得擇一行之❷。不過本條第三項規定，仲裁法庭就其權限爭議，通常應以作成一預先判斷的方式加以決定，可見本法認爲應將仲裁法庭權限爭議視爲先決問題，並先作成裁決，與聯合國仲裁規則的規定略有不同。

Ⅷ. 就實體事項之決定

第一百八十七條 準據法

1. 仲裁法庭應依當事人所選之法律作成決定；如當事人未選定時，應依與案件關係最密切之法律加以決定。

2. 雙方當事人得授權仲裁法庭以公允善良善意原則作成決定。

釋義：

仲裁法庭就提付仲裁的實體爭議，與內國法官一樣，面臨應以何國法律作爲主契約準據法的問題。對此法律衝突問題，世界各國多承認當事人意思自治原則❷，即允許當事人以合意指定應適用的法律，例如本法第一百十六條，美國國際私法整編第一百八十七條❷，我國涉外民事法律適用法第六條第一項皆明示此項原則。仲裁程序的採行，雖然是在當事人的同意下，用以替代通常的司法程序，但應僅是程序的變動，至於當事人實體上法律關係應不因此而受影響，因此在採行仲裁制度的情況，有關主契約的準據法，實應與進行一般司法程序時確定涉外契約準據法所採原則一致，意即應採取當事人意思自治原則。多項有關仲裁的國際公約均如是規定，例如一九七六年聯合國國際貿易法委員會仲裁規

---

❷ *Ibid,* p. 462.

❷ 有關當事人意思自治原則的說明，請參閱劉鐵錚，「國際私法論叢」，（民國七十八年），第八二～八八頁。

❷ 劉鐵錚譯：「美國法律整編，國際私法」，臺北：司法院秘書處發行，（民國七十五年），第二三五頁。

則 (Arbitration Rules of UN Commission on International Trade Law, 1976, 簡稱 UNCITRAL Arbitration Rules) 第三十三條第一項前段, 一九六五年解決國家與他國國民間投資爭端公約 (Convention on the Settlement of Invetment Disputes Between States and Nationals of Other States) 第四十二條第一項前段❸ 即為其例。本法於本條第一項規定「仲裁法庭應依當事人所選之法律作成決定」, 與當前的國際立法相符。 仲裁人由當事人選任, 實際上應較傾向適用當事人所選之法律, 且仲裁人不同於國家法院將特別強調國家公益, 故仲裁人不應將當事人選定準據法視為對其適用法律上的一項限制❸ 。

當事人若未依意思自治原則選定準據法時, 則應適用何國法律呢? 依本條第一項後段規定, 應以與案件關係最密切的法律為準據法。 英國法院對此問題也採「與契約交易行為有最密切而最實際牽連的國家法律」(the system of law which the transaction has its closest and most real connection) 的見解❸; 而所謂「關係最密切」的標準, 無非應審究主契約成立時的客觀環境、契約內容、所採用語等多項因素, 推定當事人意思。因此當事人於仲裁協議中約定應於某國仲裁機構進行仲裁, 但未約定主契約準據法時, 不能以此推論當事人有意以該國法律為主契約準據法, 只能說仲裁協議為決定主契約準據法的一項重

---

❸ Article 42: (1) The Tribunal shall decide a dispute in accordance with such rules of law as may be agreed by the parties.…

❸ 劉興善譯:「國際商務仲裁之國際私法問題──最近發展之研討」, 商務仲裁, (民國七十一年十月), 第九期, 第二三頁。

❸ 同上註。

要因素而已❸。

　　不論以何種方式確定實體爭議的準據法，仲裁人原應依法律的規定作成判斷，但另有他種仲裁制度，允許當事人授權仲裁人得不依法律進行仲裁，而依公允善良原則 (*ex aequo et bono*) 爲之，稱之爲衡平仲裁制度，一如本條第二項規定者。衡平仲裁制度源於法國法 (AMIABLE COMPOSITEUR) ❸，但此立法例已普遍爲世界各國所採行❸，並爲多個仲裁國際公約所接受，例如上述一九七六年聯合國仲裁規則 (UNCITRAL Arbitration Rules) 第三十三條第二項；一九六五年解決國家與他國國民間投資公約第四十二條第三項❸，均規定在當事人同意下，仲裁人得依公允善良原則解決爭端。原來在商務仲裁制度，有賴仲裁人就其對商務的了解，以商人特有的技術與方法以確定其間「客觀的眞理」，與司法者從法條標準尋求眞理不同，而對商人而言，這種「客觀的眞理」始爲當事人祈求的「眞實的公平」❸，這也說明衡平仲裁制度何以爲各國及國際公約普遍接受的原因。不過也有學者認爲，現代法律通常已包括了善意、合理等一般原則，使法官或仲裁人有較大的自由，而且衡平仲裁人仍應受公共政策 (public policy) 的限制，因此卽使衡平仲裁人可能享有較廣大的裁量空間，衡平仲裁人與依法律

---

❸　同上註，第二四頁。

❸　有關法國衡平仲裁制度的詳細說明，見藍瀛芳，「商務仲裁中之衡平仲裁制度——AMIABLE COMPOSITEUR 淺釋」，商務仲裁，(民國六十八年十月)，第四期，第九～十三頁。

❸　有關各國立法狀況，見同上註，第十四～十六頁。

❸　Article 41: (3) The provisions of paragraph (1) and (2) shall not prejudice the power of the Tribunal to decide *ex aequo et bono* if the parties so agree.

❸　藍瀛芳，同前引註❺，第二十頁。

為仲裁之仲裁人間，不應認為有太大差異❸。

第一百八十八條　一部判斷

如無相反約定，仲裁法庭得作成一部判斷。

釋義:

一部判斷的概念，應與我國民事訴訟法第三百八十二條一部終局判決的意義相當，故仲裁當事人所提爭議如包括數個各自獨立的事項，依本條規定，仲裁法庭就已達可裁判程度的事項，得作成一部判斷。我國商務仲裁條例就此並無規定，一九七六年聯合國國際貿易法委員會仲裁規則 (Arbitration Rules of UN Commission on International Trade Law, 1976, 簡稱 UNCITRAL Arbitration Rules) 第三十二條第一項則明文規定除最後判斷外，仲裁法庭亦有權為一部判斷。

第一百八十九條　仲裁判斷

1. 仲裁判斷應依當事人合意之程序及形式為之。
2. 如無前項合意，仲裁判斷應依多數決作成；如未能達成多數決，則由主仲裁人單獨決定。仲裁判斷應作成書面，附具理由，載明日期並簽名。僅有主仲裁人的簽名亦為有效。

釋義:

本條所規定者，為爭議已達可裁判程度時，仲裁人為作成仲裁判斷應遵守的程序，及仲裁判斷的形式。當事人合意以仲裁代替通常訴訟程序，並約定服從仲裁人的判斷，但仲裁人非個個皆為法律專家，甚至有時得不依法律進行裁判（參考第一百八十七條第二項衡平仲裁的說明），

---

❸ Pieter Sanders, "Procedures and Practices under the UNCI-TRAL Rules", *The American Journal of Comparative Law* Vol. 27, 1979, p. 465.

故仲裁制度具有私人正義的性質，因此判斷的形成應依何種評議程序，以及仲裁判斷應以何種形式呈現，始合於當事人間的正義，亦宜由當事人自行決定，故本條第一項明定「仲裁判斷應依當事人合意之程序及形式爲之」；但當事人間如欠缺該項協議，則由本條第二項加以補充。一九七六年聯合國國際貿易法委員會仲裁規則第三十一條與本條第二項的規定極爲類似。我國商務仲裁條例則於第十八條規定:「仲裁人有數人者，互推一人爲主任仲裁人，其判斷以過半數意見定之。仲裁人意見不能過半數者，應將其事由通知當事人，除仲裁契約另有約定外，仲裁程序視爲終結」。所謂仲裁契約另有約定，例如可按主任仲裁人之意見爲判斷，或更換仲裁人另行審理之類。但如無此等補救方法之約定時，程序應行終結，惟終結者僅該程序本身而已，仲裁協議並不因此失效，故此時當事人仍可另行選定仲裁人或申請商務仲裁協會代爲選定仲裁人，重新開始仲裁程序❸ 。

Ⅸ. 仲裁判斷之確定及其救濟

第一百九十條　原　則

1. 仲裁判斷一經通知卽屬確定。

2. 有下列情形之一者，得就仲裁判斷提出異議:

　(a) 對單一仲裁人的指定不適當或仲裁法庭的組成不適當者;

　(b) 仲裁法庭就其管轄權有無的認定係錯誤者;

　(c) 仲裁法庭就超過請求以外之事項爲判斷; 或未就一項或部分已請求之事項爲判斷;

　(d) 未遵守當事人公平原則或當事人雙方在反訴程序中接受審問

---

❸　楊崇森，見前註❸，第八五頁。

之權利未獲尊重者;

(e) 仲裁判斷與瑞士公共政策不符者。

3. 有第二項 (a) 款及 (b) 款的情形者, 始得對預先判斷提出異議, 並應於判決通知時起一定期間內為之。

釋義:

仲裁並無審級制度 (英國體制上設有上訴法院, 是為例外)❹, 對仲裁人的決定, 無再行審查的機會因此本條第一項規定 「 仲裁判斷一經通知即屬確定 」。 確定的效力在對雙方當事人有約束力, 當事人應遵守判斷的結果。一九七六年聯合國國際貿易法委員會仲裁規則第三十二條第二項亦規定, 仲裁判斷應作成書面, 且為終局判斷並拘束雙方當事人。

仲裁判斷雖一經通知即屬確定, 但其判斷是否合於一國公共政策或法律秩序, 仍應許國家加以監督; 本條第二項便列舉得對仲裁判斷提出異議之理由, 凡依本法所定程序進行仲裁者, 即有本條第二項規定的適用。 綜觀本條第二項各款, 除 (e) 款是有關瑞士公共政策外, 其他各款包括仲裁人指定不當、 管轄 (審判) 權有無的認定錯誤、 就未受請求之事項為判斷或已受請求之事項未判斷, 以及訴訟程序原則未遵守等, 皆屬有關仲裁程序之事項。可見法院的監督通常僅及於程序的妥當與否, 至於判斷內容的實體法適用問題則不論, 這似乎印證仲裁制度的目的, 在運用仲裁人在個別領域的專門知識, 依特有方法及技術作成判斷, 避免法律論戰, 因此法院亦不對仲裁判斷是否合於實體法的規定加以審查。

依本法第一百八十六條第三項規定, 仲裁法庭就其管轄 (審判) 權有無的爭議, 應以預先判斷的方式加以決定, 因此對預先判斷提出異議

---

❹ 葉永芳, 「商務仲裁人並非個個是法律專家——最高法院有關商務仲裁案例評釋」, 載於商務仲裁第七期 (民國七十八年), 第十七頁。

的理由，亦應限於仲裁法庭成員之資格及管轄（審判）權認定當否等事項，本條第三項前段即就此加以規定。此外第三項後段尚規定對預先判斷提出異議，應自通知時起一定期間內為之。所謂一定期間的意義，本法未明定其長短，推測應得由仲裁法庭於預先判斷內規定，或預先判斷未規定者，由法院自行裁量該異議的提出，是否在「一定期間」之內。

第一百九十一條　仲裁判斷救濟之管轄機關

1. 仲裁判斷救濟之請求僅得向聯邦法院提起。其程序應依聯邦司法組織法有關公法事項上訴之規定。

2. 但在當事人協議下，得由仲裁法庭所在地法院代替聯邦法院，就該救濟程序，作成最後決定。各郡為此目的應指定單一的郡主管機關。

釋義:

　　對於在瑞士境內進行之國際仲裁，提起救濟程序，依本條第一項之規定，只能向聯邦法院提起❹，且應適用聯邦法律有關上訴程序的規定。由於瑞士為邦聯國家，但各郡（canton）仍享有相當獨立的行政權及司法權，本條第二項特別規定在當事人合意下，得以仲裁法庭所在地該郡法院代替聯邦法院；而一郡境內若有多處法院，為本條的目的，各郡應指定一法院作為仲裁法庭所在地郡法院，受理仲裁判斷救濟之請求。而無論係聯邦法院或郡法院就此所為之決定，皆屬終局決定，無任何上訴程序❹。至於法院審理結果，如認請求救濟為有理由，應如何處置，本法並未規定。除撤銷原仲裁判斷外，美國統一仲裁法第十二條C款，得當事人另約定或由法院另指定仲裁人再行審理的規定，可供參

---

❹　Adam Samuel, "The New Swiss Private International Law Act," 37 I.C.L. Q. 691 (1988).

❹　同上註❹。

考。

X. 救濟權之拋棄

第一百九十二條

1. 如雙方當事人於瑞士境內皆無住所、習慣居所或營業所者，當事人得於仲裁協議中或於隨後書面協議中，明白表示宣示排除任何對仲裁法庭所為仲裁判斷之救濟方法。當事人亦得排除基於第一百九十條第二項所列單項或多項理由之救濟。

2. 如當事人已排除對仲裁判斷的任何救濟方法，且該仲裁判斷須在瑞士執行者，準用一九五八年六月十日「承認及執行外國仲裁判斷」紐約公約之規定。

釋義：

　　仲裁為當事人間的自主解決方法，因此對於仲裁法庭所為之仲裁判斷，亦允許當事人以合意排除對仲裁判斷的任何救濟方法，也可約定不以第一百九十條第二項所列之一款或數款為理由，對仲裁判斷進行救濟程序。惟依本條第一項規定，僅限於雙方當事人於瑞士境內皆無住居所或營業所之仲裁始可為此項約定。蓋如至少有一方當事人於瑞士有住居所、營業所，本條第一項之約定，自剝奪了該方當事人運用瑞士法院進行司法救濟的權利，為保護有住、居所或營業所於瑞士的當事人，故設第一項的限制。

　　一九五八年「聯合國承認及執行外國仲裁判斷之公約」（簡稱紐約公約，見附件（一））第一條規定，該公約適用於在請求承認及執行仲裁判斷國以外之國家內作成之判斷，與請求承認及執行仲裁判斷國不認為內國判斷之判斷。故欲依紐約公約於瑞士請求承認或執行之仲裁判斷，應以於瑞士境外作成者為限。故依本法進行之國際仲裁，其仲裁法

庭設於瑞士（見本法第一百七十六條規定），仲裁判斷於瑞士作成，如欲於瑞士境內執行，原無紐約公約的適用。惟仲裁雙方當事人皆無住、居所、營業所於瑞士，仲裁程序自然多於瑞士以外進行，縱最後於瑞士作成判斷，實為方便緣故或視之為偶然原因，與瑞士關連不深，因此本法將之視為外國仲裁判斷，對於此種仲裁判斷如必須於瑞士執行，則類推適用紐約公約的有關規定。

XI. 仲裁判斷之登記與執行力證書

第一百九十三條

1. 各當事人得以自己之費用，向仲裁法庭所在地法院登記其仲裁判斷複本。

2. 在一方當事人的請求下，瑞士法院應證明該仲裁判斷得予執行。

3. 在一方當事人一方的請求下，仲裁法庭應證明該仲裁判斷係依本法規定作成。該證明書與仲裁判斷的登記有同一效力。

釋義:

有關仲裁判斷的執行力，我國商務仲裁條例承認仲裁判斷於當事人間，與法院確定判決有同一效力。只是在強制執行時應先聲請法院為執行裁定，故仲裁判斷本身應為有執行力之執行名義。英美法系國家立法例與我國法制略有不同。英美法系國家多規定如有強制執行必要時，當事人應聲請執行裁定，經裁定後，該仲裁判斷始與法院判決之效力相同❹。本法的規定應近於英美法制。即仲裁判斷並非當然有執行力，應先向仲裁法庭所在地之法院登記（本條第一項），或請求仲裁法庭證明該仲裁係依本法所定程序進行者（本條第三項），始得在任一方當事人請

---

❹ 葉永芳，見前註❹，第二十頁。

求下，由仲裁法庭所在地法院發給執行力證明書（本條第二項）。

XII. 外國仲裁判斷

第一百九十四條

外國仲裁判斷之承認及執行，應依一九五八年六月十日紐約「承認及執行外國仲裁判斷公約」之規定。

釋義:

有關外國仲裁判斷執行之多邊條約，前有一九二七年日內瓦「外國仲裁判斷執行公約」（Convention on the Execution of Foreign Arbitral Awards），於二次世界大戰後，又有一九五八年聯合國「承認及執行外國仲裁判斷公約」的簽訂，由於係簽訂於紐約，又簡稱紐約公約。此公約已於一九五九年六月七日生效**❹❹**，截至一九八七年七月一日止，其締約國共有七十七國，另有二國已簽訂但尚未經其國內批准**❹❺**，其重要性已超過上述的日內瓦公約。依紐約公約之定義，所謂外國仲裁判斷，是指在執行國以外之締約國內所作之判斷，以及執行國不認為內國判斷之判斷（紐約公約第一條第一項）；又紐約公約適用於當事人間的一切爭端，不論當事人為自然人或法人，亦不問其爭端是否為商務爭端**❹❻**。

---

❹❹ 劉鐵錚，「聯合國外國仲裁判斷之承認與執行公約之研究」收於氏著國際私法論叢（民國七十八年），第二七九頁。

❹❺ 張迺良，「貿易糾紛與商務仲裁」，載於商務仲裁第二十二期（民國七十八年），第二二頁。

❹❻ 有關紐約公約的詳細研究，請參考劉鐵錚，前引註**❹❹**，第二六三～二八二頁。

第十三章　最後條款 (魏杏芳)

第一節　現行法之廢止及修正

第一百九十五條

現行法的廢止與修正，參看附件。該附件為本法之構成部分。

釋義：

本條所謂的「現行法」，係指一九八九年一月一日本瑞士聯邦國際私法生效前之舊國際私法，而舊法條文中有經廢止，有經修正者，其詳情則於附件中列出。由於附件說明新舊法間之替代適用關係，故在適用上，該附件亦視為本法之一部。

第二節　過渡性規定

I. 無溯及力

第一百九十六條

1. 本法生效前已發生之事實或法律行為，並已於本法生效前產生其所有效果者，適用前法之規定。

2. 本法生效前已發生之事實或法律行為，但繼續產生其法律效果者，在本法生效期日前之部分，適用舊法；本法生效期日後之部分，適用新法。

釋義:

　　因法庭地國國際私法變更所引起的新舊國際私法衝突，是爲由時間因素所致法律衝突的態樣之一❹。就此問題，通說認應適用法庭地國之過渡法（施行法）加以決定。通常包括法律不溯及既往原則❸，換言之，新法應僅適用於新法實施後之事項。本條規定符合此一通說，明示新國際私法效力不溯及既往。故事實或法律行爲及其所生效果皆於舊法時代者，應適用舊法固勿論（本條第一項）；卽使事實或法律行爲發生於舊法時代，但其所生效果持續至新法時代者，該等事實或法律行爲的效果，仍應依其所發生的不同時代，分別適用新舊國際私法。

II. 過渡期間之法律

第一百九十七條　管轄權

1. 本法生效期日前已由瑞士司法或行政機關受理之訴訟或請求，卽使依本法機關已無管轄權，該機關仍保有管轄權。

2. 本法生效期日前因欠缺管轄權致遭瑞士司法或行政機關駁回之訴訟或請求，如本法生效後賦予某瑞士機關管轄權且該訴訟上請求仍得被提起者，該等訴訟或請求得再予受理。

釋義:

　　依前條 （第一百九十六條） 第二項有關新法效力不溯及既往之規定，凡事實或法律行爲，其效果如跨越新舊法律交接的不同階段，應依其不同時代分別適用新舊法律。結果原向有權機關提起之訴訟或請求，實施新法後，因新法規定該機關已無管轄權，致原機關不能受理；當事

---

❹　請參閱劉鐵錚著：「時間因素所引起的法律衝突」，收於氏著國際私法論叢（民國七十八年），第三七九頁。

❸　同上註，第三八〇頁。

人必須另向他機關起訴或請求，甚至無機關可受理，實影響當事人權益至鉅。故本條第一項即就管轄權事項作特別規定，宣示管轄恆定原則，凡已由有權機關受理之案件，不因新法管轄權的規定不同而受影響。至於本條第二項規定的目的，則在使依舊法原無受理機關之案件，在本法賦予某機關管轄權後，得再行受理，以維人民權益。

第一百九十八條　準據法

本法生效日時已繫屬於審理法院之訴訟或請求，其準據法依本法定之。

釋義：

有關新舊法律間之衝突，本法於第一百九十六條明示新法效力不溯及既往原則，但在前條就管轄權事項另作特別規定；至於準據法選擇問題，本法則採用從新原則，故依本條，凡本法生效日時已繫屬於法院之案件，均依本法定其準據法，至於是否已依舊法定準據法則不問。

第一百九十九條　承認與執行

於本法生效時，承認及執行外國判決之請求已在審理中者，應依本法有關承認及執行之條件加以決定。

釋義：

本條一如前條有關準據法之規定，採從新原則；即承認及執行外國判決之請求，縱於本法生效前提出，如本法生效時該請求仍於審理中者，即應依本法所定條件加以決定，而無依照新法生效前後，分別適用新舊法律的問題。

第三節　複決與生效日

第二百條

1.本法應交付任意複決。

2.本法生效日，由聯邦行政委員會定之。

釋義:

由公民對立法機關或制憲機關所通過之法律或憲法案，以投票決定其是否應成爲法律或憲法之權利,稱爲複決權❹。而複決權尚分二種行使方示; 法案必須交付公民複決者稱強制複決; 反之, 法案不一定交付公民複決, 唯遇公民或有權機關要求時始交複決者, 稱任意複決。瑞士對聯邦憲法採強制複決, 對聯邦法律則採任意複決❺。依瑞士憲法第八十九條第二項之規定, 任意複決應在五萬瑞士公民或有八個郡政府於本法通過後三個月內提出要求下, 始交任意複決❺。不過就本瑞士新國際私法並無要求提交任意複決的情形❺。本法依瑞士聯邦行政委員會一九八八年十月二十七日之命令, 以一九八九年一月一日爲生效日❺。

---

❹ 劉慶瑞,「中華民國憲法要義」(民國七十五年), 第一一三頁。

❺ 同上註。

❺ Symeon C. Symeonides, "The New Swiss Conflicts Codification: An Introduction," *The American Journal of Comparative Law,* Vol. 37, 1989, p. 190.

❺ *Ibid.*

❺ "Swiss Federal Statute on Private International Law of December 18, 1987. An English Translation" by Jean-Claude Cornu, Ste'phane Hankins, and Symeon Symeonides, *The American Journal of Comparative Law,* Vol. 37, 1989, p. 193, note †.

附 件

一九五八年聯合國承認及執行外國
仲裁判斷公約

第一條

一、仲裁判斷，因自然人或法人間之爭議而產生且在聲請承認及執行地所在國以外之國家領土內作成者，其承認及執行適用本公約。本公約對於仲裁判斷被聲請承認及執行地所在國認爲非內國裁決者，亦適用之。

二、「仲裁判斷」一詞不僅指各案選任之仲裁人所作裁決，亦指當事人提請裁斷之常設公斷機關所作裁決。

三、任何國家得於簽署、批准或加入本公約時，或於依本公約第十條通知推廣適用時，本交互原則聲明該國適用本公約，以承認及執行在另一締約國領土內作成之裁決爲限。任何國家亦得聲明，該國唯於爭議起於法律關係，不論其爲契約性質與否，而依提出聲明國家之國內法認爲係屬商事關係者，始適用本公約。

第二條

一、當事人以書面協定承允彼此間所發生或可能發生之一切或任何爭議，如關涉可以仲裁解決事項之確定法律關係，不論爲契約性質與否，應提交仲裁時，各締約國應承認此項協定。

二、稱「書面協定」者，謂當事人所簽訂或在互換函電中所載明之契約仲裁條款或公斷協定。

三、當事人就訴訟事項訂有本條所稱之協定者，締約國法院受理訴

訟時應依當事人一造之請求，命當事人提交仲裁，但前述協定經法院認定無效、失效或不能實行者不在此限。

第三條

各締約國應承認仲裁判斷具有拘束力，並依援引裁決地之程序規則及下列各條所載條件執行之。承認或執行適用本公約之仲裁判斷時，不得較承認或執行內國仲裁判斷附加過苛之條件或徵收過多之費用。

第四條

一、聲請承認及執行之一造，為取得前條所稱之承認及執行，應於聲請時提具:

(甲)原裁決之正本或其正式副本，

(乙)第二條所稱協定之原本或其正式副本。

二、倘前述裁決或協定所用文字非為援引裁決地所在國之正式文字，聲請承認及執行裁決之一造應備具各該文件之此項文字譯本。譯本應由公設或宣誓之翻譯員或外交或領事人員認證之。

第五條

一、判斷唯有於受裁決援用之一造向聲請承認及執行地之主管機關提具證明有下列情形之一時，始得依該造之請求，拒予承認及執行:

(甲)第二條所稱協定之當事人依對其適用之法律有某種無行為能力情形者，或該項協定依當事人作為協定準據之法律係屬無效，或未指明以何法律為準時，依裁決地所在國法律係屬無效者;

(乙)受裁決援用之一造未接獲關於指派仲裁人或仲裁程序之適當通知，或因他故，致未能申辯者;

(丙)裁決所處理之爭議非為交付仲裁之標的或不在其條款之列，或

裁決載有關於交付仲裁範圍以外事項之決定者，但交付仲裁事
項之決定可與未交付仲裁之事項劃分時，裁決中關於交付仲裁
事項之決定部分得予承認及執行；

(丁)仲裁機關之組成或仲裁程序與各造間之協議不符，或無協議而
與仲裁地所在國法律不符者；

(戊)裁決對各造尚無拘束力，或業經裁決地所在國或裁決所依據法
律之國家之主管機關撤銷或停止執行者。

二、倘聲請承認及執行地所在國之主管機關認定有下列情形之一，
亦得拒不承認及執行仲裁裁決：

(甲)依該國法律，爭議事項係不能以仲裁解決者；

(乙)承認或執行裁決有違該國公共政策者。

第六條

倘裁決業經向第五條第一項（戊）款所稱之主管機關聲請撤銷或停
止執行，受理援引裁決案件之機關得於其認為適當時延緩關於執行
裁決之決定，並得依請求執行一造之聲請，命他造提供妥適之擔
保。

第七條

一、本公約之規定不影響締約國間所訂關於承認及執行仲裁判斷之
多邊或雙邊協定之效力，亦不剝奪任何利害關係人可依援引裁
決地所在國之法律或條約所認許之方式，在其許可範圍內，援
用仲裁裁決之任何權利。

二、一九二三年日內瓦仲裁條款議定書及一九二七年日內瓦執行外
國仲裁判斷公約在締約國間，於其受本公約拘束後，在其受拘
束之範圍內不再生效。

第八條

一、本公約在一九五八年十二月三十一日以前聽由任何聯合國會員
　　國及現爲或嗣後成爲任何聯合國專門機關會員國或國際法院規
　　約當事國之任何其他國家，或經聯合國大會邀請之任何其他國
　　家簽署。

二、本公約應予批准。批准文件應送交聯合國秘書長存放。

第九條

一、本公約聽由第八條所稱各國加入。

二、加入應以加入文件送交聯合國秘書長存放爲之。

第十條

一、任何國家得於簽署、批准或加入時聲明將本公約推廣適用於由
　　其負責國際關係之一切或任何領土。此項聲明於本公約對關係
　　國家生效時發生效力。

二、嗣後關於推廣適用之聲明應向聯合國秘書長提出通知爲之，自
　　聯合國秘書長收到此項通知之日後第九十日起，或自本公約對
　　關係國家生效之日起發生效力，此兩日期以較遲者爲準。

三、關於在簽署、批准或加入時未經將本公約推廣適用之領土，各
　　關係國家應考慮可否採取必要步驟將本公約推廣適用於此等領
　　土，　但因憲政關係確有必要時，　自須徵得此等領土政府之同
　　意。

第十一條

下列規定對聯邦制或非單一制國家適用之：

(甲)關於本公約內屬於聯邦機關立法權限之條款，聯邦政府之義務
　　在此範圍內與非聯邦制締約國之義務同；

(乙)關於本公約內屬於組成聯邦各州或各省之立法權限之條款，如
　　各州或各省依聯邦憲法制度並無採取立法行動之義務，聯邦政

府應盡速將此等條款提請各州或各省主管機關注意，並附有利
之建議；

（丙）參加本公約之聯邦國家遇任何其他締約國經由聯合國秘書長轉
達請求時，應提供敍述聯邦及其組成單位關於本公約特定規定
之法律及慣例之情報，說明以立法或其他行動實施此項規定之
程度。

第十二條

一、本公約應自第三件批准或加入文件存放之日後第九十日起發生
效力。

二、對於第三件批准或加入文件存放後批准或加入本公約之國家，
本公約應自各該國存放批准或加入文件後第九十日起發生效
力。

第十三條

一、任何締約國得以書面通知聯合國秘書長宣告退出本公約。退約
應於秘書長收到通知之日一年後發生效力。

二、依第十條規定提出聲明或通知之國家，嗣後得隨時通知聯合國
秘書長聲明本公約自秘書長收到通知之日一年後停止適用於關
係領土。

三、在退約生效前已進行承認或執行程序之仲裁裁決，應繼續適用
本公約。

第十四條

締約國除在本國負有適用本公約義務之範圍外，無權對其他締約國
援用本公約。

第十五條

聯合國秘書長應將下列事項通知第八條所稱各國：

(甲)依第八條所爲之簽署及批准;

(乙)依第九條所爲之加入:

(丙)依第一條、第十條及第十一條所爲之聲明及通知;

(丁)依第十二條本公約發生效力之日期;

(戊)依第十三條所爲之退約及通知。

第十六條

一、本公約應存放聯合國檔庫，其中文、英文、法文、俄文及西班
牙文各本同一作準。

二、聯合國秘書長應將本公約正式副本分送第八條所稱各國。

附　錄

一、涉外民事法律適用法

民國四十二年六月六日總統令公布同日施行

第一條

　　人之行爲能力，依其本國法。

　　外國人依其本國法無行爲能力，或僅有限制行爲能力，而依中華民國法律有行爲能力者，就其在中華民國之法律行爲，視爲有行爲能力。

　　關於親屬法或繼承法之法律行爲，或就在外國不動產所爲之法律行爲，不適用前項規定。

第二條

　　外國法人經中華民國認許成立者，以其住所地法爲其本國法。

第三條

　　凡在中華民國有住所或居所之外國人，依本國及中華民國法律同有禁治產之原因者，得宣告禁治產。

　　前項禁治產之宣告，其效力依中華民國法律。

第四條

　　凡在中華民國有住所或居所之外國人失蹤時，就其在中華民國之財產或應依中華民國法律而定之法律關係，得依中華民國法律爲死亡之宣告。

　　前項失蹤之外國人，其配偶或直系血親爲中華民國國民，而現在中

華民國有住所或居所者，　得因其聲請依中華民國法律爲死亡 之 宣告，不受前項之限制。

第五條

法律行爲之方式，依該行爲所應適用之法律。但依行爲地法所定之方式者，亦爲有效。物權之法律行爲，其方式依物之所在地法。

行使或保全票據上權利之法律行爲，其方式依行爲地法。

第六條

法律行爲發生債之關係者，其成立要件及效力，依當事人意思定其應適用之法律。當事人意思不明時，同國籍者依其本國法。國籍不同者依行爲地法 。 行爲地不同者以發要約通知地爲行爲地 。 如相對人於承諾時不知其發要約通知地者，以要約人之住所地視爲行爲地。

前項行爲地如兼跨二國以上或不屬於任何國家時，依履行地法。

第七條

債權之讓與，對於第三人之效力，依原債權之成立及效力所適用之法律。

第八條

關於由無因管理、不當得利或其他法律事實而生之債，依事實發生地法。

第九條

關於由侵權行爲而生之債，依侵權行爲地法。但中華民國法律不認爲侵權行爲者，不適用之。

侵權行爲之損害賠償及其他處分之請求，以中華民國法律認許者爲限。

第十條

關於物權，依物之所在地法。

關於以權利爲標的之物權，依權利之成立地法。

物之所在地如有變更，其物權之得喪，依其原因事實完成時物之所在地法。

關於船舶之物權，依船籍國法。航空器之物權，依登記國法。

第十一條

婚姻成立之要件，依各該當事人之本國法。但結婚之方式，依當事人一方之本國法或依舉行地法者，亦爲有效。

結婚之方式，當事人一方爲中華民國國民，並在中華民國舉行者，依中華民國法律。

第十二條

婚姻之效力，依夫之本國法。但爲外國人妻未喪失中華民國國籍並在中華民國有住所或居所，或外國人爲中華民國國民之贅夫者，其效力依中華民國法律。

第十三條

夫妻財產制，依結婚時夫所屬國之法。但依中華民國法律訂立財產制者，亦爲有效。

外國人爲中華民國國民之贅夫者，其夫妻財產制依中華民國法律。

前二項之規定，關於夫妻之不動產，如依其所在地法應從特別規定者，不適用之。

第十四條

離婚，依起訴時夫之本國法及中華民國法律，均認其事實爲離婚原因者，得宣告之。但配偶之一方爲中華民國國民者，依中華民國法律。

第十五條

離婚之效力，依夫之本國法。

爲外國人妻未喪失中華民國國籍，或外國人爲中華民國國民之贅夫者，其離婚之效力依中華民國法律。

第十六條

子女之身分，依出生時其母之夫之本國法。如婚姻關係於子女出生前已消滅者，依婚姻關係消滅時其夫之本國法。

前項所稱之夫爲贅夫者，依其母之本國法。

第十七條

非婚生子女認領之成立要件，依各該認領人被認領人認領時之本國法。

認領之效力，依認領人之本國法。

第十八條

收養之成立及終止，依各該收養者被收養者之本國法。

收養之效力，依收養者之本國法。

第十九條

父母與子女間之法律關係，依父之本國法。無父或父爲贅夫者，依母之本國法。但父喪失中華民國國籍而母及子女仍爲中華民國國民者，依中華民國法律。

第二十條

監護，依受監護人之本國法。但在中華民國有住所或居所之外國人有左列情形之一者，其監護依中華民國法律。

一　依受監護人之本國法，有應置監護人之原因而無人行使監護之職務者。

二　受監護人在中華民國受禁治產之宣告者。

第二十一條

扶養之義務，依扶養義務人之本國法。

第二十二條

繼承，依被繼承人死亡時之本國法。但依中華民國法律中華民國國民應爲繼承人者，得就其在中華民國之遺產繼承之。

第二十三條

外國人死亡時，在中華民國遺有財產，如依其本國法爲無人繼承之財產者，依中華民國法律處理之。

第二十四條

遺囑之成立要件及效力，依成立時遺囑人之本國法。

遺囑之撤銷，依撤銷時遺囑人之本國法。

第二十五條

依本法適用外國法時，如其規定有背於中華民國公共秩序或善良風俗者，不適用之。

第二十六條

依本法應適用當事人本國法，而當事人有多數國籍時，其先後取得者，依其最後取得之國籍定其本國法。同時取得者，依其關係最切之國之法。但依中華民國國籍法應認爲中華民國國民者，依中華民國法律。

第二十七條

依本法應適用當事人本國法，而當事人無國籍時，依其住所地法。住所不明時，依其居所地法。

當事人有多數住所時，依其關係最切之住所地法。但在中華民國有住所者，依中華民國法律。

當事人有多數居所時，準用前項之規定。居所不明者，依現在地法。

第二十八條

依本法適用當事人本國法時，如其國內各地方法律不同者，依其國內住所地法。國內住所不明者，依其首都所在地法。

第二十九條

依本法適用當事人本國法時，如依其本國法就該法律關係須依其他法律而定者，應適用該其他法律。依該其他法律更應適用其他法律者，亦同。但依該其他法律應適用中華民國法律者，適用中華民國法律。

第三十條

涉外民事，本法未規定者，適用其他法律之規定。其他法律無規定者，依法理。

第三十一條

本法自公布日施行。

二、法律適用條例

民國七年八月五日前北京政府公布同日施行
依十六年八月十二日國民政府令 暫 准 援 用

第一章　總　綱

第一條

依本條例適用外國法時， 其規定有背於中國公共秩序或善良 風 俗 者，仍不適用之。

第二條

依本條例適用當事人本國法時，其當事人有多數之國籍者，依最後 取得之國籍定其本國法。但依國籍法應認爲中國人者，依中國之法 律。

當事人無國籍者，依其住所地法。住所不明時，依其居所地法。

當事人本國內各地方法律不同者，依其所屬地方之法。

第三條

外國法人經中國法認許成立者，以其住所地法爲其本國法。

第四條

依本條例適用當事人本國法時，如依其本國法應適用中國法者，依 中國法。

第二章　關於人之法律

第五條

人之能力依其本國法。

外國人依其本國法爲無能力，而依中國法爲有能力者，就其在中國

之法律行爲視爲有能力。但關於依親族法、繼承法及在外國不動產之法律行爲，不在此限。

有能力之外國人取得中國國籍，依中國法爲無能力時，仍保持其固有之能力。

第六條

凡在中國有住所或居所之外國人，依其本國法及中國法同有禁治產之原因者，得宣告禁治產。

第七條

前條規定，於準禁治產適用之。

第八條

凡在中國有住所或居所之外國人，生死不明時，祇就其在中國之財產及應依中國法律之法律關係，得依中國法爲死亡之宣告。

第三章　關於親族之法律

第九條

婚姻成立之要件，依當事人各該本國法。

第十條

婚姻之效力，依夫之本國法。

夫妻財產制，依婚姻成立時夫之本國法。

第十一條

離婚，依其事實發生時夫之本國法及中國法均認其事實爲離婚原因者，得宣告之。

第十二條

子之身分，依出生時其母之夫之本國法。如其夫於子出生前已死時，依其最後所屬國之法律。

第十三條

私生子認領之成立要件，依認領者與被認領者各該本國法。

認領之效力，依認領者之本國法。

第十四條

養子成立之要件，依當事人各該本國法。養子之效力，依養父母之本國法。

第十五條

父母與子之法律關係，依父之本國法。無父者，依母之本國法。

第十六條

扶養之義務，依扶養義務者之本國法。但扶養權利之請求為中國法所不許者，不在此限。

第十七條

前八條以外之親族關係，及因其關係所生之權利義務，依當事人之本國法。

第十八條

監護依被監護人之本國法。但在中國有住所或居所之外國人，有左列情形之一者，其監護依中國法。

一　依其本國法有須置監護人之原因而無人行監護事務者。

二　在中國受禁治產之宣告者。

第十九條

前條之規定於保佐準用之。

第四章　關於繼承之法律

第二十條

繼承依被繼承人之本國法。

第二十一條

遺囑之成立要件及效力，依成立時遺囑人之本國法。

遺囑之撤銷，依撤銷時遺囑人之本國法。

第五章　關於財產之法律

第二十二條

關於物權，依物之所在地法。但關於船舶之物權，依其船籍國之法律。

物權之得喪，除關於船舶外，依其原因事實完成時物之所在地法。

關於物權之遺囑方式，得依第二十六條第一項前段之規定。

第二十三條

法律行為發生債權者，其成立要件及效力，依當事人意思定其應適用之法律。

當事人意思不明時，同國籍者依其本國法。國籍不同者依行為地法。

行為地不同者，以發通知之地為行為地。

契約要約地與承諾地不同者，其契約之成立及效力，以發要約通知地為行為地。若受要約人於承諾時不知其發信地者，以要約人之住所地視為行為地。

第二十四條

關於因事務管理不當利得發生之債權，依事實發生地法。

第二十五條

關於因不法行為發生之債權，依行為地法。但依中國法不認為不法者，不適用之。

前項不法行為之損害賠償及其他處分之請求，以中國法認許者為限。

第六章　關於法律行爲方式之法律

第二十六條

法律行爲之方式，除有特別規定外，依行爲地法。但適用規定行爲效力之法律所定之方式，亦爲有效。

以行使或保全票據上權利爲目的之行爲，其方式不適用前項但書規定。

第七章　附　　則

第二十七條

本條例自公布日施行。

三、涉外民事法律適用法草案說明

四十一年十二月九日由行政院致送於立法院

(一)名　　稱

本草案內容，爲涉外民事之法律適用法則，在學理上通稱爲國際私法，按其性質，有下列三種特徵：(一)涉外關係：卽國際私法所欲解決者爲各種涉外性質之法律問題，例如：法律關係當事人一造或兩造爲外國人，或無國籍人，或法律關係之標的物在外國，或法律行爲地法律事實發生地在外國等情形，均含有涉外因素，關於其法律關係之成立、變更、消滅、及效力等問題，卽須有具體之法則，以資解決。(二)民事關係：卽國際私法所規定之涉外法律關係，在原則上，以民事事件爲限，例如：人之行爲能力、債權、物權、親屬、繼承等法律關係均屬之。(三)法律適用：涉外之民事法律問題，與內外國人民之權利義務，有密切關係，爲謀合理解決，非祇以適用內國法律爲已足，有時尚須斟酌內外國法律，擇其較切實際者，予以適用，方可充分保障當事人之合法權益。基此理由，國內法庭，對於涉外民事法律問題，有時應依法適用外國法律。所謂國際私法，卽決定於何種情形下，適用何國法律，及如何適用之具體法則。我國規定此種具體法則之法規，現稱爲法律適用條例，細繹其名稱，旣未標明涉外性質，亦未指出民事法律關係，用語過於廣泛，不足以表現本法律之含義，是其缺點。本草案初稿，幾經考慮，定名爲「涉外民事法律適用法」，期於國際私法之要義，與特徵，均可賅括無遺。

現行法律適用條例，係於民國七年八月五日公布施行，至民國十

六年八月十二日復經國府令暫准援用，以迄於今，施行援用已逾二十年。揆諸目前情勢，國際交往增繁，內外國人民間之私法關係，亦日趨複雜，勢非有週密之法則，不足以資應用。而原條例關於若干重要原則，已不盡切合時代需要，亟須研究修訂。再者法律適用條例之制定，遠在現行民法之先，原條例之用語未能符合民法之規定者頗多，例如原條例第十三條之「私生子」民法稱「非婚生子女」，又如原條例第二十四條之「事務管理不當利得」民法稱「無因管理不當得利」，用語不符，均須修正。司法行政部爰就原條例之規定，參考日法德義等國立法例，詳細比較研究，同時兼顧國情，及近年以來，各界所提修正草案及意見，斟酌損益，從事草擬涉外民事法律適用法草案一種。在草擬期中，為求內容平允切實，曾不厭求詳，廣徵法律專家，及有關政府機關之意見，反覆審議，始完成本草案初稿，藉供立法上之採擇。

　　按國際私法之產生，固以內國法庭，適用外國法為其主因。然外國法之於國內，初非直接相關，必經內國法律之明白規定，在無礙於內國公私法益之範圍內，認許其適用，然後於國家主權獨立之原則，庶幾無違。以是，近代國家之國際私法，咸重視下列原則：(一)法則之內容，務求詳明，俾於現代複雜之國際私法關係，可以因應而不窮；(二)法則之精神，兼顧內外國情，於確認外國人合法權益之中，注重本國人民利益之保護，與夫公序良俗之維持。茲二者實足為我國修訂國際私法之借鑑。本草案初稿於原條例頗多增易，非為標新立異，而在採擷各國先例之所長，參酌過去司法實務經驗，以為補苴罅漏之謀，務期理論與實際兼收並蓄，切實可行。綜括草案初稿之修正要點有可得而言者如次：(一)屬於補充原條例之所未備者，有反致條款之擴充，除直接反致外，兼及間接反致及轉致之原則（見草案第二十九條）。其他如各種涉外法律關係準據法之補訂，均散見於各條，茲不列舉。惟恐法律適用法則仍

有缺漏，復增設專條，明定涉外民事。本法未規定者，適用其他法律之規定，其他法律無規定者，依法理（草案第三十條），以資賅括。（二）屬於加強內國公私法益之保護者，其重要條款，如禁治產之宣告效力依中國法（第三條第二項），失蹤之外國人，其直系血親為中國人，而現在中國有住所或居所者，得聲請依中國法為死亡之宣告（草案第四草案條第二項），中國人為外國人妻，未喪失中國國籍，並在中國有住所或居所，或外國人為中國人之贅夫者，其婚姻之效力依中國法（草案第十二條）。又如外國人死亡，依中國法中國人應為繼承人時，得就其在中國之遺產而為繼承（草案第二十二條），其立法意旨非徒保護涉外法律關係中本國人民之私益，且在維持內國公安與善良風俗。本草案之修正精神，於此可見一斑。

本草案初稿全文都三十一條，就體例而言，亦與原條例稍有變更，蓋因原條例，僅二十七條，即區分為七章，稍嫌瑣細，且其第一章總綱，規定排除條款，多數國籍或無國籍及國內法律不統一諸問題，均屬法律適用之變例，而非全部法例之通則，乃定名為總綱，其體裁亦欠愜當，故本草案初稿，倣德日立法例，不分章節，全部條文，悉按民法各編，依次類列，而將各種適用法律之變例規定於後。其詳，以下當逐條說明。

（二）草案條文

第 一 條　人之行為能力依其本國法。

外國人依其本國法無行為能力，或僅有限制行為能力。而依中國法有行為能力者，就其在中國之法律行為，視為有行為能力。

關於親屬法或繼承法之法律行為或就在外國不動產為處分

之法律行爲不適用前項規定。

（說明）　第一項

按能力之涵義包括行爲能力、權利能力，及責任能力三者，現行法律適用條例（以下簡稱原條例）第五條第一項規定：「人之能力依其本國法」云云，應解爲專指人之行爲能力而言，但泛稱能力，意義晦澀，本草案特將行爲能力一語標出，以免與他種能力牽混。

人之行爲能力始於何時，及其限制，喪失等問題，與當事人本國之社會生活情況，相關最切，故應依其本國法，至於權利能力責任能力之有無等問題，涉及法庭地，或行爲地公序良俗，法律已另定其應適用之準據法，毋庸於本項中再爲規定。

第二項

本項所謂外國人依其本國法無行爲能力，或僅有限制行爲能力，係指未達成年，或受禁治產之宣告，或不能因結婚而有行爲能力等情形，此等之人，如依中國法有行爲能力，則就其在中國所爲之法律行爲，仍承認其完全有效，蓋所以維護內國交易之安全，免使相對人或第三人因不明行爲人本國之法律，而蒙受意外之損失。

第三項

本項爲二項之例外規定，其結果仍適用第一項「依其本國法」之原則，原條例第五條第二項以之規定於但書中，本草案另列一項，以期明晰，所謂關於親屬法及繼承法之法律行爲，即身分行爲，以別於前項之財產行爲，至於在外國不動產之法律行爲，本草案特標明「處分」一語，爲原

條例所無，蓋在表明該項法律行為，係專指物權行為而言，凡所有權之移轉，及設定負擔等法律行為均屬之，原條例第五條第三項曾規定：「有能力之外國人取得中國國籍，依中國法為無能力時，仍保持其固有能力。」本草案予以刪除，蓋因此項問題之發生，大都由於外國法之成年年齡，較國內法為低之故，然按近代各國法律所定之成年年齡，大多數較我國為高，有一部份國家則與我國相等，其較我國為低者，僅有蘇俄、土耳其等少數國家，因此，原條例第五條第三項之規定，適用之機會極少，且成年之外國人，因收養，認領，或歸化等原因，取得中國國籍者，必係出於自己之意思，甘願與我同化，是其入籍後之行為能力，應受中國法之支配，亦屬事理之常，在法律上更毋庸特設規定，保留其固有行為能力。

第 二 條　外國法人經中國認許成立者，以其住所地法為其本國法。

（說明）　本條與原條例第三條之規定相同，所謂外國法人指外國公司，及外國公益社團及財團而言，既曰外國法人，自須依外國法業已成立存在者，始足當之，外國法人經中國認許後卽須確定何者為其本國法，以為適用之準據，我國向採通說，以法人之住所地法（卽法人主事務所在地法）為其本國法，施行以來，尚無不便，本草案亦從之。

第 三 條　凡在中國有住所或居所之外國人依其本國及中國法同有禁治產之原因者得宣告禁治產，前項禁治產之宣告其效力依中國法。

（說明）　第一項

禁治產之宣告，原則上應用禁治產人之本國法院管轄，惟

例外亦得由其居住國法院管轄，本項規定卽係例外，其目
的蓋在保護居住國之社會公安，及外國私人法益。至於禁
治產之原因，究應依何國法律而定，向有本國法說，及法
庭地法說之分。依理而論，內國對外國人宣告禁治產，與
對內國人宣告之情形，究有不同，該外國人之本國法與內
國法自應同時並重，以保護居住國之社會公安及外國人之
法益，故規定應依法庭地法及外國人之本國法同有宣告之
原因時，始得爲之。

第二項

本項規定禁治產宣告之效力依中國法，卽宣告國法，係
採學者之通說。蓋內國對於外國人旣認有宣告禁治產之必
要，而予以宣告，則其宣告之效果，必須使之與內國人受
禁治產宣告者完全相同，始足以維護公益，而策交易之安
全。原條例對於外國人在內國宣告禁治產之效力，未加規
定，不免疏漏，故增列本項。又原條例第七條規定準禁治
產之準據法，但現行民法，並無準禁治產制度，該條自應
刪除。

第　四　條　凡在中國有住所或居所之外國人失踪時，就其在中國之財
　　　　　　產，或應依中國法而定之法律關係，得依中國法爲死亡之
　　　　　　宣告。
　　　　　　前項失踪之外國人，其配偶或直系血親爲中國人，而現在
　　　　　　中國有住所或居所者，得因其聲請，依中國法爲死亡之宣
　　　　　　告，不受前項之限制。

（說明）　第一項

按死亡之宣告，原則上應依受死亡宣告人之本國法，並由

其本國法院爲之，本項規定中國法院對於失踪之外國人，得依中國法爲死亡宣告之情形，乃上開原則之例外，死亡之宣告，影響重大，苟非失踪之外國人，對於內國之私人或社會利益，有密切關係，內國法院實無爲死亡宣告之必要，故本項沿襲原條例第八條之立法精神，規定在中國有住所或居所之外國人失踪時，祇得就其在中國之財產或應依中國法而定之法律關係，依中國法爲死亡之宣告，以示限制。

第二項

在內國有住所或居所之外國人失踪時，其影響於內國人之權益最切者，除前項之(一)在中國之財產，(二)應依中國法律而定之法律關係以外，莫若婚姻關係及親屬關係，設其利害關係人，僅因不合前項所定宣告要件，即不得聲請爲死亡宣告，任令婚姻或親屬關係常陷於不確定之狀態，亦非保護內國人民權益之道，故本項特設擴充規定，以便利我國利害關係人之聲請，即凡在中國有最後住所或居所之外國人失踪，其配偶或直系血親爲中國人，而現在中國有住所或居所者，得聲請依中國法爲死亡之宣告，不受前項之限制。

第　五　條　　法律行爲之方式，依該行爲所應適用之法律，但依行爲地法所定之方式者亦爲有效。處分物權之法律行爲，其方式依物之所在地法。

行使或保全票據上權利之法律行爲，其方式依行爲地法。

（說明）　　第一項

本項所謂「該行爲所應適用之法律」，指法律行爲實質所

應適用之法律而言，亦卽法律行為之方式，應依法律行為之實質所應適用之準據法，斯為原則。原條例第二十六條第一項規定，法律行為之方式依行為地法，而適用規定行為效力之法律所定之方式者亦為有效。其立法精神，與本項頗有出入，且在理論上亦未盡妥適。蓋因法律行為之方式與實質，表裏相依，關係密切。在通常情形下，法律行為之方式，依照其實質所應適用之法律，匪特較便於行為人，且按諸法理，本應如是。至於行為之方式依照行為地法，按一場所支配一般法律行為方式所應適用之準據法，至行為之原則，雖未始不可認為有效，要屬例外情形，祇可列為補充規定，故本項特予改訂如正文。又本項乃規定於某種法律行為方式有適用特別準據法之必要者，本項以下各條項另有規定，應當優先適用，不復援用本項之規定，原條例所列「除有特別規定外」一語，似無必要，擬刪。

第二項

本項所定「處分物權之法律行為」，係別於債權行為而言，凡物權之移轉，及設定負擔等均屬之，依照屬物法則，物之法律關係，應依其所在地法，關於處分物權行為之方式，自亦不能例外，應專依物之所在地法，以保護所在地之公安或國策。

第三項

行使或保全票據上權利之法律行為，與行為地之法律有特別關係，其方式應專依行為地法，是亦為對於本條第一項之特別規定。

第　六　條　法律行爲發生債之關係者，其成立要件及效力依當事人意思定其應適用之法律。

當事人意思不明時，同國籍者，依其本國法，國籍不同者，依行爲地法，行爲地不同者，以發要約通知地爲行爲地，如相對人於承諾時不知其發要約通知地者，以要約人之住所地，視爲行爲地。

前項行爲地如兼跨二國以上或不屬於任何國家時依履行地法。

（說明）　第一項

近代各國之國際私法，多承認當事人得自由決定關於債之準據法，是爲「當事人意思自主」之原則，本項與原條例第二十三條第一項相同，係基此原則而爲規定，卽凡足以發生債之關係之法律行爲，無論其爲契約，抑爲單獨行爲，關於其成立要件及效力，均准許當事人依自己之意思，定其應適用之法律。

第二項

本項係規定當事人意思不明時，所應適用之準據法。按各國立法例，雖多數規定在當事人意思不明時，應卽適用法律行爲地之法律，然單純適用行爲地法，亦不免有窒礙之處，蓋外國人間之法律行爲發生債之關係，係因旅經某地，而偶然爲之者，不乏其例，其主觀上甚或不知行爲地法爲何物，若強以行爲地法爲準，實難期公允，故本項與原條例相同，規定於當事人意思不明時，應儘先適用其本國法，萬一當事人之國籍又不相同，各該當事人之本國法可能發生歧異，始適用行爲地法以爲決定。

本項後段規定行爲地不同云云，係專指契約行爲地而言，蓋法律行爲發生債之關係者，不外單獨行爲契約行爲兩種，在單獨行爲祇須有單獨之意思表示，其行爲即告成立，設行爲人處於不同之法域，而隔地訂約，其行爲地不同，即生問題，故本項後段乃有另定行爲地標準之必要，原條例第二十三條於要約地與承諾地不同之情形以外，又於第三項規定謂：「行爲地不同者，以發通知之地爲行爲地。」其意似謂除契約以外，其他發生債之關係之法律行爲，尙有不同行爲地之情形，然基於以上說明，此種情形殊不可能，該項之設，近於贅文，故予刪除。

第三項

近代國際交通發達，舟車迅捷，無遠弗屆，當事人之法律行爲，往往兼跨數國地區，始行完畢，或其行爲發生於無主地域者亦屢見不尠，何者爲其行爲地法，頗成問題，本項特規定依債務履行地法，以濟其窮。

第　七　條　債權之讓與對於第三人之效力，依原債權之成立及效力所適用之法律。

（說明）　本條係屬新增，債權之讓與，其本身亦係法律行爲之一種，關於其成立及效力在讓與人及受讓人間，固應受本草案第六條之支配，惟其對於第三人（包括原債務人）之效力如何，尙非該條所能當然包括，故仍有明定其準據法之必要，按此一問題，各國立法例及學說原不一致，有債權人住所地法說、債務人住所地法說、行爲地法說，及債之固有法說等主張，本條係採固有法說，認原債權本身之準據法，同時亦爲債權移轉對第三人效力所應適用之法律，

其目的在使原有債之關係，保持確定，以免原債務人，及
其他第三人之利益，因債權人變更，而受影響。

第　八　條　關於由無因管理、不當得利，或其他法律事實而生之債，
依事實發生地法。

（說明）　關於由無因管理或不當得利等而生之債，應以事實發生地
法爲準據法，乃現在之通說，日本法例亦採之（見日本法
例第十一條），惟與侵權行爲合併規定，微嫌牽混，本草
案仍依原條例之舊，於本條專定關於無因管理不當得利之
準據法，而將侵權行爲另列一條，以期明晰，惟按可能發
生債權債務關係之法律事實，除侵權行爲及本條所列之無
因管理，及不當得利以外，尚有他種原因，如救助、撈
救，共同海損之類，雖在公海上發生者，另有其準據法，
但如發生於領海以內，亦應適用於事實發生地法，故本條
特增設「或其他事實」一語，以資賅括。

第　九　條　關於由侵權行爲而生之債，依侵權行爲地法，但中國法不
認爲侵權行爲者，不適用之。侵權行爲之損害賠償及其他
處分之請求，以中國法認許者爲限。

（說明）　侵權行爲應以何法爲其準據法，立法例及學說亦不一致，
有主張採法庭地法主義者，以爲侵權行爲之法規，均與公
序良俗有關，適用法庭地法，卽所以維持當地之公安，亦
有主張採事實發生地法主義者，以爲行爲之是否構成侵權
行爲及其效果，均應依行爲地之法律而爲決定。以上二說
各有所偏，故近世立法例，多採折衷主義，認爲行爲之是
否適法，應依侵權行爲地法，但同時亦須法庭地法認其行
爲構成侵權行爲，然後始於認許之範圍內，發生損害賠償

　　　　　　或其他請求之債權，原條例第二十五條採此主義，本草案

　　　　　　從之，僅於文字上酌加修正。

第 十 條　關於物權依物之所在地法。

　　　　　　關於以權利爲標的之物權，依權利之成立地法。

　　　　　　物之所在地如有變更，其物權之得喪，依其原因事實完成

　　　　　　時之所在地法。

　　　　　　關於船舶之物權，依船籍國法，航空器之物權，依登記國

　　　　　　法。

（說明）　　第一項

　　　　　　關於物權之性質、範圍，及其取得、設定、變更喪失諸問

　　　　　　題，無論其爲動產或不動產，咸依其所在地法，是爲晚近

　　　　　　之通例，蓋以物之所在，恆受所在國領土主權之支配，而

　　　　　　所在地法關於物權之規定，又多涉及當地之公益，當事人

　　　　　　服從其規定，不僅爲情勢所必需，且最足以保全其私人法

　　　　　　益，原條例第二十二條第一項即本此精神而爲規定，本草

　　　　　　案從之，惟原條例於本項另設但書，規定船舶物權既與一

　　　　　　般之物權性質有異，宜單獨規定，故移置於後，而與航空

　　　　　　器物權之準據法並列爲本條之第四項，又原條例第二十二

　　　　　　條第三項規定關於物權之遺囑方式，但本草案以物權之遺

　　　　　　囑，通常均爲遺囑之一部分，其方式自應適用一般關於遺

　　　　　　囑方式之規定，無另定準據法之必要，且依本草案關於遺

　　　　　　囑方式之規定（見第五條第一項、第二十四條第一項），

　　　　　　與原條例關於物權遺囑方式之規定，內容亦無出入，故規

　　　　　　定擬從刪。

　　　　　　第二項

本項係屬新增，凡以權利為標的之物權，通稱為準物權，與一般以物為標的之物權，未可同視，關於何者為其物之所在地法，苟非有明確之標準即難以判定，本項認為應以權利之成立地為準，良以權利之成立地，與權利之關係最為密切，該權利可否為物權之標的，自應依該地之法律決定之。

第三項

本項乃物之所在地發生變更時，物權所適用之準據法，析其涵義，有下列兩點：(一)物權之得喪，依其原因事實完成時物之所在地法，所謂原因事實，泛指期間條件等法律事實而言，並不僅以取得時效為限。(二)物權之得喪，亦不限於動產，即不動產之所在地亦可能因領土之變更，而異其法律，從而，應受本項之適用。

第四項

船舶及航空器，常因航行而變易其所在地，關於其物權，如適用所在地法，頗多不便，故通說均主張適用其所屬國法，即船舶物權依船籍國法，航空器物權依航空器所屬國法，本項對於航空器，所以稱登記國法者，蓋因航空器，根據一九一九年國際航空公約（我國亦參加該公約），以登記為取得國籍之要件，登記國即其所屬國也。

第 十 一 條 婚姻成立之要件依各該當事人之本國法，但結婚之方式依當事人一方之本國法或依舉行地法者亦為有效。

（說明） 婚姻成立之要件，有形式要件，與實質要件之分，關於後者之準據法，各國立法例有採婚姻舉行地法主義者，有採夫之屬人法主義者，有採當事人雙方本國法主義者，我國向採末一主義，本草案從之。基此規定，婚姻成立之實質

　　　　　　要件，以結婚時各該當事人之本國法爲準。至於婚姻之形
　　　　　　式要件，　原條例第九條未加分別規定，　在過去實例上，
　　　　　　均解爲應一併依照當事人雙方之本國法，論者每病其有違
　　　　　　「場所支配行爲」之通例，且不便於適用，故本草案特增
　　　　　　設但書之規定，關於婚姻之方式，無論依照當事人雙方或
　　　　　　一方之本國法，或舉行地法，均爲有效。

第 十 二 條　婚姻之效力依夫之本國法，但爲外國人妻未喪失中國國籍
　　　　　　並在中國有住所或居所，或外國人爲中國人之贅夫者，其
　　　　　　效力依中國法。

　（說明）　婚姻之效力，即婚姻之普通效力，凡因結婚而生之身分上
　　　　　　法律關係，皆屬之，按多數國家之法律，均規定妻從夫籍，
　　　　　　因此婚姻之效力，凡因結婚而生之身分上法律關係，皆屬
　　　　　　之。按多數國家之法律，均規定妻從夫籍，因此婚姻之效
　　　　　　力，依夫之本國法，　實際上即多依夫妻之本國法，惟我國現
　　　　　　行國籍法規定，中國人爲外國人妻，而未請准脫離國籍者，
　　　　　　仍不喪失中國國籍，此時如以夫妻身分關係之爭執，在中國
　　　　　　法院涉訟，則夫之本國法與法庭地法難免不生齟齬，其有背
　　　　　　於我國公序良俗之事項，　尤有窒礙難行之虞，因此本草案
　　　　　　增設但書，　凡爲外國人妻，而未喪失中國國籍，並在中國
　　　　　　有住所或居所者，均依中國法定其婚姻效力，以資保護，至
　　　　　　於外國人爲中國人贅夫者，事同一例，亦應適用中國法。

第 十 三 條　夫妻財產制依結婚時夫所屬國之法，但依中國法訂立財產
　　　　　　制者，亦爲有效。
　　　　　　外國人爲中國人之贅夫者，其夫妻財產制依中國法。
　　　　　　前二項之規定，關於夫妻之不動產，如依其所在地法應從

特別規定者不適用之。

（說明）　第一項

本項之立法意旨，在防止夫於結婚後，任意變更國籍，改易夫妻財產關係，因而影響妻或其他利害關係人之法益，故規定於結婚時夫所屬國之法。其所以稱夫所屬國之法，而不沿襲原條例第十條第二項稱夫之本國法者，蓋法文着重之點，在結婚時夫之國籍，而不重在其時之法律，故如該國法律於結婚後變更，卽應適用變更後之現行法，而不適用已廢止之法，又按夫妻財產制，能否於婚後變更，各國立法例原不一致，有認爲結婚前所訂之財產契約，嗣後絕不許變更者，有認爲當事人得於婚前或婚後，選定其財產制，並得依一定之方式變更或廢止之者，我國民法係採後一立法例（見民法一〇〇四條以下）。依此原則，倘有於結婚後，依中國法訂立財產制者，就中國法立場觀之，亦難否認其效力，故本草案特增設但書，以期符合我國民法之精神。

第二項

外國人爲中國人之贅夫者，應以妻之住所爲住所，且其妻多未喪失中國國籍，關於夫妻財產制，如適用中國法，則於其利益之保護，較能周密，其理由正與本草案第十二條之情形相同，故有本項之增訂。

第三項

夫妻財產制，屬於婚姻效力之一端，原則上固應依照屬人法則，從夫妻之本國法，惟財產制有關不動產之部分，尙須顧及不動產所在地之强制規定，以免窒礙難行，故增設

本文。

第 十 四 條　離婚依起訴時夫之本國法及中國法均認其事實爲離婚原因
　　　　　者得宣告之，但配偶之一方爲中國人者，依中國法。

　（說明）　原條例第十一條對於離婚所應適用之法律，規定應以事實
　　　　　發生時之法律爲準，惟按歐洲德國波蘭等立法先例，均認
　　　　　爲離婚原則上應適用當事人現時之本國法，頗可取法。蓋
　　　　　離婚事項與公序良俗有關，各國多設強制規定，尤以離婚
　　　　　之原因爲然。此等重要事項，設不顧及當事人現時之本國
　　　　　法，揆諸法理，卽欠允洽，故本項改訂依起訴時爲準。至
　　　　　於離婚之原因，仍本原條例之精神，規定以夫之本國法及
　　　　　中國法均所允許者，方得宣告離婚，惟配偶之一方爲中國
　　　　　人時，卽不必兼備兩國法律所定之原因，如依中國法合於
　　　　　離婚條件，無背於內國公益，自無不許其離婚之理，故又
　　　　　增設但書之規定。

第 十 五 條　離婚之效力依夫之本國法。
　　　　　爲外國人妻未喪失中國國籍或外國人爲中國人之贅夫者，
　　　　　其離婚之效力依中國法。

　（說明）　本條係新增。按離婚之效力，涉及離婚後子女之監護敎
　　　　　養、夫妻一方賠償之請求、贍養費之給與、姓氏之變更等
　　　　　問題，與前條所定關於離婚之原因事實問題，係屬截然兩
　　　　　事，故增設專條，規定其應適用之法律，以資依據。又按
　　　　　離婚之效力，係離婚之附隨效果，以視離婚原因事實，攸
　　　　　關夫妻身分關係存否問題，其重要性，自屬稍遜，故不必
　　　　　兼顧夫之本國法及中國法，僅比照關於婚姻效力之原則，
　　　　　規定爲單獨適用夫之本國法。至於中國人爲外國人妻，而

未喪失中國國籍，或外國人爲中國人之贅夫者，其離婚之
效力，均依中國法，藉免用法紛歧，兼示保護內國人法益
之意。

第 十 六 條 子女之身分依出生時其母之夫之本國法，如婚姻關係於子
女出生前，已消滅者，依婚姻關係消滅時其夫之本國法。

（說明） 近世文明國家均維持父系家庭制度，關於子女之身分，以
父之本國法爲準，其作用不僅在配合此制之精神，且可充
分保護子女之利益，本條乃就婚生子女之身分而爲規定。
至若非婚生子女之身分，如認領收養等問題，已另定其準
據法，並不在本條範圍以內。又依我國民法規定，妻於婚
姻關係存續中所生子女推定其爲婚生子女（見民法一〇六
三條第一項），故本條例所稱「其母之夫，不必爲其生父，
祇須於子女出生時，係其母之夫，卽以本國法爲準」。又所
謂婚姻關係已消滅，係兼指夫之死亡、離婚，或婚姻之撤
銷等情形而言，原條例第十二條僅規定夫已死亡之情形，
範圍過狹，爰予改訂如本文。

第 十 七 條 非婚生子女認領之成立要件，依各該認領人被認領人認領
時之本國法。

認領之效力依認領人之本國法。

（說明） 認領係確定非婚生子女與生父之身分關係，依通例均以當
事人之本國法爲其準據法，本草案從之，規定認領成立要
件，應依各該認領人與被認領人認領時之本國法，以期雙
方之利益，可以兼顧。至認領之效力，則依認領人之本國
法，蓋因認領之行爲而生，自應以認領人之本國法爲準，
方屬切當也。

第 十 八 條　　收養之成立及終止依各該收養者被收養者之本國法。

收養之效力依收養者之本國法。

（說明）　　本條係仿自日本法例第十九條，其立法理由，蓋以收養之

成立乃擬制血親關係之開始，而收養中止，又爲此種關係

之消滅，性質重要，爲兼顧雙方利益，宜依當事人各該本

國法，方屬允當，至在收養存續中，基於親子關係而生之

各種法律效果，例如養子女是否取得養親之國籍，是否改

從養親之姓氏，以及對養親之遺產如何繼承等問題，均以

養親爲主體，其應依照養親之本國法，亦屬理所當然。

第 十 九 條　　父母與子女間之法律關係依父之本國法，無父或父爲贅夫

者依母之本國法，但父喪失中國國籍而母及子女仍爲中國

人者，依中國法。

（說明）　　父母與子女間之法律關係，兼指認領子女、收養子女，及

婚生子女三者而言，原條例第十五條仿日本及歐陸各國立

法先例，規定原則上依父之本國法，本草案從之。至於無

父（卽父已死亡或未經生父認領）或父爲贅夫者，依母之

本國法，乃屬例外。原條例對於父爲贅夫之情形，未加規

定，本草案爲符合民法第一〇五九條第二項及第一〇六〇

條第二項之立法精神，爰予補訂。又父原爲中國人，嗣後

喪失中國國籍，而母及子女仍爲中國人時，在事實上，其

親子間之法律關係亦難適用外國法律，故復增設但書之規

定，以示例外。

第 二 十 條　　監護依受監護人之本國法，但在中國有住所或居所之外國

人，有左列情形之一者，其監護依中國法：

（一）依受監護人本國法有應置監護人之原因而無人行使監

護之職務者。

(二)受監護人在中國受禁治產之宣告者。

(說明)　本條與原條例第十八條相同，　僅略作文字上之修正。　按
監護制度保護欠缺行爲能力人之利益而設，而人之行爲能
力，依其本國法，又爲多數國家之通例，是以監護之法律
關係，適用受監護人之本國法，自屬一貫之理論，惟本條
但書對此原則仍設下列兩種例外：(一)在中國有住所或居
所之外國人，依其本國法有應置監護人之原因，而無人行
使監護職務者，　此時關於監護人之指定，監護之權限，及
監護之終止等問題，均依中國法辦理，藉以保護其利益；
(二)受監護人在中國有住所或居所並在中國受禁治產之宣
告者。此時監護之開始，乃宣告禁治產之結果，依本草案
第三條之規定，其宣告之效力應依中國法，本條但書亦採
同一法則，以與該條規定之精神相呼應。又原條例第十九
條規定，保佐準用關於監護之規定，惟現行法已無保佐制
度，原條文已失其作用，故予刪除。

第二十一條　扶養之義務依扶養義務人之本國法。

(說明)　扶養義務乃基於親屬互助之倫理觀念而生。東方國家素重
倫常，故其法律規定扶養義務之範圍遠較西方國家爲廣。
原條例第十六條仿效日本法例，對扶養之義務特設專條，
規定依扶養義務人之本國法，蓋所以適合扶養義務人之國
情，而免畸輕畸重之弊，本草案亦從之，惟原條例另設但
書謂：「但撫養權利之請求爲中國法所不許者不在此限。」
在實際上，似無必要，蓋撫養權利之請求，若因違背公序
良俗而爲中國法律所不許，　則另有排除條款，　可資適用

（見原條例第一條本草案第二十五條），若其權利請求僅為中國法所未規定，並無背於公序良俗，更無限其適用之理由，故本草案予以刪除。

第二十二條　繼承依被繼承人死亡時之本國法，但依中國法中國人應為繼承人者，得就其在中國之遺產繼承之。

（說明）　關於繼承之準據法各國立法例頗不相同。在英美等國認為動產之繼承，依被繼承人之住所地法，不動產之繼承，依物之所在地法，而日本及一部歐陸國家，無論對於動產或不動產之繼承，均依被繼承人之本國法，原條例第二十條係採後一立法例，惟於被繼承人死亡後，法律發生變更時，如何定其本國法，未加明定。本草案增列「死亡時」一語，以期明確。又按英美等國，匪特不採本國法主義，且其繼承法律亦多與我國大相逕庭，例如我國有特留分之規定，而英美則無之，一任遺囑人自由處分其財產。自中外通商以後，我國人民僑居英美及其屬地者為數甚眾，彼等定居國外，擁有資產，多數已脫離祖籍，而其親屬則不乏留居國內，並未喪失中國國籍者，一旦脫籍之華僑死亡，發生繼承之爭執，倘一律依照被繼承人之本國法，則其華籍親屬之特留分及其他法律上之權利，即有遭受剝奪之虞，故本草案參酌實際需要，增設但書之規定，以資保護。

第二十三條　外國人死亡時在中國遺有財產，如依其本國法為無人繼承之財產者依中國法處理之。

（說明）　本條係新增條文，其目的在保護內國之公益。蓋外國人死亡後，在中國遺有財產，而依其本國法又無人繼承，則其

財產關係，　長陷於不確定之狀態，　即不免影響他人之利
益，自應按照中國法爲之處理，使告一結束。

第二十四條　遺囑之成立要件及效力依成立時遺囑人之本國法。

遺囑法之撤銷，依撤銷時遺囑人之本國法。

（說明）　本條與原條例第二十一條相同。其第一項所謂遺囑之成立
要件及效力，係指遺囑文件本身之是否有效成立而言。至
於遺囑內容之個別法律行爲，例如以遺囑爲認領、收養、
指定繼承份或遺贈額等行爲，則應依各該行爲之準據法，
不在本項規定範圍以內。又遺囑依其成立時遺囑人之本國
法，蓋在避免因嗣後遺囑人國籍變更，而影響原有遺囑之
效力。

第二項規定撤銷遺囑之準據法，所謂撤銷，不僅指積極撤
銷原有遺囑而言，即以後一遺囑代替前一遺囑之行爲，亦
不失爲遺囑之撤銷，故應以撤銷時遺囑人之本國法爲準，
庶與第一項之立法精神相貫徹。

第二十五條　依本法適用外國法時，如其規定有背於中國公共秩序或善
良風俗者，不適用之。

（說明）　本條意旨與原條例第一條大致相同，在明定外國法有背於
中國之公共秩序或善良風俗者，均應排除其適用，以示限
制。所謂公共秩序，不外爲立國精神及基本國策之具體表
現，而善良風俗又發源於民間之倫理觀念，皆國家民族所
賴以存立之因素，法文之規定，語雖簡而義極賅，俾可由
執法者體察情勢，作個別之審斷。

第二十六條　依本法應適用當事人本國法，而當事人有多數之國籍時，
其先後取得者，依其最後取得之國籍定其本國法，同時取

得者，依其關係最切之國之法，但依中國國籍法應認爲中
國人者，依中國法。

（說明）　本條大致與原條例第二條第一項相同，惟原條例祇規定先
後取得重複國籍之解決方法，而未能解決同時取得重複國
籍之問題，本條爰參照一九三〇年海牙國籍法公約第五條
之立法精神予以補充。凡在同時取得之場合，依其關係最
切之國之法。所謂關係最切，應就當事人與各該國家之種
族、文化、政治及經濟等具體關係，比較確定之，自不待
言。但當事人雖有多數國籍，而依中國國籍法，應認爲中
國人者，則以中國法爲基本國法，不復適用他國法律。此
項原則，徵諸海牙國籍法公約第三條，「凡有二個以上國
籍者，各該國家均得視之爲國民」之規定，亦相契合。
（附註：海牙國籍法公約於民國二十三年十二月十八日經
我國批准。）

第二十七條　依本法應適用當事人本國法，而當事人無國籍時，依其住
所地法，住所不明時，依其居所地法。

當事人有多數住所時，依其關係最切之住所地法，但在中
國有住所者依中國法。

當事人有多數居所時，準用前項之規定，居所不明者依現
在地法。

（說明）　本條第一項之意旨與原條例第二條第二項相同，在解決無
國籍人之屬人法問題，在原則上無國籍人依住所地法，住
所不明時，依居所地法，惟按外國法律規定一人同時得有
多數住所者間或有之，而事實上一人同時有多數居所者更
屬常見，又無國籍人生活流浪旣無住所，及乏居所者，亦

非絕無，凡此情形，均須另設標準，藉以確定其適用之法律，本條第二項及第三項即以此增設。

第二十八條 依本法適用當事人本國法時，如其國內各地之法律不同者，依其國內住所地法，國內住所不明者，依其首都所在地法。

（說明） 原條例第二條第三項規定，當事人國內各地方法律不同者，以其所屬地方之法爲其屬人法。但何者爲所屬地方，往往不易確定，且外僑久居異國，往往祇有國籍，而無由確定其所屬地方，在適用該原則時不無困難。本條爰參酌英美瑞士等國之法例，改爲依國內之住所地法，蓋因英美瑞士，均爲有不同地方法律之國家，在其國內地方法發生衝突時，關於屬人法規，咸以住所地法爲準。本條採同一標準，則外僑在中國涉訟者，縱回國後，再經判決，引律亦然無異，大可減少法律之衝突。至於國內住所不明者，適用其國都所在地之法，縱或當事人在第三區設有住所，亦然無異，大可減少法律之衝突。至於國內住所不明者，適用其國都所在地之法，縱或當事人在第三國設有住所，亦非所問，如是仍可貫徹我國採本國法主義之精神。

第二十九條 依本法適用當事人本國法時，如依其本國法就該法律關係須依其他法律而定者，應適用該其他法律，依該其他法律更應適用其他法律者亦同，但依該其他法律應適用中國法者，適用中國法。

（說明） 本條規定反致法則，乃倣效歐陸各國之先例，按其目的有二：（一）調和內外國間關於法律適用法則之衝突，尤以屬人法則，在大陸法系諸國採本國法主義，而英美諸國則採

住所地法主義，其結果往往同類案件，因繫屬法院之國界不同，而引律互異，是以歐陸諸國，恆就適用屬人法則之案件，從當事人本國國際私法之所反致者，適用內國法，藉以齊一法律之適用。（二）參照外國之法律適用法則，對於系爭之法律關係，選擇其最適當之準據法。基於上列兩種原因，近世多數國家之國際私法咸承認反致法則，我國原條例第四條亦然，惟其規定僅止於直接反致，本草案擬擴而充之，兼採轉致，及間接反致，以求理論上之貫徹。

第 三 十 條　涉外民事本法未規定者適用其他法律之規定，其他法律無規定者依法理。

（說明）　本條亦爲新增條文，我國關於涉外民事之法律適用法則，雖特設單行法規，然於各項原則，非能包括靡遺，其有關規定，散見於民法及其他民事法規中者爲數不少，例如關於外國人之權利能力規定於民法總則施行法（見該法第二第十一等條），又如關於外國法院判決之效力，規定於民事訴訟法（見該法第四百零一條），在審判涉外案件之際，卽須隨時參合援用，故本條前段明揭此旨，以促司法者之注意，再按晚近國際交通發達，內外國人接觸頻繁，訟案隨之而增，其系爭之點，甚多有現行法律所不及料，而未加規定，其有賴於法官，本其學識經驗，臨案審斷，殆爲勢所必然。本條後段特設補充規定，凡涉外民事爲法律所未規定者，應依法理以謀解決。揆其旨趣，蓋與民法第一條之規定，遙相呼應者也。於此，有須附帶說明者，卽原條例第十七條亦係一種補充規定，惟祇限於親屬關係之法律，範圍較狹。本條旣許司法者就一切涉外民事法律關

係，依據法理，以爲判斷，則其所補充者，已廣概無遺，原規定即無保留必要，爰予刪除。

第三十一條 本法自公布日施行。

四、法律適用條例草案

民國十六年司法部民事司提出

定名理由　謹按: 內外國法律適用之通則，有規定於民法者，有規定於民法總則或施行法者，有以特別法規定者。夫內外國法律適用問題，不僅爲民法上之關係，自以特別法規定爲宜，故本條例亦採用特別法之制。查日本關於法律適用問題，亦以特別法公布，名曰法例。本條例不襲日本之名稱者，以日本法例中，有法律施行日期，及習慣準法律等其他規定; 而本條例則純爲解釋內外國法律適用而設，故定爲法律適用條例。

第一章　總　綱

第一條

凡法律屬於公法之規定，於在中華民國內者，不問何人適用之。

理由　內外國法律牴觸問題，僅適用於私法，至公法之規定，如憲法、刑法、行政法、訴訟法等，皆爲國家主權所繫，於凡在中華民國領土內者，無論內外國人，一律適用。雖我國有領事裁判權，不免稍受限制，但原則固不能不認定耳。

參考　法國民法第三條第一項，意大利民法總則第十一條，西班牙民法第八條第二項，葡萄牙商法第十二條。

附註　各國法律，首著適用法律之例者，爲法國民法，顧僅有三條; 嗣後各國法律仿之，稍稍擴充，亦復未能詳備; 其規定最詳細者，爲德國，日本。在法律未備之國，專重法例，繁賾不及細述，故本條例參考所列，專以見於法律條約正文者爲主。

第二條

凡法律屬於私法之規定，在本條例範圍內，得適用外國法律；但其規定，有背於我國公共秩序或善良風俗者，不適用之。

理由 關於私法之規定。依法律屬人之意旨，許外國法律之適用，為法，意，德，奧法系所公認。但國於世界，必當有自衞之權，如外國法律，於我國公共秩序或善良風俗，有違反之規定者，自不許其適用。如中國民法，不認民事上死亡及別居之制，故不能許此項外國法律之適用也。

參考 意國民法總則第十二條、西班牙民法第八條第一項、德國民法施行法第三十條、日本法例第三十條。

第三條

依本條例，適用當事人本國法時，如當事人有多數之國籍，除依國籍法應認為中國人外，依其最後取得國籍之本國法。

當事人無國籍，依其住所地法；住所不明時，依其居所地法。

當事人本國內各地方異其法律時，依其所屬地方法。

理由 本條例所取之主義，係當事人本國法主義。但世界各國國籍法之規定，未能一致，一人有兩國籍或無國籍之弊，勢不能免，故設本條以救濟之。凡當事人有多數國籍，其一為中國國籍時，應適用中國法，因國籍法，乃公法也。至本國法，雖以國籍為主，但對於無國籍之人，不得不依住居法，以濟其窮。第三項之規定，為法律尚未統一之國而設，例如英、美、俄、瑞士諸國內各地方之民法，迥不一致，但言本國法，勢必至無從適用也。

參考 德國民法施行法第二十九條、日本法例第二十七條。

第四條

外國認許成立之法人，經中國認許者，以其住所地法，為其本國

法。

　　理由　外國法人，除法律認許者外，應否認其成立，民法草案第六十六條規定甚明，故惟認許成立者，乃許其有本國法。公法人之國籍，自無疑義；至私法人之國籍，有以設立自然人之國籍爲標準者，有以成立時所根據之法律爲標準者，有以成立地之法律爲標準者，有以主事所所在地爲標準者。依意法學說，及一八九一年國際法協會決議，俱認住所地（卽主事務所所在地主義）爲法人國籍之標準，故設右列之規定。

　　參考　德國民法施行法第十條。

第五條

依本條例，適用當事人本國法時，如其本國法規定應適用中國法者，依中國法。

　　理由　此條規定反致法之原則，例如本條例第六條規定身分能力，適用當事人本國法，設當事人本國（例如英國）認爲應適用住所地法時，對於當事人有住所於中國者，自應適用中國法；因適用中國法，卽依其本國法之規定也。

　　參考　德國民法施行法第二十七條、日本法例第二十九條。

第二章　關於人之法律

第六條

人之身分能力依其本國法定之。

外國人，依其本國法爲無能力者，其在中國之法律行爲，如依中國法爲有能力，卽視爲有能力；但關於親族法、繼承法，及在外國不動產之法律行爲，不在此例。

有能力之外國人，取得中華民國國籍依中國法爲無能力時，仍保持

其固有之能力。

理由　人之身分能力，依當事人本國法，為法、意、德、奧法系公認之原則，但為保護在內國之法律行為起見，除親族法、繼承法，應全依本國法，不動產，應依所在地法外，特採德、奧法系之制，設有例外，所以謀內國社會之安寧也。至國籍變更，能力隨之變更，於相對人及第三者之利益，頗有危險，故設第三項以救濟之。

參考　法國民法第三條第三項，意大利民法總則第六條、西班牙民法第九條、荷蘭民法第六條、葡萄牙民法第二十六條第二十七條、德國民法施行法第七條，奧國民法第四條、第三十四條、第三十五條、第三十六，瑞士一八八一年法律第十條、日本法例第三條。

第七條

凡於中國有住所或居所之外國人，依其本國法，及中國法，有禁治產之原因者，得宣告禁治產。

宣告禁治產之效力，依禁治產者之本國法。

第八條

前條規定，於準禁治產適用之。

理由　禁治產、準禁治產、限制人之能力，應由其本國宣告；但外國人有居住於中國者，為維持中國社會之安寧起見，特別賦中國法院以宣告之權。至宣告原因，依能力從本國法之原則，必其本國法暨中國法均認可者，乃許宣告。至宣告效力，依其本國法，因其為能力問題也。

參考　德國民法施行法第八條，日本法例第四條、第五條，一千九百零五年德法等國海牙關於禁治產條約第十八條。

第九條

凡於中國有住所或居所之外國人，生死不明，如有應依中國法律之法律關係時，得依中國法，為死亡之宣告。

理由　人之生死不明時，各國或宣告失蹤，或宣告死亡，關係身分
能力，與上條情形相同，應由本國宣告，中國法院，僅於本條指定
之情形時，特別有宣告之權。關於宣告條件及效力，依中國法，因
宣告效力，僅及於應依中國法之法律行爲也。

參考　德國民法施行法第九條、日本法例第六條。

第三章　關於親族之法律

第十條

婚姻成立之要件，依當事人雙方之本國法定之。

理由　婚姻成立要件，應從雙方之本國法。蓋自婚姻成立日起，乃
有妻從夫法之原則，在婚姻成立以前，妻固未取得夫之國籍也。一
千九百零二年海牙婚姻條約第一條，即著此義。

參考　德國民法施行法第十三條、日本法例第十三條、一千九百零
二年德法等十二國海牙婚姻條約第一條至第七條。

第十一條

婚姻之效力，依夫之本國法。

理由　妻有從夫之義務，關於婚姻之效力，除財產外，例如妻之能
力，及其權利義務問題，自當一以夫法爲主。

參考　德國民法施行法第十四條、日本法例第十四條、一千九百零
五年德法等九國海牙關於婚姻效力條約第一條。

第十二條

夫婦財產制，依婚姻成立時夫之本國法。

理由　夫婦財產制，可分爲二種：一契約財產制，二法定財產制。
訂有財產契約者，依契約所定，其未訂契約者，法定財產制，即爲
當事人雙方之默約。婚姻成立，妻從夫籍，契約是否成立，能否修

改，及法定財產制之若何規定，悉以夫之本國法爲主。其必聲明婚姻成立時者，婚姻財產各國多未確定主義，不許其因變更國籍，從而變更也。

參考 德國民法施行法第十五條、第十六條，日本法例第十五條，一千九百零二年海牙婚姻效力條約第二迄至第八條。

第十三條

離婚之原因，依事實發生時夫之本國法，及中國法共同認可者，得宣告之。

離婚之效力，依夫之本國法。

理由 離婚原因，爲一國善良風俗所關，故必內國法與其本國法共同認可時，乃得宣告。至其效力，則適用其本國法，以其與年分能力問題相關也。一千九百零二年海牙離婚別居條約，同此規定。

參考 德國民法施行法第十七條、日本法例第十六條、一千九百零二年海牙離婚別居條約第一條至第八條。

第十四條

嫡子之否認訴訟，依其出生時母夫之本國法；如母夫於子出生前已死時，依其最後所屬國之法律定之。

理由 嫡子否認，訴訟時，父子之分未定，故稱曰母夫。否認訴權，乃爲保護母夫之利益而設，故從母夫之本國法。

參考 德國民法施行法第十八條、日本法例第十七條。

第十五條

私生子認知之要件，依認知者與被認知者雙方之本國法。

認知之效力，依認知者之本國法。

理由 認知與婚姻同，認知確定以前，子不變更國籍，故認知要件，必依雙方之本國法。至認知以後，大抵子已取得認知者之國

籍，故從認知者之本國法。

參考　德國民法施行法第二十二條、日本法例第十八條。

第十六條

養子成立之要件，依當事人雙方之本國法。

養子之效力，依養親之本國法。

理由　歐美養子，其目的僅在傳授遺產，並不取得國籍；中國、日本則認養子為取得國籍原因之一。養子成立以前，雙方並無關係，故依雙方之本國法；養子成立以後，中、日之取得國籍者無論矣。卽在歐、美諸國，養親之於養子，亦無非欲依其本國法，達其傳授財產之目的，故依養親之本國法。

參考　德國民法施行法第二十二條、日本法例第十九條。

第十七條

親權之行使，依子之本國法。

理由　親權之行使，羅馬時代，認為保護父之利益，近世各國，均已一致承認為保護子之利益，故依子之本國法。

參考　德國民法施行法第十九條、第二十條、第二十一條，日本法例第二十條。

第十八條

扶養之義務，依扶養權利者之本國法；但扶養權利之請求，為中國法律所不許者；不在此限。

理由　扶養義務，為保護扶養權利者而設；依法律通例，應依被保護人之法。惟扶養權利請求之範圍，仍以中國法許可者為限，所以保護吾人之利益也。

參考　德國民法施行法第二十一條、日本法例第二十一條。

第十九條

監護，依被監護人之本國法。

理由 關於監護之法律，英美主義，依財產所在地法其結果多數適用之法律，為法，意，德，奧法系所不取。至監護之設立，其目的，在保護無能力人，自應以被監護人法律為準，一千九百零二年海牙監護條約，亦取此義。

參考 德國民法施行法第二十三條、日本法例第二十五條、一千九百零二年海牙監護條約第一條至第八條。

第二十條

前條規定，於保佐適用之。

理由 保佐，適用於準禁治產，為保護能力薄弱之人而設，自應與上條一律辦理。

參考 日本法例第二十四條。

第四章　關於繼承之法律

第二十一條

繼承，依被繼承人之本國法。

理由 繼承，有法定繼承、遺囑繼承兩種，本條繼承，指法定繼承也。各國民法，對於法定繼承之規定，多係推測被繼承人之志願，故採被繼承人之本國法。·

參考 意國民法總則第八條、西班牙民法第十條，德國民法施行法第二十四條第一項第二項、第二十五條、第二十六條，日本法例第二十五條。

第二十二條

遺囑之成立要件及效力，或其撤銷，依成立或撤消時遺囑人之本國法。

理由　遺囑之成立，關係遺囑人能力問題，自應適用能力法之通則。
至遺囑效力，雖於死亡後發生，而其能否成立抑撤銷，則當時業已
確定，故不依死亡時之本國法，而依成立或撤銷時之本國法。

參考　德國民法施行法第二十四條第三項、日本法例第二十六條。

第五章　關於財產之法律

第二十三條

關於動產不動產之物權，依物之所在地法。

理由　物權之種類，規定於法律，非當事人所得自由增減。其權利
得喪之規定，亦多於國家經濟政策有關係。各國承法則區別說學者
之餘旨，尚有區別不動產或動產適用之法律者。然動產定義，各國
民法，區別不一，易起爭執，與其依所有人法，毋寧從所在地法之
為愈。

參考　法國民法第三條第二項、意國民法總則第七條、西班牙民法
第十條、荷蘭民法第七條、羅馬尼亞民法第二條、奧國民法第三百
條、德國民法施行法第二十八條、日本法例第十條。

第二十四條

因法律行為發生之債權，應依何國法律，依當事人意思定之。

當事人意思不明時，同國籍者，依其本國法；不同國籍者，依行為
地法。

行為地不同時，以發通知之地，為行為地。

理由　契約自由之原則，應依何國法律，以依當事人意思為準。惟
當事人意思不明時，同國籍者，應推定其採用本國法；國籍不同
時，依行為成立地法，因其為雙方共同之法律也。至同一法律行
為，而行為地在二處以上時，各國民法，有取發信地主義者，有取

受信地主義者，以學理論，似發信主義較優，故本條不論單獨行為或契約，均以發信地，為行為地。

參考 意國民法總則第九條，日本法例第七條，第九條。

第二十五條

因事務管理，不當利得發生之債權，當事人同籍者、依其本國法；不同籍者，依事實發生地法。

理由 事務管理，不當利得，法國民法，稱為比附契約，即羅馬之 Quasi ex contractu 也。蓋此等行為，雖無意思表示，固可認為默約，立法家以為當事人，若能發表意思、其志願當復相同，故準用契約之規定。

參考 日本法例第十一條。

第二十六條

因不法行為發生之債權，依行為地法；但依中國法律，不認為不法者，不適用之。

前項不法行為之損害賠償，及其他處分，以中國法律認可者為限。

理由 不法行為，關於其地之公共秩序，應依行為地法。及事實發生地之法律也。惟絕對採用行為地法於內國之公益，或多影響，故本條採用英美制，必雙方俱認為不法行為，乃許其提起訴訟。至賠償責任之範圍，亦以中國法律所許可者為限，以保護內國之公益。

參考 德國民法施行法第十二條、日本法例第十一條。

第六章　法律行為之方式

第二十七條

法律行為之方式，除第二項規定外，依行為地法；但當事人同籍時，得用其本國法。

設定或處分物權行爲之方式，依物之所在地法。

理由　方式依行爲地法，Locus regit actum 之原則，爲各國所公認，因方式之規定，其目的在防欺詐，各國視其國之風俗道德，恆有特殊之方式。苟行爲地認爲其確者，固可加以信任，且本國所定方式，外國往往無從適用，例如本國法，須公證人證明，苟所在國無公證人，又將何以處之？惟方式依行爲地法之通則，各國有以爲強制通則者，有以爲任意通則者，本條例則取任意通則之制，如當事人同籍，願採本國法者，自可聽之。至物權之設定或處分，依物權從所在地法之通則，自以依所在地法爲妥。

參考　意國民法總則第九條、西班牙民法第十一條、荷蘭民法第十條、德國民法施行法第十一條、日本法例第八條。

第二十八條

本條例，自公布日施行。

五、義大利國際私法

一九四二年十月十六日民法

民法前導編：法律規定通則

第一章　法　　源

第二章　法律適用通則

第十條　法規之生效

　　法律或規章除另有規定外，自公布日起第十五日發生拘束力。

第十一條　法律之時間上效力

　　法律僅為將來而制定，無溯及既往之效力。

　　集體勞動契約成立於法律制定之前者，可創設先於其公布日之生效日。

第十二條　法律之解釋

　　適用法律時，其意義不可偏離文字依上下文之牽連關係其真正重要性所明白表示者，及依立法者之意思所認定者。

　　爭議無法依正確規定決定者，應參酌規範類似事件或類比事項之規定定之；如仍有疑問時，應依內國法律秩序之一般原則決定之。

第十三條　團體性規範之禁止類推適用

　　團體性規範（第五條）不得適用於類似事件，或與該規範意旨類比之事項。

第十四條　刑法與除外法律之規定

　　刑法與創設一般原則或其他法律之例外之規定，僅適用於其所考慮

之事件與時間。

第十五條 法律之廢止

法律應經其後之法律之明文立法宣示，或因後制定之新法涵蓋舊法之全部規範內容，且與舊法規定不相容而廢止。

第十六條 外國人之待遇

外國人除特別法另有規定外，於互惠之條件下享有國民之民權。

前項規定於外國法人亦適用之。

第十七條 人之地位、能力與家庭關係之準據法

人之地位、能力與家庭關係，依其本國法。

依其本國法無能力之外國人，在內國為行為，而依義大利法有能力時，就該行為視為有能力，但事件與家庭關係、死因繼承、贈與（遺贈）有關，或就在外國之不動產為處分行為者，不在此限。

第十八條 人之配偶關係之準據法

不同國籍人間之配偶關係，依其婚姻存續期間最後共同之本國法，無共同之本國法者，依夫結婚時之本國法。

第十九條 夫妻財產關係之準據法

夫妻財產關係，依夫結婚時之本國法。

夫或妻國籍之變更，除因而新創共同之本國法且另有協議外，於夫妻財產關係無影響。

第二十條 親子關係之準據法

親子關係依父之本國法，但如僅有母親或僅母親認領該子女者，依母之本國法。

收養人與被收養人間之關係，依收養人收養時之本國法。

第二十一條 監護之準據法

無法律上能力人之監護及其他保護制度，依其本國法。

第二十二條 占有、所有權與其他物權之準據法

動產與不動產之占有、所有權與其他物權，依其物之所在地法。

第二十三條 死因繼承之準據法

死因繼承無論遺產係在何處，應受被繼承人死亡時之本國法規制。

第二十四條 贈與（遺贈）之準據法

贈與（遺贈）依贈與（遺贈）人之本國法。

第二十五條 債之準據法

因契約而生之債，依締約當事人共同之本國法，無共同之本國法時，依契約訂立地法。但當事人另有意思表示時，依其意思表示。

非契約之債，依其所由發生之事實之發生地法。

第二十六條 行為方式之準據法

行為與遺囑之方式，依其行為完成地法、行為之實質要件準據法、處分性當事人之本國法或契約當事人共同之本國法。

創設、移轉或消滅物權之行為，其公示之方式要件，依其物之所在地法。

第二十七條 程序之準據法

權限與程序之形式，依程序進行地法。

第二十八條 刑法與警察法之有效性

刑法與有警察及公共安全之法律，對在內國國境之所有人皆有拘束力。

第二十九條 無國籍人

人無國籍者，依前揭規定應適用其本國法時，依其住所地法。

第三十條 反致

依前揭條文之規定應適用外國法時，卽應適用該法本身之規定，而不考慮依其規定應適用其他法律之反致。

第三十一條　因公共政策與道德而生之限制

縱有前揭規定，外國之法律或行為、任何組織之規則與行為或私人之規定或約定，與公共政策或道德牴觸者，在內國均屬無效。

民法　第一編　人與家庭

第三章　住所與居所

第四十三條　住所與居所

1. 人之住所係指其生活與利害關係之主要中心。
2. 居所係指人經常駐留之場所。

第四十四條　住所與居所之變更

1. 居所之變更除依法律之規定宣告者外，不得對抗善意第三人。
2. 住所與居所在同一場所者變更其居所時，除於變更居所之宣告內另有不同之表示者外，善意第三人亦得主張其住所亦為相同之變更。

第四十五條　妻、未成年人與禁治產人之住所

1. 妻除依法分居者外，以夫之住所為其住所。但夫為禁治產人者，不在此限。
2. 夫將其住所遷移至外國時，妻得於內國境內設定其住所。
3. 未受成年宣告之未成年人，以行使親權者或監護人之住所為住所。
4. 禁治產人以其監護人之住所為住所。

第四十六條　法人之住所

1. 因居所或住所而生一定之法律效果者，法人以其法律上之住址（第十六條）為其居所或住所。

2.依第十六條設定或登記簿上所登記之法律上住址，與眞實之住址不一致者，第三人亦得以法人之眞實之住址，爲其法律上住址。

第四十七條　住所之選定

1.因一定之法律行爲或營業之需要，得選定特別住所。

2.前項選定應以書面明示爲之。

第六章　婚　姻

第三節　戶政官員之前舉行之結婚

第五款　在外國之義大利國民與在內國之外國人之結婚

第一百十五條　義大利國民於外國結婚

1.國民縱於外國依當地之方式締約結婚，亦應符合本章第一節（第八十四條至第九十一條）之規定。

2.結婚應依第九十三條至第九十五條之規定，於內國公告之。國民非住居於內國者，公告應於其最後住所地之市鎭爲之。

第一百十六條　外國人於內國結婚

1.外國人欲於內國締約結婚者，應向戶政機關提出其本國之有權機關之證明書，證明結婚依其屬人法並無瑕疵。

2.但外國人仍應符合第八十五條、第八十六條、第八十七條第一項、第二項及第四項、第八十八條與第八十九條之規定。

3.外國人於內國有居所或住所者，亦應依本法之規定爲公告。

第五編　勞　務

第五章　公　司

第九節　在外國設立或營業之公司

第二千五百零五條 在外國設立而於內國有總部之公司

在外國設立而於內國設有管理總部或爲主要營業之公司，關於其設立行爲之有效要件，依義大利法。

第二千五百零六條 於內國設有分事務所之外國公司

1. 在外國設立而於內國設有單一或多數具常任代表權限之分事務所之公司，其該分事務所皆應依義大利法規定，爲設立行爲之登錄、在商業登記簿上登記，與公布其資產負債表，並依同一方式公布該公司在內國之常任代表人之姓名及字號，與登錄其親筆簽名字跡。

2. 前項規定之外國公司就關於其分事務所之事項，應遵守企業營業活動之規定，或所課予之特別條件。

第二千五百零七條 與內國公司種類不同之外國公司

於外國設立本法所未規定之種類之公司者，就其公司文件及商業登記簿上決議之登記與董事之責任，應依本法關於聯合股份公司之規定。

第二千五百零八條 違反方式規定之責任

除符合前述之方式要件者外，以公司名義爲行爲之人就公司之債務，負連帶無限責任。

第二千五百零九條 於外國營業之內國公司

於內國設立之公司，縱其主要營業係在外國，亦應遵守義大利法之規定。

第二千五百十條 外國之利益佔優勢之公司

禁止代表外國利益之公司或對其特定行爲課予特殊條件之特別法之規定，不受影響。

六、比利時、荷蘭、盧森堡有關
國際私法之統一法

一九五一年五月十一日

第一條

除以下條文有特別規定外，所謂某國法係指該國有效之實體法，不包含其國際私法。

就以下條文言，人之住所之確定，不必考慮一國對外國人在其領域內取得住所之條件。

第二條

自然人之身分及行為能力，依其本國法。

自然人依其本國法無行為能力，但依行為地法有能力時，則不得以其無能力，對抗為法律行為時之善意相對人。

第三條

配偶各自之權利義務，依其共同之本國法；在婚姻關係存續中改變國籍時，依最後之共同本國法。在婚姻關係中配偶從未有相同國籍時，其各自之權利義務，依結婚時夫之本國法。但夫之本國法規定已婚之妻全部或一部無能力時，該項規定於妻與夫之國籍不同，而妻之本國法有相同規定時，方適用於妻。

第四條

婚姻舉行時夫之本國法決定夫妻財產制，包括因婚姻契約取消夫妻財產制之可能以及婚姻契約之效果。

但如夫從未在其本國有住所，或者如果其在國外設定住所已逾五

年，則其夫妻財產制，於欠缺婚姻契約下，由結婚後配偶所設定之住所地國法決定之，　惟如夫之本國法不承認此一制度時，　不在此限。

夫妻財產制之準據法也規範婚姻存續中，婚姻契約之締結或修正之可能性，以及該契約或該修正之效果。如夫於婚姻存續中變更國籍時，此等問題則依新本國法。

婚姻財產制之此種變更，對第三人不發生溯及既往之不利益。

第五條

父母與婚生子女之關係依父之本國法。

父之本國法也規範父與非婚生子女之關係。同樣地，母與非婚生子女之關係依母之本國法。

在親子關係尚未合法建立前，關於未成年子女對義務人扶養判決之訴訟，依子女之習慣居所地國法。但如子女習慣居所地國法拒絕其扶養請求權時，依義務人之本國法。

第六條

如未成年人在比、荷、盧有習慣居所地時，則比、荷、盧之機關有權依其法律，採取保護彼等人身及財產之措施。

比、荷、盧之機關對有比、荷、盧國籍，　而在比、荷、盧未有習慣居所地之未成年人，得依其法律採取保護彼等之人身及財產之措施。

如未成年人現在比、荷、盧，或有財產在該地，則比、荷、盧之機關在急迫情形下，應採取視為正當之保護措施。

符合上述各項規定所採措施之效力，就未成年人與負責未成年之自然人或團體之關係言，及對第三人言，依比、荷、盧之法律。

第七條

為保護成年人之人身或財產所採之措施對其行為能力之影響依其本國法。

但外國人於比、荷、盧有習慣居所地或彼等於該地有財產時，比、荷、盧之機關為保護彼等之人身或財產，得依比、荷、盧之法律指定臨時監護人，其權限也依比、荷、盧之法律。

第八條

如某人生死不明或某人未充份處理其事務就離去其住所，則得依其失蹤或離去之住所地法指定一管理人。

在指定上述管理人前，為保護該人之財產，得依財產所在地法採取措施。

第九條

繼承就繼承人之指定、繼承之順序、應繼分、特留分及遺產之搜集而言，依死亡者死亡時之本國法。

所謂有權繼承者，係指一定親等之血親或姻親及配偶而言。

本準據法也決定遺囑之成立及效力。

在死亡者曾對其繼承人作成贈與時，如依其本國法免除彼等全部或一部併入遺產之義務時，僅在此一法律規定範圍內負歸還遺產之責。

繼承之清償及分配，包括遺囑執行人之規則，其承諾及拋棄繼承以及債務之負擔、贈與之計算方法等依死亡者最後住所地法。

第十條

適用屬於繼承財產所在地有效之國際私法規則，有排除某人依前條規定可以取得對該財產全部或一部權利之效果時，第三人依該規則所取得之物權，應被承認為有效。

但因適用上述規則而獲益之人，在其受益範圍內，有義務補償被排

除者。

因適用第一項所指之國際私法規則而獲得之財產，應由共同繼承人在其依死亡者本國法所享有之應繼分中分擔之。

第十一條

在以上各條文指向當事人本國法時， 於下述情形以住所地法 取 代之:

1.如此人無國籍或者如其國籍或者其應適用之本國法不能確定時。

2.如外國人於比、荷、盧有住所，而其本國法之國際私法規則指定適用住所地法時;

3.如外國人於其本國及比、荷、盧以外之國家有住所，而其本國及住所地國之國際私法規則，均指定適用住所地法時。

第十二條

有體物上之物權，依財產所在地法; 財產之為不動產或動產，也依此一法律決定之。

從一國運送至另一國之財產，在運送中依目的地國法。

第十三條

契約不論就強行法及任意法而論， 依當事人合意所選擇之法 律 決定。

如契約明顯集中於某國，而該國法律之特殊性質及目的又阻止適用其他法律時，則該法不因當事人意思而被排除適用。

當事人無明示或默示而確定之選擇時，契約依最有牽連關係國之法律決定之。

如不可能確定此一國家時，契約依作成地國法，如契約因信件、電報或電話作成者， 依最初要約地國法。

第十四條

行爲作成地國法決定該行爲是否構成侵權行爲以及因此所引起之責任。

但如侵權行爲之結果發生於行爲作成地國以外之國家，則因此所引起之責任依結果發生地國法。

第十五條

規範債務之法律也決定債務履行之方式、不履行之結果以及債務消滅之條件。

就有體動產之交付言，在無相反約定時，交付地之法律決定期限及檢查之方式，以及交付被拒絕受領時對該財產應採之措施等。

就履行之方式而言，履行地國法之強行規定必須予以重視。

第十六條

強制執行收入之分配地國法決定債權之優先性及其順序之問題。

第十七條

規範債務之法律決定債務可否及在何種條件下得爲移轉。

如移轉之發生未獲債務人之同意，則移轉必須符合債務人住所地法爲債務人或第三人利益之規定。

第十八條

因委任書可代理某人之權利，對第三人言，依代理人爲行爲地國之法律。

此一法律決定在何種範圍內，人得以其自己之名義爲他人爲行爲時，可產生本人與第三人間之權利義務。

第十九條

法律行爲之方式，如符合行爲作成地國法之條件卽應有效，但行爲之性質反對者，不在此限。

第二十條

在比、荷、盧法官前，證明應依比、荷、盧之法律提出，例外之情
形如後：

法律推定之許可及效力與舉證責任依該法律關係應適用之法律。

證明書及書面證據應予接受，如此種方法依該法律關係所應適用之
法律或法律行為作成地國法或比、荷、盧之法律是可以許可的。

文件之證據力依文件作成地國法。但如該文件係在有管轄權之外交
官或領事官前作成者，文件之證明力，依該官員所代表之國家之法
律決定之。

第二十一條

符合本法有關條款所取得之權利應繼續被承認為有效，即使決定應
適用法律之周遭環境事後改變時亦然。

如法律關係依該法律關係重要牽連地國際私法所指定應 用 之 法
律，於比、荷、盧以外發生或終止時，則其發生或終止在比、荷、
盧應被承認，即使取代依本法所應適用之法律。

第二十二條

例外不依本法規定適用應適用之法律，如適用外國法將牴觸公共秩
序時，或因公共秩序反對外國法之適用，或因其要求比、荷、盧之
法律應予適用。

第二十三條

本法不適用於：

（a）離婚及分居之許可或離婚或分居原因之決定；

（b）受海商、內地航運或航空法所規範之權利義務。

第二十四條

本法不影響條約或履行現行有效條約之法律之適用。

七、東德一九七五年十二月五日制定關於國際私人、家事、勞工及商務契約之法律適用法

第一條　通則

本法係關於國際私人、家事、勞工及商務契約之法律適用法，係以普遍承認之國際法法則爲立法基礎。本法之立法目的，在以有秩序之方式規範具國際性質之法律關係，及保護該法律關係中德國當事公民或企業之憲法上權利。

第二條　適用之範圍

1. 具有國際性質之私人、家事、勞工法律關係暨國際商務法律關係均依本法定其應適用之法律。

2. 對德國有拘束力之國際條約另有規定時，不適用本法。

第三條　反致

依本法應適用其他國家法律，如依該國法律須適用德國法律時，應適用德國法律。

第四條　其他國家法律不得適用之情形

其他國家之法令如與德國之政治或法律制度之基本原則不一致時，不適用之。此情形應適用德國法律。

第五條　無國籍人或多國籍人之適用法

依本法應以國籍定其適用法時：

(a) 當事人如爲無國籍人，適用其現有或曾於相關時期有住所或居所之國家之法律。

(b) 當事人如爲多國籍之德國人，適用德國法。

（c）當事人如非德國人而具有多重國籍者，適用與其關係最切之國
　　家之法律。

第六條　外國人之能力

1.人之行為能力，依其本國法。

2.外國人與無國籍人在德國以契約或其他法律交易方式所生之權利
　義務，如具備德國法所定之行為能力要件，則為有效。

第七條　禁治產宣告及死亡宣告

外國人或無國籍人之禁治產宣告或死亡宣告，如德國法院具有管轄
權，應適用德國法。

第八條　企業之能力

企業之權利能力及法人之認許，依規定其法律地位之國家之法律。

第九條　關於土地及建築物之權利

土地及建築物之所有權及其他權利，尤其是該權利之發生、變更及
消滅，依該土地及建築物所在國之法律。

第十條　關於動產之權利

運送中動產之所有權，依發送地之法律。

第十一條　關於船舶及飛機之權利

1.船舶或飛機之所有權及其他權利，依該船舶或飛機註冊國之法
　律。

2.債權人對船舶之權利，適用船舶被發現時所在領海國國家之法
　律。至在公海上之船舶，則適用船旗國之法律。

第十二條　契約之適用法

1.國際商務交易之當事人未以契約約定適用法時，依左列之人之主
　事務所所在地法：

（a）出賣人 ── 關於買賣契約。

(b) 製造人 —— 關於製造契約或裝配契約。

(c) 發訂單之人 —— 關於科學技術服務契約及工廠之建造契約。

(d) 受訂單之人 —— 關於服務契約、顧客服務契約、監督及顧問契約。

(e) 本人 —— 關於與商業代理人訂立契約。

(f) 運送人 —— 關於貨物運送契約。

(g) 承攬運送人 —— 關於承攬運送契約。

(h) 相關之運送人 —— 關於貨物轉船運送之契約。

(i) 倉庫管理人 —— 關於儲倉契約。

(j) 運送人 —— 關於旅客運送契約。

(k) 銀行 —— 關於與銀行之往來。

(l) 讓與人 —— 關於使用權及開採權之讓渡契約，尤其是關於租賃權及執照權之讓渡契約。

(m)執照持有人 —— 關於著作權之使用及利用之契約。

(n) 保險人 —— 關於保險契約。

2.如不能依第一項決定應適用之法律時，依履行契約之當事人主事務所所在地之法律。如仍無法決定時，則適用要約人接受承諾地（契約成立地）之法律。

3.關於位在德國境內之土地或建築物所有權及其他權利之契約，專依德國法。

第十三條 依契約之移轉所有權

依契約之動產所有權之移轉，適用契約之準據法。關於擔保權利之約定，亦同。

第十四條 抵銷

債務之抵銷，依規範被抵銷之債務之法律。

第十五條　代理權

1. 代理權之效力及範圍，依代理行爲地法。

2. 代理德國企業之代理人其代理權之效力及範圍，依德國法。

第十六條　契約之形式

契約及其他法律交易行爲之方式，依規範該法律關係之國家之法律。但符合契約成立地或單方行爲表示地，或該法律交易行爲生效地之適當法律規定者，視爲具備形式要件。

第十七條　非契約責任之適用法

1. 非因契約關係而生之損害賠償責任，包括責任能力、其他個人要件及損害之計算標準，依損害發生地之法律。

2. 因船舶或飛機在公海所生之損害，依船舶或飛機所懸掛之國旗或國家標幟之國家之法律。

3. 加害人及受害人係同一國籍之國民或居民時，適用該國法律。企業之法律地位受同一國法律控制或其主事務所在同一國境內者，亦同。

第十八條　婚姻

1. 婚姻能力及其他有效婚姻之實質要件，依各該當事人之本國法。德國人與外國人結婚，須得德國處理人民地位機關之同意，卽使結婚儀式不在德國舉行，亦同。

2. 結婚之形式要件，依婚姻舉行地法。

3. 婚姻舉行地不在德國時，如符合當事人一方之本國法所訂形式要件時，視爲具備形式要件。

第十九條　夫妻之身分及財產關係

夫妻之身分關係、扶養義務及財產權，依當事人共同之本國法。如夫妻爲不同國籍之人，適用德國法律。

第二十條　婚姻之解消

1. 離婚依請求離婚時當事人共同之本國法。 如夫妻 爲不同 國籍之人， 適用德國法。

2. 如依前項所應適用之法律不准離婚或僅於例外情形下 始 准 離 婚時， 適用德國法。

3. 婚姻之撤銷依第十八條所訂之結婚適用法。

第二十一條　子女之身分

子女之身分及父子關係之確認與否認， 依子女出生時之本國法。

第二十二條　父母子女之關係

父母子女之法律關係， 依子女之本國法。 子女法定代理權亦同。

第二十三條　收養

1. 收養之效力及其終止， 依收養時或終止收養時養父母之本國法。 但不同國籍之夫妻共同收養子女時， 適用德國法。

2. 外國人收養德國人時， 須得德國有權機關之同意， 始能有效。 且此種收養須於取得德國家事法典所定之同意時， 始行生效。

第二十四條　監護

1. 監護之設置及其終止， 依被監護人之本國法。

2. 外國人如需要立即之保護， 而其在德國有住所或居所; 或其在德國擁有財產， 但無法以有秩序之方式加以保護或經營時， 得依德國法設置臨時之監護。

3. 監護人與被監護人之法律關係， 依指定監護人之國家之法律。 監護人代理被監護人之權限， 亦同。

第二十五條　繼承

1. 繼承依被繼承人死亡時之本國法。

2. 繼承權如影響到在德國境內之土地及建築物之所有權或其他權利

時，依德國法。

第二十六條　遺囑之效力

立遺囑及撤銷遺囑處分之能力，以及可以遺囑處分之方式、反對遺囑之權利，以及執行遺囑不當之效果。依死者立遺囑時之住所地國之法律。

第二十七條　僱佣

1.僱佣關係，依僱佣人主事務所所在地國之法律。

2.如工作地在受僱人之習慣住所地，則其僱佣關係，適用工作地法。

3.訂立僱佣契約之能力及其契約之形式要件，依前兩項規定。

第二十八條　消滅時效

請求權之消滅時效，依規範該法律關係所應適用之法律。

第二十九條　生效日

本法自一九七六年一月一日生效。

八、奧地利國際私法

一九七八年六月十五日

第一章　總　則

第一條 最重要牽連原則

　　1.涉外民事事件，依與該事件有最重要牽連之法律定之。

　　2.本法關於準據法之特別規定，均被認爲是本原則之表現。

第二條 決定準據法之要件

　　選擇特定法律之事實上及法律上之要件，應依職權加以認定，但依程序規則規定，該事件如得以契約選擇法律，而當事人之主張在事實上亦可以被接受者，不在此限。

第三條 外國法之適用

　　依本法應適用外國法時，應依職權加以適用，有如該外國法院之適用其法律之情形一樣。

第四條 外國法之調查

　　1.外國法應依職權加以調查，而可允許之協助，有如利害關係人之參與、聯邦司法部之資料以及專家之意見。

　　2.縱加以相當之努力，外國法仍不能在合理之時間內查知者，適用奧國法。

第五條 反致

　　1.依本法適用外國法時，包括其國際私法。

　　2.依外國法之指示，反致適用奧國法時，適用奧國之實體法（國際私法以外之法規）；如反致適用第三國法時，進一步反致卽應考

慮，但依應適用之法律不再反致出去，或依其他法律第一次回頭
反致適用某國法時，卽適用其實體法。

3.如外國法由數個地區性法律所組成，則依該外國法之現行規則之
指示，而適用某地區性之法律，無該規則時，依具有最重要牽連
關係之地區性法律。

第六條　公共政策

外國法之適用有背於奧國法律秩序之基本原則者，不適用之，必要
時，適用奧國法之相當之規定。

第七條　嗣後發生之事件及其準據法

決定準據法之要件，嗣後發生變更者，不影響於已完成之事實。

第八條　方式

法律行爲之方式，依該行爲所應適用之法律，但依該行爲作成地國
所定之方式者，亦爲有效。

第九條　自然人之身分法

1.自然人之身分法，爲該自然人之本國法，如除具外國公民資格
外，兼具奧國公民資格者，認爲是奧國公民；具有多數公民資格
之人，其公民資格，以具有最重要牽連關係國定之。

2.無國籍或國籍無法確定者，以其習慣居所地法爲其身分法。

3.於對奧國有效之國際條約之意義下之難民或因相當嚴重之理由致
與其本國關係斷絕者，以其住所地法爲身分法，無住所地時，以
習慣居所地法爲其身分法。又依該等法律指示適用其本國法時，
不適用之。

第十條　法人之身分法

法人或其他得行使權利負擔義務之人的或財產的團體之身分法，爲
其主事務所所在地國法。

第十一條 契約選擇法律

1. 當事人以契約所選擇之法律，於有疑義時，應認爲不包括其準據法之衝突規則。

2. 訴訟繫屬中，單純默示之契約選擇法律，不被承認。

3. 第三人之法律地位，不因嗣後之契約選擇法律而遭受損害。

第二章 人 法

第十二條 權利能力及行爲能力

人之權利能力及行爲能力，依其本人之身分法。

第十三條 姓名

1. 人之姓名之使用，不論其取得姓名之基礎如何，皆依其本人之身分法。

2. 姓名之保護，依侵害行爲發生地國之法律。

第十四條 死亡宣告及其程序中之舉證

死亡宣告或死亡證明程序之要件、效力、撤銷，依失蹤人最後知悉之身分法。

第十五條 禁治產之宣告

禁治產宣告之要件、效力及撤銷，依禁治產人之身分法。

第三章 親屬法

A.婚姻法

第十六條 結婚之方式

1. 內國領域內所爲婚姻之方式，依內國法之規定。

2. 於外國舉行之婚姻，其方式依各該當事人之身分法，但依婚姻舉行地法所定之方式者，亦爲有效。

第十七條　婚姻之實質要件

1. 結婚之實質要件、結婚之無效及撤銷，依各該當事人之身分法。

2. 依於奧國法域內有效之裁判，結婚係無效，被撤銷或被宣告爲不存在者，其新的婚姻即不被禁止。且該新的婚姻不得單因上開裁判未依結婚當事人一方或雙方之身分法加以承認之理由而宣告爲無效。死亡宣告及其程序之證明，於此準用之。

第十八條　結婚之身分上效力

1. 結婚之身分上效力：
   (a) 依夫妻共同之身分法，無共同身分法者，依最後雙方之共同身分法，但以一方有保留者爲限。
   (b) 否則，依夫妻共同之習慣居所地國法，無共同習慣居所地者，依雙方之最後居所地國法，但以一方有保留者爲限。

2. 依前項法律之規定，結婚係屬無效，而依奧國法則屬有效者，其結婚之身分上效力，依奧國法，但夫妻雙方與第三國有更重要之牽連，而依該法律，結婚亦爲有效者，則適用該第三國之法律。

第十九條　夫妻財產制

夫妻財產制，依雙方當事人明示選擇之法律，未爲此種選擇時，依結婚時規範其結婚之身分上效力之法律。

第二十條　離　婚

1. 離婚之要件及效力，依離婚時規範其婚姻身分上效力之法律。

2. 就當事人主張之事實，依據前項所定之準據法，婚姻不能解消，或並無本法第十八條之連結因素存在者，其離婚，依原告請求離婚時之身分法。

B. 父母子女之法律

第二十一條　婚生子女

子女婚生之要件及其否認，依子女出生時，父母之身分法，如婚姻之解消先於出生者，依解消時父母之身分法。父母之身分法不同者，適用較能使子女婚生之法律。

第二十二條　認　領

非婚生子女因生父母之嗣後結婚而準正之要件，依父母之身分法，父母之身分法不同者，適用有利於準正之父或母一方之法律。

第二十三條

非婚生子女因認領之宣告而認領之要件，依父之身分法，於父死亡後，始爲認領之請求者，依父死亡時之身分法，但依子女之身分法，規定應得子女或與子女有法定親屬關係之第三人之同意者，該法律於此範圍內亦應加以適用。

第二十四條　婚生子女及認領之效力

婚生子女及認領之效力，依子女之身分法。

第二十五條　非婚生子女及其效力

1. 非婚生子女之父子關係之確定及承認之要件，依非婚生子女出生時之身分法，但不依非婚生子女出生時之身分法，而依嗣後之身分法，其父子關係得以確定及承認者，依嗣後之身分法。適用於非婚生子女父子關係之確定及承認之法律，亦適用於非婚生子女父子關係之否認。

2. 非婚生子女之效力，依子女之身分法。

3. 母對於非婚生子女之父因懷孕及分娩所生之請求權，依母之身分法。

第二十六條　收　養

1.收養及收養關係終止之要件，依各該收養人之身分法。依被收養
　者之身分法規定需要其本人或與其有法定親屬關係之第三人之同
　意者，該法律於此範圍內亦應加以適用。

2.收養之效力，依收養人之身分法。由夫妻共同收養者，依規範結
　婚之身分上效力之法律。

第二十七條　監護及保佐

1.監護或保佐之成立及終止之要件以及其效力，依受監護人之身分
　法。

2.關於監護或保佐之其他爭議，如所涉及者僅係監督時，依監督監
　護或保佐之主管機關所屬國之法律。

第四章　繼承法

第二十八條　因死亡而繼承

1.因死亡而生之繼承，依被繼承人死亡時之身分法。

2.遺囑認證之程序在奧國進行者，則繼承權之取得及遺產之責任或
　債務，依奧國法。

第二十九條

依前條第一項所定之法律，遺產爲無人繼承或將歸屬於爲法定繼承
人之領域內之政府機關者，依被繼承人死亡時財產所在地法。

第三十條　死因行爲之效力

1.遺囑能力及其他死因行爲、繼承契約、或拋棄繼承契約等生效之
　要件，依行爲時之身分法。如依該等法律無效，而依被繼承人死
　亡時之法律爲有效者，依被繼承人死亡時之法律。

2.上開法律行爲之廢棄或撤銷，準用前項之規定。

第五章　財產法

第三十一條　通則

1. 有體物財產權之得喪、占有，依其得喪原因事實完成時物之所在地國法。

2. 有體物之法定分類及前項規定權利之內容，依物之所在地法。

第三十二條　與其他國際私法之關係

不動產財產權，依前條規定定其應適用之法律，卽使該權利屬於其他國家國際私法之適用範圍時亦同。

第三十三條　交通工具

1. 業經登記之船舶或航空器之財產權，依登記國法，但本條第二項有特別規定者，依其規定。又鐵道交通工具，依使用交通工具之鐵道公司主營業所所在地國法。

2. 因制定法或法律強制而生之擔保或用以保證因交通工具而生之損害賠償請求權或費用之法定留置權，依第三十一條之規定，定其應適用之法律。

第六章　無體財產權

第三十四條

1. 無體財產權之發生、範圍及消滅，依使用行為或侵害發生地國法。

2. 無體財產權係因受僱人於僱傭關係範圍內之行為而產生者，關於僱用人與受僱人間之關係，依規範僱傭關係之衝突規則（第四十四條），定其應適用之法律。

第七章　債務法

第三十五條　通　　則

　　1.債之關係，依雙方當事人明示或默示所選擇之法律（第十一條）。

　　　依具體情況足認當事人有依某特定法律之意思者，視爲默示之選擇。

　　2.當事人未爲法律之選擇或其選擇依本法爲無效者，依第三十六條至第四十九條之規定。

第三十六條

　　以使一方負擔金錢債務爲主要之雙務契約，依他方當事人之習慣居所地國法，如該他方當事人係以業主身分締結契約者，依與履行契約有關之主事務所所在地法。

第三十七條

　　單務契約及產生單方債務之法律行爲，依債務人之習慣居所地法（其主事務所所在地，第三十六條後段）。

第三十八條　銀行交易及保險契約

　　1.銀行交易，依銀行之主事務所所在地國法（第三十六條後段）。

　　　銀行間之銀行交易，依發起交易行爲之銀行之主事務所所在地國法。

　　2.保險契約，依保險公司之主事務所所在地國法（第三十六條後段）。

第三十九條　證券交易及類似契約

　　證券交易行爲或在市場或展示會締結之契約，依證券交易、市場所在或展示會所在地國法。

第四十條　拍　　賣

拍賣，依拍賣地國法。

第四十一條　消費者契約

1. 一方當事人習慣居所地國法對消費者有特別私法上之保護，而契約係由於企業主或其受僱人在該國活動之結果所作成，且彼等原有意作成該契約時，適用該當事人習慣居所地國法。

2. 在前項法律之強制規定範圍內，如當事人合意選擇之法律有害於消費者，不適用之。

第四十二條　關於使用不動產之契約

1. 關於使用不動產或其附屬建物之契約，依該財產之所在地國法。

2. 在前項法律關於租賃契約強制規定之範圍內，如當事人合意選擇之法律有害於承租人者，不適用之。

第四十三條　關於無體財產權之契約

1. 關於無體財產權之契約，依該權利讓與或授與國之法律，如該契約與數個國家有關者，依取得人（獲得許可之人）之習慣居所地國法（主事務所所在地，第三十六條後段）。

2. 關於無體財產權之契約，如該權利係由於受僱人於僱傭契約範圍內之行為發生者，依規範僱傭契約之國際私法（第四十四條）。

第四十四條　僱傭契約

1. 僱傭契約，依受僱人經常工作地國法，如該受僱人被送至其他國家工作者，仍然適用該法律之規定。

2. 受僱人經常工作地涉及一個以上國家或無經常工作地者，依僱用人之習慣居所地國法（主事務所所在地，第三十六條後段）。

3. 契約選擇法律，僅於明示時有效。在前二項所指示法律之強制

規定之範圍內，契約明示所選擇之法律，有害於受僱人者，不適
用之。

第四十五條　派生之法律行爲

因現存債務而生之法律行爲之效果，依規範該債務之實體規則。本
規定尤其適用於就債務提供擔保或變更債務之法律行爲。第三十八
條第一項，不受本條規定之影響。

第四十六條　不當得利

不當得利之請求權，依不當得利之事實發生地法，但不當得利係在
履行法律義務或關係過程中發生者，依規範該法律義務或關係之實
體規則。爲他人支出之費用償還請求權準用之。

第四十七條　無因管理

無因管理，依實施管理行爲地國法，但其與其他法律義務或關係有
密切之牽連者，準用第四十五條之規定。

第四十八條　非契約的損害賠償

1. 非契約的損害賠償請求，依造成損害之行爲發生地國法，但
   所涉及之人與其他國家有更重要之牽連者，依該其他國家之法
   律。

2. 因不正競爭而生之損害賠償或其他請求權，依受競爭影響之市場
   所在地國法。

第四十九條　意定代理

1. 關於本人及代理人與第三人之關係之意定代理之要件及效力，依
   本人以第三人可認知之方法所指定之法律。

2. 本人未爲準據法之指定者，依第三人可認知之本人意思所指之代
   理行爲地國法。如代理人被授權爲數個行爲時，依第三人可認知
   之本人意思所指之經常代理行爲地國法。

3. 依前項規定， 仍不能確定適當之準據法時， 依代理行爲地國法。

九、匈牙利人民共和國國際私法

（一九七九年）

第一章　總　則

第一條　法之目的及適用

本法之目的在藉解決下述問題以促進國際和平關係之提昇

——當一外國之人、財產或法律（以下簡稱涉外成分）影響民事、家庭或勞工關係，許多國家法律可予適用時，究應適用何一國家之法律；

——在一含有涉外成分之法律爭執中，究應遵循何國管轄及程序之規則。

第二條

本法之規定對有國際條約規範之問題不適用之。

第三條　法律定性

1. 在法律案件中，如事實或法律關係之定性有爭議時，爲決定應適用法律之目的，匈牙利法律之規則及概念應被遵守。

2. 如匈牙利法律不具有某些法律規定，或匈牙利法律係以不同之方式或名義承認該法律規定，以及其不能藉單獨解釋匈牙利法律予以定義時，則規範該法律規定之適當之外國法規則在法律定性時，應予以考慮。

第四條　反　致

本法指定適用外國法時，其指定係指向外國法之實體規則（直接規範、實體法）。但如該外國法就該特殊問題，指定適用匈牙利法時，

適用匈牙利法。

第五條　外國法內容之決定

　　1.法院或其他機關應依職權調查所不知之外國法，同時如果需要，其應藉助專家證詞，並得考慮由當事人提出之外國法之證明。

　　2.司法部部長於法院或其他機關爲請求時，應提供有關外國法之資料。

　　3.如外國法之內容不能證明時，適用匈牙利之法律。

第六條　相互原則

　　1.除法律另有規定外，外國法之適用不依賴相互原則。

　　2.如一法律條文規定必須有相互原則方適用外國法時，除相反情形能夠證明外，相互原則應予推定存在。如法律規定相互原則之證明時，司法部部長應提供法院或其他機關就相互原則之存在具有拘束力之聲明。

第七條　外國法適用之捨棄

　　1.外國法之適用如違背匈牙利公共政策時，不適用之。

　　2.不能僅基於外國與匈牙利社會經濟制度差異之唯一理由而不適用外國法。

　　3.不適用外國法時，應適用匈牙利法。

第八條

　　1.涉外成分係由當事人虛擬地或詐欺地設定時，不適用該外國法。

　　2.在詐欺之情形，原應適用之法律應予適用。

第九條

　　當事人得藉合意請求原應適用之法律不適用而適用匈牙利法，或於

合意選擇法律之情形，適用該選擇之法律。

第三章　人

第十條　個人做為法律主體

1. 人之權利能力、行為能力、個人身分及權利依其屬人法。

2. 因侵害個人權利而生之請求依侵害時與地之法律；然如匈牙利法對受害者提供較優之賠償，請求依匈牙利法裁判。

第十一條

1. 個人之國籍決定其屬人法，國籍之變更不影響前一國籍所建立之前此個人身分、權利及義務。

2. 如個人有多數國籍，其中有匈牙利國籍時，其屬人法為匈牙利法。

3. 就有多數國籍之個人言，其中不包括匈牙利國籍，以及無國籍人，其住所地法決定屬人法。就有多數外國住所之個人言，與其有密切關係地之法律應予適用。

4. 如個人之屬人法不能依上述條款決定，以及其無住所，個人之屬人法由其習慣居所地決定之。如習慣居所地之一在匈牙利，適用匈牙利法。

第十二條

1. 住所係指個人永久居住之地，或個人意欲永久居住之地。

2. 習慣居所係指個人居住一段時間之地，而無意永久居住。

第十三條

在匈牙利受到庇護之個人之身分依匈牙利法；本條不影響基於其以前之身分所產生之權利與義務。

第十四條

1. 私人從事經濟活動、生產、銷售之條件依核發該種經濟活動許可地國之法律。

2. 如經濟活動之許可不必要或許可係在數國核發，則商業總部所在地國法決定私人從事經濟活動之經濟條件。

第十五條

1. 除法律另有規定外，外國人及無國籍人之權利能力、行為能力、個人權利、財產權以及義務，依規範匈牙利居民相同之法律。

2. 外國人依其屬人法有限制行為能力或無能力，如依匈牙利法有能力時，則就為獲得每日必需品之目的，在匈牙利所完成之財產交易行為，視為有行為能力。

3. 外國人依其屬人法無行為能力或僅有限制行為能力，但如適用匈牙利法則有行為能力時，就其他財產法之交易，如其法律效果在匈牙利發生時，視為有行為能力。

第十六條

1. 失蹤人最後已知之屬人法決定死亡宣告、死亡證明以及失蹤。

2. 如為代表內國之法律利益，匈牙利法院應宣告非匈牙利人死亡或失蹤或決定某人之死亡證明時，依匈牙利法。

第十七條　國家作為法律主體

1. 在本法之規定下，匈牙利政府之法律關係，除下列情形外，應受其自己法律之規範:

   (a) 政府明示同意外國法之適用; 或

   (b) 法律關係涉及到政府享有或即將取得之外國不動產; 或

   (c) 法律關係涉及參與之外國經濟組織。

(2)前項之規定在相互原則下，得適用於外國政府。

第十八條 法 人

1. 法人之權利能力、經濟資格、個人之權利及會員關係依其屬人法。

2. 法人之屬人法為法人註冊登記地國法。

3. 如法人依數個國家之法律註冊，或依其主事務所所在地之法律，註冊並非必需時，其屬人法為章程所指定主事務所所在地之法律。

4. 如法人依章程無主事務所，或有數個主事務所，而未依任一法律註冊時，其屬人法為管理中心所在地法。

5. 法人分別註冊之分公司或工廠之屬人法，為分公司或工廠之註冊地國法。

第三章　智慧財產法

第十九條 著作權

著作權依請求保護地國法。

第二十條 工業財產權

1. 發明人或其利益繼承人保護之准許，依專利權核發地國法或專利權聲請地國法。

2. 前項應適用之法律，也應合理地適用於對其他工業財產權（工業設計、商標等）之保護。

第四章　所有權及其他物權

第二十一條

1. 除本法另有規定外，物之所在地法適用於所有權及其他物權，同

時也適用於抵押權及占有。

2.物之所在地法係指法律上關聯事件發生時物所在領域之法律。

第二十二條

1.動產之取得時效，依取得時效完成時，物所在領域之法律。

2.物之所在地單獨地變更不中斷取得時效。

第二十三條

1.關於登記之船舶及航空器之財產權之發生、維修及消滅，依船舶或航空器所使用之旗幟國或標記國法。

2.關於運送中動產物權，依目的地國法。此類物之強制買賣、倉儲及抵押所引起之物權法效果，依物之所在地法。

3.旅客隨身攜帶供其個人用途之物品之物權，依其屬人法。

4.如全部商業資產移轉給法律繼承人，除關於不動產物權法律變更外，依法律上讓與人之屬人法。

5.如物之所有權因法院之裁定或執行而移轉，則財產權之法律取得依裁定法院地法或強制執行地國法。

第五章　債　　法

第二十四條　契　　約

契約依訂約時或嗣後當事人合意選擇之法律。未合意選擇法律時，就特殊型態之契約準據法言，依本章第二十五條至第二十九條之規定。

第二十五條

契約之準據法依訂約時下列當事人之住所地、習慣居所地或商業總部或工廠地法：

(a) 買賣契約之出賣人，

(b) 租賃或用益租賃契約之出租人，

(c) 使用及利用有版權作品之契約之被許可人，

(d) 使用及利用專利及其他工業財產權契約之授權人，

(e) 倉儲契約之倉儲營業人，

(f) 委任契約之受任人，

(g) 寄託契約之受寄人，

(h) 商業代理契約之代理人，

(i) 旅客運送或運輸契約之運送人或船東，

(j) 銀行及信用交易之銀行，

(k) 保險契約之保險人，

(l) 金錢借貸契約及使用借貸契約之貸與人，

(m) 贈與與契約之贈與人。

第二十六條

1. 不動產契約依不動產所在地法。關於已登記之船舶或航空器之契約，依其所使用之旗幟或其他標記國法。

2. 僱用契約（設計、裝置、僱工等）依在該契約下承擔之活動或計劃之結果預期完成地國法。

3. 扶養及終身年金契約依扶養或年金提供地國法。

第二十七條

1. 經由證券交易、競標或拍賣所訂定之契約，依證券交易、競標、或拍賣舉行地國法。

2. 公司契約依公司營業地國法。成立法人之公司契約依其屬人法。

第二十八條

1. 基於涉及證券之契約所發生之債，其存在及範圍依履行地國

法。

2.因發行公債債券所涉及契約上權利義務之發生、移轉、終止及效果，依發行者之屬人法。

3.如證券保證商品之處分，本法有關物權法關係之條款應適用於該物權法之效果。

4.涉及會員權之證券，其權利義務之發生、移轉、終止及效果，依法人之屬人法。

第二十九條

如依本法第二十四條至第二十八條有關規定，準據法無從決定時，依最能表現履行特質之義務人住所地、習慣居所地或總部所在地法。如準據法不能依上述方法決定時，則應考慮適用與該特殊契約關係之重要因素有最密切牽連地之法律。

第三十條

1.除當事人另有約定或本法另有規定外，契約之準據法適用於義務關係之所有要素，特別是契約之締結、形式要件、義務效果以及任何擔保協議（抵押、保證等）、關於契約之任何反訴抵銷、任何讓與或授權。

2.除當事人另有約定外，債權人檢查權利或義務之存在、檢查之方式、有關異議之除斥期間以及這些因素之法律效果，依目的地或交付地法。

3.如契約因形式之要件，依以上條款（第二十四條至第二十九條）所決定之準據法為無效時，法院應考慮契約為有效，但必須依法庭地法或訂約地法或意欲法律效果發生地法為有效。

4.關於應適用之時效法律，依規範該請求權之法律。

第三十一條

除本法另有規定外，關於契約之準據法應適當地適用於一方行爲。

第三十二條　非契約之損害賠償

1. 除本法另有規定外，在契約關係外所致之損害賠償責任，依侵權行爲或不作爲時與地之法律。
2. 如對受害人有利，則適用損害結果發生地法。
3. 如加害人與受害人住所地相同時，適用共同住所地國法。
4. 如依規範侵權行爲或不作爲之法律，賠償之責任係以發現可責性爲條件，可責性之存在可依加害人之屬人法或加害地決定。

第三十三條

1. 侵權行爲地法決定侵權行爲是否因違反交通或其他安全法規所造成。
2. 如侵權行爲或不作爲發生於一註册之船舶或航空器上，損害之發生及結果依該法律上加害時，船舶及航空器在何國旗幟或標記下操作國之法律，如侵害係在該國國家管轄領域外發生者。

第三十四條

1. 行爲依匈牙利法非不法者，匈牙利法院不認其爲侵權行爲。
2. 匈牙利法院不決定侵權損害產生之法律效果爲匈牙利法所未規定者。

第三十五條

不當得利及其法律效果依利得發生地國法。

第六章　繼承法

第三十六條

1. 關於繼承法，法律關係依遺囑人死亡時之屬人法，此一法律也決定所期待之繼承之取得及處分。

2.遺囑依遺囑人死亡時之屬人法。遺囑或其撤銷依匈牙利法或下述法律有效時，則形式上爲有效：

(a) 簽名或撤銷時與地有效之法律；或

(b) 遺囑簽名時或撤銷時或遺囑人死亡時遺囑人之屬人法，或

(c) 遺囑簽名時或撤銷時或遺囑人死亡時其住所地或習慣居所地有效之法律，或

(d) 以遺囑處分不動產之情形，該不動產所在地之法律。

第七章　親屬法

第三十七條　婚姻及其效力

1.婚姻之實質要件依結婚時當事人之共同屬人法。如結婚時當事人屬人法不同時，於符合雙方當事人之實質要件時，婚姻爲有效。

2.婚姻之形式要件依婚姻舉行時與地之法律。

3.如婚姻之兩造當事人爲匈牙利人，其得在匈牙利外交使館前結婚，但必須部長會議曾授權外交使館行使此一權限。此種婚姻視爲在匈牙利舉行。

4.婚姻及其效力之條款適用於確認婚姻存在及無效之決定。

第三十八條

1.如一非匈牙利人希望在匈牙利結婚，他或她必須證明依其屬人法婚姻爲有效。司法部部長於有正當理由之案件，得免除一造當事人證明婚姻有效之義務。

2.如婚姻依匈牙利法有不可避免之障礙時，婚姻不得在匈牙利舉行。

3.如居住在匈牙利之匈牙利人或無國籍人意欲在外國舉行婚姻，

則首都之行政機關、郡議會或市議會應證明依匈牙利法無婚姻障礙之存在。

4. 有住所於外國之匈牙利人，其證明由匈牙利外交使館出具之。

第三十九條　配偶身分及財產之關係

1. 訴訟時配偶共同之屬人法決定身分及財產之關係 —— 包括婚姻姓氏之使用及扶養，以及婚姻財產制。

2. 如配偶於訴訟時屬人法不同時，適用其最後之共同屬人法，惟如無共同屬人法，依最後之共同住所地法。

3. 如配偶無共同住所地，依法庭地或其他機關所在地之法律。

4. 配偶屬人法之變更，不影響姓氏之使用，以及依前法有效建立之財產效果包括扶養及夫妻財產制。

第四十條　婚姻之解消

1. 離婚之要件依起訴時配偶之屬人法。

2. 如起訴時配偶之屬人法不同時，依最後之共同屬人法，如無共同之屬人法，於一造為匈牙利人時，依匈牙利法；於其他情形，依配偶之最後共同住所地法。

3. 如配偶無共同住所地，依法庭地或其他機關所在地法。

第四十一條

規範婚姻解消之外國法適用時有下述之例外：

(a) 雖該外國法不准婚姻之解消或依該外國法不合解消之要件，但符合匈牙利法解消之要件時，婚姻得予解消；

(b) 依該外國法案件中離婚之絕對要件即使具備，仍應決定婚姻關係是否已破損至無挽回希望之地步；

(c) 婚姻之解消不能基於過失。

第四十二條　親子關係

1. 子女出生時之屬人法決定父子或母子關係，以及涉及否認時父子關係之推定。

2. 父系之認領子女，依認領時子女之屬人法；認領尚未出生之子女，依認領時母之屬人法。

3. 認領如形式上符合匈牙利法或認領時與地有效之法律，卽不能因形式之理由而被認定為無效。

第四十三條　收　養

1. 收養之要件依收養時收養者及被收養者雙方之本國法。

2. 匈牙利人只有在取得匈牙利公共監護署之許可時，才能收養非匈牙利人。

3. 非匈牙利人只有在取得匈牙利公共監護署之同意時，才能收養匈牙利人。

4. 公共監護署只能於收養符合匈牙利法律所定之要件時，才能許可或同意之。

第四十四條

1. 收養及收養終止之法律效果，依收養或終止時收養者之屬人法。'

2. 收養或收養終止時，如養父母之屬人法不相同時，收養或終止之法律效果依下列法律定之：

   (a) 配偶之最後共同屬人法，或無時；

   (b) 收養或終止收養時，配偶之共同住所地國法，或無時；

   (c) 法庭地或其他機關所在地法律。

第四十五條　父母與子女之法律關係

1. 父母與子女之親屬法關係，特別是子女之姓氏、管教、監護、法定代理、扶養及子女財產之管理，依子女之屬人法，但對父母之

扶養不在此限。

2.在不決定父子關係下，本條款當然適用於子女之扶養義務。

第四十六條　*關係適用對子女更有利之法律*

決定子女與父母親屬法身分或關係時，於子女爲匈牙利人或永久居留者之情形，如匈牙利法對子女更爲有利時依匈牙利法。

第四十七條　*親屬之扶養*

受扶養者之屬人法決定其他親屬扶養義務之條件、範圍及方法。

第四十八條　*監　護*

1.監護之開始及終止之條件，依受監護人之屬人法。

2.監護人行使監護義務之範圍，依監護人之屬人法。

3.監護人與受監護人之法律關係，包括監護人對財產管理及報告之義務，依任命監護人機關所屬國之法律；但如受監護人在匈牙利居住，於匈牙利法對受監護人更有利時，依匈牙利法。

第四十九條　*保　佐*

1.關於監護之條款同樣也適用於保佐。

2.對不能管理自己事務之人或在暫時保佐下之人之代理，依指定保佐人機關所屬國之法律。

第五十條　*暫時命令*

對於在匈牙利居住之非匈牙利人所爲之安頓、扶養及照顧之暫時命令依匈牙利法。

第八章　勞工法

第五十一條

1.除法律另有規定外，僱傭關係依勞務履行地國法。

2.因任命或選舉產生之僱傭關係，依任命機關或選舉團體之屬人

法。

3. 如僱傭人為一外國政府、外國之機關、或行政機構，以及駐節在匈牙利之外交代表或不受匈牙利管轄之外國人，且契約當事人之屬人法相同時，僱傭關係依該法律。

第五十二條

1. 依僱傭契約之規定，如勞務須在數個國家領域履行時，僱傭關係依僱用人之屬人法。

2. 若受僱人被指定或依長期國外服務合同，在國外提供勞務，而僱用人為匈牙利人時，僱傭關係依匈牙利法。

3. 對在空中或水上運輸工具上服勞務之受僱人，僱傭關係依運輸工具運作時所使用之旗幟或標記國之法律；運送人之屬人法規範其他運送業受僱人之僱傭關係。

第五十三條

僱傭契約之效力，其實質及形式之要件，無效僱傭契約之效果，以及僱傭關係之內容及終止，依規範該僱傭關係之法律。

第九章 管 轄

第五十四條

凡本法未排除匈牙利法院或其他機關管轄權之每一個案件，匈牙利法院或其他機關對之即有管轄權。

第五十五條 排他管轄權

匈牙利法院或其他機關能行使排他管轄權：

(a) 除外國法院或其他機關之裁判，依本法就此類案件應予承認者外，涉及匈牙利人個人身分地位之程序；

(b) 涉及匈牙利不動產之程序；

(c) 涉及匈牙利遺囑人所爲匈牙利財產之認證程序；

(d) 涉及以匈牙利政府、政府之機關或行政官署爲被告之程序；

(e) 涉及以在外國作爲外交代表之匈牙利人或對符合國際條約或相互原則而享有管轄豁免且不得對之在外國提起訴訟者爲被告之程序；

(f) 涉及取消在匈牙利發行之證券或證書之程序；

(g) 涉及授與、終止或延長匈牙利工業財產權保護之程序。

第五十六條　不能行使之管轄權

除本法另有規定外，匈牙利法院或其他機關不能行使管轄權：

(a) 涉及以外國政府、外國政府機關或外國行政官署爲被告之程序；

(b) 涉及以在匈牙利作爲外交代表之外國人或對符合國際條約或相互原則而享有管轄豁免且不得對之提起訴訟者爲被告之程序；

(c) 涉及授與、終止、或延長外國工業財產權之程序；

(d) 依特別法匈牙利法院或其他機關不能行使管轄權之案件。

第五十七條

1. 匈牙利法院或其他機關能以外國政府、外國政府機關、或外國政府之行政官署，以及外國人在匈牙利作爲外交代表者或享有管轄豁免者爲被告進行程序，但以外國政府明示放棄豁免權時爲限。

2. 就放棄豁免權之案件，匈牙利法院或其他機關對基於同一法律關係所生之反訴亦有管轄權。

3. 就此類程序中對外國被告所爲之判決，只有在外國政府明示放棄執行之豁免時，方能執行。

第五十八條

1. 匈牙利法院就非匈牙利人間有關個人身分之訴訟亦有管轄權，

如當事人中之一人於匈牙利有住所。但關於保佐之訴訟不在此限。

2. 如基於內國法律利益有此必要時，匈牙利法院對屬人法非為匈牙利者，也能為死亡或失蹤之宣告或建立死亡之事實。

第五十九條

1. 匈牙利法院有權將居住於匈牙利之非匈牙利人置於保佐下或終止其保佐；匈牙利監護署能為其指定保佐人或解任之。

2. 如在監護或保佐下之非匈牙利人，有住所或習慣居所在匈牙利，則匈牙利監護署為其安頓、扶養、與照顧之利益，得採取必要之措施。

第六十條

1. 對不能處理自己事務之非匈牙利人，匈牙利監護署得為其設置法定代理人或臨時保佐人。

2. 匈牙利監護署對居住於匈牙利之非匈牙利人，得基於對其安頓、扶養或照顧之利益，而採取緊急措施。

第六十一條

法院及監護署就已採取之措施，應不得延誤即通知該受影響者之主管外國機關，除採措施之機關另有不同命令外，已採之措施繼續有效。

第六十二條　合意管轄

1. 當事人得就因國際經濟契約所生之法律爭執，以書面合意由外國或內國法院或仲裁法庭管轄之。

2. 如為排他管轄之合意，其他法院或仲裁法庭不得進行訴訟程序。

第十章　程序法條款

第六十三條　通　則

除本法另有規定外，匈牙利法律規範匈牙利法院或其他機關之程序。

第六十四條

1. 當事人之當事人能力及訴訟能力依其屬人法。

2. 非匈牙利人依其屬人法有限制行爲能力或無行爲能力，如依匈牙利法有能力時，則於匈牙利法院或其他機關之程序中，視爲有訴訟能力。

3. 本條不影響對無行爲能力人或限制行爲能力人，由依其屬人法有資格之法定代理人之代理。

第六十五條

匈牙利法院或他機關應停止訴訟程序或法院應拒絕受理訴訟，如兩造當事人就相同事實及法律主張之訴訟正在外國法院或其他機關進行，且其判決能依本法於匈牙利予以承認與執行。

第六十六條

司法部部長應提供有關匈牙利法律及其實務上適用之證明，給在外國法律程序中有需要之人。

第六十七條　國際司法協助及請求函

1. 需要司法協助時，匈牙利法院應經由司法部部長與外國法院或其他機關聯繫；其他機關應透過其主管部長，經由外交部長與外國法院或其他機關聯繫。

2. 司法協助之給予依匈牙利法律進行；但請求機關之聲請所依據之外國程序規則，如不違背匈牙利公共政策時，亦得適用之。

第六十八條

1. 匈牙利法院或其他機關在外國法院或其他機關之請求下，基於國
   際條約或相互原則應給予司法協助。

2. 司法部部長就相互原則之存在，應提供有拘束法院及其他機關之
   聲明。

3. 司法部部長與外交部部長及案件 主題事 項之主管部 部長協商 決
   定，就無相互原則存在之司法協助之請求，是否予以同意。

4. 司法協助如予以履行，將違背匈牙利公共政策時，應予拒絕。

第六十九條

爲外國程序上之目的，在法院外之宣誓或保證，得在匈牙利公證人
前爲之；公證人就此應出具書面證明。

第十一章　外國判決之承認與執行

第七十條

1. 除本法另有規定外，外國法院或其他機關之裁判應予承認，如匈
   牙利法院或其他機關就此案件無專屬管轄權。

2. 外國法院或其他機關之裁判，係屬於匈牙利法院或其他機關有專
   屬管轄權之案件，僅於本法所指定之案件，得承認之。

第七十一條

下列判決應予承認：

(a) 住所在外國之 —— 匈牙利人之離婚案件；

(b) 住所在外國之 —— 匈牙利人之設置或終止保佐關係之案件；

(c) 外國法院或其他機關就許可 、 同意或終止收養匈牙利人 之 案
　　件；但收養者須爲外國人，且收養曾獲匈牙利監護署之同意。

第七十二條

1. 外國法院或其他機關之裁判，　係以匈牙利政府、　政府之機關或
   行政官署以及擔任外交代表享有管轄豁免之匈牙利人爲原告或被
   告之外國程序中作成者，　應予承認，　惟必須匈牙利政府明示放
   棄豁免權，　或外國法院係根據國際條約或相互原則所進行之程
   序。

2. 外國法院或其他機關之裁判，若係根據由相同法律關係所發生之
   反訴所作成者，　若就該相同法律關係所作成之裁判爲可予承認
   時，則對前者也應予以承認。

3. 在此類程序中作成之裁判，只有於匈牙利政府明示放棄執行豁免
   時，始得予以執行。

第七十三條

卽使上述條款所規定之要件存在時，外國裁判仍不能承認，如

(a) 對其承認將違背匈牙利公共政策時;

(b) 對被告所作成之裁判，　其所受外國法院或其他機關管轄之原
   因，依該外國之法律，對其本國人民不適用之;

(c) 對被告作成之裁判，由於程序之不規則致其未親自或經由代理
   人參與訴訟，或由於其未於匈牙利住所（商業總部）收到送達
   之通知，或該通知未於訴訟地交付被告之代理人;

(d) 匈牙利法院或其他機關就基於同一事實及法律基礎之案件，在
   前已作成確定終局裁判;

(e) 相同當事人間，基於相同事實基礎及相同法律，在外國程序開
   始前，已在匈牙利法院或其他機關進行訴訟。

第七十四條

1. 外國法院或其他機關有關財產權請求以及安頓子女之確定裁判，
   如有國際條約或相互原則時，得予執行。

2.外國法院或其他機關之裁判，即使有相互原則時也不得執行，如依本法不能予以承認時。司法部部長應就相互原則之存在，提供可拘束法院或其他機關之聲明。

3.此等條款也適用於外國仲裁判斷之執行。

第七十五條　最後條款

1.本法於一九七九年七月一日起生效。

2.本法之規定適用於在本法生效前所發生之有關法律關係之法律爭執，且尚未作成確定裁判者。法院或其他機關對應適用之法律或程序之管轄權，就正進行之訴訟，不能基於本法而變更。

3.依照第七十一條所作成之裁判，應予承認，即使其係在本法生效前作成者，亦然，但如匈利牙法院或其他機關，就該案件已作成裁判者不在此限。

4.在本法發生效力時，下列法律即失效力：

(a) 一九七六年第十六號法律第三十四條，一九五二年民事程序(三)第二〇〇條，經一九七四年婚姻、家庭及監護法(一)修正之一九五二年第四號法律第五、第六條及第四十七條(三)，一九五二年第二十二號法律第十四至十六條，一九五二年第二十三號法律第十五至第二十條、第四十二條及第四十四至第四十五條，第一九五五年司法執行第二十一號法律第二〇九條，以及一九五八年司法部關於證據程序之命令第二十九條。

(b) 一九六七年勞工法典第二號法律第六條由以下條款取代之：勞工法典第六條 (1)，本法之效果應擴張至所有以在匈牙利提供勞務為基礎之僱傭關係。

十、土耳其國際私法

規範國際私法及程序之法律第二六七五號法律西元一九八二年制定公布

第一編　國際私法

第一節　通　則

第一條　內　容

　　本法規範含有涉外因素之法律行為及私法關係之選法規則與土耳其法院之國際管轄權，以及外國判決及判斷之承認與執行。

　　土耳其共和國所參加之國際公約不受本法之影響。

第二條　外國法之適用

　　法官依職權適用土耳其之選法規則及依該規則所應適用之外國法。

　　法官得請求當事人協助調查應適用外國法之內容。

　　當應適用於個別案件之相關外國法律，雖經盡力仍無從證明時，土耳其之法律應予適用。

　　當應適用之外國選法規則指定適用其他法律時，適用該其他法律之實體規則。

第三條　可變之牴觸規則

　　當應適用之法律須依國籍、住所或習慣居所之原則予以決定時，除有相反規定外，以行為發生時之國籍、住所或習慣居所為準。

第四條　依國籍決定之準據法

　　依本法應適用之法律須依國籍之原則決定時，除本法有相反規定外，適用下述之法律：

　　（a）無國籍人住所地法，如無住所，習慣居所地法，如也無習慣居

所時，適用訴訟開始時該人之所在地法。

(b) 土耳其法，當一人具有二以上之國籍，其中包括土耳其國籍
時。

(c) 當一人具有二以上之國籍，而無土耳其國籍時，適用關係最密
切國之法律。

第五條 公共秩序

當應適用於個別案件之外國法律條款明顯違背土耳其之公共秩序
時，不適用之；如認定爲必要，適用土耳其法律。

第六條 法律行爲之方式

法律行爲得依締約地法律或依規範該法律行爲實質要件法律所規定
之方式要件締結之。

第七條 消滅時效

消滅時效依適用於該法律行爲與（或）法律關係之法律決定之。

第二節 牴觸法規則

第八條 能 力

人之權利能力及行爲能力依其本國法。

外國人依其本國法無能力，而依土耳其法有能力時，就其在土耳其
所爲之法律行爲有效。本項規定不適用於親屬法和繼承法以及就外
國不動產所爲產生權利之法律行爲。

人依其本國法已成年者，嗣後不因國籍之變更而喪失之。

法人或人或財產之組織體之權利能力及行爲能力依章程所定行政中
心地國之法律。

然如其實際中心地在土耳其，則得適用土耳其法律。

第九條 監護、禁治產、管理

使人受監護或禁治產或終止該等關係之理由，依將受監護或禁治產或其監護關係或禁治產將被終止者之本國法。

外國人如依其本國法不能受監護或禁治產，但依土耳其法可受監護或禁治產或終止該監護或禁治產，如該人在土耳其有習慣居所時，依土耳其法律。

除監護或禁治產之成立或終止外，所有有關監護或禁治產之事項以及有關管理事項依土耳其法律。

第十條　因失蹤所為之失蹤或死亡宣告

因失蹤所為之失蹤或死亡宣告之裁判，依將受裁判人之本國法，惟依其本國法因失蹤所為之失蹤或死亡宣告之裁判不能作成，而依土耳其法可作成時，如該人有財產在土耳其或其配偶或其任一繼承人為土耳其人時，依土耳其法。

第十一條　訂　婚

訂婚之能力及訂婚之要件，依各該當事人之本國法。

訂婚之效力依當事人共同本國法；如當事人國籍不同時，依土耳其法。

第十二條　婚　姻

婚姻之能力及婚姻之要件依結婚時各該當事人本國法。婚姻之方式依結婚舉行地法。依國際公約規則在領事前所締結之婚姻為有效。

婚姻之效力依配偶共同本國法；如配偶國籍不同時，依共同住所地法，無共同住所地時，依共同習慣居所地法，無共同習慣居所地時，依土耳其法。

第十三條　離婚及分居

離婚及分居之原因及效力，依配偶共同本國法。

如配偶國籍不同時，依共同住所地法、無共同住所地時，依共同習

慣居所地法，無共同習慣居所地時，依土耳其法。

非作爲暫時警告之瞻養費請求，依離婚及分居所適用之法律。

第十四條　夫妻財產制

關於夫妻財產制，配偶得選擇適用結婚時任一造之住所地法或本國法；如未做選擇時，依結婚時共同本國法，無共同國籍時，依結婚時共同住所地法，無共同住所地時，依財產所在地法。

在配偶選擇一新的應適用法律時，在不影響第三人權利範圍內，配偶得受此一新法之規範。

第十五條　婚生子女

父母與婚生子女之關係，依子女出生時規範婚姻效力之法律。

第十六條　認　　領

認領依認領時父之本國法。如認領依該法不能成立時，依母之本國法。如認領仍不能成立時，依子女之本國法。

第十七條　非婚生子女

非婚生子女與母個人及財產上之關係，依母之本國法。非婚生子女與父個人及財產上之關係，依父之本國法。

第十八條　收　　養

收養之能力及收養之要件，依收養時各該當事人之本國法。

收養之效力依收養者之本國法。共同收養時，依規範婚姻效力所應適用之法律。

關於他方配偶對收養之同意，依配偶雙方之本國法。

第十九條　親　　權

親權依規範親子關係之法律。

第二十條　離婚時之親權

離婚時親權及相關問題依離婚應適用之法律。

第二十一條　扶　養

扶養依扶養義務人之本國法。

第二十二條　繼　承

繼承依被繼承人之本國法。繼承在土耳其之不動產依土耳其法。

繼承遺產之開始、取得與分配，依遺產所在地法。

無人繼承之遺產在土耳其者，歸屬於國庫。

死亡時發生效力之遺囑之方式依第六條。依遺囑人本國法所作成之遺囑，亦生效力。

死亡時發生效力之遺囑之能力，依其人作成遺囑時之本國法。

第二十三條　物權（物上權利）

動產及不動產上之所有權及其他物權，依財產所在地法。

運送中之物，其物權依目的地法。

尚未取得之物權，如財產所在地有變更時，依該財產最後所在地法。

關於不動產物權法律行為之方式，依該財產所在地法。

第二十四條　契約債務

契約債務依當事人明示選擇之法律。

如當事人未明示選擇法律，依債務履行地法，有多數履行地時，依契約債務最重要部分之履行地。如此一地方不能決定時，適用與契約最密切牽連地國之法律。

第二十五條　侵權行為

侵權行為之債務依侵權行為地法。

如侵權行為發生地與損害結果地不同時，依損害結果發生地法。

如侵權行為債務與另一國家有較密切牽連時，該國法律得予適用。

第二十六條　不當得利

不當得利因法律關係發生者，依規範該法律關係之法律，否則依不當得利發生地法。

第二編　國際程序法

第一節　土耳其法院之國際管轄權

第二十七條　國際管轄權

內國有關地方管轄權規則之法律，決定土耳其法院之國際管轄權。

第二十八條　有關土耳其人個人身分之訴訟

有關在土耳其無住所之土耳其人個人身分之訴訟，如訴訟未在或不能在其住所地國提起時，則在有地方管轄權之土耳其法院提起，如無該法院時，則在停留地法院，如其未在土耳其停留時，則在其於土耳其之最後住所地之法院，如無時，則得於安哥拉、伊斯坦堡或依斯密兒之任何法院提起。

第二十九條　有關外國人個人身分之訴訟

對於在土耳其無住所之外國人之監護、管理、禁治產以及因失蹤之失蹤或死亡宣告之裁判，由涉案人在土耳其停留地之法院為之，如其在土耳其無停留地，由其財產所在地法院管轄。

第三十條　繼承之訴訟

繼承之訴訟由被繼承人在瑞士之最後住所地法院管轄，如最後住所地不在土耳其，則由屬於遺產之財產所在地法院管轄。

第三十一條　合意管轄

如地方管轄權不是因公共秩序或專屬管轄規則而決定，當事人得就含有涉外因素因債務關係而生之爭執，合意由一外國法院管轄。如外國法院認其不適當，該訴訟可於有管轄權之土耳其法院提起。

第三十二條　費用之擔保

外國自然人及法人在土耳其法院提起訴訟，參加訴訟或請求執行判決時，必須提供由法院決定足以支付法院及執行之費用以及對造之損害之一定數額之擔保。

在相互主義原則下，法院在衡量訴訟之性質、程序及情況下，得免除原告、訴訟參加人或請求執行判決者提供擔保之義務。

第三十三條　主權豁免

主權豁免不給予因私法關係所生法律爭執之外國。

於該種爭執，送達可對外國之外交代表爲之。

第二節　外國法院判決及仲裁判斷之承認與執行

第三十四條　執行判決

外國法院私法判決依該外國法律爲確定終局判決者，在有管轄權之土耳其法院作成執行判決後，方能於土耳其執行。

執行判決也可就外國刑事判決中涉及個人權利部分獲得之。

第三十五條　管轄及法院

第一審之基本法院有作成執行判決之管轄權。

執行判決之請求得向請求執行之對造停留地法院爲之，如該人於土耳其無住所時，或者，如該人於土耳其無住所也無停留地時，則得向安哥拉、伊斯坦堡或伊斯密兒之任何法院請求之。

第三十六條　執行之請求

執行之請求須以書面爲之，並附具依他造當事人人數之繕本。聲請書應包含下列各項：

（a）聲請執行判決之人與被告以及法定或意定代理人之姓名、地址。

（b）作成判決之國家、法院之名稱、判決之日期及字號以及判決之

摘要。

(c) 聲請執行如僅爲判決之一部時，表示該特定部分之聲明。

第三十七條 *聲請書應附之文件*

下列文件應附於執行聲請書:

(a) 經外國當局適當認證之外國法院判決之原本，及一經認證之譯本。

(b) 經外國當局適當認證表示法院判決爲確定終局判決之聲明文件，及經認證之此一聲明之譯本。

第三十八條 *執行之條件*

有管轄權之法院在下列條件下爲執行判決:

(a) 土耳其共和國與爲判決之外國有相互原則之協議，或爲判決國之法律或其實際慣例使執行土耳其判決爲可能。

(b) 該判決非就土耳其法院有專屬管轄權之事項所爲者。

(c) 該判決非顯然違背土耳其之公共秩序。

(d) 敗訴之一造，依爲判決國法律，雖未經法院爲適當通知、或未經代理出庭、或違背該國法律而作成缺席判決，惟該當事人在土耳其法院未就上述各點提出異議。

(e) 關於土耳其人民身分事項之外國判決，雖未適用依土耳其選法規則所應適用之法律，但土耳其被告未以此爲理由反對執行。

第三十九條 *通知與異議*

執行之聲請以及聽證之日期應通知對造。在依照簡易程序規則完成調查後應作成執行判決。

被告僅得在本節規定下，對執行條件不存在或外國法院判決已部分或全部履行，或一件妨礙履行之事件已經發生，提出異議。

第四十條 *判　　決*

執行法院得就外國法院判決爲全部或一部之執行決定，或拒絕執行之聲請。此一判決應書寫於外國法院判決之下，同時應由法官簽字及加蓋官防。

第四十一條　執行與上訴

已爲執行判決之外國法院判決，視爲土耳其法院之判決予以執行。

對執行或拒絕執行之判決，依一般條款上訴。上訴應停止執行。

第四十二條　承　　認

外國法院判決如被法院認定執行條件存在時，應被接受爲確定之證據或最終之判斷。在承認之情形，第三十八條（a）及（d）款不適用之。

對非訟事件之判決也適用同一規則。

基於外國法院判決之行政行爲應在土耳其履行者，也應遵照同樣之程序。

第四十三條　外國仲裁判斷之執行

確定及可執行之外國仲裁判斷可予強制執行。

外國仲裁判斷之執行得向當事人書面約定地之第一審之基本法院爲聲請。如無合意，則向聲請執行之對造當事人在土耳其之住所地法院爲之。如無，則向其停留地之法院爲之。如也無，則其可供執行之財產所在地之法院有管轄權。

第四十四條　聲請及調查之程序

聲請執行外國仲裁判斷之當事人應提出聲請書並附具左列文件及與對造當事人人數相同之繕本：

（a）仲裁契約或仲裁條款之原本或經認證之繕本。

（b）已確定及可執行之仲裁判斷之正本及經認證之繕本。

（c）上述(a)(b)二款所述文件之譯本及經適當認證之繕本。

關於仲裁判斷之執行，法院類推適用第三十八條 (a)、第三十九條及第四十一條之規定。

第四十五條 駁回之理由

有左列各款情形之一者，法院對外國仲裁判斷之聲請執行，應予駁回：

(a) 無仲裁契約或於主要契約中無仲裁條款。

(b) 仲裁判斷違反善良風俗或公共秩序。

(c) 仲裁判斷之爭議事項依土耳其法不能以仲裁解決者。

(d) 一造當事人於仲裁人前未經適當代理，嗣後也未明示同意彼等之行為。

(e) 仲裁判斷執行之對造當事人未經適當告知仲裁人之選任或其未獲機會提出異議及為防禦行為。

(f) 依當事人合意適用之法律，或如無合意，依仲裁判斷作成地法，該仲裁契約或仲裁條款為無效。

(g) 仲裁人之選任或仲裁人適用之程序規則，違背當事人之協議，或者如無協議時，違背仲裁判斷作成地法。

(h) 仲裁判斷之事項未包括在仲裁契約或條款中，或者如其部分逾越契約之範圍，則就該部分不予執行。

(i) 仲裁判斷依其應適用之法律或仲裁判斷作成地法尚非確定或尚不得執行者，或者其已經作成地主管機關撤銷者。

就前述 (d)(e)(f)(g)(h) 及(i)各款事項之舉證責任，由聲請執行判斷之對造當事人負擔之。

第三編　最後條款

第四十六條 取消之條款

西元一三三〇年二月二十三日在奧圖曼領域內外國人權利義務之暫行條例以及第一〇八六號民事程序法典第十八條與同法典第九編第一節有關外國判決之承認與執行之條款均予取消。

第四十七條　生效日期

本法各條款於公布後六個月生效。

第四十八條　執　　行

執行內閣會議執行本法各條款。

十一、南斯拉夫新國際私法（內外國間就特定事項之法律規定衝突之解決法）

第一章　基本規定

第一條

1. 爲決定具國際因素之身份地位、親屬與財產權或其他實體法律關係之準據法，特制定本法。

2. 本法規定之內容，亦包括南斯拉夫社會主義（蘇維埃）聯邦共和國之法院及其他機關爲處理本條第一項所規定之法律關係，所需之管轄權與程序性規定，並包括外國法院判決與仲裁判斷之承認與執行之規定。

第二條

本法第一條第一項所規定之法律關係之準據法，未經本法明文指定者，依本法之規定與一般原則、南斯拉夫社會主義聯邦共和國法制之基本原則與國際私法之一般原則決定之。

第三條

本法之規定就第一條規定之法律關係，於聯邦或國際條約另有規定者，不適用之。

第四條

外國法之適用，如與南斯拉夫社會主義聯邦共和國憲法所規定之社會秩序之基本原則相牴觸時，不適用之。

第五條

依本法或其他聯邦法律應適用之外國法，如其適用之目的係在規避
南斯拉夫社會主義聯邦共和國之法律之適用者，不適用之。

第六條

1.依本法或其他聯邦法律應適用外國法時，亦應斟酌其準據法選擇
之規定。

2.外國選擇準據法之規則反致於南斯拉夫社會主義聯邦共和國之法
律時，應不斟酌其選擇其他準據法之規定而適用南斯拉夫社會主
義聯邦共和國之法律。

第七條

除本法或其他聯邦法律另有規定外，法律行為或法律上行為之方式
依法律行為之成立地法或法律上行為之履行地法或其（實質）內容
之準據法為有效者，視為有效。

第八條

消滅時效，依其法律行為或法律上行為之內容之準據法。

第九條

外國法應依其本身之意義與概念適用之。

第十條

1.應適用非統一法制之國家之法律，而本法之規定未引致該國之特
定法域時，應依該法制之規定決定準據法。

2.依本條第一項規定之方式，無法發現非統一法制之國家之準據法
時，適用具有最重要牽連關係之該國法域之法律。

第十一條

1.一人同時有南斯拉夫社會主義聯邦共和國與其他國家之國籍者，
就本法之適用，視為僅有南斯拉夫社會主義聯邦共和國之國籍。

2.無南斯拉夫社會主義聯邦共和國之國籍者，同時有二以上之外國

國籍者，就本法之適用，視其為其有國籍與住所於該國之國家之國民。

3.本條第二項規定之人在其有國籍之國家均無住所者，就本法之適用，視其為其有國籍且與其關係最密切之國家之國民。

第十二條

1.無國籍或國籍無法確定者，以其住所地法為其本國法。

2.本條第一項規定之人無住所或住所不能確定者，以其居所地法為其本國法。

3.本條第一項規定之人之居所亦不能確定者，以南斯拉夫社會主義聯邦共和國法為其本國法。

第十三條

1.法院或其他有權機關，應依職權確定應適用之外國法之內容。

2.本條第一項規定之機關得請求有權之聯邦司法機關，就該事件依外國法表示判斷之意見。

3.當事人於訴訟中亦得提出證明外國法內容之公文書。

第二章　準　據　法

第十四條

1.自然人之權利能力與行為能力，依其本國法。

2.自然人依其本國法無行為能力，但依債之發生地法有行為能力者，視為有行為能力。

3.自然人行為能力之剝奪或限制，依本條第一項所規定之法律。

4.本條第二項之規定，於親屬關係及繼承問題不適用之。

第十五條

1.監護之命令及終止、監護人與被監護人間之關係，依被監護人之

本國法。

2. 關於在南斯拉夫社會主義聯邦共和國境內之外國人及無國籍人之暫時性保護措施，依南斯拉夫社會主義聯邦共和國法，其期間至有管轄權之國家為判決或採取必要之措施時止。

3. 本條第二項之規定，於在南斯拉夫社會主義聯邦共和國境內而未到場之外國人或無國籍人之財產之保護，亦適用之。

第十六條

失蹤人之死亡宣告，依其失蹤當時之本國法。

第十七條

1. 法人之國籍，依其設立國之法律。

2. 法人於其設立國以外之國家有實質本據，而依該其他國家之法律有該其他國家之國籍者，視為該其他國家之法人。

第十八條

1. 所有權關係、其他物權、社會財產之物之處分，依物之所在地法。

2. 運送中物品之本條第一項之關係，依其目的地法。

3. 運輸工具之本條第二項之關係，除南斯拉夫社會主義聯邦共和國之法律另有規定外，依其登記國法。

第十九條

契約，除本法或國際協定另有規定外，依當事人所選定之法律。

第二十條

準據法未經選定，並無特別情事引致其他法律時，依下列規定決定應適用之法律：

一、動產之買賣契約，依出賣人於就要約為承諾時之住所地法或所在地法。

二、承攬契約或委建契約，依承攬人或承建人於就要約為承諾時之住所地法或所在地法。

三、代理權授與契約，依代理人就要約為承諾時之住所地法或所在地法。

四、居間契約，依居間人於就要約為承諾時之住所地法或所在地法。

五、行紀契約，依行紀人於就要約為承諾時之住所地法或所在地法。

六、承攬運送契約，依承攬人於就要約為承諾時之住所地法或所在地法。

七、動產之使用租賃契約，依出租人於就要約為承諾時之住所地法或所在地法。

八、消費借貸契約，依貸與人於就要約為承諾時之住所地法或所在地法。

九、使用借貸契約，依貸與人於就要約為承諾時之住所地法或所在地法。

十、寄託契約，依受寄人於就要約為承諾時之住所地法或所在地法。

十一、倉庫契約，依倉庫營業人於就要約為承諾時之住所地法或所在地法。

十二、運送契約，依運送人於就要約為承諾時之住所地法或所在地法。

十三、保險契約，依保險人於就要約為承諾時之住所地法或所在地法。

十四、著作權契約，依著作人於就要約為承諾時之住所地法或所在

地法。

十五、贈與契約，依贈與人於就要約為承諾時之住所地法或所在地法。

十六、證券交易行為，依交易所之所在地法。

十七、獨立之銀行保證契約，依保證人於契約成立時之所在地法。

十八、技術移轉契約（授權等），依技術受領人於契約成立時之所在地法。

十九、因勞動契約而生之財產法上債權，依勞動契約應履行或已履行地之法律。

二十、其他契約，依要約人於就要約為承諾時之住所地或所在地法。

第二十一條

關於不動產之契約，專依不動產所在地國之法律。

第二十二條

除契約當事人另有約定外，本法第二十條規定之準據法亦適用於其間之下列關係：

一、動產物權之取得人或貨物運送人取得其物之孳息或產物之時點之決定。

二、動產物權之取得人或貨物運送人負擔其物之風險之時點之決定。

第二十三條

除契約當事人另有約定外，動產之交付方法及拒絕受領時之必要措施，依動產之應交付地法。

第二十四條

債權讓與或債務承擔對於未參與該讓與或承擔之債務人或債權人之效力，依其債權或債務應適用之法律。

第二十五條

從屬之法律行爲，除另有規定外，依主要法律行爲應適用之法律。

第二十六條

單方之法律行爲，依債務人之住所或居所之所在國法。

第二十七條

1. 無法律上原因之取得（不當得利），依其所據以取得之確曾存在，或期待存在，或被推定存在之法律關係所應適用之法律。

2. 無因管理，依管理人之管理行爲地法。

3. 未經委任授權，並非無因管理而使用他人物品，與非因侵權行爲而生之非契約之債，依其原因事實之發生地法。

第二十八條

1. 除就個案情形另有規定外，侵權行爲損害賠償責任得就行爲之實行地法或結果之發生地法中，對被害人最有利者適用之。

2. 本條第一項所規定之法律，於因本法第二十七條之法律行爲而發生之侵權行爲損害賠償責任，亦適用之。

3. 行爲之不法性，依行爲之實行地法或結果之發生地法，行爲地或結果發生地不只一處時，其中任何一地之法律認定爲不法，即爲不法。

第二十九條

發生損害賠償責任之事件發生在公海上之船舶或航空機上者，以船舶之本國法或航空機之登記國法，爲發生損害賠償責任之行爲之發生地法。

第三十條

1. 繼承，依被繼承人死亡時之本國法。

2. 遺囑能力，依遺囑人立遺囑時之本國法。

第三十一條

　　1.遺囑之方式符合下列之一法律之規定時。在方式上為有效:

　　一、遺囑之成立地法。

　　二、遺囑人於立遺囑時或死亡時之本國法。

　　三、遺囑人於立遺囑時或死亡時之住所地法。

　　四、遺囑人於立遺囑時或死亡時之居所地法。

　　五、南斯拉夫社會主義聯邦共和國之法律。

　　六、與不動產有關時，不動產之所在地法。

　　2.遺囑之撤回，其方式符合本條第一項規定之立遺囑之方式之法律之一者，在方式上為有效。

第三十二條

　　1.結婚之要件，各依當事人結婚時之本國法。

　　2.結婚之要件，縱依於南斯拉夫社會主義聯邦共和國之有權機關前願意結婚之當事人之本國法已經符合，如該當事人依南斯拉夫社會主義聯邦共和國之法律，仍有前婚姻存在、血親關係或心智不健全等障礙者，仍不許之。

第三十三條

　　結婚之形式要件，依其舉行地法。

第三十四條

　　結婚之無效性（不成立與無效），依本法第三十二條婚姻已成立之任一法律。

第三十五條

　　1.離婚，依夫妻起訴時共通之本國法。

　　2.夫妻於提起離婚之訴時有不同之國籍者，累積適用其雙方之本國法。

3.依本條第二項規定適用法律，無法解消婚姻時，如配偶之一方於起訴時有住所於南斯拉夫社會主義聯邦共和國者，其離婚依南斯拉夫社會主義聯邦共和國之法律。

4.依本條第二項規定適用法律，無法解消婚姻時，如配偶之一方為無住所於南斯拉夫社會主義聯邦共和國之南斯拉夫社會主義聯邦共和國國民者，其離婚依南斯拉夫社會主義聯邦共和國之法律。

第三十六條

1.夫妻間之身份關係及法定夫妻財產制，依夫妻之本國法。

2.夫妻分屬不同國籍者，依其住所地法。

3.夫妻無共同之國籍或住所於同一國家者，依其最後之共同住所地法。

4.依本條第一項至第三項之規定，不能決定準據法時，依南斯拉夫社會主義聯邦共和國之法律。

第三十七條

1.夫妻財產制之契約，依結婚時夫妻之身份關係與法定夫妻財產制所應適用之法律。

2.依本條第一項所引致之法律，夫妻可選擇夫妻財產制之準據法者，依其所選擇之法律。

第三十八條

1.婚姻無效或被撤銷時，夫妻之身份關係與法定夫妻財產制，依本法第三十六條所引致之法律。

2.夫妻財產制契約於本法第三十六條所規定之情形，依本法三十七條之規定決定之。

第三十九條

1.無婚姻之形式而同居之人間之財產關係，依其本國法。

2.本條第一項之人無共同之國籍者，依其共同之住所地法。

3.無婚姻之形式而同居之人間之契約財產關係，依該財產關係於契約成立時所應適用之法律。

第四十條

1.父母子女間之關係，依其本國法。

2.父母子女分屬不同國籍時，依其皆設有住所之國家之法律。

3.父母子女分屬不同國籍，且未於同一國家設定住所，而子女或父母有爲南斯拉夫社會主義聯邦共和國國民者，依南斯拉夫社會主義聯邦共和國之法律。

4.本法第一項至第三項所未規定之父母子女關係，依子女之本國法。

第四十一條

父子、母子地位之承認、確定與爭執，依子女出生時其生父或生母地位被承認、確定或爭執者之本國法。

第四十二條

父母子女以外之血親間之扶養義務，或姻親間之扶養義務，依被請求扶養人之本國法。

第四十三條

1.認領，依父母之本國法；父母分屬不同之國籍時，依認定認領爲有效之父母一方之本國法。

2.依本條第一項引致之法律，認領之要件並未具備，而父母子女皆有住所於南斯拉夫社會主義聯邦共和國境內者，依南斯拉夫社會主義聯邦共和國之法律。

3.子女或利害關係人或國家機關之同意，依子女之本國法。

第四十四條

1. 收養之要件及其終止，依收養人與被收養人之本國法。

2. 收養人與被收養人分屬不同國籍時，其收養之要件及終止，累積適用收養人與被收養人個別之本國法。

3. 夫妻共同收養時，其收養之要件及終止，除被收養人之本國法外，亦應依收養人與被收養人之本國法。

4. 收養之形式要件，依收養地法。

第四十五條

1. 收養之效果，依收養人與被收養人於收養時之本國法。

2. 收養人與被收養人分屬不同國籍時，依其住所地法。

3. 收養人與被收養人分屬不同國籍，且未於同一國家設定住所，而其中一人爲南斯拉夫社會主義聯邦共和國國民者，依南斯拉夫社會主義聯邦共和國之法律。

4. 收養人與被收養人均非南斯拉夫社會主義聯邦共和國國民者，被收養人之本國法。

第三章　管轄與程序

第一節　南斯拉夫社會主義聯邦共和國法院與其他機關就
　　　　涉外案件之管轄權

第四十六條

1. 南斯拉夫社會主義聯邦共和國法院於被告有住所或本據地於南斯拉夫社會主義聯邦共和國境內時，得行使管轄權。

2. 被告於南斯拉夫社會主義聯邦共和國及其他國家均無住所或本據地，而有居所於南斯拉夫社會主義聯邦共和國境內者，南斯拉夫社會主義聯邦共和國法院亦得行使管轄權。

3. 訴訟當事人均為南斯拉夫社會主義聯邦共和國國民，而被告有居所於南斯拉夫社會主義聯邦共和國境內者，南斯拉夫社會主義聯邦共和國法院亦得行使管轄權。

4. 具有實質共同訴訟性質之被告不只一人，而至少有一被告有住所或本據地於南斯拉夫社會主義聯邦共和國境內者，南斯拉夫社會主義聯邦共和國法院亦得行使管轄權。

5. 南斯拉夫社會主義聯邦共和國法院就非訟事件，除本法另有規定外，於被請求人於南斯拉夫社會主義聯邦共和國境內有住所或本據地，或僅由在南斯拉夫社會主義聯邦共和國境內有住所或本據地者進行訴訟時，得行使管轄權。

第四十七條

南斯拉夫社會主義聯邦共和國法院於本法或其他聯邦法律有明文規定時，得行使專屬管轄權。

第四十八條

外國法院依未包括南斯拉夫社會主義聯邦共和國法院在內之規定，於外國對以南斯拉夫社會主義聯邦共和國國民為被告之訴訟，得行使管轄權者，此種決定管轄權之存在之規定，於以外國人為被告之訴訟，亦得決定南斯拉夫社會主義聯邦共和國法院之行使管轄權。

第四十九條

1. 訴訟當事人之合意決定由外國法院管轄，以其中至少有一方為外國人或本據地於外國之法人，且其訴訟非依本法或其他聯邦法律應專屬南斯拉夫社會主義聯邦共和國法院管轄者為限。

2. 訴訟當事人中至少有一方為南斯拉夫社會主義聯邦共和國國民或本據地於南斯拉夫社會主義聯邦共和國之法人者，得合意由南斯拉夫社會主義聯邦共和國法院管轄。

3. 本條第一項與第二項之規定，於本法第六十一條至第七十條規定之事項之管轄，不適用之。

第五十條

南斯拉夫社會主義聯邦共和國法院因被告之同意而行使管轄權者，如被告不抗辯法院無管轄權而應訴或拒絕支付命令，視為被告已經同意。

第五十一條

1. 南斯拉夫社會主義聯邦共和國法院依本法規定，因當事人為南斯拉夫社會主義聯邦共和國國民而有管轄權者，如當事人為設定住所於南斯拉夫社會主義聯邦共和國之無國籍人，亦有管轄權。

2. 本條第一項之規定於南斯拉夫社會主義聯邦共和國之其他機關之管轄權，準用之。

第五十二條

南斯拉夫社會主義聯邦共和國法院就對於國家機關、集合勞動之組織或其他社會法人推派出國，而於國外生活之南斯拉夫社會主義聯邦共和國國民之訴訟，以其設定住所於南斯拉夫社會主義聯邦共和國境內者為限，得行使管轄權。

第五十三條

1. 南斯拉夫社會主義聯邦共和國法院就契約外之損害賠償責任，於依本法第四十六條、第五十條至第五十二條之規定有管轄權，或其損害發生於南斯拉夫社會主義聯邦共和國境內時，得行使管轄權。

2. 本條第一項之規定，於對於依共同組織對於第三人之直接責任之規定，承保財產保險與人身保險之保險共同組織之訴訟，與依損害賠償原則對於求償債務人行使求償權之訴訟，亦適用之。

第五十四條

1. 南斯拉夫社會主義 聯邦 共和國法 院於關於財產法上 請求權之訴訟，以被告之財產或訴訟之標的物在南斯拉夫社會主義聯邦共和國境內者爲限，得行使管轄權。

2. 南斯拉夫社會主義聯邦共和國法院就被告居住於南斯拉夫社會主義聯邦共和國境內時所生之債之訴訟，亦得行使管轄權。

第五十五條

南斯拉夫社會主義聯邦共和國法院就本據地於外國之自然人或法人發生於南斯拉夫社會主義聯邦共和國境內之債，或應於南斯拉夫社會主義聯邦共和國境內履行之債之訴訟，以其在南斯拉夫社會主義聯邦共和國境內有代表權或代理權，或被告爲經本據地在南斯拉夫社會主義聯邦共和國境內之集合勞動之組織授權營業者爲限，得行使管轄權。

第五十六條

南斯拉夫社會主義聯邦共和國法院就爲社會所有權標的物之不動產之處分權、所有權與其他國民或私法人之不動產物權之訴訟，關於不動產占有之侵害，與因不動產之租賃或借貸所生，或因住宅或營業房舍之使用契約所生之訴訟，以該不動產位於南斯拉夫社會主義聯邦共和國境內者爲限，有專屬管轄權。

第五十七條

南斯拉夫社會主義聯邦共和國法院就關於動產占有之侵害之訴訟，得依本法第四十六條、第五十條及第五十一條之規定，或於侵害發生於南斯拉夫社會主義聯邦共和國境內時，行使管轄權。

第五十八條

1. 南斯拉夫社會主義聯邦共和國法院就爲社會所有權標的物之航空

器、航海船舶與內陸水路之船舶之處分權與抵押權、國民或私法
人所有之船舶或航空器之所有權與其他權利，或航空器與船舶之
租賃契約所生之訴訟，以航空器或船舶之登記簿保存於南斯拉夫
社會主義聯邦共和國境內者爲限，得行使管轄權。

2. 南斯拉夫社會主義聯邦共和國法院就本條第一項所規定之航空器
與船舶之占有之侵害之訴訟，於航空器或船舶之登記簿保存於南
斯拉夫社會主義聯邦共和國境內，或侵害發生於南斯拉夫社會主
義聯邦共和國境內時，亦得行使管轄權。

第五十九條

1. 南斯拉夫社會主義聯邦共和國法院就關於夫妻財產制之訴訟，於
其財產在南斯拉夫社會主義聯邦共和國境內，而被告未設定住所
於南斯拉夫社會主義聯邦共和國境內，且原告於起訴時有住所或
居所於南斯拉夫社會主義聯邦共和國境內時，亦得行使管轄權。

2. 財產大部分在南斯拉夫社會主義聯邦共和國境內，而其他部分在
外國者，南斯拉夫社會主義聯邦共和國法院於就在南斯拉夫社會
主義聯邦共和國之財產爲裁判時，以被告同意由該法院判決者爲
限，得僅就在外國之財產判決之。

第六十條

1. 本法第五十九條之規定，於南斯拉夫社會主義聯邦共和國法院就
財產訴訟之專屬管轄權無影響。

2. 南斯拉夫社會主義聯邦共和國法院依本法規定就關於夫妻財產制
之訴訟無論婚姻關係仍繼續或已解消，或結婚是否不成立或無
效，均得行使管轄權。

第六十一條

1. 南斯拉夫社會主義聯邦共和國法院就婚姻存在或不存在之確定，

撤銷婚姻或請求裁判離婚之訴，於被告未設定住所於南斯拉夫社會主義聯邦共和國境內，但有下列情形之一時，亦有管轄權：

(1) 配偶雙方皆爲南斯拉夫社會主義聯邦共和國國民者，其住所設定之處所並非所問。

(2) 原告爲南斯拉夫社會主義聯邦共和國國民，且設定住所於南斯拉夫社會主義聯邦共和國境內者。

(3) 配偶雙方有最後住所於南斯拉夫社會主義聯邦共和國境內，且原告於起訴時有住所或居所於南斯拉夫社會主義聯邦共和國境內者。

2. 被告之配偶爲南斯拉夫社會主義聯邦共和國國民，且設定住所於南斯拉夫社會主義聯邦共和國者，南斯拉夫社會主義聯邦共和國法院有專屬管轄權。

第六十二條

南斯拉夫社會主義聯邦共和國法院關於本法第六十一條之訴訟，於配偶皆爲外國人且於南斯拉夫社會主義聯邦共和國有最後共同住所，或被告設定住所於南斯拉夫社會主義聯邦共和國境內者，亦有管轄權，但以被告同意由南斯拉夫社會主義聯邦共和國法院裁判，或其管轄權係依配偶之所屬國之規定所承認者爲限。

第六十三條

南斯拉夫社會主義聯邦共和國法院就裁判離婚之訴訟，於原告爲南斯拉夫社會主義聯邦共和國國民，且依其法院有管轄權之國家之法律，不能請求裁判離婚者，亦有管轄權。

第六十四條

1. 南斯拉夫社會主義聯邦共和國法院就父子關係或母子關係之決定或確定之訴，於被告未設定住所於南斯拉夫社會主義聯邦共和國

境內，但有下列情形之一時，亦有管轄權：

(1) 配偶雙方皆爲南斯拉夫社會主義聯邦共和國國民者，其住所設定之處所並非所問。

(2) 原告爲南斯拉夫社會主義聯邦共和國國民，且設定住所於南斯拉夫社會主義聯邦共和國境內者。

2. 對於爲南斯拉夫社會主義聯邦共和國國民，且有住所或居所於南斯拉夫社會主義聯邦共和國之子女起訴者，南斯拉夫社會主義聯邦共和國法院有專屬管轄權。

第六十五條

南斯拉夫社會主義聯邦共和國法院就外國人間依本法第六十四條規定之訴訟，於原告或原告中一人有住所於南斯拉夫社會主義聯邦共和國者，亦有管轄權，但以被告同意由南斯拉夫社會主義聯邦共和國法院裁判，且其管轄權係其所屬國之規定所承認者爲限。

第六十六條

1. 南斯拉夫社會主義聯邦共和國法院就關於受父母監護之子女之保護照顧、養育與教育之訴訟，於被告未設定住所於南斯拉夫社會主義聯邦共和國境內，但配偶雙方皆爲南斯拉夫社會主義聯邦共和國國民者，亦有管轄權。

2. 被告與子女皆爲南斯拉夫社會主義聯邦共和國國民，且皆設定住所於南斯拉夫社會主義聯邦共和國者，南斯拉夫社會主義聯邦共和國法院有專屬管轄權。

3. 本條第一項、第二項及本法第四十六條之規定，於判斷南斯拉夫社會主義聯邦共和國之其他機關就關於受父母監護之子女之保護照顧、養育與教育之事件之審理權限，亦適用之。

第六十七條

1. 南斯拉夫社會主義聯邦共和國法院就關於子女之扶養之訴，於被告未設定住所於南斯拉夫社會主義聯邦共和國境內，但有下列情形之一時，亦有管轄權：

   (1) 起訴之子女有住所於南斯拉夫社會主義聯邦共和國者。

   (2) 原告與被告皆爲南斯拉夫社會主義聯邦共和國國民者，其住所設定之處所並非所問。

   (3) 原告爲未成年人，且爲南斯拉夫社會主義聯邦共和國國民者。

2. 南斯拉夫社會主義聯邦共和國法院就本條第一項規定以外之子女之扶養之訴，於被告未設定住所於南斯拉夫社會主義聯邦共和國境內，而原告爲南斯拉夫社會主義聯邦共和國國民，且設定住所於南斯拉夫社會主義聯邦共和國境內時，亦有管轄權。

3. 南斯拉夫社會主義聯邦共和國法院就配偶間或前配偶間之扶養之訴，於配偶在南斯拉夫社會主義聯邦共和國有最後共同住所，且原告於起訴時及其後有住所於南斯拉夫社會主義聯邦共和國者，亦有管轄權。

第六十八條

南斯拉夫社會主義聯邦共和國法院就扶養之訴，於被告有可用以扶養之財產於南斯拉夫社會主義聯邦共和國境內者，亦有管轄權。

第六十九條

關於親權之剝奪與回復、親權之延展與指定父母爲子女財產之管理人之決定，子女婚生性之宣告與其他關於個人地位及親子關係之事項，南斯拉夫社會主義聯邦共和國法院於本法第四十六條第四項規定之情形不存在，而聲請人與被聲請人皆爲南斯拉夫社會主義聯邦共和國國民，或僅有一人參與訴訟而其爲南斯拉夫社會主義聯邦共

和國國民時，亦有管轄權。

第七十條

1. 南斯拉夫社會主義聯邦共和國法院就結婚之承認，於聲請人爲南斯拉夫社會主義聯邦共和國國民，或聲請人中有一人爲南斯拉夫社會主義聯邦共和國國民者，無論有意結婚者設定住所於何處，得授與之。

2. 南斯拉夫社會主義聯邦共和國法院於請求承認其結婚之未成年人爲南斯拉夫社會主義聯邦共和國國民，或有意結婚之雙方當事人皆爲南斯拉夫社會主義聯邦共和國國民，而在外國結婚時，有專屬管轄權。

第七十一條

1. 關於南斯拉夫社會主義聯邦共和國國民死亡後之不動產遺產之管理，如該不動產座落於南斯拉夫社會主義聯邦共和國境內者，南斯拉夫社會主義聯邦共和國法院有專屬管轄權。

2. 南斯拉夫社會主義聯邦共和國國民之不動產遺產在外國時，南斯拉夫社會主義聯邦共和國法院以依不動產所在國之法律其機關無管轄權者爲限，有管轄權。

3. 南斯拉夫社會主義聯邦共和國法院就南斯拉夫社會主義聯邦共和國國民之動產遺產之管理，於該動產在南斯拉夫社會主義聯邦共和國境內，或依動產所在國之法律當地機關無管轄權，或該機關拒絕管理遺產時，有管轄權。

4. 本條第一項至第三項之規定，於關於繼承或債權人對於遺產之債權之訴訟之管轄權，亦適用之。

第七十二條

1. 關於外國人死亡後之不動產遺產之管理，如該不動產座落於南斯

拉夫社會主義聯邦共和國境內者，南斯拉夫社會主義聯邦共和國法院有專屬管轄權。

2. 南斯拉夫社會主義聯邦共和國法院就外國人在南斯拉夫社會主義聯邦共和國境內之動產遺產之管理，有管轄權，但依被繼承人之本國法，法院對南斯拉夫社會主義聯邦共和國國民之動產遺產之管理，無管轄權者，不在此限。

3. 本條第一項及第二項之規定，於關於繼承或債權人對於遺產之債權之訴訟之管轄權，亦適用之。

4. 南斯拉夫社會主義聯邦共和國法院就外國人之遺產之管理無管轄權者，法院為保全遺產或保護對於在南斯拉夫社會主義聯邦共和國境內之財產之權利，得命為必要處分。

第七十三條

1. 關於無國籍人、國籍不能確定者或為難民身份者死亡後之不動產遺產之管理，如該不動產座落於南斯拉夫社會主義聯邦共和國境內者，南斯拉夫社會主義聯邦共和國法院有專屬管轄權。

2. 關於無國籍人、國籍不能確定者或為難民身份者之動產遺產之管理，如該動產遺產在南斯拉夫社會主義聯邦共和國境內，或被繼承人於死亡時有住所於南斯拉夫社會主義聯邦共和國者，南斯拉夫社會主義聯邦共和國法院有管轄權。

3. 本條第一項及第二項之規定，於關於繼承或債權人對於遺產之訴訟之管轄權，亦適用之。

4. 被繼承人無住所於南斯拉夫社會主義聯邦共和國境內者，關於外國人之遺產之管理，以被繼承人死亡時之住所地國為其本國，而適用相關之規定。

第七十四條

1. 南斯拉夫社會主義聯邦共和國之機關就爲南斯拉夫社會主義聯邦共和國國民，且設定住所於南斯拉夫社會主義聯邦共和國者之收養之判斷及其終止，有專屬管轄權。

2. 南斯拉夫社會主義聯邦共和國之機關就收養人爲南斯拉夫社會主義聯邦共和國國民，且設定住所於南斯拉夫社會主義聯邦共和國者之收養之判斷及其終止，有管轄權。

3. 配偶共同收養時，配偶之一方爲南斯拉夫社會主義聯邦共和國國民，且設定住所於南斯拉夫社會主義聯邦共和國者，南斯拉夫社會主義聯邦共和國之機關即有管轄權。

第七十五條

南斯拉夫社會主義聯邦共和國之機關就南斯拉夫社會主義聯邦共和國國民之監護案件，無論其設定住所於何處，除本法另有規定外，有專屬管轄權。

第七十六條

南斯拉夫社會主義聯邦共和國之機關就設定住所於國外之南斯拉夫社會主義聯邦共和國國民之監護案件，於確定依外國法有管轄權之機關已經判決或採取必要之措施，保護南斯拉夫社會主義聯邦共和國國民之人身、權利與利益者，不得再爲判決或命爲必要之處分。

第七十七條

1. 南斯拉夫社會主義聯邦共和國之機關爲保護本身或有財產於南斯拉夫社會主義聯邦共和國之外國人之人身、權利與利益，得爲必要之暫時性處分，並應將其情事通知其本國之機關。

2. 南斯拉夫社會主義聯邦共和國之機關就設定住所於南斯拉夫社會主義聯邦共和國之外國人之監護案件，於其本國之機關未能確實保護其人身、權利與利益者，得爲判決與命爲處分。

第七十八條

1. 南斯拉夫社會主義聯邦共和國法院就失蹤之南斯拉夫社會主義聯邦共和國國民之死亡宣告，無論其設定住所於何處，有專屬管轄權。

2. 南斯拉夫社會主義聯邦共和國境內死亡之外國人之死亡，於南斯拉夫社會主義聯邦共和國法院，得依南斯拉夫社會主義聯邦共和國法律證明之。

第二節　其他規定（雜則）

第七十九條

1. 自然人之當事人能力與訴訟能力，依其本國法。

2. 外國人依本條第一項之規定無訴訟能力，但依南斯拉夫社會主義聯邦共和國法律有訴訟能力者，得獨立爲訴訟行爲。

3. 本條第二項之外國人之法定代理人，於該外國人未聲明將自己進行訴訟之限度內，得爲訴訟上之行爲。

4. 外國法人之當事人能力，依本法第十七條規定之法律。

第八十條

1. 南斯拉夫社會主義聯邦共和國法院於當事人間之同一案件已繫屬於外國法院時，得依當事人之聲請停止訴訟，但以具有下列情形爲限：

   (1) 與該訴訟有關之程序首先在外國法院發動者。

   (2) 南斯拉夫社會主義聯邦共和國法院就該繫爭之訴訟，無專屬管轄權者。

   (3) 基於國際之互惠者。

第八十一條

南斯拉夫社會主義聯邦共和國法院之管轄權之決定，以訴訟開始時
之事實爲準。

第八十二條

1. 外國人或無國籍人於南斯拉夫社會主義聯邦共和國法院起訴時，
   應依被告之聲請，就訴訟費用提供擔保。

2. 被告提出本條第一項規定之擔保者，最遲應於法院之準備期日中
   爲之，無準備期日者，應於進行實質審理前之第一次期日，或於
   知悉已符合應提供擔保之要件時提出之。

3. 訴訟費用之擔保應以金錢爲之，但經法院同意者亦得以其他適當
   方式爲之。

第八十三條

1. 被告於下列情形無請求提供訴訟費用擔保之權:

   (1) 南斯拉夫社會主義聯邦共和國國民於原告之本國，無須提供
       訴訟費用之擔保者。

   (2) 原告於南斯拉夫社會主義聯邦共和國享有豁免權者。

   (3) 訴之聲明係關於原告於南斯拉夫社會主義聯邦共和國之勞動
       關係而生之請求權者。

   (4) 訴訟係關於配偶間之爭執或父子或母子關係之決定或確定之
       爭執，或與法定扶養義務有關者。

   (5) 訴訟與滙票或支票有關，或爲反訴或聲請發支付命令者。

2. 南斯拉夫社會主義聯邦共和國國民於原告之本國，是否應依本條
   第一項提供訴訟費用之擔保發生疑問時，聯邦司法行政機關應予
   說明。

第八十四條

1. 法院於許可擔保訴訟費用之聲請時，應確定提供訴訟費用擔保之

　數額及其期間，並應曉示原告未證明已於所定期間提供訴訟費用
　擔保之法定效果。

2. 原告未證明已於所定期間提供訴訟費用之擔保者，視爲撤回其訴
　或原告拋棄其於提供訴訟費用擔保之聲請僅就法律救濟之程序聲
　請時之法律救濟。

3. 已及時聲請原告提供訴訟費用之擔保之被告，於法院未就是否許
　可聲請爲確定終局判決前，無須繼續進行主訴訟審理程序；於其
　聲請被許可，而原告未提供訴訟費用之擔保前，亦同。

4. 法院駁回訴訟費用擔保之聲請時，於駁回之裁定未終局確定前，
　得命令繼續訴訟程序。

第八十五條

1. 外國人於國際互惠之條件下，有免繳訴訟費用之權利。

2. 國際互惠之是否存在發生疑問時，聯邦司法行政機關就訴訟費用
　之免繳，應予說明。

3. 本條第一項規定之國際互惠，於該外國人設定住所於南斯拉夫社
　會主義聯邦共和國時，並非主張免繳訴訟費用之權利之要件。

4. 無國籍人設定住所或有居所於南斯拉夫社會主義聯邦共和國者，
　得主張免繳訴訟費用之權利。

第四章　　外國法院判決與仲裁判斷之承認與執行

第一節　　外國法院判決之承認與執行

第八十六條

1. 外國法院之判決經南斯拉夫社會主義聯邦共和國法院承認者，與
　南斯拉夫社會主義聯邦共和國法院之判決平等，在南斯拉夫社會

主義聯邦共和國有效。

2.外國法院之訴訟上和解，視爲本條第一項之外國法院之判決。

3.外國其他機關之判斷於該國被視爲與法院之判決或訴訟上和解相
　等時，如其規定本法第一條所稱之關係者，亦視爲外國法院之判
　決。

第八十七條

聲請承認外國法院之判決之當事人，除提出判決外，亦提出有管轄
權之外國法院或其他機關證明該判決依該國法律已終局確定者，應
予承認。

第八十八條

1.南斯拉夫社會主義聯邦共和國法院於受判決之人提出異議時，發
　現其因程序上之不正當而未能應訴者，應拒絕承認該外國法院之
　判決。

2.受外國法院判決之人，如因未受傳喚、或未受訴訟開始之訴狀或
　裁定之送達，或無傳喚或送達之嘗試者，除其已依一切方法參與
　主要訴訟之第一審之審理外，尤應適用前項規定。

第八十九條

1.南斯拉夫社會主義聯邦共和國法院或其他機關就該案有專屬管轄
　權者，尤不應承認外國法院之判決。

2.被告聲請承認關於婚姻爭訟之外國法院之判決，或原告聲請而被
　告未提出異議者，南斯拉夫社會主義聯邦共和國法院之專屬管轄
　權於該判決之承認，無影響。

第九十條

1.南斯拉夫社會主義聯邦共和國法院或其他機關已就同一案件爲終
　局確定判決，或其他外國法院就同一案件所爲之判決已於南斯拉

夫社會主義聯邦共和國受承認者，不應承認該外國法院之判決。

2. 南斯拉夫社會主義聯邦共和國法院已先就同一訴訟標的，受理相同當事人之訴訟而在繫屬中者，於該訴訟確定終結前，得暫緩承認外國法院之判決。

第九十一條

外國法院之判決違背南斯拉夫社會主義聯邦共和國憲法所規定之社會組織之基本原則者，應不予承認。

第九十二條

1. 無國際互惠者，不應承認外國法院之判決。

2. 國際互惠之不存在，於關於婚姻爭訟或父子關係或母子關係之決定或確定之外國法院之判決之承認，或南斯拉夫社會主義聯邦共和國國民聲請承認或執行外國法院之判決者，無影響。

3. 關於外國法院之判決之承認之國際互惠之存在，除另有反證者外，推定之，國際互惠之存在發生疑義時，聯邦司法行政機關應予解釋。

第九十三條

南斯拉夫社會主義聯邦共和國國民之身份地位，依本法應適用南斯拉夫社會主義聯邦共和國法者，外國法院適用外國法之判決如未與適用南斯拉夫社會主義聯邦共和國法律之結果實質上不同者，亦應承認之。

第九十四條

1. 外國法院關於該國國民之身份地位之判決，於南斯拉夫社會主義聯邦共和國應不經本法第八十九條、第九十一條及第九十二條規定之司法審查，逕予承認。

2. 南斯拉夫社會主義聯邦共和國之有權機關認外國法院之判決與南

斯拉夫社會主義聯邦共和國國民之身份地位有關者，該判決之承認應經本法第八十七條至第九十二條規定之司法審查程序。

第九十五條

外國法院關於非屬其國民之外國人之身份地位之判決，以該判決符合該外國人之本國之籌認要件者爲限，始予承認。

第九十六條

1. 本法第八十七條至第九十二條之規定，於外國法院之判決之執行，亦適用之。

2. 執行外國法院之判決之聲請人，除本法第八十七條規定之文件外，並應提出該判決依該判決國法律之規定，非窒礙難行之證明。

第二節　外國仲裁判斷之承認與執行

第九十七條

1. 非於南斯拉夫社會主義聯邦共和國作成之仲裁判斷，視爲外國仲裁判斷。

2. 外國仲裁判斷之國籍，以其作成地國爲準。

3. 於南斯拉夫社會主義聯邦共和國達成之仲裁判斷，程序上適用外國之法律者，以其未與南斯拉夫社會主義聯邦共和國之強行規定牴觸者爲限，亦視爲外國仲裁判斷。

4. 本條第三項所稱之外國仲裁判斷，有其程序所適用之法律之國家之國籍。

第九十八條

1. 外國仲裁判斷於其承認與執行之聲請人除聲請書外，並向法院提出下列文件者，應承認與執行之：

(1) 仲裁判斷之原本或經認證之影本；

(2) 仲裁協議書之原本或經認證之影本。

2. 外國仲裁判斷或仲裁協議或其經認證之影本，非使用已開始進行承認與執行該仲裁判斷之程序之法院之官方語文者，該仲裁判斷之承認與執行之聲請人應提出經授權之人作成之該語文譯本。

第九十九條

1. 外國仲裁判斷有下列情形之一者，應拒絕其承認與執行：

(1) 依南斯拉夫社會主義聯邦共和國法律，該爭議不得提付仲裁者；

(2) 南斯拉夫社會主義聯邦共和國法院或其他機關有專屬管轄權者；

(3) 該仲裁判斷之承認或執行，將牴觸南斯拉夫社會主義聯邦共和國憲法規定之社會組織之基本原則者；

(4) 無國際互惠者；

(5) 仲裁協議未以書面、換文、電報或電傳訊號為之者；

(6) 仲裁協議無效者；

(7) 被聲請承認與執行仲裁判斷之當事人，就仲裁人之指定或仲裁程序未受合法通知，或因其他理由而無法在該案中有效主張其權利者；

(8) 仲裁庭之組織或仲裁程序不符合仲裁協議之內容者；

(9) 仲裁庭之權限逾越仲裁協議決定之範圍者；

(10)仲裁判斷在當事人間尚非終局而可執行，或該仲裁判斷經其達成地國或據其法律達成判斷之國家之有權機關，宣告無效或撤銷者；

(11)仲裁判斷之實體判斷部分無法理解或相互矛盾者：

2.外國仲裁判斷中關於提付仲裁之問題部分，與其仲裁庭逾越權限協議之部分可分離者，仲裁庭未逾越權限部分之判斷，可承認並執行之。

第一百條

本法第九十九條第十項規定之外國有權機關所為之仲裁判斷之撤銷或庭止程序已開始者，法院得暫緩就該判斷之承認與執行之聲請之決定，並得依債權人或債務人之聲請，以債務人提供適當擔保為條件，為緩期之決定。

第三節　外國法院判決與仲裁判斷之承認與執行之程序

第一百零一條

1.外國法院判決與仲裁判斷之承認與執行，承認與執行之程序進行地境內之法院，有管轄權。

2.法院應依職權審查本法第八十六條至第一百條規定之要件是否具備，必要時得請求為判決或判斷之法院或仲裁庭或當事人解釋之。

3.當事人對法院判決之承認與執行之裁定，得於該裁判送達於當事人之日起十五日內提起抗告。

4.本條第三項之裁定之抗告，由第二審法院審理之。

5.未就外國法院之判決之承認獨立裁定者，各法院以與程序之效力有關者為限，於以判決之承認為先決問題之程序中，均得判斷之。

6.於關於個人身份地位之訴訟程序進行中，外國法院判決之承認之請求，得由利害關係人為之。

第五章　特別規定

第一百零二條

1. 南斯拉夫社會主義聯邦共和國國民，得於提供領事服務之南斯拉夫社會主義聯邦共和國之有權領事代表或外交代表機關，舉行婚禮，但以南斯拉夫社會主義聯邦共和國之代表駐在國不反對，或爲國際協定所規定者爲限。

2. 南斯拉夫社會主義聯邦共和國國民於外國得舉行婚禮之南斯拉夫社會主義聯邦共和國之代表機關，由負責聯邦外交行政機關之公務員決定之。

第一百零三條

關於在外國之南斯拉夫社會主義聯邦共和國國民之監護行爲，由提供領事服務之南斯拉夫社會主義聯邦共和國之領事代表或外交代表機關爲之，但以南斯拉夫社會主義聯邦共和國之代表駐在國不反對，或爲國際協定所規定者爲限。

第一百零四條

南斯拉夫社會主義聯邦共和國國民得於外國，由提供領事服務之南斯拉夫社會主義聯邦共和國之領事代表或外交代表機關，依司法遺囑訂立之規定訂立遺囑。

第一百零五條

1. 於外國提供領事服務之南斯拉夫社會主義聯邦共和國之領事代表或外交代表機關，得依國際協定與駐在國之規定，認證簽名、手稿與影本之眞正。

2. 本條第一項提供服務之規定，由負責聯邦外交行政機關之公務員以一般行爲闡明之。

第一百零六條

1. 聯邦、共和國與省之規定有效或曾在南斯拉夫社會主義聯邦共和國生效之證明，由聯邦司法行政機關爲其在外國機關之用途發給

之。

2.本條第一項規定之證明，應提及法律之名稱、公佈日、停止生效之日及該法律中相關規定之文字。

第六章　過渡與最後規定

第一百零七條

本法之規定，於其生效前已生效之法律關係，不適用之。

第一百零八條

下列規定自本法生效之日起失其效力：

1.民事訴訟法第二十八條至第三十二條、第七十條第五項、第八十八條第一項、第一百六十九條至第一百七十一條、第一百七十八條及第一百八十八條。

2.民事訴訟法施行法第十六條至第二十二條。

3.婚姻基本法第二十六條。

4.監護基本法第二十九條。

5.繼承法第一百八十七條及第一百八十八條。

第一百零九條

本法自一九八三年一月一日起生效。

（一九八二年七月十五日）

十二、秘魯一九八四年十一月十四日 新國際私法（民法第十編）

第一章　一般性規定（總則）

第二千零四十六條

外國人與秘魯人享有同等之民權，但因國家之緊急需要，而對外國人或外國法人之權利爲禁止或限制者，不在此限。

第二千零四十七條

1.規範與外國法制相牽連之法律關係之準據法，依秘魯所批准之國際條約，無條約時依本編之規定。

2.國際私法學說上廣被採納之原則與法律見解，亦得爲補充性之適用。

第二千零四十八條

法官於秘魯之衝突規範明文宣示時，得就內國法爲排他性適用。

第二千零四十九條

1.依秘魯之衝突規範應適用之外國法，如其適用有違國際公共秩序或善良風俗者，不適用之。

2.前項情形，依秘魯之實體法之規定。

第二千零五十條

依外國法律取得之權利，於該法律不違背國際公共秩序與善良風俗之限度內，其效力依秘魯之衝突規範與該法制同。

第二千零五十一條

依秘魯之衝突規範適用之外國法制，法官應依職權適用之。

第二千零五十二條

訴訟當事人得提出適當之證據，證明外國法之存在及其意義。法官對不當之證據方法，得拒絕或限制之。

第二千零五十三條

法院得依當事人之請求或依職權，請求行政機關依外交途徑，自應適用其法律之外國法院，取得關於應適用之外國法之存在及解釋之報告。

第二千零五十四條

最高法院經外國法院請求後，得依外交途徑，就內國法律發表諮詢性意見。

第二千零五十五條

應適用之外國法之規定，應依其所屬之法制解釋之。

第二千零五十六條

應適用之外國法所屬之法制有數法併存時，其國內法間之衝突之解決，依該外國法之規定。

第二章　　國際管轄權

第二千零五十七條

秘魯法院對設立住所於內國之人之訴訟，有管轄權。

第二千零五十八條

秘魯法院於有下列情形之一時，對設立住所於外國之人，就其關於財產權之訴訟，亦有管轄權：

(a) 就位於共和國境內之物之物權所生之訴訟。如物為不動產時，秘魯法院之管轄權具有排他專屬性。

(b) 履行地在共和國境內之債，或因成立於共和國境內之契約或發生於共和國境內之事實而生之債所生之訴訟。就與於共和國境

內所爲或發生結果之重罪或輕罪有關之民事訴訟，秘魯法院之
管轄權具有排他專屬性。

(c) 當事人明示或默示接受秘魯法院之管轄者。除接受管轄之前或
當時另有保留之約定外，其關於法院之選擇具有排他專屬性。

第二千零五十九條

1. 默示之接受管轄，在訴訟上視爲無保留。

2. 以拒絕管轄爲目的，或因受人身、權利或財產上之強暴、脅迫而
爲之訴訟行爲，不得解釋爲默示接受某法院之管轄，或法院管轄
權之延展。

第二千零六十條

外國法院之選擇或其對財產權訴訟之管轄權之延展，於該訴訟非屬
秘魯法院排他專屬管轄之事項，無濫用權利之情事，並未違背秘魯
之公共政策之限度內，得承認之。

第二千零六十一條

1. 秘魯法院於依衝突規範應適用秘魯法律時，就共有財產之訴訟，
縱對設立住所於外國之人，亦有管轄權。

2. 秘魯法院對共同債務人之財產權訴訟之管轄權，除本編第四章另
有規定外，如標的物位於秘魯境內，有優先性。

第二千零六十二條

秘魯法院就關於自然人之地位或能力或親屬關係之訴訟，於有下列
情形之一時，縱對於設立住所於外國之人，亦得行使管轄權：

(a) 依秘魯之衝突規範應適用秘魯法律時。

(b) 當事人明示或默示接受秘魯法院之管轄者，但以訴訟標的與共
和國之領域具有實質關係者爲限。

第二千零六十三條

秘魯法院就在共和國境內之自然人之暫時保護措施之命令或發佈，縱對設立住所於外國之人，且無處理其實體事項之管轄權，仍有管轄權。

第二千零六十四條

秘魯法院於當事人合意將非屬秘魯法院排他專屬管轄之事項之爭端提付仲裁者，除有下列情形外，應拒絕管轄：

(a) 仲裁契約內約定秘魯法院得管轄者。

(b) 仲裁契約之目的係在不當剝奪弱勢當事人依本編規定之管轄權者。

第二千零六十五條

秘魯法院依法對訴訟有管轄權者，對其反訴亦有管轄權。

第二千零六十六條

1. 相同之當事人就同一訴訟標的於前訴訟仍繫屬於外國法院時，秘魯法院如可預見該外國法院將於三個月之內為可於秘魯被承認與執行之判決，應停止審判程序。

2. 於秘魯提起之訴訟之程序，以送達訴狀時為開端。

3. 秘魯法院之程序，於提出外國之判決時，應予廢止。

第二千零六十七條

1. 秘魯法院處理對外國或其元首、外交代表，國際組織及其代表提起之訴訟之管轄權，依秘魯就其實質所批准之國際條約之規定。

2. 除本章另有規定外，秘魯法院就下列事項無管轄權：

(a) 就位於外國之不動產之物權所生之訴訟。

(b) 當事人依第二○六○條之規定，合意接受外國法院管轄之爭端。

(c) 關於自然人之地位、能力或親屬關係之訴訟，但以訴訟標的與共和國之領域無實質關係者為限。

第三章　準據法

第二千零六十八條

1. 自然人（權利能力）之開始與終止，依其住所地法。

2. 各死亡者之住所地不同且受不同之存活推定時，以其中一人之存活而決定之法律效果，依第六十二條之規定。（秘魯民法第六十二條規定：二人以上同時遇難者，如不能確定其死亡之先後時，推定其同時死亡，而不互相繼承。）

第二千零六十九條

1. 失蹤之宣告，依失蹤人最後之住所地法。失蹤宣告關於失蹤人財產之法律效果，亦依同一法律。

2. 失蹤人之其他法律關係，依其失蹤前應適用之法律。

第二千零七十條

1. 自然人之身分地位與行為能力，依其住所地法。

2. 住所之變更，於依前住所地法所取得之身分地位或所受行為能力之限制，無影響。

3. 於秘魯成立之債法或契約法上之法律行為，如行為人依秘魯法有行為能力，不因其行為能力之欠缺而無效，但單方行為或與在外國之不動產物權有關者，不在此限。

第二千零七十一條

1. 無行為能力人之監護及其他保護之法律制度，依無行為能力人之住所地法。

2. 對在秘魯之無行為能力人之緊急保護措施，或對於其位於共和國境內之財產之保護，依秘魯之法律。

第二千零七十二條

外國、其他外國公法人及依拘束秘魯之國際條約而成立之國際公法人，得依秘魯法律在內國取得權利、負擔義務。

第二千零七十三條

1. 私法人之存在及其行為能力，依其設立地國之法律。

2. 於外國設立之私法人在秘魯當然被承認，並有完全之行為能力以偶然或個別行使與其目的有附屬關係之權利及起訴。

3. 於內國境內為其設立目的之經常性行為者，依秘魯法律之規定。

4. 被承認之外國法人之行為能力，以內國法人依秘魯法律所享有者為限。

第二千零七十四條

應適用不同法律之法人間之合併，依各該不同之法律；但合併發生在第三國者，依合併地國之法律。

第二千零七十五條

婚姻之能力及其實質要件，依各當事人之住所地法。

第二千零七十六條

結婚之形式，依其舉行地法。

第二千零七十七條

夫妻間身分上之權利義務關係，依夫妻之住所地法。夫妻之住所不同者，依其最後之共同住所地法。

第二千零七十八條

夫妻財產制及夫妻間財產法上之關係，依最初之夫妻住所地法。住所之變更，於夫妻就住所變更前或變更後所取得之財產所生之法律關係之準據法，無影響。

第二千零七十九條

1. 婚姻之無效性，依其據以主張無效之實質要件之準據法。

2.以意思之瑕疵爲婚姻無效之原因者，依結婚地法。

第二千零八十條

無效婚姻之效力，依夫妻之住所地法，但因夫妻財產制所生之財產法上效力，不在此限。

第二千零八十一條

離婚與分居之權利，依夫妻之住所地法。

第二千零八十二條

1.離婚與分居之理由，依夫妻之住所地法，並以發生於夫妻之住所設定後者爲限，始得主張之。

2.離婚與分居之民事上效力，亦適用同一法律，但因夫妻財產制所生之財產法上效力，不在此限。

第二千零八十三條

子女之婚生性，依結婚地法與子女出生時之夫妻之住所地法中較有利於認定婚生性之法律。

第二千零八十四條

1.子女之非婚生性之確定及其效力與撤銷，依父母與子女之共同住所地法，無共同之住所地法時，依與子女有事實上親子關係之父母之住所地法。

2.如父母與子女均無事實上之親子關係時，依子女之住所地法。

第二千零八十五條

子女之認領，依其住所地法。

第二千零八十六條

1.因後婚姻而準正者，依父母之結婚地法。但依子女之住所地法應得子女之同意者，依其規定。

2.因行政行爲或司法行爲而爲準正之能力，依聲明準正之父母之住

所地法；因行政行為或司法行為而受準正之能力，依子女之住所地法；準正之行為，應符合上述二項法律規定。

3.撤銷準正之訴，依子女之住所地法。

第二千零八十七條

收養依下列規定:

一、收養以收養人之住所地法與被收養人之住所地法所許可者為限。

二、下列事項依收養人之住所地法:

(一)收養之能力。

(二)收養人之年齡與身分關係。

(三)收養人配偶之具體同意。

(四)其他收養人應得許可之要件。

三、下列事項依被收養人之住所地法:

(一)被收養之能力。

(二)被收養人之年齡與身分關係。

(三)未成年人之親生父母或法定代理人之同意。

(四)被收養人與其自然血親間之血親關係之停止或繼續。

(五)未成年人出國之許可。

第二千零八十八條

對物之物權之發生、內容與消滅,依該物權發生時其物之所在地法。

第二千零八十九條

1.運送中之物品，以其最後之目的地為其所在地。

2.當事人就運送中之物之渡權之得喪，得約定依該權利所據以得喪之法律行為所應適用之法律，或依物之發送地法。

3.當事人之選擇法律，不得對抗第三人。

第二千零九十條

物之所在地之變更，於依前準據法有效取得之權利，無影響。但因符合物之新所在地法之規定而取得之權利，得對抗第三人。

第二千零九十一條

物之取得時效及物上請求權之消滅時效，如物於時效期間內變更其所在地者，依時效完成時物之所在地法。

第二千零九十二條

因運送方法之須要而對物權之發生、移轉與消滅提出證書或登記者，依證書發出或登記地法。

第二千零九十三條

1. 智慧、藝術與工業財產之物權之存在與效力，依國際條約與特別法之規定，如不應適用特別法時，依其物權之登記地法。

2. 前項權利之承認與行使之要件，依其當地之法律之規定。

第二千零九十四條

法律行為之方式與書面，依其成立地法或規範其行為所形成之法律關係之法律。於秘魯外交或領事機關作成之書面，其形式依秘魯之法律。

第二千零九十五條

1. 契約之債，依當事人明示選擇之法律，無明示選擇之法律時，依其履行地法。但債應在數地履行者，依其主要債務之履行地法，無法確定其主要之債時，依契約之成立地法。

2. 履行地未經明示決定，並無法自債之性質明白判定時，依契約之成立地法。

第二千零九十六條

應適用之強行法與當事人意思自治之限制，依第二〇九五條所決定

之法律之規定。

第二千零九十七條

　1.契約外之責任，依引起損害之發生之主要行為地國之法律。因不

　作為而生之責任，依違法者應為作為之地之法律。

　2.行為人依損害發生地法應負責任，但依作為或不作為之行為地法

　無庸負責者，依損害發生地法，但以行為人可預見其作為或不作

　為將導致發生於該地之損害者為限。

第二千零九十八條

　法定之債、無因管理、不當得利及非債清償，依其債之法律關係所

　由發生，或本應發生法律關係之行為之實行地法。

第二千零九十九條

　請求權之消滅時效，依其所由發生之債之準據法。

第二千一百條

　繼承，無論遺產位於內國或外國，依被繼承人之最後住所地法。

第二千一百零一條

　依被繼承人之住所地法，應將共和國境內之標的物移轉予外國或外

　國機關時，依秘魯法律之規定。

第四章　外國法院判決與仲裁判斷之承認與執行

第二千一百零二條

　1.外國法院之判決在共和國境內，有國際條約所賦予之效力。

　2.未與被請求之判決之制作國締結條約時，其判決之效力與該國承

　認秘魯法院之判決者同。

第二千一百零三條

　1.拒絕執行秘魯法院之判決之外國法院所制作之判決，在共和國境

內無效。

2. 前項規定，於秘魯法院之判決受實體審查者，亦適用之。

第二千一百零四條

除第二一○二條及第二一○三條所規定者外，在共和國境內承認外國法院之判決，應符合下列規定：

(a) 該判決之事項非屬秘魯法院之專屬管轄者。

(b) 外國法院依國際私法之規則與國際司法管轄之一般原則，就該事項有管轄權者。

(c) 被告已依程序地之法律被合法送達，可於合理期間內應訴，並享有防禦上之程序保障者。

(d) 該判決依程序地之法律，已有法律上效力（既判力）者。

(e) 當事人就同一訴訟標的，在秘魯無先於所據以為判決之起訴之起訴，而仍繫屬中之訴訟者。

(f) 該判決未與符合本章規定之承認與執行之必要條件之前判決相牴觸者。

(g) 該判決未違背公共秩序或善良風俗者。

(h) 經證明互惠者。

第二千一百零五條

1. 受理承認外國法院破產宣告判決之秘魯法院，自受理聲請承認時起，得為臨時保護措施。

2. 於秘魯承認外國法院之破產宣告判決，應符合秘魯法律就內國破產程序所規定之通知與公告之要件。

3. 於外國宣告並於秘魯受承認之破產之效力，就其在秘魯之財產與債權人之權利，依秘魯法律之規定。

4. 法官應依秘魯法律之規定，就在秘魯之財產進行整理、管理與清

算，以依破產法規定之優先次序，滿足設定住所於秘魯之債權人
之請求與清償於秘魯登記之債權。

5. 無設定住所於秘魯之債權人或於秘魯登記之債權，或已依前項規
定清償此等債權後，如有剩餘財產，應於秘魯法官認許執行人
(Exequatur) 陳報之外國債權之數額與優先次序後，宜交外國
之破產管理人。

第二千一百零六條

外國法院之判決符合第二一〇二條至第二一〇五條規定之要件者，
經利害關係人之請求，於程序得執行之。

第二千一百零七條

依第二一〇六條之規定請求時，應將依法翻譯成西班牙文並經認證
之判決全文，連同證明已符合本章規定之要件之文件，提出之。

第二千一百零八條

1. 執行之程序，依民事訴訟法之規定。外國法院之判決經宣告為可
執行者，其執行力與內國法院之判決同。

2. 外國法院就自願接受管轄之非訟事件之判決，無需經執行人程序。

第二千一百零九條

外國法院之判決經依法認證者，縱未經執行人程序，在秘魯亦有公
文書之證據價值。

第二千一百十條

外國法院之判決符合本章規定之要件者，就其法律上效力（既判
力）之抗辯，縱未經執行人程序，亦得提起之。

第二千一百十一條

本章之規定於外國法院關於停止程序之裁判，尤其是刑事判決對民
事損害賠償之影響，於仲裁判斷準用之。

十三、德國一九八六年七月二十五日
國際私法條文民法施行法

第二章　國際私法

第一節　引　　致

第三條　一般引致規定

1. 涉案事實與外國法律有牽連者，其應適用之法制（國際私法），依下列規定決定之。對實體規定之引致，其指向不包含各該法制之國際私法。

2. 國際公法上協議之內容，於成為可直接適用之國內法之限度內，其適用優先於本法。但歐洲共同體所頒佈法案之規定，不因此而受影響。

3. 依第三節與第四節規定，個人財產引致某國法者，不在該國之標的物仍應依其所在地國法之特別規定。

第四條　反致、轉致與一國數法

1. 引致外國法律者，於不違背引致意旨之限度內，亦引致其國際私法。該外國法反致於德國法者，則適用德國之實體法規定。

2. 當事人之選擇適用某國法律，其引致僅限於實體規定。

3. 引致具有數部分法制之國之法律者，如無特別指定，應依該國法律決定應適用之法制。無此種規定時，適用與涉案事實具最重要牽連之部分法制。

第五條　屬人法

1. 一人同屬於數國，而引致其本國法者，依其因經常住居或生活歷程等因素，而生最重要牽連關係之國之法律。如其亦爲德國人，應優先適用德國法。

2. 無國籍或國籍不能確定者，依其習慣居所地國法，無習慣居所者，依其居所地國法。

3. 引致人之居所或習慣居所地國法者，無完全行爲能力人欠缺法定代理人之意思，單純其變更居所，於法律之適用無影響。

第六條　公共秩序

外國法律規範適用之結果，如與德國法之重要原則相牴觸，卽不予適用。其適用如與保障基本權利之意旨相違，尤不應適用之。

第二節　自然人與法律行爲法

第七條　權利能力與行爲能力

1. 人之權利能力與行爲能力，依其本國法。因結婚而擴張行爲能力者，亦同。

2. 已取得之權利能力或行爲能力，不因取得或喪失德國人之法律地位，而受不利影響。

第八條　禁治產

外國人於內國有習慣居所，或無習慣居所而有居所者，得依德國法之規定宣告禁治產。

第九條　死亡宣告

死亡宣告、死亡與死亡時點之確定、及生存或死亡之推定，依失蹤人仍有最後生存音訊時之本國法。失蹤人當時爲外國人者，亦得爲合理之利益，依德國法爲死亡宣告。

第十條　姓　名

1. 人之姓名，依其本國法。

2. 於內國結婚之配偶，得依下列規定之一，向身分登記官表示，選擇結婚後之姓。

   (a) 依配偶一方之本國法，並排除第五條第一項規定之適用。

   (b) 依德國法之規定，但以其中一人在內國有習慣居所者爲限。

3. 德國人與外國人之結婚非在內國舉行，雙方配偶於結婚時亦未就結婚後之姓爲表示者，德國籍配偶得表示願依他方配偶之本國法，決定其姓。此項表示以須在德國人事身分簿上登記者爲限，最遲應於返回內國後一年內爲之；並準用婚姻法第十三條之一第三項及民法第一六一七條第二項第二句及第三句之規定。德國籍配偶未爲表示者，在婚姻中使用結婚時之姓。

4. 非在內國結婚，而至少一方非德國人之配偶，未使用共同之姓者，有下列情形之一時，得爲民法第一三五五條第二項第一句之表示：

   (a) 其中一方有習慣居所於內國者。

   (b) 德國法爲婚姻一般效力之準據法者。第三項第二句之規定亦適用之。

6. 父母均非德國人者，子女之法定代理人得依下列規定之一，於其出生證書作成前，向身分登記官指定子女之姓：

   (a) 依父或母之本國法，並排除第五條第一項規定之適用。

   (b) 依德國法之規定，但以父或母在內國有習慣居所者爲限。

      非婚生子女亦得依父或母之本國法或授姓人之本國法，取得其姓。

第十一條　法律行爲之方式

1. 法律行爲符合爲其標的之法律關係所應適用之法律或其行爲地國

法所規定之方式要件者，其方式爲有效。

2. 契約當事人在不同國家者， 符合爲其標的 之法律關係 所應適用之法律或其中一國之法律所規定之方式要件者， 其方式 爲 有 效。

3. 由代理人代訂之契約， 前二項規定之國家， 以代理人所在國爲準。

4. 契約以土地之物權或其使用權爲標的者，適用土地所在國關於其方式之強行規定，但依該國法律應斟酌契約之訂立地法與契約之準據法者，不在此限。

5. 創設或處分物之權利之法律行爲， 符合爲其標的之法律關係所應適用之法律所規定之方式要件者， 其方式始爲有效。

第十二條 契約他方當事人之保護

契約當事人同在一國者，其中之自然人雖依該國之實體法規定有權利能力與行爲能力， 仍得主張其依他國法律無權利能力與行 爲 能力，但以他方當事人於訂約時明知或應知其無權利能力與行爲能力者爲限。上述規定於親屬法與繼承法之法律行爲， 與對他國土地之處分，不適用之。

第三節　親屬法

第十三條 結　婚

1. 結婚之要件，依各婚約人之本國法。

2. 依前項規定不符合要件者， 有下列情形時， 依德國法：

（a） 婚約之一方有習慣居所於內國或爲德國人者，

（b） 婚約之一方爲符合要件， 已採行可行之措施者，

（c） 否定其結婚與結婚自由相違者；婚約之一方之前婚姻，已因

此處所爲或所承認之判決，或因婚約之一方之配偶被宣告死亡而解除時，其前婚姻尤不妨礙結婚。

3. 在內國之結婚，僅得依內國規定之方式爲之。但非德國人間之結婚，亦得於婚約之一方之本國政府依法授權之人之前，依其本國法規定之方式爲之；依此方式結婚，而由經依法授權之人所爲結婚登記之繕本經認證者，就身分之登記有結婚之完全證明力。

第十四條　*結婚之一般效力*

1. 結婚之一般效力之準據法，其順序如下：

   (a) 配偶雙方共同之本國法，或婚姻關係中最後之共同之本國，且配偶之一方仍有其國籍之國家之法律。

   (b) 配偶雙方共同之習慣居所地國法，或婚姻關係中最後之共同之習慣居所地，而配偶之一方仍有習慣居所於該地之國家之法律。

   (c) 依其他方法判定，與配偶雙方有共同之最密切牽連之國家之法律。

2. 配偶之一方有數國籍時，配偶雙方得排除第五條第一項規定之適用，而選擇他方亦有其國籍之國家之法律爲準據法。

3. 配偶雙方於不符合第一項第一款規定之要件，而有下列情形之一時，得選擇配偶之一方之本國法爲準據法：

   (a) 配偶雙方均無其共同之習慣居所地國之國籍者，

   (b) 配偶雙方之習慣居所地不在同一國者。

   選擇準據法之效力，終於配偶雙方取得共同之國籍時。

4. 準據法之選擇應經公證。其非於內國爲之者，僅須符合所選擇之法律或選擇地國法所規定之婚姻契約之形式要件。

第十五條　*夫妻財產制*

1. 結婚之夫妻財產法上效力，依結婚時結婚之一般效力之準據法。

2. 配偶雙方得選擇下列規定之法律，為其結婚之夫妻財產法上效力之準據法：

(a) 配偶之一方之本國法，

(b) 配偶之一方之習慣居所地國法，

(c) 關於不動產事項，其所在地國法。

3. 第十四條第四項之規定準用之。

4. 本法之規定，於被驅逐出境者與難民之夫妻財產制無影響。

第十六條　第三人之保護

1. 結婚之財產法上效力係依他國法律，而配偶之一方在內國有習慣居所或於本地營業者，準用民法第一四一二條之規定；外國之法定夫妻財產制，視為約定之夫妻財產制。

2. 如其規應比外國法更有助於善意第三人之保護時，在內國所為之法律行為，準用民法第一三五七條之規定；在本地之動產，準用民法第一三六二條之規定；在本地所為之營業行為，準用民法第一四三一條及第一四五六條之規定。

第十七條　離　婚

1. 離婚，依聲請離婚之訴訟繫屬時結婚之一般效力之準據法。依其規定不得離婚者，離婚以聲請離婚之配偶此時或結婚時為德國人者為限，依德國法。

2. 離婚，在內國僅得依法院之裁判為之。

3. 贍養之補償，依第一項第一句規定之準據法；其實現以配偶之一方於聲請離婚之訴訟繫屬時之本國法所規定者為限。依其規定不得請求贍養之補償，而有下列情形之一，且其實現經斟酌雙方之

經濟狀況與非在內國消費之時間，認爲符合衡平時，配偶之一方得聲請依德國法實現之：

(a) 配偶之他方於婚姻存續期間，已取得內國之贍養補償期待權者。

(b) 婚姻存續期間中，結婚之一般效力之準據法，規定贍養之補償者。

第十八條　扶　　養

1. 扶養，依扶養權利人習慣居所地國之實體規定。扶養權利人依其規定無法獲得扶養義務人之扶養時，依其共同之本國法之實體規定。

2. 扶養權利人依前項第一句或第二句之規定，均無法獲得扶養義務人之扶養時，依德國法。

3. 旁系親屬或姻親間之扶養義務，扶養義務人得以其共同之本國法，或無共同之國籍時之扶養義務人之習慣居所地法之實體規定，未規定此項義務而拒絕扶養權利人之請求。

4. 離婚係在本地裁判或被承認者，離婚配偶間之扶養義務與關於此項義務之裁判之變更，依離婚之準據法。婚姻關係未解消之分居，或結婚被宣告爲無效或不成立者，亦同。

5. 扶養權利人與扶養義務人均爲德國人，且扶養義務人有習慣居所於內國者，依德國法。

6. 下列事項，尤其應依扶養義務之準據法決定之：

(a) 扶養權利人之得否請求、得於何種範圍及得向何人請求扶養。

(b) 何人有權發動扶養程序及發動扶養程序之期間。

(c) 擔負公法上任務之機構，依其所根據之法律，就其對扶養權利人所爲之給付，得主張求償權時，扶養義務人所負償還義務之範圍。

7.扶養數額之計算，縱準據法另有其他規定，亦應斟酌扶養權利人之需要及扶養義務人之經濟狀況。

第十九條　婚生子女

1.子女之婚生身分，依其出生時其母依第十四條第一項規定之結婚之一般效力之準據法。當時配偶雙方之國籍不同，而子女依配偶之一方之本國法爲婚生者，即爲婚生。婚姻於出生前已解消者，以解消之時點爲準。子女亦得依其習慣居所地法，否認爲婚生。

2.父母與婚生子女間之法律關係，依第十四條第一項規定之結婚之一般效力之準據法。未結婚者，依子女習慣居所地國法。

3.子女之福利有被妨害之虞者，亦得依子女習慣居所地國法，採取保護措施。

第二十條　非婚生子女

1.非婚生子女之血統關係，依子女出生時其母之本國法。父對母因懷胎所生之義務，亦同。父之身分，亦得依子女出生時父之本國法，或子女之習慣居所地國法確定之。

2.父母與非婚生子女間之法律關係，依子女之習慣居所地國法。

第二十一條　認　領

1.依嗣後之結婚而認領者（譯者註：準正），依第十四條第一項規定之結婚之一般效力之準據法。配偶雙方之國籍不同者，子女亦得依配偶之一方之本國法被認領。

2.非依嗣後之結婚而認領者，依表示該子女爲婚生子女之父或母認領時之本國法，其於認領前死亡者，依其最後之本國法。

第二十二條　收　養

收養，依收養人收養時之本國法。配偶雙方或一方之收養，依第十

四條第一項規定之結婚之一般效力之準據法。

第二十三條　同　　意

宣告血統關係、授姓、認領或收養時，子女與其親屬法上之利害關係人同意之必要性與授予，亦依子女之本國法。爲子女福利之必要時，以德國法取代其本國法而適用之。

第二十四條　監護與養護

1. 監護與養護之發生、變更與終止，及法定監護與養護之內容，依被監護或養護人之本國法。第八條規定之禁治產，得依德國法命爲監護；爲執行其措施亦得依民法第一九一〇條之規定，命爲養護。

2. 事件之參與人不能確定或參與人在其他國家，而有必要養護時，依其事件之準據法。

3. 暫時性處分與命爲監護與養護之內容，依命爲監護與養護國之法律。

第四節　繼承法

第二十五條　死因權利繼承

1. 死因權利繼承，依被繼承人死亡時之本國法。

2. 被繼承人就在內國之不動產，得以死因處分之方式，選擇德國法。

第二十六條　死因處分

1. 遺囑，縱係數人共立於一文書，符合下列法律規定之方式要件者，其方式有效：

   (a) 被繼承人立遺囑或死亡時之本國法，第五條第一項之規定不適用之。

　(b) 被繼承人立遺囑地之法律。

　(c) 被繼承人立遺囑或死亡時之住所或習慣居所地法。

　(d) 就不動產事項之不動產所在地法。

　(e) 死因權利繼承之準據法或立遺囑時之準據法。

被繼承人之住所，依當地之現行法決定之。

2.第一項之規定，於撤回前遺囑之遺囑，亦適用之。被撤回之遺囑依第一項規定之規定為有效者，其撤回符合各該法制之規定時，其方式亦為有效。

3.因年齡、國籍或其他個人資格，而限制被繼承人之遺囑方式之規定，視為關於方式之事項。關於遺囑之有效成立，證人所必須具備之資格，亦同。

4.其他死因處分，準用第一項至第三項之規定。

5.死因處分其餘之有效成立及其拘束力，依處分時死因權利繼承之準據法。已取得之遺囑能力，不因取得或喪失為德國人之法律地位，而受不利影響。

第五節　債　　法

第一小節　契約之債

第二十七條　自由選擇法律

1.契約，依當事人所選擇之法律。法律之選擇，應明示或由契約之約定或案件之事實情況可得充分確定。當事人之選擇法律，得就契約之全部或僅就其一部為之。

2.當事人就以前選擇之法律或依本小節其他規定決定之準據法，得隨時合意使契約改依其他之法律。 第十一條規定之契約之方式

有效性與第三人之權利，不因訂約後準據法合意之改變，而受影響。

3. 選擇法律時之事實情狀，僅與一國有牽連者，對其他國家法律之選擇，縱以他國法院管轄之合意爲補充，亦不影響該國不得以契約排除之規定（強制規定）之適用。

4. 當事人之準據法合意之成立與有效性，依第十一條、第十二條、第二十九條第三項及第三十一條之規定定之。

第二十八條　未選擇法律之準據法

1. 未依第二十七條就準據法達成合意者，依顯示與契約有最密切牽連之國家之法律，但契約之一部與他部分可分離，而該他部分顯示與其他國家更有密切牽連者，得例外就該他部分適用其他國家之法律。

2. 應爲具代表性之給付之當事人，其訂約時之習慣居所地國，或涉及公司、社團或法人時其主事務所所在國，推定與契約有最密切牽連。契約係因當事人一方之職業或營業上活動而訂立者，推定其主營業所所在國，或依契約應由主營業所以外之營業所爲給付者，該他營業所所在國，爲與契約有最密切牽連之國。本項規定對於不能確定具代表性給付者，不適用之。

3. 契約以對土地之物權或使用權爲標的者，推定契約與土地所在國有最密切牽連。

4. 關於貨物運送契約，推定與訂約時運送人之主營業所所在國有最密切牽連，但以該國亦爲轉運地或卸貨地或託運人之主營業所所在國爲限。單程租傭契約或其他主要用於貨物運送之契約，視爲貨物運送契約而適用本項之規定。

5. 事實情況之整體顯示，契約與其他國家有最密切牽連者，不適用

第二項至第四項之推定。

第二十九條　消費者契約

1.權利人（消費者）關於交付動產或提供勞務之契約，非係因職業或營業上活動而爲，而有下列情形之一時，當事人之選擇法律，不得導致剝奪消費者依其習慣居所地國之強制規定應有之保護，契約係提供該行爲之融資者，亦同。

(a) 訂約前在該國有明示要約或廣告，而消費者在該國已爲必要之法律上行爲者，

(b) 消費者之契約相對人或其代理人，在該國接受消費者之訂單者，

(c) 契約與商品買賣有關，而出賣人爲與消費者訂約，促使消費者由該國至他國旅行，並在他國訂購者。

2.未選擇法律時，在第一項之事實情況下成立之消費者契約，依消費者之習慣居所地國法。

3.在第一項之事實情況下成立之消費者契約，不適用第十一條第一項至第三項之規定。此等契約之方式，依消費者之習慣居所地國法。

4.前三項之規定，於下列契約不適用之:

(a) 旅客運送契約。

(b) 消費者僅在其習慣居所地國以外之國家提供勞務之契約。

但對於含運送與住宿之包價之旅遊契約，仍適用之。

第三十條　勞動契約及個人之勞動關係

1.當事人就勞動契約及勞動關係之選擇法律，不得導致剝奪勞動者依第二項未選擇法律之準據法時，強制規定所賦予之保護。

2.未選擇法律時，勞動契約及之勞動關係依下列國家之法律:

(a) 勞動者履行契約之習慣工作地國，縱暫時被派往他國者，亦同。

(b) 勞動者之工作習慣上不在同一國者，其僱用人之事務所所在國。

但依整體事實情況，得認勞動契約或勞動關係與他國有更密切之牽連者，不在此限；於此情形應適用該他國法。

第三十一條　合意與實體效力

1. 契約或其約定之成立，依契約或該約定有效時之準據法。

2. 一方當事人態度之效力，事實情況顯示依前項規定決定準據法不公平時，該當事人得依其習慣居所地國法，主張其未同意該契約。

第三十二條　契約準據法之適用範圍

1. 第二十七條至第三十條、第三十三條第一項及第二項規定之準據法，尤其適用於下列情形：

(a) 契約之解釋。

(b) 因契約所生債務之履行。

(c) 債務全部或一部不履行之效果，包括損害之計算，但以其適用之法律規定在德國程序法指定之範圍內者為限。

(d) 各種消滅債務之方法、消滅時效與因期間之經過而生之權利喪失。

(e) 契約無效之效果。

2. 關於履行之方法與履行有瑕疵時債權人所得為之措施，應斟酌履行地國法。

3. 契約之準據法就契約之債之關係，所設之法律推定或舉證責任之分配，應予適用。德國程序法之所有證明方法，及第十一條與第二十九條第三項規定之準據法所規定，且不牴觸前者之所有證明

方法，皆可用以證明法律行爲，但後者以依其規定法律行爲之方式有效者爲限。

第三十三條　債權讓與；法定債權讓與

1. 債權讓與時原債權人與新債權人間之義務，依其間契約之準據法。

2. 債權之可讓與性、新債權人與債務人間之關係、讓與得對抗債務人之要件與債務人給付所生之免責效力，依被讓與之債權之準據法。

3. 第三人有使債權人滿足之義務者，其依債務人與債權人間關係之準據法，所得對債務人主張全部或一部原債權之權利，依第三人義務之準據法。數人應履行同一債務，而由債權人由其中一債務人獲得滿足者，亦同。

第三十四條　強制規定

德國法上排除契約準據法，而強制規制事實情況之規定之適用，不受本小節規定之影響。

第三十五條　反致、轉致與一國數法

1. 本小節規定之準據法，指該國之現行實體規定。

2. 一國包括數領域單位，而各領域單位對契約之債各有其獨自之法律規定者，關於本小節準據法之確定，各領域單位以國家論。

第三十六條　統一解釋

本章關於契約之債之規定之解釋與適用，應注意其所本之一九八〇年六月十九日契約之債準據法公約（一九八六年聯邦法律公報第二部第八〇九頁）之規定，在締約國解釋與適用之統一。

第三十七條　例　外

下列情形，不適用本小節之規定：

(a) 因滙票、支票與其他無記名或指示證券之流通，所生之義務。

(b) 公司法、社團法與法人法之問題，如設立、權利能力與行爲能力、公司、社團與法人之內部組織與解散、股東與機關個人對公司、社團或法人之法律責任。

(c) 代理人是否使其所稱之本人對第三人負擔義務，或公司、社團或法人之機關能否使該公司、社團或法人對第三人負擔義務之問題。

(d) 除再保險契約外，就在創立歐洲經濟共同體之條約之適用區域內，所生風險而定之保險契約。風險是否位於此區域之決定，依法庭地法。

第二小節　契約外之債

第三十八條　*侵權行爲*

因於外國所爲之侵權行爲，對德國人之請求，以不超過依德國法成立者爲限。

十四、日本「法例」

（明治三十一年六月二十一日法律第十號）

（修正：昭和十七年法律第七號、昭和二十二年法律第二二三號、昭和三十九年
法律第一〇〇號、昭和六十一年法律第八四號、平成元年法律第二七號）

第一條　*法律施行日期*

法律自公布之日起算，滿二十日施行之，但法律另有規定者，不在
此限。

第二條　*習慣法*

不違背公共秩序或善良風俗之習慣，以法令之規定所認許，且關於
法令未規定之事項為限，與法律有同一之效力。

第三條　*行為能力*

1. 人之能力，依其本國法定之。

2. 外國人依其本國法無能力，但依日本法律有能力者，就其在日本
   所為之法律行為，不受前項規定之拘束，視為有能力人。

第四條　*禁治產*

1. 禁治產之原因，依禁治產人之本國法，其宣告之效力，依宣告國
   之法律。

2. 在日本有住所或居所之外國人，依其本國法有禁治產之原因者，
   法院得對其為禁治產之宣告，但日本法律不認許其原因者，不在
   此限。

第五條　*準禁治產*

前條之規定，於準禁治產準用之。

第六條　失蹤宣告

外國人生死不明者，法院得僅就其在日本之財產及適用日本法律之
法律關係，依日本之法律爲失蹤之宣告。

第七條　法律行爲之成立與效力

1. 法律行爲之成立與效力，依當事人意思決定應適用何國之法律。
2. 當事人意思不明者，依行爲地法。

第八條　法律行爲之方式

1. 法律行爲之方式，依法律行爲之效力所應適用之法律。
2. 不依前項之規定，而依行爲地法規定之方式者，亦爲有效，但就
   物權或其他應登記之權利所爲之設定或處分行爲，不在此限。

第九條　不同法域間之法律行爲

1. 所在地之法律不同之人爲意思表示者，以發要約通知地爲行爲
   地。
2. 關於契約之成立與效力，以發要約通知地爲行爲地。受要約人於
   承諾時不知要約發信地者，以要約人之住所地爲行爲地。

第十條　應登記之權利

1. 關於動產、不動產之物權及其他應登記之權利，依標的物所在地
   法。
2. 前項規定之權利之得喪，依其原因事實完成時標的物之所在地
   法。

第十一條　無因管理、不當得利與侵權行爲

1. 因無因管理、不當得利或侵權行爲而生之債之成立與效力，依其
   原因事實發生地法。
2. 侵權行爲發生在外國之事實，如依日本法律非爲不法者，不適用

前項之規定。

3.發生在外國之事實，雖依日本法律為不法，被害人仍不得請求未認許之損害賠償或其他處分。

第十二條 債權讓與

債權讓與對於第三人之效力，依債務人之住所地法。

第十三條 婚姻成立之要件

1.婚姻成立之要件，依各當事人之本國法定之。

2.結婚之方式，依其舉行地之法律。

3.不依前項之方式，而依當事人之本國法者，亦為有效，但當事人之一方為日本人，且於日本結婚者，不在此限。

第十四條 婚姻之效力

婚姻之效力，於夫妻有共同之本國法時，依其本國法之規定；無共同之本國法，而有共同之習慣居所地法時，依其習慣居所地法之規定；亦無共同之習慣居所地法者，依與夫妻具有最密切關係之地之法律。

第十五條 夫妻財產制

1.前條之規定，於夫妻財產制準用之。但夫妻於其簽名而附有日期之文件，決定依下列規定之法律之一者，其夫妻財產制依其所決定之法律：

一　夫妻之一方之本國法。

二　夫妻之一方之習慣居所地法。

三　關於不動產之夫妻財產制，其不動產所在地法。

2.夫妻財產制適用外國法者，關於在日本所為之法律行為及在日本之財產，不得對抗善意第三人。此種不得主張夫妻財產制之情

形，關於第三人與夫妻財產制間之關係，依日本法律。

3.依外國法所爲之夫妻財產契約，於日本登記者，不受前項規定之拘束，得對抗第三人。

第十六條　離　婚

第十四條之規定，於離婚準用之。但夫妻之一在日本有習慣居所或爲日本人者，其離婚依日本法律。

第十七條　婚生子女

1.依夫妻之一方之本國法，子女出生時爲婚生者，該子女爲婚生子女。

2.夫於子女出生前死亡者，以夫死亡時之本國法，爲前項之夫之本國法。

第十八條　非婚生子女

1.非婚生子女之親子關係之成立，關於其與父間之親子關係，依子女出生時父之本國法，關於其與母間之親子關係，依當時母之本國法。關於因認領子女而生之親子關係之成立，依認領時子女之本國法，子女或第三人之承諾或同意爲認領之要件者，亦應具備其要件。

2.認領子女，除前項前段規定之法律外，依認領時認領人或被認領人之本國法。其依認領人之本國法者，準用同項後段之規定。

3.父於子女出生前死亡者，以父死亡時之本國法，爲第一項之父之本國法。前項之人於認領前死亡者，以其死亡時之本國法，爲其同項之本國法。

第十九條　準　正

1.子女，依準正要件事實完成時之父或母或子女之本國法，準正成

立者，取得婚生子女之身分。

2.前項規定之人於準正要件事實完成前死亡者，以死亡時之本國法，爲其同項之本國法。

第二十條　收養及其終止

1.收養，依收養人收養時之本國法。被收養人之本國法關於收養之成立，以被收養人或第三人之承諾或同意，或公共機關之許可或其他處分爲要件者，亦應具備其要件。

2.被收養人與其自然血親之親屬關係之終止，及收養之終止，依前項規定之法律。

第二十一條　親子間之法律關係

親子間之法律關係，於子女之本國法，與父母之本國法或父母一方不在時他方之本國法同一者，依子女之本國法。其他情形依子女之習慣居所地法。

第二十二條　方式之特別規定

關於第十四條至前條規定之親屬關係之法律行爲之方式，依關於該行爲之方式之法律，但依行爲地法者，亦爲有效。

第二十三條　親屬關係

第十三條至第二十一條規定以外之親屬關係及其所生之權利義務，依當事人之本國法定之。

第二十四條　監　　護

1.監護，依監護人之本國法。

2.於日本設有住所或居所之外國人之監護，以依其本國法有開始監護之原因，而無人執行監護事務，或在日本受禁治產宣告者爲限，依日本法律。

第二十五條　保　佐

前條之規定，於保佐準用之。

第二十六條　繼　承

繼承，依被繼承人之本國法。

第二十七條　遺　囑

1.遺囑之成立及其效力，依其成立時遺囑人之本國法。

2.遺囑之撤銷，依撤銷時遺囑人之本國法。

第二十八條　本國法

1.當事人有二個以上之國籍者，以其具有國籍，且有習慣居所之國之法律，無此國者，以與當事人具有最密切關係之國之法律，爲當事人之本國法。但其國籍中有日本國籍者，以日本法律爲其本國法。

2.應依當事人之本國法，而當事人無國籍者，依其習慣居所地法。但適用第十四條（包括第十五條第一項及第十六條準用之情形）或第二十一條之規定者，不在此限。

3.當事人有法律因地方而異之國之國籍者，以依該國之規則指定之法律，無規則者，以與當事人具有最密切關係之地方法律，爲當事人之本國法。

第二十九條　住所地法

1.應依當事人之住所地法者，不知其住所地時，依其居所地法。

2.當事人有二個以上之住所者，以與當事人具有最密切關係之住所地之法律，爲當事人之住所地法。

第三十條　習慣居所地法

應依當事人之習慣居所地法者，不知其習慣居所地時，依其居所地法。但適用第十四條（包括第十五條第一項及第十六條準用之情形）

之規定者，不在此限。

第三十一條　人際法律衝突

1. 當事人有法律因人而異之國之國籍者，以依該國之規則指定之法律，無規則者，以與當事人具有最密切關係之法律，爲當事人之本國法。

2. 前項規定，於當事人有習慣居所之地之法律因人而異時之習慣居所地法，及與夫妻具有最密切關係之地之法律因人而異時之與夫妻具有最密切關係之地之法律，準用之。

第三十二條　反　　致

應依當事人之本國法，而依其國之法律應依日本法律者，依日本之法律，但依第十四條（包括第十五條第一項及第十六條準用之情形）及第二十一條之規定，應依當事人之本國法者，不在此限。

第三十三條　公序良俗

依外國法時，其規定之適用違反公共秩序或善良風俗者，不適用之。

第三十四條　扶養義務、遺囑方式之不適用本法

1. 關於夫妻、親子以外之其他親屬關係所生之扶養義務，不適用本法，但第三十條本文之規定，不在此限。

2. 關於遺囑之方式，不適用本法，但第二十八條第二項、第二十九條第一項、第三十條本文及第三十一條之規定，不在此限。

附則（平成元年六月二十八日法律第二十七號）

（施行日期）

1. 本法自公布之日起算，於不超過一年之範圍內，自政令所定之日起施行。

（過渡措施）

2.本法施行前所生之事項，依從前之例。但本法施行時仍繼續之法
　律關係，以本法施行後之法律關係爲限，適用修正後之法例之規
　定。

十五、美國法律整編國際私法

一九七一年第二版，美國法律學院制定

第一章 引 言

第一條 國際私法制定之理由

世界係由分離及不同法律體制之法域所構成，事件及交易發生，以及爭執遞起，均可能與一以上之法域具有重要之牽連關係，爲維持其秩序並解決之，因而有制定一種規則及方法之必要。

第二條 國際私法之主題

國際私法係指每一法域中對於與一以上之法域有重要牽連關係之案件，決定究應給予何種效果之法律。

第三條 法域之定義

在整編本主題中使用時，法域一詞，係表示具有獨立法律體制之一個領域單位而言。

第四條 法律之定義

1. 在整編本主題下使用時，一法域之實體係指其標準、原則及規則之總體，惟不包含其國際私法，而由該法域之法院用來解決繫爭案件之用者。

2. 在整編本主題下使用時，一法域之法律係指該法域之內國法，包含其國際私法規則而言。

第五條 國際私法之性質及發展

國際私法規則，特別是法律選擇規則，大部分爲判例法，因此之

故，與其他普通法規則相同，均不斷接受考驗，此種規則之發展與考驗過程中，所需要考慮的，不僅是相關實體法規則中特殊政策，同時包括涉及多數法域事件之一般政策。

第六條　法律選擇之原則

1. 法院在憲法的限制下，就法律之選擇應遵守其法域制定法之指示。

2. 如一法域無上述制定法時，有關選擇應適用法律之相關因素包含：

(a) 州際及國際制度之需要。

(b) 法庭地之相關政策。

(c) 其他有利害關係法域之相關政策，以及在解決某特定爭執時，這些法域之比較利益。

(d) 正當期待利益之保護。

(e) 某特定法律領域所依據之基本政策。

(f) 確定，預見可能及結果一致。

(g) 應適用法律之決定及適用之便利。

第七條　定　　性

1. 就法律概念及名詞作分類與解釋時，涉及到定性之問題，此名詞在整編本主題中即如此使用。

2. 就國際私法上概念及名詞作分類與解釋時，除第八條另有規定外，依法庭地法律決定之。

3. 就實體法上概念及名詞作分類與解釋時，依規範該爭執問題之法律決定之。

第八條　適用另一法域之法律選擇規則（反致）

1. 除第二項及第三項另有規定外，法庭地法院依其法律選擇規則之

指示，適用另一法域之法律時，適用該法域之實體法。

2.當某特定法律選擇規則之目的在於使法庭地就該特定事實，達到與另一法域法院相同判決時，則法庭地法院應適用另一法域之法律選擇規則，唯應考慮到實際性及可行性。

3.如法庭地法域與某特定爭執或當事人不具有重要牽連關係，且其他有利害關係法域之法院，皆同意選擇某實體法規則以解決此項爭執時，法庭地法院通常也適用此一規則。

第九條　法律選擇之限制

法院不得適用自己法域之實體法以決定某特定爭執，除非適用此一法律時，從自己法域與其他法域對當事人、標的物或牽連事件之關係言爲有理由。

第十條　州際及國際之國際私法

在整編本主題中之規則適用於涉及到美國一州或更多州之涉外案件，同時一般而言，也適用於涉及到一個或更多之外國之涉外案件。但有時由於存在於某一特定國際案件中之一些因素，其可能得到的結果，不同於一個州際案件中所可得到的結果。

第二章　住　　所

第一節　住所之意義及一般要件

第十一條　住　　所

1.住所是一個地方，通常卽爲一個人之家，由於住所與一個人之一致性，國際私法規則有時賦予其決定之重要性。

2.每一個人在任何時間都有一個住所，至少就同一目的言，沒有人在同一時間有二以上之住所。

第十二條　家之定義

家是一個人居住之處所，其爲一個人之家庭、社會及民事生活之中心。

第十三條　住所 —— 決定之準據法

在適用法庭地國際私法規則時，法庭地依其自己之標準決定住所。

第二節　住所之取得及變更

第十四條　原始住所

1. 原始住所是指一個人出生時所有之住所。

2. 婚生子女出生時之住所，卽爲其父該時之住所，但受到第二十二條所述有關父母離婚或分居之限制。假定該子女非其父之婚生子女，或於其父死亡後出生，則該子女之住所卽爲其母該時之住所。

第十五條　選擇住所

1. 選擇住所可以由一個在法律上有能力改變住所者所取得。

2. 除行爲能力外，選擇住所之取得需要

　(a) 第十六條所規定之居住之事實，以及

　(b) 第十八條所規定之心態

3. 於某特定地方居住之事實，必須與必要的心態相符合。假定有該種情形出現，同時又有必要的行爲能力，則發生住所之變更。

第十六條　居住事實之要件

在某一地方設定一個選擇住所，一個人必須在該地有居住之事實；但在某特定居住地方建立一個家，並非取得該一住所所必要。

第十七條　強制下之居住事實

一個人在身體或法律強制下在某地居住之事實，不能設定選擇住所。

第十八條　意願之要件

要在某地設定選擇住所，一個人必須有意使該地至少在該時成爲其家。

第十九條　住所之繼續

住所一經設定就繼續存在，一直到被新住所取代爲止。

第二十條　有二個居住地方者之住所

當一個有能力設定選擇住所者有一個以上之居住地方時，其住所在最初居住之地方，除非第二個居住地方是其主要的家。

第三節　已婚婦女、未成年人、無行爲能力人

第二十一條　妻之住所

1.妻與夫同住時，以夫之住所爲住所，除非妻之特殊情況使此結果爲不合理。

2.妻不與夫同住時，能設定不同的選擇住所。

第二十二條　未成年人之住所

1.未成年人以其同住之父或母之住所爲住所。

2.未成年人不與其父或母同住時，則適用特別規則以決定其住所。

第二十三條　精神耗弱者之住所

1.精神耗弱者可以設定一個選擇住所，如果他具有充分的精神能力去選擇一個家。

2.欠缺必要精神能力者，適用特別規則以決定其住所。

第三章　司法管轄

第一節　對人之司法管轄

第一款　通　　則

第二十四條　對人管轄之基本原則

　　1.當事人與特定法域之關係，足以使管轄權之行使合理者，該特定法域對之有司法管轄權。

　　2.構成對人司法管轄權行使之關係，詳如第二十七條至第五十二條所述。

第二十五條　通知及應訴機會

　　特定法域對於某人雖有司法管轄權，如未以合理之方法將訴訟通知某人及未提供合理之應訴機會者，仍不得行使之。

第二十六條　管轄恆定

　　特定法域對訴訟之某一當事人有司法管轄權者，則其對於因原始訴因嗣後所衍生之任何訴訟程序均有管轄權，但對於每一新的訴訟程序，均應給予該當事人以合理的通知及合理的應訴機會。

第二款　對自然人之管轄

第二十七條　對自然人之管轄基礎

　　1.特定法域有下列管轄權基礎之一者，得對某一自然人行使司法管轄權：

　　(a) 所在地

　　(b) 住所地

　　(c) 居　所

　　(d) 國民或公民

(e) 同　意

(f) 訴訟時到場

(g) 營業於法域內

(h) 行為於法域內

(i) 域外行為而結果在法域內

(j) 物之所有，使用或占有在法域內

(k) 其他使特定法域得合理行使司法管轄權之關係。

2.前項對自然人行使司法管轄權各種基礎之合理性，其情況與範圍於第二十八條至第三十九條說明之。

第二十八條 所在地

特定法域對於永久或臨時所在於其領域內之自然人，得行使司法管轄權。

第二十九條 住所地

特定法域對於在其法域內設有住所之自然人，得行使司法管轄權。

第三十條 居所地

特定法域對於在其法域內設有居所之自然人，得行使司法管轄權，但如該自然人與法域之關係薄弱，致管轄權之行使為不合理者，不在此限。

第三十一條 國民及公民

特定法域對於其國民或公民，得行使對自然人之司法管轄權，但如該自然人與法域之關係特性，致管轄權之行使為不合理者，不在此限。

第三十二條 同　意

特定法域得因自然人之同意而對之行使司法管轄權。

第三十三條 被告到場

特定法域得因自然人以被告之身分到場而對之行使司法管轄權。

第三十四條　原告到場

特定法域對於在該法域內提起訴訟之自然人，於起訴時依該法域法律規定，被告對之得為反訴或另行提起訴訟者，就該等訴訟事件，得行使司法管轄權。

第三十五條　營業於法域內

1.特定法域對於營業於其法域內之自然人，就該營業所生之訴因，得行使司法管轄權。

2.特定法域對於營業於其法域內之自然人，雖於起訴時已停止營業，就該營業所生之訴因，仍得行使司法管轄權。

3.特定法域對於營業於其法域內之自然人，就非在其法域內之營業所生訴因，於該營業之繼續性及實質性足使其法域之行使司法管轄權為合理時，亦得行使司法管轄權。

第三十六條　行為於法域內

1.特定法域對為行為或促使該行為發生於其法域內之自然人，就該行為所生侵權行為之任何訴因，得行使司法管轄權。

2.特定法域對為行為或促使該行為發生於其法域內之自然人，就該行為所生非侵權行為之任何訴因，亦得行使司法管轄權，但因行為之性質或該自然人與該法域或其他法域之關係特性，使該法域之行使司法管轄為不合理者，不在此限。

第三十七條　域外行為而結果在法域內

特定法域對行為於法域外而結果發生在法域內之自然人，就該結果所生之訴因，得行使司法管轄權，但依該結果之性質及該自然人與法域之關係足使該法域之行使司法管轄權為不合理者，不在此限。

第三十八條　有體物之所有、使用或占有在法域內

1.特定法域對其法域內不動產之所有人、使用人或占有人，於其所有、使用或占有時，就該不動產所生

第三十九條 其他關係

特定法域對於自然人，除第二十八條至第三十八條別有規定外，如自然人與法域間之關係，足使其行使司法管轄權爲合理者，仍得行使之。

第四十條 合夥或其他非法人團體

1.特定法域對合夥或其他非法人團體以團體或共同名義爲訴訟時，有權行使司法管轄權，倘如在該情況下，它能依第三十二條至三十九條所規定之一或一以上之基礎上行使管轄權。

2.對合夥或團體所爲之有效判決，關於合夥或團體所應負之責任，其效力及於各該合夥或團體在每一法域內之財產。

第三款 對法人之管轄

第四十一條 內國法人

特定法域對於其法域內之法人，得行使司法管轄權。

第四十二條 對外國法人管轄之基本原則

1.特定法域對於與其關係足使司法管轄權之行使爲合理之外國法人，得行使司法管轄權。

2.構成對外國法人行使司法管轄權充分之關係，詳如第四十三條至第五十二條所述。

第四十三條 外國法人 —— 同意

特定法域得因外國法人之同意而對之行使司法管轄權。

第四十四條 外國法人 —— 代理人之指定

特定法域對涉訟於其法域內而授權代理人或職員收受訴訟文書送達

之外國法人，就該收受送達權限範圍內所生之訴因，得行使其司法
管轄權。

第四十五條　外國法人——被告到場

特定法域得因外國法人以被告之身分到場而對之行使司法管轄權。

第四十六條　外國法人——原告到場

特定法域對於在該法域內提起訴訟之外國法人，依起訴時該法域法
律規定，被告得爲反訴或另行提起訴訟者，就該等訴訟事件，得行
使司法管轄權。

第四十七條　外國法人——營業於法域內

1. 特定法域對於營業於其法域內之外國法人，就該營業所生之訴
因，得行使司法管轄權。

2. 特定法域對於營業於其法域內之外國法人，就非在其法域內之營
業所生訴因，於該營業之繼續性及實質性足使其法域之行使司法
管轄權爲合理時，亦得行使司法管轄權。

第四十八條　外國法人——停止營業

特定法域對於營業於其法域內之外國法人，雖於起訴時已停止營
業，就於該法域營業所生之訴因，仍得行使司法管轄權。

第四十九條　外國法人——行爲於法域內

1. 特定法域對爲行爲或促使該行爲發生於其法域內之外國法人，就
該行爲所生侵權行爲之任何訴因，得行使司法管轄權。

2. 特定法域對爲行爲或促使該行爲發生於其法域內之外國法人，就
該行爲所生非侵權行爲之任何訴因，亦得行使司法管轄權，但因
行爲之性質及該法人與該法域之關係特性，使該法域之行使司法
管轄爲不合理者，不在此限。

第五十條　外國法人——域外行爲而結果在法域內

特定法域對行為於法域外而結果發生在法域內之外國法人，就該結果所生之訴因，得行使司法管轄權，但依該結果之性質及該法人與該法域之關係足使該法域之行使司法管轄權為不合理者，不在此限。

第五十一條 外國法人 —— 有體物之所有、使用或占有在法域內

1. 特定法域對在其法域不動產享有所有、使用或占有之外國法人，於其所有、使用或占有時，就因該不動產所生之任何訴因，得行使司法管轄權。

2. 特定法域對在其法域內之動產，享有所有、使用或占有之外國法人，於該動產於其法域內並為彼所有，使用或占有時，就該動產所生之任何訴由，得行使司法管轄權，但依動產之性質及各該法人與該法域間之關係，使司法管轄權之行使為不合理者，不在此限。

第五十二條 外國法人 —— 其他關係

特定法域對於外國法人，除第四十三條至第五十一條別有規定得行使司法管轄權外，如外國法人與法域間之關係，足使其行使司法管轄權為合理者，仍得行使之。

第四款　影響外國行為或事務之對人管轄

第五十三條 判決執行於法域外

特定法域對於其得行使司法管轄權之自然人，得令其在他法域為一定行為或不為一定行為。

第五十四條 向其他法域為起訴或受訴之裁定

特定法域對於其得行使司法管轄權之自然人，得令其在他法域之法院或政府機關起訴或受訴。

第五十五條　影響域外事物之判決

特定法域對於其得行使司法管轄權之自然人，得令其在該法域內為一定行為或不為一定行為，縱該判決影響於其他法域之事物，亦同。

第二節　對物之司法管轄

第一款　通　則

第五十六條　對物管轄之基本原則

1. 物與特定法域之關係，足以使管轄權之行使為合理者，該特定法域對於物上利益有司法管轄權。
2. 構成對物上利益行使司法管轄權之充份關係，詳如第五十九條至第六十八條所述。

第五十七條　通知及應訴之機會

特定法域對於物上利益雖有司法管轄權，如未以合理之方法將訴訟通知物上利益人及對之提供合理之應訴機會者，仍不得行使之。

第五十八條　管轄恆定

特定法域對於物上利益有司法管轄權者，則其對於因原始訴因嗣後所衍生之任何訴訟程序均有管轄權，但對於每一新的訴訟程序，均應給予該物上利益人以合理之通知及合理之應訴機會。

第五十九條　對土地之管轄

特定法域對其法域內之土地利益，得行使司法管轄權，縱該法域對於土地利益人本人並無司法管轄權，亦同。

第六十條　對動產之管轄

特定法域對其法域內之動產利益，除州際間或外國商務轉運過程中

者外，得行使司法管轄權，縱該法域對於動產利益人本人並無司法管轄權者，亦同。

第六十一條　對文書證券之管轄

特定法域對其法域內之文書證券利益，得行使司法管轄權，縱該法益對於文書證券利益人本人並無司法管轄權者，亦同。

第六十二條　對以文書證券表彰之動產權利之管轄

依文書證券發行時動產之準據法，該動產權利範圍係以該文書證券表彰者，文書證券所在地之法域，對於動產利益，得行使司法管轄權，縱動產之所在地係在該法域外，亦同。

第六十三條　對以文書證券表彰之無體物之管轄

特定法域對於其法域內以文書證券表彰之無體物利益，得行使司法管轄權。

第六十四條　對法人股份之管轄

1.特定法域對於在其法域內設立之法人之股份利益，得行使司法管轄權。

2.特定法域對於在其領域內之股單利益，得行使司法管轄權。

第六十五條　對非以文書證券表彰之無體物之管轄

特定法域對於非以文書證券表彰之無體物利益，得行使司法 管 轄權，但以該物及有關當事人與該法域之關係足使司法管轄權之行使為合理者為限。

第二款　對以物為給付標的事件之管轄

第六十六條　請求給付有體物

特定法域對於其得行使司法管轄權及屬於相對人所有之有體物，於其被請求交付時，得行使司法管轄權，縱該法域對相對人本人並無

司法管轄權者，亦同。

第六十七條　對動產占有人之通知

特定法域對於屬於相對人而在第三人占有中之動產，於其被請求交付時，有司法管轄權，但以有下列情形者爲限：

(a) 特定法域對於該他人有司法管轄權。

(b) 被請求交付之動產，在該法域內。

第六十八條　對第三債務人之通知

特定法域對於對相對人負有債務之人有司法管轄權，於請求相對人爲給付之事件，亦有管轄權，縱該法域對於相對人本人並無管轄權。

第六十九條　通知及應訴之機會

特定法域對於身分事件，非以合理之方法將訴訟通知當事人及提供合理之應訴機會者，不得行使司法管轄權。

第二款　對離婚事件之管轄

第七十條　夫妻雙方住所地

特定法域對夫妻雙方均在其法域內設有住所之離婚事件，得行使司法管轄權。

第七十一條　夫妻一方住所地

特定法域對夫妻之一方在其法域內設有住所之離婚事件，得行使司法管轄權。

第七十二條　非夫妻之住所地

特定法域對夫妻雙方均未在其法域內設有住所之離婚事件，於夫妻之一方與該法域之關係足使管轄權之行使爲合理時，得行使司法管轄權。

第七十三條　一事不再理

夫妻之一方亦受管轄離婚事件法域之司法管轄者，及與其有利害關係者，依該法域一事不再理之規定，不得於事後對該判決提起附帶性之攻擊。

第七十四條 以「禁反言」拒絕管轄

特定人爭執外國離婚判決之效力，依其情節係屬不公平者，不得為之。

第三款 對其他婚姻事件之管轄

第七十五條 裁判別居

1.特定法域對於離婚事件有司法管轄權者，對於裁判別居事件，亦有司法管轄權。

2.特定法域對夫妻雙方均有人的司法管轄權者，對於裁判別居事件，亦有司法管轄權。

第七十六條 婚姻無效

特定法域對於確認婚姻自始無效事件，於有下列情形之一者，得行使司法管轄權：

(a) 該法域對於離婚事件有司法管轄權者。

(b) 該法域對於被告配偶有對人之司法管轄權及該法域為婚姻成立地或該法域之實體法為依第二百八十三條規定婚姻效力之準據法。

第七十七條 扶養

1.特定法域對於夫妻間扶養事件，於其對於扶養之一方有對人之司法管轄權或對於其財產有管轄權，在該財產範圍內，得行使司法管轄權。

2.特定法域對於免除夫妻之一方對於他方扶養義務之事件，如對他

方並無對人之司法管轄權者，不得行使其司法管轄權。

第四款　對於收養事件之管轄

第七十八條　收養成立事件之管轄

特定法域對於收養成立事件，於有下列情形者，得行使司法管轄權。

(a) 收養者或被收養者在該法域內有住所者，以及

(b) 該法域對於收養者與被收養者或被收養者之法定監護人均有對人之司法管轄權。

第五款　對監護事件之管轄

第七十九條　自然人之監護

特定法域對於子女或成人之監護權之決定或監護人之指定事件，於有下列情形之一者，得行使司法管轄權：

(a) 子女或成人於該法域內有住所者。

(b) 子女或成人現在該法域內者。

(c) 子女或成人在該法域並無住所，且現在亦未在該法域內，而該法域對於糾紛之當事人皆有對人之司法管轄權者。

第四章　司法管轄權行使之限制

第一節　契約之限制

第八十條　當事人契約之限制

當事人間關於訴訟地之合意，不能排除特定法域之司法管轄權，但

以該合意不公平或不合理者為限。

第二節　法院之限制

第八十一條　特殊到場

特定法域對於在訴訟中以抗辯法域無管轄權之唯一目的到場者，不因之而有司法管轄權。

第八十二條　詐欺及脅迫

特定法域對於被告或其財產之司法管轄權，係因遭受詐欺或非法脅迫所生者，不得行使之。

第八十三條　豁免及特權

特定法域對於一定之訴訟事件，因國際法之規定或司法行政之需要，不得行使其司法管轄權。

第八十四條　不便利之法庭

特定法域對於一定之訴訟事件，由其法院審理顯不適宜，且有其他更適於原告之法院存者，不得行使其司法管轄權。

第八十五條　法院不能為適當之救濟

特定法域對於其不能提供適當救濟之訴訟事件，不得行使司法管轄權。

第八十六條　繫屬於外國之訴訟事件

特定法域對於現繫屬於其他法域之同一訴訟事件，仍得行使其管轄權。

第八十七條　侵入外國土地之訴訟

特定法域對於因侵入或違害其他法域內之土地而請求損害賠償之訴訟事件，得行使司法管轄權。

第八十八條　關於經營土地之契約

特定法域對於因經營在其他法域內土地之契約所生之訴訟事件，得受理之。

第八十九條　刑事訴訟事件

特定法域對於外國之刑事訴因，均不予受理。

第九十條　背於公共政策之訴訟事件

特定法域對於外國訴因之受理，有背於其法域之公共政策者，不得行使司法管轄權。

第三節　法域之限制

第九十一條　預期訴訟地

特定法域對於依準據法所屬法域規定就該請求不得在其領域外起訴之訴訟事件，仍得受理之。

第五章　判　決

第一節　有效性之通則

第九十二條　有效判決之要件

有效判決須具備下列各要件

（a）作成判決的法域對該案須有為司法行為的管轄權；及

（b）對受判決拘束的人須為合理的通知及提供合理的應訴機會；及

（c）有管轄權法院所作成的判決；及

（d）具備作成判決地法域之法院有效行使權力應備的要件。

第二節　外國判決的承認

第九十三條　姊妹州及聯邦法院之判決的承認

除係第一百零三條至第一百二十一條的判決，美國各州之有效判決可獲得其姊妹州的的承認。

第九十四條　判決效力之人的範圍

受有效判決之效力拘束的人之範圍，在憲法限制下，依作成判決之州的法律決定之。

第九十五條　判決效力之物的範圍

有效判決所裁判的爭點，在憲法限制下，由作成判決之州的法律定之。

第九十六條　關於對人管轄的既判力

訴訟繫屬中，被告出庭抗辯法院無管轄權，法院駁回其抗辯並為不利於被告之判決，當事人可否因法院對被告無管轄權而對判決為附隨攻擊，在憲法限制下依作成判決之州的法律定之。

第九十七條　關於對物或身分的管轄或關於對訴訟標的適格之既判力

對當事人有管轄權之法院所作成之判決，當事人可否主張法院對涉及到之物或身分無管轄權，或主張對訟爭的訴訟標的不適格，而附隨攻擊，應依作成判決之州的法律在憲法限制下，決定之。

第九十八條　外國判決之承認

在外國的兩造辯論程序中，經公平審理所作成的有效判決，就該判決之直接當事人及訟爭的訴訟原因而言，可獲得美國的承認。

第三節　外國判決之執行

第九十九條　執行的方法

其他法域的判決之執行方法，依法庭地之法律定之。

第一百條　金錢判決的執行

除係第一百零三條至第一百二十一條之判決，美國各州所作成之有

效的金錢給付判決，均可在其姊妹州獲得執行。

第一百零一條　判決可執行的總額

有效之給付金錢的判決，祇有在作成判決之本州可執行的數額內，可以在其他州獲得執行。

第一百零二條　命為或禁止為一定行為之判決的執行

命為金錢給付外之一定行為，或禁止為一定行為之有效判決，均可在其他州獲得執行或為救濟之對象。

第四節　對承認與執行之抗辯

第一百零三條　充分信任原則之限制

若判決的承認或執行會使姊妹州的重大權益受到不當的干涉，因而充分信任原則的國家政策，不要求如此的承認或執行，則姊妹州無須承認或執行該判決。

第一百零四條　無管轄權或未經合法通知或無應訴機會之判決

無管轄權、未經適當通知或應訴機會所作成之判決，在其他州無法獲得承認與執行。

第一百零五條　不適格法院作成之判決

不適格法院所作成之判決，在作成判決之本州受到附隨攻擊，在其他州也無法獲得承認或執行。

第一百零六條　錯誤判決

縱然在判決之前的程序，有事實上或法律上的錯誤，該判決仍可獲得其他州的承認及執行，但第一百零五條的情形不在此限。

第一百零七條　非終局判決

依作成判決之州的法律係非終局判決，該判決將無法獲得其他州的承認或執行。

第一百零八條 數額未定之判決

請求金錢給付的判決，除非給付數額依據爲判決州的法律業已經終局判決，否則在其他州將不可被執行。

第一百零九條 可改正之判決

1. 判決在作成判決州就關於已發生而未給付的金額或就關於將發生的金額保留修正變更的權利，則該判決在其姊妹州將不被承認或被執行。

2. 依據作成判決州的法律仍保有修正變更權限的判決，法院可自由裁量承認或執行之。

第一百十條 未就訴因審理之判決

未就訴因審理之判決，限於經實際審理的部分，可獲得其他州的承認。

第一百十一條 附條件之判決

若判決在作成判決之州，因判決所附之條件尚未成就，而無法付諸實行，則該判決亦無法在其他州獲得執行。

第一百十二條 廢棄之判決

作成判決之州所廢棄之判決，無法獲得其他州的執行。

第一百十三條 禁制令對判決持有人之效力

若判決持有人被永久禁止執行判決時，該判決無法在其他州獲得執行。

第一百十四條 牴觸判決

當事人間存有互相牴觸之有效判決，若依據在後作成之州的法律，美國各州所作成之判決，後作成之判決取代先作成之判決時，則該先判決將無法在姊妹州獲得承認或執行。

第一百十五條 衡平救濟在作成判決之州可獲得以對抗判決

若法院依顯示之事實，認爲在判決之州可獲得衡平救濟以對抗該判決時，該判決將不爲其他州所承認或執行。

第一百十六條　清償或其他消滅原因

特定判決依其作成法域之法律有清償或其他情形，判決因而消滅時，不得執行於其他法域。

第一百十七條　原始請求違背執行判決法域之公共政策

於美國特定州內作成之有效判決，得在其他州獲得承認及執行，縱使該原始請求，在該其他州之法院將因違背公共政策而被駁回者，亦同。

第一百十八條　時　效

1.於美國特定州內作成之有效判決，得執行於其他州，縱使該訴訟事件之原始請求，於判決作成時，在該其他州已因時效而消滅者，亦同。

2.於美國特定州內作成之有效判決，其請求執行判決之權利，依其他州之規定，已罹於時效者，不得在該其他州請求強制執行。

第一百十九條　非真正利益當事人提起訴訟

美國一州內作成之有效判決，得在其他州獲得承認及執行，縱使依該其他州法律規定，該起訴之人並非有利益之眞正當事人者，亦同。

第一百二十條　對政府請求之判決

美國一州內對政府之非刑事請求所作成之有效判決，得在其他州獲得承認及執行。

第一百二十一條　前判決之廢棄

第二法域基於第一法域之前判決作成後判決，該前判決被廢棄對於

後判決之效力，依後判決作成法域之法律決之。

第六章 程　序

第一節 通　則

第一百二十二條　關於司法行政的諸問題

法院通常適用自己的法律，以規定訴訟程序如何進行，縱然於該案其他爭執中，法院適用其他法域的實體法。

第二節 通則的特殊用法

第一款

第一百二十三條　適當法院

關於有涉外因素的請求，應該依據法庭地的法律決定，由何法院審理。

第一百二十四條　訴訟之型態

關於有涉外因素的請求權，應依據法庭地的法律決定應依何種程序進行訴訟。

第一百二十五條　當事人

何人可為及何人必須為訴訟程序的當事人，應依據法庭地的法律以定之；除非當事人的實質的權利義務因該爭執的確定而受影響。

第一百二十六條　送達程序與通知

對被告送達及通知的方法，由法庭地的法律決定之。

第一百二十七條　辯論與程序之進行

辯論與程序之進行的法則，由法庭地的法律規範之。

第一百二十八條　抵銷、反訴或其他抗辯

除依原應適用之法律，被告的請求權可使原告的請求權全部或部分受限制者外，法庭適用其本身的法律，以決定可否以抵銷、反訴或其他抗辯之方式主張其請求權。在除外之情形，被告可以其請求權作為抗辯。

第一百二十九條　審判之型態

某一爭執是由法院或陪審團審理，由法庭地的法律定之。

第一百三十條　如何確保服從法院之裁判

確保服從法院裁判之方法，依法庭地的法律定之。

第一百三十一條　判決之執行

如何執行判決，依法庭地的法律定之。

第一百三十二條　免　除

法域內的債務人財產是否能免受執行，依法庭地的法律定之，但債務人與債權人之住所所在地的法域就免除有最重要的利害關係時不在此限。但書的情形，依該其他法域的法律定之。

第一百三十三條　舉證責任

特殊爭點舉證責任之分配，由法庭適用其法律決定之，但其他適用法之法域的相關規定之基本目的，在於影響爭點之裁判而非規範審理行為時，不在此限。

前項但書情形，應適用其他適用法之法域的規定。

第一百三十四條　擬制的舉證責任；推定

特殊爭點之擬制之事項的舉證責任的分配，由法庭適用其法律決定之，但其他適用法之法域的相關規定之基本目的，在於影響爭點之裁判而非規範審理行為時，不在此限。於但書情形，應適用其他適

用法之法域的規定。

第一百三十五條　充分之證據

當事人就有利於己之事實，是否提出充分之證據，依法庭地之法律定之。但第一百三十三條及第一百三十四條的情形，不在此限。

第一百三十六條　外國法之通知及證明

1. 主張外國法之通知的必要性、通知的型態及未通知之效果，依法庭地之法律定之。

2. 外國法之內容如何表明及未表明其內容之效力，依法庭地之法律定之。

第二款　證人與證據

第一百三十七條　證　　人

證人之資格及影響證言之證據能力的因素，依法庭地之法律定之。

第一百三十八條　證　　據

證據之證據力依法庭地之法律定之，但第一百三十九條至第一百四十一條之情形，不在此限。

第一百三十九條　不得洩漏之消息

1. 依據與消息有重要關係之法域的法律，該證據非屬不得洩漏者，都可獲得承認，縱然依法庭地的法律係屬不可洩漏時亦同。但承認此證據對牴觸法庭地之重要公共政策時，不在此限。

2. 依據與消息有重要關係之法域的法律，該證據係屬不得洩漏者，但依據法庭地的法律，係屬得洩漏時，亦可獲得承認。但法庭地之政策有不予承認之特殊理由時，不在此限。

第一百四十條　完全契約（口頭證據原則）

書面契約是否完全及其效力如何，依適用第一百八十七條至第一百

八十八條之規定所選定之法域的法律定之。

第一百四十一條　詐欺條例

契約是否必須以書面爲之，或必須以書面證之，才可獲得執行，依適用第一百八十七條及第一百八十八條之規定，所選定之法律定之。

第三款　反映其他價值之規定

第一百四十二條　法庭地之時效

1. 若依據法庭地之時效，訴訟應消滅時，則該訴訟不可繼續進行。縱然準用其他法域之時效規定時，亦然。

2. 依法庭地之時效，訴訟並未消滅時，訴訟可繼續進行，縱然依其他法域之時效，該訴訟應消滅亦然。但第一百四十三條之情形，不在此限。

第一百四十三條　消滅權利之外國時效

若訴訟於其應適用法律之法域，其時效非但消滅訴訟，並且使權利消滅時，該訴訟於其他法域亦不可繼續進行。

第三節　外幣之變換

第一百四十四條　外幣換成內幣之時間

金錢損害賠償之訴，其訴因係以其他法域之實體法爲準據法者，法院於判決時，應將在他法域所能獲得賠償之外幣換成內幣計算之。

第七章　不當行爲

第一節　侵權行爲

第一款　一般原則

第一百四十五條 一般原則

> 1.關於侵權行為事件之爭點，依第六條所定之諸原則下，就該侵
> 權行為事件之發生與當事人，具有最重要牽連關係之法域之實體
> 法，以決定當事人之權利與責任。

> 2.在適用第六條所定之原則以選定一爭點之準據法，應斟酌之連結
> 因素包括：

> （a）損害發生地。

> （b）行為作成地。

> （c）當事人之住所、居所、國籍、公司所在地與營業地。

> （d）雙方當事人關係集中地。

> 上開連結因素係應據其與特定爭點牽連之相對重要性而予以評價。

第二款　特殊侵權行為

第一百四十六條 人身損害

> 對於人身損害之訴訟，當事人之權利與義務依損害發生地之法域之
> 實體法定之。但關於特殊爭點，依第六條所定之諸原則下，其他法
> 域對於該事件及當事人，具有更重要牽連關係者，該案件將適用該
> 其他法域之實體法。

第一百四十七條 有體物之損害

> 對於土地或其他有體物損害之訴訟，當事人之權利與義務依損害發
> 生地之法域之實體法定之。但關於特殊爭點，依第六條所定之諸原
> 則下，其他法域對於該案件之發生，該物及當事人，具有更重要牽
> 連關係者，該案件將適用該其他法域之實體法。

第一百四十八條 詐欺與虛偽之意思表示

> 1.當原告因信賴被告之虛偽意思表示致 生財產 上之損害，而信賴

行為係於虛偽意思表示之表示地及接受地法域發生時，當事人間之權利與義務，依該法域之實體法定之。但關於特殊爭點，依第六條所定之諸原則下，其他法域對於該案件之發生及當事人，具有更重要牽連關係者，該案件將適用該其他法域之實體法。

2. 當原告於虛偽意思之表示地以外之法域為一部或全部之信賴行為時，法院將考慮下列之連結因素，其中之連結因素可能會出現於特殊案件之中，以決定關於特殊爭點，對於該案件之發生與當事人，具有更重要牽連關係之法域：

(a) 原告信賴被告之意思表示而為行為之地點；

(b) 原告接受被告意思表示之地點；

(c) 被告做成意思表示之地點；

(d) 當事人之住所、居所、國籍、公司所在地及營業地；

(e) 當事人交易有體物，其交易時標的物所在地；

(f) 原告因被告虛偽意思表示之引誘而締結契約之契約履行地。

第一百四十九條　誹　謗

在誹謗訴訟中，除第一百五十條所規定之情形外，當事人之權利與義務，適用發佈地法域之實體法定之。但關於特殊之爭點，依第六條所定之諸原則下，其他法域對於該案件之發生及當事人，具有更重要牽連關係者，該案件適用該其他法域之實體法。

第一百五十條　多國之誹謗

1. 因一書籍或一份報紙之其中任何一版，或收音機、電視機上之其中任何一個廣播，或於電影或類似之集合性傳播之展示，所致生誹謗事件，當事人間之權利與義務，依關於特殊爭點，在第六條

所定之諸原則下，對於該案件之發生與當事人，具有最重要牽連
關係之法域之實體法定之。

2.當一自然人主張其受一集合性傳播所誹謗，其具有最重要牽連關
係之法域，通常是該自然人當時之住所地，假如該地即爲被訴事
實發佈地之法域。

3.當一公司或其他法人主張其受一集合性傳播機構誹謗，其具有最
重要牽連關係之法域，通常依該公司或其他法人當時主要營業所
在地，假如該地即爲被訴事實發佈地之法域。

第一百五十一條　有害虛言

對於「有害虛言」之準據法選擇法則，與對於「誹謗」之準據法選
擇法則相同。

第一百五十二條　隱私權

對於侵害隱私權之訴訟，除第一百五十三條另有規定外，當事人之
權利與義務，依損害發生地法域之實體法規定之。但關於特殊之爭
點，依第六條所定之諸原則下，其他法域對於該案件之發生及當事
人，具有更重要牽連關係者，該案件適用該其他法域之實體法。

第一百五十三條　多國的隱私權之侵害

侵害原告隱私權之案件包括一本書籍或一份報紙之其中任何一版，
或收音機、電視機之任何一廣播，或於電影或類似集合性之傳播之
展示，所致生誹謗事件，當事人之權利與義務，應適用關於特殊爭
點，依第六條所定諸原則下，對於該事件之發生與當事人，具有最
重要牽連關係之法域之實體法。該具有最重要牽連關係之法域，通
常係指原告之住所地，假定該地亦爲被訴事實發生地之法域。

第一百五十四條　干擾婚姻關係

干擾婚姻關係之責任，依該被訴事實行爲主要發生地法域之實體

法。但關於特殊爭點，在第六條所定諸原則下，其他法域對於該案件之發生與當事人，具有更重要牽連關係，該案件適用該其他法域之實體法。

第一百五十五條　*惡意訴訟與濫用訴訟程序*

惡意訴訟或濫用訴訟程序之當事人之權利與義務，依該被訴程序發生地法域之實體法。但關於特殊之爭點，在第六條所定諸原則下，其他法域對於該案件之發生與當事人，具有更重要牽連關係者，該案件適用該其他法域之實體法。

第三款　重要爭點

第一百五十六條　*行為之非法性*

1. 行為人之行為是否為非法行為，依第一百四十五條之原則所選擇之法律。

2. 該準據法通常為損害發生地法域之實體法。

第一百五十七條　*注意之標準*

1. 以依第一百四十五條之原則所選擇之法律，決定行為人之行為注意標準。

2. 該準據法通常為損害發生地法域之實體法。

第一百五十八條　*賦與法律保障之權益*

1. 對於受影響之權益是否為法律所保障，依第一百四十五條之原則所選擇之法律定之。

2. 該準據法通常為損害發生地法域之實體法。

第一百五十九條　*對原告應盡之義務*

1. 行為人是否對於受損害人負有義務以及其是否違反該義務，依第一百四十五條之原則所選擇之法律定之。

2.該準據法通常為損害發生地法域之實體法。

第一百六十條　法定原因

1.一個作為或不作為是否為損害之法定原因，依第一百四十五條之原則所選擇之法律定之。

2.該準據法通常為損害發生地法域之實體法。

第一百六十一條　抗　辯

對於原告實體主張可以提出何種抗辯，依第一百四十五條之原則所選擇之法律定之。

第一百六十二條　責任之特殊條件

1.在責任產生之前是否應為一行為或發生一事件，依第一百四十五條之原則所選擇之法律定之。

2.該準據法通常為損害發生地法域之實體法。

第一百六十三條　行為之義務或權利

某人之行為依行為地法域之實體法為法律之所允許或為法律賦予權利，則該行為人可否免除責任，依第一百四十五條之原則所選擇之法律定之。

第一百六十四條　與有過失

1.原告部分與有過失者，有無影響其損害賠償請求權之全部或一部，依第一百四十五條之原則所選擇之法律定之。

2.該準據法通常為損害發生地法域之實體法。

第一百六十五條　危險負擔

1.原告自願負擔危險者，有無影響其損害賠償請求權，依第一百四十五條之原則所選擇之法律定之。

2.該準據法通常為損害發生地法域之實體法。

第一百六十六條　歸責過失

1.一人是否因他人之過失而影響其損害賠償請求權者，依第一百四十五條之原則所選擇之法律定之。

2.該準據法通常爲損害發生地法域之實體法。

第一百六十七條　訴訟之繼續存在

一侵權行爲之損害賠償請求權，於侵權行爲人或受損害人死亡後是否繼續存在，依第一百四十五條之原則所選擇之法律定之。

第一百六十八條　慈善之免責

關於慈善免責之爭點，依第一百四十五條之原則所選擇之法律定之。

第一百六十九條　家庭內之免責

1.家庭之一成員可否免除其對家庭另一成員之侵權行爲損害賠償責任，依第一百四十五條之原則所選擇之法律定之。

2.該準據法通常爲當事人住所地法域之實體法。

第一百七十條　拋棄請求權或約定不起訴

1.對於共同侵權行爲人之一人表示爲拋棄請求權或約定不起訴對其他共同侵權行爲人之效力，依第一百四十五條之原則所選擇之法律定之。

2.一特別約定對於其他非約定當事人之共同侵權行爲人是否亦爲拋棄請求權或不起訴之約定，依第一百四十五條之原則所選擇之法律定之。

第一百七十一條　損害賠償

損害賠償之範圍，依第一百四十五條之原則所選擇之法律定之。

第一百七十二條　共同侵權行爲

1.二人或二人以上是否因彼此共同間之行爲而須對第三人負責，依

第一百四十五條之原則所選擇之法律定之。

2.該準據法通常為損害發生地法域之實體法。

第一百七十三條 侵權行為人間之分擔與求償

一侵權行為人得否對另一侵權行為人請求分擔或求償，依第一百四十五條之原則所選擇之法律定之。

第一百七十四條 代理之責任

一人是否應對其他人之侵權行為負責，依第一百四十五條之原則所選擇之法律定之。

第二節 不法侵害他人致死之訴

第一百七十五條 不法致死之訴權

在不法侵害致死之訴訟，當事人之權利與義務，適用損害發生地法域之實體法。但關於特殊爭點，依第六條之規定，其他法域與該案件之發生或當事人有更重要之牽連關係者，該案件適用該其他法域之實體法。

第一百七十六條 抗　辯

在不法侵害致死之訴訟中，就本案得提出之抗辯，依第一百七十五條之原則所選出之法律定之。

第一百七十七條 受益人：損害賠償之分配

在不法侵害致死之訴訟中，損害賠償金之分配，依第一百七十五條之原則所選出之法律定之。

第一百七十八條 損害賠償

在不法侵害致死之訴訟中，損害賠償之範圍，依第一百七十五條之原則所選出之法律定之。

第一百七十九條 起訴之人

依第一百七十五條之原則所選擇法域關於不法侵害致死之法律，所規定基於請求權而提出訴訟之非遺產管理人之人，得在任何法域提起該訴訟。

第一百八十條　*遺產管理人之起訴*

倘依第一百七十五條之原則所選擇法域關於不法侵害致死之法律，該不法侵害致死之訴訟應由遺產管理人提起者，於下列情形得提起訴訟：

(a) 倘依該不法侵害致死法律之規定，損害賠償係全爲受益人之利益，且在法庭地法域亦未指定遺產管理人者，由第三百十四條至三百十五條所提到之任何法域中指定之遺產管理人提起之。

(b) 倘依該不法侵害致死法律之規定，損害賠償係爲死亡人遺產之利益者，由在法庭地被指定之遺產管理人或在該地有權起訴之人提起之，但以法庭地法域之實體法亦有如此規定者爲限。

第三節　勞工賠償

第一款　憲法上問題

第一百八十一條　*適用領域之範圍*

美國之各州，於有下列情形之一者，得依正當程序之要件，依其本州之勞工賠償法，決定給予賠償金：

(a) 勞工於該州受傷；

(b) 主要工作地在該州；

(c) 僱用人於該州設有營業地以管理受僱人之行爲；

(d) 依第一百八十七條至第一百八十八條以及第一百九十六條之規定，該州對於僱傭契約中關於勞工賠償之爭點具有最重要牽連

關係者；

(e) 當事人於僱傭契約內同意或雖未同意然其權利應適用該州之勞
工賠償法；

(f) 州與事件之發生、當事人及僱傭有其他合理之關係。

第一百八十二條 *兩法律規範傷害之效力*

美國之一州，得依其勞工賠償法，爲給予賠償金之判決，縱使其姊
妹州之法律亦可適用時，亦同。

第一百八十三條 *侵權行爲或不法侵害致死救濟之有效性*

美國之一州並不因其姊妹州依其勞工賠償法宣判被告對原告免責且
依該州法律原告：(a) 能夠獲得由被告給付賠償金之判決或 (b) 已
獲得或能獲得由其他人支付賠償金之判決之事實，而受憲法之限
制，不得給予侵權行爲或不法致死之訴權。

第二款 法律選擇問題

第一百八十四條 *侵權行爲或不法侵害致死訴權之消滅*

倘被告已由一州依其勞工賠償法宣判對原告免責而在該州被告依規
定已就特定危險提供保險以及依該州法律：

(a) 原告就所受損害已獲得給付賠償金之判決，或

(b) 原告就所受損害能夠獲得給付賠償金之判決，但以該州係 (1)
損害發生地，或(2)主要工作所在地，或(3)僱用人設有營業地
以管理受僱人之行爲，或 (4) 依第一百八十七條至第一百八十
八條以及第一百九十六條，僱傭契約應適用其法律者。

則不法侵害致死之損害賠償請求，於任何州均不被允許。

第一百八十五條 *判決宣示後之侵權行爲或不法侵害致死訴訟*

受僱人之損害依一州之勞工賠償法已獲得給付賠償金之判決者，即

以該州之法律決定依判決給付賠償金之人，是否享有受僱人得基於同一損害對第三人請求損害賠償之利益。

第八章　契　　約

第一節　契約之效力及其產生之權利

第一款　一般原則

第一百八十六條　*準據法*

契約之爭執，決定於當事人依第一百八十七條之規定所選擇之法律；否則，依第一百八十八條之規定所選擇之法律決定之。

第一百八十七條　*當事人所選定法域之法律*

1. 當事人所選定用以規範其契約權利義務之法域的法律，若某特定爭執爲當事人得由針對該爭執之合意中之明示條款予以解決者，則適用該法律。

2. 當事人所選定用以規範其契約權利義務之法域的法律，卽使某特定爭執爲當事人未能由針對該爭執之合意中之明示條款予以解決者，除有下列情形之一者外，亦適用該法律。

　(a) 選定之法域對於當事人或交易，無實質的關係，且對於當事人之選擇，亦無其他合理的依據。

　(b) 適用選定法域之法律將違背某法域之基本政策。該法域在決定特定爭執時，有一個比選定法域實質上更大的利害關係，且依第一百八十八條之規定，當事人間欠缺一有效選擇之法律時，該法域應爲準據法法域。

3. 欠缺一相反之意思表示時，選定之法律係指選定法域之實體

法。

第一百八十八條　當事人間欠缺有效選擇時之準據法

1. 契約中關於當事人權利和義務之爭執，由關於該爭執，依第六條說明之原則，就與交易和當事人有最重要關係之法域的實體法決定之。

2. 當事人間欠缺一有效選擇之法律（參考第一百八十七條），在適用第六條之原則以決定適用於某爭執之法律時，所考慮之牽連包括：

　　(a) 締約地。

　　(b) 契約交涉地。

　　(c) 履行地。

　　(d) 契約標的物所在地。

　　(e) 當事人之住所、居所、國籍、公司所在地以及營業地。

這些牽連應依其與特定爭執之比較重要性而予以評價。

3. 若契約交涉地和契約履行地在同一法域，除第一百八十九條至一百九十九條，和第二百零三條另有規定外，通常適用該法域之實體法。

第二款　特殊契約

第一百八十九條　土地權利移轉契約

土地權利移轉契約之效力及其產生之權利，於當事人間欠缺一法律之有效選擇時，由土地所在之法域之實體法決定之。但關於特定爭執，依第六條說明之原則，其他法域與交易及當事人有更重要的關係時，適用該其他法域之實體法。

第一百九十條　土地權利移轉所生之契約義務

對於當事人移轉土地權利之契據所課之契約義務，於當事人間欠缺
一法律之有效選擇時，由土地所在法域之實體法決定之。但關於特
定爭執，依第六條所述之原則，其他法域與交易和當事人有更重要
之關係時，適用該其他法域之實體法。

第一百九十一條　動產權利買賣契約

動產權利買賣契約之效力及其產生之權利，於當事人間欠缺一法律
之有效選擇時，依契約條款中，出賣人交付動產之法域之實體法決
定之。但關於特定爭執，依第六條所述之原則，其他法域與該交易
或當事人有更重要之關係時，適用該法域之實體法。

第一百九十二條　人壽保險契約

基於被保險人之申請而發給之人壽保險契約之效力及因此產生之權
利，被保險人於其申請中未爲一法律之有效選擇時，由被保險人申
請保險單時之住所地法域之實體法決定之；但關於特定爭執，其他
法域依第六條所述之原則，與交易和當事人有更重要的關係時，適
用該其他法域之實體法。

第一百九十三條　火災、保證或意外保險契約

火災、保證或意外保險契約之效力及其所生之權利，依當事人所瞭
解，於保險單期間內，受保危險之主要所在法域之實體法決定之。
但關於特定爭執，依第六條所述之原則，其他法域與交易及當事人
有更重要之關係時，適用該他法域之實體法。

第一百九十四條　保證契約

保證契約之效力及其所生之權利，於當事人間欠缺一法律之有效選
擇時，依規範保證契約所欲擔保之主債務之法律決定之。但關於特
定爭執，依第六條所述之原則，其他法域與交易和當事人有更重要
的關係時，適用該他法域之實體法。

第一百九十五條 借款返還契約

借款返還契約之效力及其所生之權利，於當事人間欠缺一法律之有效選擇時，依契約要求之返還地法域之實體法決定之。但關於特定爭執，依第六條所述之原則，其他法域與交易和當事人有更重要的關係時，適用該他法域之實體法。

第一百九十六條 勞務供給契約

勞務供給契約之效力及其所生之權利，於當事人間欠缺一法律之有效選擇時，由契約所要求之勞務或主要勞務提供地法域之實體法決定之。但關於特定爭執，依第六條所述之原則，其他法域與交易和當事人有更重要的關係時，適用該其他法域之實體法。

第一百九十七條 運送契約

運送旅客或貨物之契約之效力及其所生之權利，於當事人間欠缺一法律之有效選擇時，依旅客出發地或貨物起運地法域之實體法決定之。但關於特定爭執，依第六條所述之原則，其他法域與契約和當事人有更重要的關係時，適用該其他法域之實體法。

第一百九十八條 締約能力

1.當事人之締約能力依第一百八十七條、一百八十八條之規定所選擇之法律決定之。

2.若當事人之一方依其住所地法域之實體法有締約能力，通常承認之。

第一百九十九條 形式的書面要件

1.作成契約之必要形式，依第一百八十七條及第一百八十八條之規定所選擇之法律決定之。

2.形式，若符合當事人製作契約地之要件，通常是可接受的。

第二百條 能力和形式以外契約之效力

能力和形式以外契約之效力，依第一百八十七條至第一百八十八條
所選擇之法律決定之。

第二百零一條　虛偽陳述、脅迫、不當壓力和錯誤

契約上之虛偽陳述、脅迫、不當壓力和錯誤之效力，依第一百八十
七條及第一百八十八條之規定所選擇之法律決定之。

第二百零二條　違　　法

1. 契約違約之效力，依第一百八十七條及第一百八十八條之規定所
選擇之法律決定之。

2. 若在履行地之履行違法時，通常拒絕執行該契約。

第二百零三條　重利行為

契約規定之利率若為與契約有實質關係之法域所允許，且不嚴重超
過依第一百八十八條所規定之另一準據法法域之一般重利法所允許
之利率時，則關於該重利義務，承認該契約之效力。

第二百零四條　契約用語之解釋

當事人藉契約之用語所欲表達之意義不盡明確時，依下列方式之一
解釋之：

(a) 依當事人選擇之法域之實體法解釋。

(b) 欠缺該選擇時，依適用第一百八十八條之規定所選擇之法域之
實體法解釋。

第二百零五條　契約義務之性質和範圍

契約產生之權利和義務之性質和範圍，依第一百八十七條及第一百
八十八條之規定所選定法域之實體法決定之。

第二百零六條　履行之細節

有關契約履行細節之爭執，由履行地之實體法決定之。

第二百零七條　損害賠償之方法

有關契約不履行時之損害賠償方法，依第一百八十七條及第一百八十八條之規定所選擇法域之實體法決定之。

第二百零八條　契約權利之讓與性

非證券表彰之契約權利，是否能有效為讓與，以及應依何種條件讓與，依關於讓與之爭執與契約和當事人有重要關係之法域之實體法決定之。

第二百零九條　讓與人和受讓人間契約權利之讓與

讓與人和受讓人間讓與非證券表彰，但依第二百零八條之規定為可讓與之契約權利，其效力及因此產生之權利，依對於特定爭執與該讓與和當事人有最重要關係之法域之實體法決定之。

第二百十條　讓與對債務人之效力

於讓與之後，向讓與人或受讓人給付或履行非證券表彰之契約權利，若該給付或履行依下列法律有消滅債務之效力，則其債務消滅。

(a) 依第二百零八條之規定所選擇之法律，或

(b) 若依第二百零八條之規定所選擇之法律，該權利得讓與，則依第二百零九條之規定，對於讓與人和受讓人所選擇之法律。

第二百十一條　相繼讓與

1. 兩個以上受讓人間之優先權問題，依第二百零九條中規範讓與契約之法律決定之，但以該等讓與契約係受相同之法律、或雖受不同之法律規範但具有相同優先權規定者。

2. 其他情形中之優先權問題，依規範權利讓與性之法律決定之（參考第二百零八條），或者，若為商業應收帳款，依帳簿保存地法域之實體法決定之。

第三節　契約因當事人一方或雙方行為而消滅

第二百十二條　契約因當事人一方或雙方行為而消滅

 1. 契約因當事人一方或雙方之行為，未經履行而消滅者，以該行為依對於該爭執，與交易和當事人有最重要關係之法域之實體法，有消滅效力者為限。

 2. 契約經當事人以發生消滅結果之嗣後合意，不經履行而消滅者，以該合意依第一百八十七條至第一百八十八條關於該爭執規範該嗣後合意之法律，亦有消滅之效力者為限。

 3. 當事人一方之契約義務，經另一方當事人以發生消滅結果之意思所為之嗣後行為而消滅者，以該行為依關於該爭執規範該嗣後行為之法律，亦有消滅之效力者為限。

第二百十三條　保證債務之免除

 1. 行為依關於特定爭執與交易和當事人有最重要關係之法域之實體法，有消滅保證債務之效力者，該保證債務因此不經履行而消滅。

 2. 當事人以發生消滅保證債務結果之嗣後合意不經履行而消滅保證債務者，以依第一百八十七條及第一百八十八條，關於該爭執規範合意之法律，亦有消滅之效力者為限。

 3. 契約當事人之一方以意圖消滅保證債務之嗣後行為，不經履行而消滅保證債務者，以依關於該爭執規範該行為之法律，亦有消滅之效力者為限。

第四節　票　　據

第二百十四條　本票發票人和滙票承兌人之義務

1. 本票發票人和滙票承兌人之義務，除第二百一十六條及第二百一十七條之規定外，依票據指定之付款地法域之實體法決定之。

2. 若未指定付款地，則發票人和承兌人之義務，除第二百一十六條及第二百一十七條之規定外，依票據交付地法域之實體法決定之。該法域推定爲票據記載日期之法域，若該法域經指定，且票據上無相反之記載，則該推定對於善意之執票人因而確定。

第二百十五條 背書人和滙票發票人之義務

1. 滙票或本票之背書人和滙票發票人之義務，除第二項和第二百一十六條及第二百一十七條之規定外，依其交付票據地法域之實體法決定之。該法域推定爲票據記載日期地，若該法域經指定，且票據上無相反之記載，則該推定對善意之執票人因而確定。

2. 若票據指定付款地法域，則依該法域之實體法決定應在何法域爲提示。

第二百十六條 票據權利之移轉

1. 移轉票據時之票據所在地法域之實體法，決定非移轉當事人間之移轉效力。

2. 移轉票據給某人時之票據所在地法域之實體法，決定該人是否善意持有該票據。

第二百十七條 提示、付款、作成拒絕證書和退票通知之細節

提示、付款、作成拒絕證書和退票通知之細節，依行爲地法域之實體法決定之。

第二百十八條 仲裁契約之效力

仲裁契約之效力，及其所生之權利，依第一百八十七條和第一百八十八條之規定所選擇之法律決定之。依該法決定能否維持因違反仲裁契約條款所提起之司法訴訟。

第二百十九條　執行仲裁契約之方法

執行仲裁契約之方法，依法庭地之法律決定之。

第二百二十條　外國仲裁判斷之執行

外國仲裁判斷若符合下列規定，得在他法域執行:

(a) 該判斷在規範該判斷法律之法域可執行，且爲對被告有管轄權並給予被告合理之程序通知和合理審判機會之仲裁法庭所爲者，以及

(b) 法庭地對於被告或其財產有司法管轄權，且判斷所根據之訴訟事由不違反法庭地之強烈公共政策。

第六節　回復一般原則

第二百二十一條　回　復

1. 回復之訴中，關於特定爭執之當事人之權利和義務，依關於該爭執與該事件和當事人有最重要關係之法域（依第六條所述之原則決定之）之實體法。

2. 依第六條之原則決定可適用於某爭執之法律時，應考慮之牽連包括:

(a) 當事人關係之集中地; 但以受領財產與該關係有實質關聯者爲限。

(b) 利益或財產之受領地。

(c) 授予利益或財產之行爲地。

(d) 當事人之住所、居所、國籍、公司設立地和營業地。

(e) 與財產之獲得有實質關聯之實物，例如土地或動產，於獲得

財產時之所在地。

上述牽連依其與特定爭執之相對重要性評價之。

第九章　物　　權

第一節　物權通論

第二百二十二條　一般原則

當事人於一物上之權利，應根據其情形，就其爭點，依由第六條所述之原則，與該物及當事人關係最切之法域之法律或實體法，以決定之。

第二節　不動產

第一款　讓　與

第二百二十三條　土地權利讓與之有效性及其效力

1. 一讓與行爲得否移轉土地上之權利，及其所移轉之權利之性質，依土地所在地法院所適用之法律，以決定之。

2. 該法院就此問題，通常將適用其所屬法域之實體法以決定之。

第二百二十四條　讓與文書之解釋

1. 讓與土地上之權利之文書，應依爲此目的於文書上所指定之法域之解釋規則，以解釋之。

2. 未爲此指定時，該文書應依土地所在地法院所適用之解釋規則，以解釋之。

第二百二十五條　土地上之權利於衡平法上之轉換

土地上之權利是否因該土地之處分而生衡平法上之轉換，就爲選法之目的，該權利應與動產上之權利同視，將依土地所在地法院就此一問題所爲決定之同樣方式，以決定之。

第二款　法律規定之移轉

第二百二十六條　土地上之權利依法律之規定而移轉

1. 土地上之權利是否因法律之規定而移轉，及其所移轉權利之性質，依土地所在地法院所適用之法律，以決定之。
2. 該法院就此問題，通常將適用其所屬法域之實體法以決定之。

第二百二十七條　土地上權利因反對占有或因時效而取得者

土地上之權利是否因反對占有或因時效而有移轉，及其所移轉權利之性質，依土地所屬法域之實體法以決定之。

第三款　負　擔

第二百二十八條　土地抵押

1. 抵押得否創設一土地上之權利，及其所創設之權利之性質，依土地所在地法院所適用之法律，以決定之。
2. 該法院就此問題，通常將適用其所屬法域之實體法以決定之。

第二百二十九條　土地抵押權之實行

土地抵押權實行之方式，及因該實行所生之土地上之權利，依該土地所屬法域之實體法，以決定之。

第二百三十條　土地質權

1. 質權得否創設土地上之權利，及其所創設權利之性質，依土地所在地法院所適用之法律，以決定之。
2. 該法院就此問題，通常將適用其所屬法域之實體法以決定之。

第四款　權　　力

第二百三十一條　依法律之規定所創設權力之行使以移轉土地上權利

1. 土地上之權利是否因法律規定所創設之權力之行使而移轉，及其
   所移轉之權利之性質，依土地所在地法院所適用之法律，以決定
   之。

2. 該法院就此問題，通常將適用其所屬法域之實體法以決定之。

第二百三十二條　移轉土地上權利之委任書之行使

1. 土地上之權利是否因委任書之行使而移轉，及其所移轉之權利之
   性質，依土地所在地法院所適用之法律，以決定之。

2. 該法院就此問題，通常將適用其所屬法域之實體法以決定之。

第五款　婚姻財產

第二百三十三條　婚姻對現存之土地上之權利所生之影響

1. 夫妻之一方於婚姻成立時所有之土地上之權利，其因婚姻所生之
   影響，應依土地所在地法院所適用之法律，以決定之。

2. 該法院就此問題，通常將適用其所屬法域之實體法，以決定
   之。

第二百三十四條　婚姻對於婚後夫妻間所取得之土地上之權利所生之影
　　　　　　　　響

1. 婚姻對於夫妻之一方於婚姻關係存續中所取得之土地上權利所生
   之影響，依土地所在地法院所適用之法律，以決定之。

2. 該法院就此問題，通常將適用其所屬法域之實體法，以決定
   之。

第六款　衡平法上之權利

第二百三十五條　衡平法上之土地權利之發生及其內容

1. 衡平法上之土地權利之發生及其內容，依土地所在地法院所適用之法律，以決定之。

2. 該法院就此問題，通常將適用其所屬法域之實體法，以決定之。

第七款　因死亡而繼承者

第二百三十六條　未立遺囑而死亡者所遺土地之繼承

1. 土地所有人未立遺囑而死亡者，其土地上之權利之移轉，依土地所在地法院所適用之法律，以決定之。

2. 該法院就此問題，通常將適用其所屬法域之實體法，以決定之。

第二百三十七條　子女之婚生性對繼承之影響

1. 對於未立遺囑而死亡者之遺產中之土地上權利，是否須為其婚生子女始得繼承，或受領其特留分，應依土地所在地法院所適用之法律，以決定之。該法院就此問題，通常將依其所屬法域之實體法以決定之。

2. 土地所在地法院通常將依適用第二百八十七條之規定所選定之準據法，以決定某人之婚生性問題。

第二百三十八條　收養對繼承之影響

1. 養子女是否得繼承未立遺囑而死亡者之遺產中之土地上之權利，或受領其特留分，依土地所在地法院所適用之法律，以決定之。該法院就此問題，通常將適用其所屬法域之實體法以決定之。

2.土地所在地法院通常將依適用第二百八十九條之規定所選定之準據法，以決定收養之有效性問題。

第二百三十九條 就土地所為之遺囑之有效性及其效力

1.遺囑是否得移轉土地上之權利，及其所移轉之權利之性質，依土地所在地法院所適用之法律，以決定之。

2.該法院就此問題，通常將適用其所屬法域之實體法，以決定之。

第二百四十條 對於土地為遺贈之遺囑之解釋

1.一對於土地為遺贈之遺囑，應依於遺囑中為此目的所選定之法域之解釋規則，以解釋之。

2.未為此一選定時，該遺囑應依土地所在地法院所適用之解釋規則，以解釋之。

第二百四十一條 生存配偶於普通法或制定法上之權利

1.生存配偶對於死亡配偶之土地，所得享有之普通法或制定法上之權利之發生及其範圍，依土地所在地法院所適用之法律，以決定之。

2.該法院就此問題，通常將適用其所屬法域之實體法，以決定之。

第二百四十二條 生存配偶之特留分利益及其選擇權

1.生存配偶對於死亡配偶之土地上所享有之特留分利益，依土地所在地法院所適用之法律，以決定之。

2.於死亡配偶之遺囑中對之已經有規定之生存配偶，得否選擇受領其於死亡配偶所遺之土地上所享有之特留分或寡婦產利益，而不依遺囑之規定以繼承其所分配之部分者，依土地所在地法院所適用之法律，以決定之。

（3）該法院就此問題，通常將適用其所屬法域之實體法，以決定
　　　之。

第二百四十三條　土地之收歸公有

土地上之權利，是否因無人繼承而收歸公有，依該土地所屬法域之
實體法，以決定之。

第三節　動　　產

第一款　讓　　與

第二百四十四條　動產權利之讓與之有效性及其效力

1. 讓與行為之當事人間，就動產權利所為之讓與之有效性及其效
　　力，依由第六條所述之原則，與當事人、動產及該讓與行為關係
　　最切之法域之實體法，以決定之。

2. 當事人未有效地選擇準據法者，則於決定應以何法域之法律為其
　　準據法時，對於讓與行為發生時動產所在地之考慮，將重於對其
　　他連接點所作之考慮。

第二百四十五條　讓與對於動產上先前已存在之權利之影響

1. 動產上之權利之讓與，就讓與行為之當事人以外之人，於該動產
　　上先前已存在之權利所生之影響，通常係依讓與行為發生時，動
　　產所在地法院所適用之法律，以決定之。

2. 該法院就此問題，通常將依其所屬法域之實體法，以決定之。

第二百四十六條　動產權利因反對占有或時效而取得者

動產上之權利是否因反對占有或時效而移轉，及其所移轉之權利之
性質，依所主張之移轉發生時，動產所屬法域之實體法，以決定
之。

第二百四十七條　將動產移置他法域對其所有權之影響

動產上之權利，不因單純地將之移置他法域而受影響。惟，該權利得因在其他法域所作之處分，而受有影響。

第二百四十八條　具體表現於一證券中之動產

1. 動產所有權是否具體表現於一證券中者，依該證券簽發時動產所屬法域之實體法，以決定之。

2. 於讓與行為當事人以外之人間:

(a) 動產所有權具體表現於一有效之讓與證券中者，該動產上之權利讓與之效力，依讓與行為發生時動產所在地法院所適用之法律，以決定之。

(b) 動產所有權具體表現於一證券中者，該證券上之權利之讓與之效力，依讓與時該證券所在地法院所適用之法律，以決定之。該法院就此問題，通常將適用其所屬法域之實體法，以決定之。

第二百四十九條　權利具體表現於證券中者

1. 權利是否具體表現於一證券中者，依規範該權利之法律，以決定之。

2. 於讓與行為當事人以外之人間。

(a) 權利具體表現於一證券中者，其權利讓與之效力，視該證券之讓與之效力而定;

(b) 權利具體表現於一證券中者，該證券上權利讓與之效力，依讓與行為發生時，該證券所在地法院所適用之法律，以決定之。該法院就此問題，通常將適用其所屬法域之實體法以決定之。

第二百五十條　為債權人之利益而自願轉讓

債務人為債權之利益，而自願轉讓其可分離之物上之權利者，其得否有效地移轉其動產上之權利或無形之權利，應依就將特定爭點與債務人及該轉讓行為關係最切之法域之實體法，以決定之。若債務人為個人者，則該法域通常為其住所地所屬法域，而若債務人為一公司者，則該法域通常為其設立地所在之法域。

第二款　負　　擔

第二百五十一條　動產擔保權利之有效性及其效力

1. 動產上之擔保權利於直接當事人間之有效性及其效力，應依就特定之爭點，依第六條所述之原則，與當事人、動產、及該擔保權利關係最切之法域之實體法，以決定之。

2. 當事人未有效地選擇準據法者，則於決定應以何法域之法律為其準據法時，對於擔保權利發生時該動產之所在地，將重於對其他任何牽連點所作之考量。

第二百五十二條　將動產移至他法域，對擔保權利之影響

單純將一動產移至其他法域，對於該動產上之擔保權利之得喪，將不生影響。惟，動產上之權利，可因於其他法域就該動產所為之處分，而受有影響。

第二百五十三條　動產移至他法域後所為之處分，對擔保權利所生之影響

一附有完全且有效之擔保權利之動產，被移至其他法域者，則就該動產於該法域所為之處分，對擔保權利所生之影響，通常將依該法域之法院決定此問題之同樣方式，以決定之。

第二百五十四條　擔保權利之實現與回贖

1. 於擔保權利之當事人間，擔保債權人之出售或取回動產之權力，

及債務人之回贖權，應依就將特定爭點，依第六條所述之原則，與當事人、動產及該擔保權利關係最切之法域之實體法，以決定之。

2.當事人未有效地選定準據法者，則於決定應以何法域之法律爲其準據法時，對於擔保權利成立時，動產所在地之考慮，將重於對其他牽連之考慮。

第三款　權　　力

第二百五十五條　依法律之規定所創設之權力之行使

1.動產上之權利，是否因行使依法律之規定所創設之權力，而有所移轉者，及其所移轉之權利之性質，依行使該權力時，動產之所在地法院所適用之法律，以決定之。

2.該法院就此問題，通常將適用其所屬法域之實體法以決定之。

第二百五十六條　經由合意創設之權力之行使

1.行使由動產上之權利所有人所創設之移轉該權利之權力之有效性，及其於移轉當事人間所創設之權利，應依就特定爭點，依第六條所述之原則，與當事人、動產、及該權力之行使關係最切之法域之實體法，以決定之。

2.當事人未有效地選定準據法者，則於決定應以何法域之法律爲其準據法時，對於該動產於讓與行爲發生時之所在位置之考慮，將重於對其他任何牽連所作之考慮。

第四款　婚姻財產

第二百五十七條　婚姻對於現存之可分離之物上之權利所生之效力

夫妻之一方是否因婚姻之結果，而取得他方配偶所享有之可分離之

物上之權利，應依就特定爭點，依第六條所述之原則，與夫妻雙方及該可分離之物關係最切之法域之實體法，以決定之。此法域通常將係該他方配偶於婚姻成立時，其住所地所在之法域。

第二百五十八條　婚姻關係存續中所取得之可分離之物上之權利

1.夫妻之一方於一可分離之物上之權利，於婚姻關係存續中為他方配偶所取得者，應依就特定之爭點，依第六條所述之原則，與夫妻雙方及該可分離之物關係最切之法域之實體法，以決定之。

2.夫妻雙方未有效地選定準據法者，則於決定應以何法域之法律為其準據法時，對於取得該可分離之物時，夫妻雙方之住所地所屬法域之考慮，將重於對其他各點所作之考慮。

第二百五十九條　將配偶間之可分離之物移轉至其他法域

由夫妻一方或雙方所取得之於一動產上之婚姻財產權，或具體表現於一證券上之權利不論其移轉是否伴隨有夫妻一方或雙方之將其住所地變更至其他法域之事實，皆不因該動產或證券單純之移轉至該其他法域，而受有影響。惟，其權利可因於該其他法域就該動產或證券所為之處分，而受有影響。

第五款　因死亡而繼承

第二百六十條　對於未立遺囑而死亡者之遺產中可分離之物之繼承

未立遺囑而死亡者，其遺產中之可分離之物之轉移，依被繼承人死亡時，其住所地所屬法域之法院所適用之法律，以決定之。

第二百六十一條　子女婚生性對繼承之影響

1.對於未立遺囑而死亡者之遺產中之可分離之物上之權利，是否須為其婚生子女始得繼承，或受領其特留分。應依被繼承人死亡時

其住所地所屬法域之法院所適用之法律，以決定之。該法院就此問題，通常將適用其所屬法域之實體法以決定之。

2.被繼承人死亡時住所地所屬法域之法院，通常將依適用第二百八十七條之規定所選定之準據法，以決定某人之婚生性問題。

第二百六十二條　收養對繼承之影響

1.養子女是否得繼承未立遺囑而死亡者之遺產中之可分離之物上之權利，或受領其特留分，應依被繼承人死亡時，其住所地所屬法域之法院所適用之法律，以決定之。該法院就此問題，通常將適用其所屬法域之實體法以決定之。

2.被繼承人死亡時住所地所屬法域之法院，通常將依適用第二百八十九條之規定所選定之準據法，以決定收養之有效性問題。

第二百六十三條　就可分離之物所為之遺囑之有效性及其效力

1.遺囑是否得移轉一可分離之物上之權利，及其所移轉之權利之性質，應依立遺囑人死亡時，其住所地所屬法域之法院所適用之法律，以決定之。

2.該法域就此問題，通常將適用其所屬法域之實體法以決定之。

第二百六十四條　就可分離之物所為之遺囑之解釋

1.一就可分離之物上之權利為遺贈之遺囑，其解釋應依遺囑為此目的所指定之法域之實體法。

2.遺囑中未為此指定者，其解釋應依立遺囑人死亡時，其住所地所屬法域之法院所適用之法律。

第二百六十五條　生存配偶之特留分利益及其選擇權

1.生存配偶對於死亡配偶之可分離之物上之權利所享有之特留分利益，依死亡配偶於死亡時，其住所地所屬法域之法院所適用之法律，以決定之。該法院就此問題，通常將適用其所屬法域之實體

法以決定之。

2.於死亡配偶之遺囑中對之已作 有規定之 生存配偶， 得否選擇受領其於死亡配偶所遺之可分 離之物 上之權利 所享有之特 留分利益， 而不依遺囑之規定以繼承其所分配之部分者， 依死亡配偶於死亡時， 其住所地所屬法域之法院所適用之法律， 以決定之。

第二百六十六條　對於無應受分配人之可分離之物之處置

未立遺囑而死亡者所遺之動產，依法律之規定無人有權繼承之者，應歸於其所受管理之法域。

第十章　信　託

第一節　動　產

第二百六十七條　法院對管理之監督

動產權益信託之管理，通常由受託人在符合法律受託資格之該法院監督，或是由信託受管理法域之法院監督。

第二百六十八條　信託文據之解釋

1.創設動產權益信託之遺囑或其他文據，依照文據中為此目的所指定法域之解釋規則解釋之。

2.在缺少此等指定時，該文據：

(a) 關於管理之事項，依照規範信託管理應適用法律所屬法域之解釋規則解釋之。

(b) 非關於管理之事項，則依照立遺囑人或信託人所希望適用之法域的解釋規則解釋之。

第二百六十九條 遺囑所生動產信託之效力

遺囑動產信託之效力

(a) 關於影響遺囑效力的事項，例如遺囑的處置，由立遺囑人死亡時住所地法院所應適用之法律決定之。

(b) 關於僅影響信託條款效力之事項，除依立遺囑人死亡時住所地之重要公共政策該條款應為無效者外，

(i) 由立遺囑人指定管理信託效力之法域的實體法決定之，但該法域必須與信託有實質之關係。

(ii) 如無此有效之指定時，除為維持信託效力所必須而適用管理信託之法域的實體法外，依立遺囑人死亡時住所地之實體法決定之。

第二百七十條 現生存之人間所為動產信託之效力

現生存之人間所為動產信託是有效的，假定：

(a) 依信託人指定管理該信託效力之法域的實體法為有效者，且此法域對該信託有實質關係，並就爭議事項適用該法律亦不違反第六條所述之原則下與信託最具重大關係之法域的重大公共政策，或者

(b) 在未有此有效之指定時，就爭議事項，依第六條所述之原則與信託最具重大關係之法域的實體法為有效者。

第二百七十一條 遺囑創設動產信託之管理

遺囑所為動產信託之管理，就信託條款所管制事項：

(a) 依立遺囑人指定信託管理法域之實體法管理之。

(b) 如未有此指定，除該信託應在其他法域管理之情形而應由該他法域之實體法管理外，由立遺囑人死亡時住所地之實體法管理之。

第二百七十二條　現生存之人間所為動產信託之管理

現生存之人間所為動產權益信託之管理，就信託條款所管制之事項：

(a) 由設立信託人指定管理該信託法域之實體法管理之。

(b) 如無此指定，由與信託管理最具實質關係之法域的實體法管理之。

第二百七十三條　受益人權益讓與之限制

動產信託受益人之權益可否由其讓與及由其債權人取得

(a) 在遺囑信託之情形，依立遺囑人死亡時住所地之實體法決定之。但立遺囑人曾明示該信託應在另一法域管理者，則應由該法域之實體法決定之。

(b) 在現生存之人間所為信託之情形，如信託人已明示該信託將受某法域管理之意圖時，則應由該法域之實體法決定之，否則由對信託之管理最具實質關係法域之實體法決定之。

第二百七十四條　基於信託指定動產權益之權力的實行

除於遺囑信託，依立遺囑人死亡時住所地之重大公共政策所為之指定為無效外，實行基於信託指定動產權益之權力所作成之指定是有效的，如

(a) 關於實質效力之問題，依照決定信託效力之法律（參見第二百六十九條及第二百七十條）而作成指定，或如該權力是一般之權力，係依財產受贈之人就其財產為處分時應適用之法律而作成。

(b) 關於形式及受贈者能力之問題，依照決定信託效力之法律（參見第二百六十九條及第二百七十條）或受贈人處分其財產應適用之法律而作成。

第二百七十五條　遺囑指定動產權益之構成要件

由遺囑指定動產權益之權力，是否由未提及此權力之一般遺贈予以實行者，除捐贈者明示不同之意思表示者外，依規範解釋捐贈者之意思的法律決定。

第二節　土　　地

第二百七十六條　法院對管理之監督

只要土地仍屬於信託，則此土地權益信託之管理，由該土地所在地之法院監督。

第二百七十七條　信託文據之解釋

1.設立土地權益信託之遺囑或信託文據應依照為此目的於文據中所指定法域之解釋規定解釋之。

2.在未有此指定時，該文據依所在地法院將會適用之解釋規定解釋之。

第二百七十八條　土地信託之效力

就土地權益所設信託之效力，由土地所在地法院所適用之法律決定之。

第二百七十九條　土地信託之管理

土地權益信託之管理，只要該土地仍屬於信託，由所在地法院所適用之法律決定之。

第二百八十條　受益人權益讓與之限制

只要土地仍在信託之下，則受益人之權益是否可由其自由讓與及由其債權人取得，由所在地法院所適用之法律決定之。

第二百八十一條　基於信託指定土地權益之權力的實行

基於信託所生指定土地權益之權力的實行，依土地所在地法院所適

用之法律決定之。

第二百八十二條　遺囑指定土地權益之構成要件

　　遺囑指定土地權益之權力，是否由未提及此權力之一般遺贈實行之，由所在地法院所適用之法律決定之。

第十一章　身　分

第一節　婚　姻

第二百八十三條　婚姻之成立

　　1.婚姻之成立，就特定問題言，依第六條所述之原則，以與配偶及婚姻具有最重要牽連法域之實體法決定。

　　2.符合婚姻舉行地法之婚姻，在任何地方均應承認為有效，除非其違反結婚時與配偶及婚姻有最重要牽連關係之另一法域之重要公共政策。

第二百八十四條　外國婚姻之效果

　　一個法域通常將在其領域內所締婚姻之相同效果，給予依第二百八十三條所述原則為有效之外國婚姻。

第二百八十五條　離婚請求權之準據法

　　提起訴訟之住所地法域之實體法決定離婚請求權。

第二百八十六條　婚姻無效之準據法

　　請求確認婚姻無效之權利依婚姻成立之準據法決定。

第二節　婚生子女

第二百八十七條　婚生子女之準據法

1. 子女是否婚生，應就特定問題，依第六條所述原則下，與父母子女有最重要牽連關係法域之實體法決定。

2. 如依（a）婚生子女身分被主張已發生時父母之住所地法，或（b）父母承認子女為其所有時子女之住所地法，認其為婚生子女時，其通常將被認定為婚生。

第二百八十八條　依外國法所產生之婚生子女之效果

一個法域通常將由其內國法所發生婚生子女相同的效果，賦予根據第二百八十七條所述原則下依外國法所產生之婚生子女身分。

第三節　收　養

第二百八十九條　收養之準據法

法院依其法庭地之實體法決定是否准許收養。

第二百九十條　外國收養之效果

依第七十八條規則具有管轄權之法域所為之收養，在其他法域通常也享有該其他法域對自己法院所作收養裁判之相同效果。

第十二章　代理與合夥

第一節　代　理

第二百九十一條　本人與代理人之關係

本人與代理人間的權利義務，就某特定爭執言，依第六條所述原則，以與當事人及交易具有最重要牽連關係法域之實體法決定，此一實體法由適用第一百八十七條及第一百八十八條之規則而選定。

第二百九十二條　本人對第三人的契約責任

1. 本人是否對代理人以其名義與第三人所為之行為負責，就某特定
   爭執言，依第六條所述原則，以與當事人及交易具有最重要牽連
   關係法域之實體法決定。

2. 依代理人與第三人為行為之行為地實體法，本人應就代理人之
   行為負責時，應負其責任。但必須本人曾授權代理人在該法
   域以本人名義為行為，或使第三人合理地相信該代理人有此權
   限。

第二百九十三條 本人承認代理人之行為

1. 本人對代理人以其名義與第三人所為行為承認之效果，就某特定
   爭執言，依第六條所述原則，以與當事人及交易具有最重要牽連
   關係法域之實體法決定。

2. 依下列兩種實體法之一認為有效時，承認通常應屬有效，（a）代
   理人與第三人為行為之法域，或（b）適用第二百九十一條規則所
   選定之法域。

第二節　合　夥

第二百九十四條 合夥人間之關係

合夥人彼此間之權利義務，就某特定爭執言，依第六條所述原則，
以與合夥人及交易具有最重要牽連關係法域之實體法決定之。此一
法律由適用第一百八十七條及第一百八十八條之規則而選定。

第二百九十五條 合夥、合夥人及第三人之契約責任

1. 合夥是否對代理人以其名義與第三人所為行為負責，依第二百九
   十二條規則所選擇法域之實體法決定。

2. 普通合夥人是否對代理人以合夥名義與第三人所為行為負責，依
   第二百九十二條規則所選擇法域之實體法決定。

3. 有限合夥人對代理人以合夥名義與第三人所爲行爲應負之責任， 依第二百九十四條規定所選擇之法域之實體法決定。 但有限合夥人對合夥業務之管理曾有重要的參與或導致第三人合理地相信其爲普通合夥人時， 不在此限。 於但書情形之一， 有限合夥人之責任， 依第二百九十二條規則所選擇之法域之實體法決定。

第十三章　商業公司

第一節　成立、認許及解散

第二百九十六條　成立之要件

商業公司必須符合公司成立地法域之要件，始得有效成立公司。而不問其營業行爲在何地發生或其董事、職員或股東之住所地何在。

第二百九十七條　外國公司成立之認許

在某一法域成立之公司，其他法域應予認許。

第二百九十八條　視爲公司的組織

於某法域成立之組織，如該組織依其成立地法域之實體法所具有之特質，就其他法域法令之目的言，足以使其成爲一公司時，得視爲該其他法域法令中之公司。

第二百九十九條　終了或中止公司之存續

1. 公司存續是否已終了或中止， 依公司成立地法域之實體法決定。

2. 依公司成立地法域所爲公司之終了或中止，就大多數目的言，應爲其他法域所承認。

第三百條　結束外國公司

一法域不得終了外國公司之存續，但在憲法限制下，得結束其在該法域之營業。

第二節　公司的權利義務

第三百零一條　對第三人之權利義務

由公司某種行為而發生公司對第三人之權利義務，若該行為亦得由個人完成者，準用非公司之當事人所應適用之選法規則決定之。

第三百零二條　關於公司權利義務之其他問題

1. 除第三百零一條所規定者外，關於涉及公司權利義務之其他爭執，就特定問題言，依第六條所述原則，以與該事件及當事人具有最重要牽連關係之法域之實體法決定。

2. 公司成立地法域之實體法決定上述爭執，但有特殊情形，就某特定問題言，其他法域與該事件及當事人具有更重要牽連關係時，則適用該其他法域之實體法。

第三節　股東、董事及職員

第三百零三條　股　　東

公司成立地法域之實體法決定誰為公司股東，但有特殊情形，即就某特定問題言，依第六條所述原則，其他法域與有關當事人及公司，具有更重要牽連關係時，則適用該其他法域之實體法。

第三百零四條　管理及盈餘之參與

公司成立地法域之實體法決定股東參與公司業務之經營權、盈餘分配權、解散時財產分配權及發行新股時股東的權利。但有特殊情形，就某特定爭執，依第六條所述原則，依與股東及公司具有更重

要牽連關係之法域之實體法決定之。

第三百零五條　表決信託

公司成立地法域之實體法決定表決信託之股份得否由受託人行使表決權，但有特殊情形，就某特定爭執，依第六條所述原則，依與股東及公司具有更重要牽連關係法域之實體法決定之。

第三百零六條　多數股東之責任

多數股東對公司和少數股東之義務，依公司成立地法域之實體法決定之，但關於特定爭執，其他法域依第六條所述之原則，與當事人和公司有更重要的關係時，適用該他法域之實體法。

第三百零七條　股東之責任

決定股東對公司之攤派或分擔責任，和對債權人之公司債務責任之存在及範圍，適用公司成立地法域之實體法。

第三百零八條　能執行股東責任之地域

公司設立地法域對股東課以對公司之攤派或分擔責任，及對公司債權人之公司債務責任，得於其他法域執行。

第三百零九條　董事或職員之責任

董事或職員對公司、公司之債權人和股東之責任，其存在和範圍，依公司成立地法域之實體法決定之，但關於特定爭執，其他法域依第六條所述之原則，與當事人和交易有更重要之關係時，適用該他法域之實體法。

第三百十條　董事或職員責任之執行

公司成立地法域課以董事或職員之責任，可在其他法域執行。

第四節　營業之資格

第三百十一條　營業資格之需要

外域公司是否必須在某法域營業或做其他活動前，符合其資格要件，在憲法限制下，依該法域之實體法決定之。

第三百十二條　未符合資格而營業

一外域公司在美國某州營業，但未符合該州之資格要求時：

(a) 即使不能在營業州起訴，亦可在他法域之聯邦或州法院起訴。

(b) 但不能執行營業州所剝奪之契約權利，但以該州實體法規範該契約爲限（參見第一百八十七條至第一百八十八條）。

第五節　內部事務之干涉

第三百十三條　外域公司之內部事務

法院可對有關外域公司內部事務之訴行使管轄權，但該法院係審判該訴之不適當或不方便之法庭地者，不在此限。

第十四章　財產之管理

第一節　遺產管理

第一款　任命遺產管理人和認證遺囑

第三百十四條　可認證遺囑和任命代表人之處

通常在下列法域之一，得准許認證遺囑及任命遺囑執行人或遺產管理人：

(a) 死者死亡時之住所地；

(b) 死者死亡時或在命遺囑執行人或遺產管理人時之遺產所在地；

(c) 對以不法行爲殺害死者之人或其財產有管轄權之所在地，但以

據以請求損害賠償之制定法允許在該法域任命之遺囑執行人或
遺產管理人提起訴訟者爲限。

第三百十五條　未立遺囑時，可任命遺產管理人之處

若未立遺囑，　通常在准許認證遺囑之任何法域中，　任命遺產管理
人。

第三百十六條　規範管理之法律

關於遺囑執行人或遺產管理人之管理行爲應負之義務，通常依任命
地法域之法律決定之。

第三百十七條　其他法域賦予管理訴訟判決之效力

1. 死者死亡時之住所地法域之有權法院，對管理之訴所作之判決，
法庭地關於其當地之動產，在該判決所處理之問題範圍內，通常
遵循之；該問題係法庭地選法規則下之繼承問題，而由死者住所
地法域適用之法律所規範者。

2. 死者死亡時之住所地法域之有權法院，對管理之訴所作之判決，
不因管理同一死者遺產之他法域法院先前所作之不一致判決而使
其無效。

3. 任何法域之有權法院，對管理之訴所作之判決，對於受最初法院
管轄者有關爭執，在他法域亦應確定；但以該判決在裁判地對該
等人確定者爲限。

4. 關於死者死亡時住所地法域之爭執，若已由能依第三項提出該爭
執者提出之，則法院不承認先前在其他法域所爲有關死亡者住所
地之認定。

第二款　動產和請求權之收取

第三百十八條　可管理動產之地

除第三百二十條 2. 之規定外，動產實際位於某法域，且非由外域
之遺囑執行人或遺產管理人，或持有者所合法占有者，可由該法域
管理；但死者之動產權利由流通證券所代表，而該證券不在該法域
者，不在此限。

第三百十九條　遺囑執行人或遺產管理人對動產之占有受他法域承認
　　　　　　　時

除第三百二十條 2. 及第三百二十一條之規定外，遺囑執行人或遺產
管理人對於其所占有之死者動產，皆可管理之，且其占有在該動產
進入任何其他法域內，皆受承認及保護。

第三百二十條　動產於所有人死後始帶入法域內，而得以管理者

1. 除第二項之規定外，若動產於任何權利人死後帶入某法域，且
　由該法域之遺囑執行人或遺產管理人所占有，則得於該法域管理
　之。

2. 若該動產係由外域遺囑執行人或遺產管理人占有中不法取得，而
　帶到另一法域者，則該法域之遺囑執行人或遺產管理人得管理
　之，唯受原遺囑執行人或遺產管理人要求返還該動產或其所得權
　利之限制。

第三百二十一條　遺囑執行人或遺產管理人可於何時在指定法域外接收
　　　　　　　　動產

1. 除第 2、3 項之規定，遺囑執行人或遺產管理人得於其受指定之
　法域外，就屬於死者之動產取得占有，並可移動、管理該動產，
　但移動之際，該動產上之權益係由一顯明可移轉之證券表彰者，
　則不在此限。

2. 當地遺囑執行人或遺產管理人，有權要求非由可移轉證券所表彰
　之動產，自該法域移離之前，返還該動產。如在他法域之遺囑

執行人或遺產管理人將該動產移轉後，當地遺囑執行人或遺產管產理人對指定法院為聲請。如法院依自由裁量，認為將該動產返還有利於資產之處理時，得令將動產返還給取走法域之遺囑執行人或遺產管理人。

3. 如動產自一法域移去時，他法域之遺囑執行人或遺產管理人知悉當地已指定遺囑執行人或遺產管理人，或知悉其自己之指定僅是輔助性質者，如該動產移去之當地法域之實體法有要求規定，則該他法域之遺囑執行人或遺產管理人必須就動產之返還或其上之價值，對當地之遺囑執行人或遺產管理人負個人之責。

第三百二十二條 將動產對遺囑執行人或遺產管理人為交付者，視為免責

1. 將死者之動產移送給遺囑執行人或遺產管理人者，除死者就動產上之權益係由一顯明可移轉之證券表彰者，如該交付符合下列情形之一者，該交付之人視為免責：

   (a) 係對可就動產之交付於任何法域提起訴訟之當地遺囑執行人或遺產管理人為交付；或

   (b) 為交付之人不知當地已指定遺囑執行人或遺產管理人，而對他法域之遺囑執行人或遺產管理人為移送。

2. 非在第 1 項所述之情形，就死者之動產交付給他法域之遺囑執行人或遺產管理人者，如為交付之法域的實體法有要求之規定，為交付之人必須對當地之遺囑執行人或遺產管理人就該動產之價值負責。

第三百二十三條 就可移轉證券所表彰之動產為交付

1. 占有表彰死者動產證券之遺囑執行人或遺囑產管理人，有權交

付該動產，　且唯該遺囑執行人或遺產管理人或其受讓人有權爲之。

2.將死者之動產交付給提示並交還表彰該動產之可移轉證券的遺囑執行人或遺產管理人或其他持有人，　視爲此交付之人免予責任。

第三百二十四條　股權憑證所表彰之公司股權、股利

1.死者所有而由股權憑證表彰之股權，該股權非在他法域之遺囑執行人或遺產管理人或其所支配之人合法占有中者，得由憑證所在之法域管理。

2.死者所有股權憑證表彰之公司股權，於名册上之移轉，以及此等股權所生股息之給付，於以占有該憑證之遺囑執行人、遺產管理人或其受讓人之名義爲股權登記後，僅得對此遺囑執行人、管理人或其受讓人爲之。

3.將股權憑證所表彰之公司股權，於名册上移轉給提出此憑證之者任一遺囑執行人、遺產管理人或受讓人，對爲此移轉之公司言，如同在死者生前，已對死者或其受讓人爲移轉之相同範圍內，免予責任。

第三百二十五條　非股權憑證所表彰之公司股權；股利

1.死者所有而非由股權憑證所表彰之公司股權，以及基此股權所生之股利，由公司設立地之法域管理之。

2.非公司設立地法域所指定之遺囑執行人或遺產管理人可基於相同之情形，將非股權憑證所表彰之股權移轉給自己，以及該股權所生之權利對自己爲給付。其結果與第三百二十七條、第三百二十八條所述，對於非由移轉之證券所表彰之請求權爲給付之情形相同。

3. 對於公司設立地法域外所指定之遺囑執行人或遺產管理人爲股權憑證所未表彰之股權於名册上爲移轉及此等股權所生之股利爲給付，與第三百二十七條及第三百二十九條所述對他法域之遺囑執行人或遺產管理人，與非由移轉之證券所表彰之請求權爲給付，而視爲免責之情形相同。

第三百二十六條　可移轉證券所表彰之請求權

1. 死者所有之請求權，係由可移轉之證券表彰者，如該證券非在他法域之遺囑執行人或遺產管理人或其所支配之人合法占有者，得由證券所在之法域管理之。

2. 占有死者所有之可移轉證券的遺囑執行人或遺產管理人，有權就該請求權接受給付，且唯該遺囑執行人或遺產管理人或其受讓人有此資格。

3. 對提示及交出表彰請求權之可移轉證券的遺囑執行人或遺產管理人或受讓此證券之人爲給付者，視爲此給付之債務人免予責任。

第三百二十七條　對當地遺囑執行人或遺產管理人，就非由移轉證券所表彰之請求權爲給付

除第三百二十六條之規定外

（a）遺囑執行人或遺產管理人在指定之法域內，得接受對死者之請求權所爲之給付。

（b）某人或其財產受遺囑執行人或遺產管理人指定之法域之管轄，而於該地對彼等爲自願給付者，視爲該給付之人的免責。

（c）某人或其財產非受遺囑執行人或遺產管理人之指定法域之管轄，而於該地對彼等爲自願之給付者，與第三百二十九條所規定對遺囑執行人或遺產管理人在指定法域外爲自願給付之相同

範圍內，視爲該爲給付之人免予責任。

第三百二十八條　他法域之遺囑執行人或遺產管理人就非移轉證券所表
彰之請求權，接受給付

1. 除 2、3 項之規定，遺囑執行人或遺產管理人，除請求權在給付
時係由一顯明可移轉之證券表彰外，得在受指定之法域外，接受
對死者所有之請求權所爲的給付。

2. 當地遺囑執行人或遺產管理人有權要求他法域之遺囑執行人或遺
產管理人，就其所獲得之給付自該法域移去前，將給付移轉於
伊。如在他法域之遺囑執行人或遺產管理人將所獲得之給付自當
地法域移去後，當地之遺囑執行人或遺產管理人對指定法域爲聲
請，如法院自由裁量認爲有利於資產之處理，得令將資產返還與
收取地之遺囑執行人或遺產管理人。

3. 爲給付之時，如他法域之遺囑執行人或遺產管理人知悉當地已指
定遺囑執行人或遺囑產管理人，或是知悉其自己之指定僅係輔助
之性質者，如收受給付法域之實體法有要求之規定，則他法域之
遺囑執行人或遺產管理人必須就給付之數額，對當地遺囑執行人
或遺產管理人負責。

第三百二十九條　對他法域之遺囑執行人或遺產管理人爲給付，而請求
權非由可移轉之證券表彰者，視爲免責

1. 對遺囑執行人或遺產管理人在指定之法域外，就負欠死者之請求
權爲給付，而該請求權非由一顯明可移轉之證券表彰者，如係不
知當地已指定遺囑執行人或遺產管理人之情形爲給付者，視爲此
給付之人免予責任。

2. 如非在第一項所規定之情形下，給付者對遺囑執行人或遺產管理
人在指定之法域外爲給付時，如在爲給付之法域之實體法有要求

之規定，則給付者個人必須就給付之數額，對當地之遺囑執行人或遺產管理人負責。

第三百三十條 於遺囑執行人或遺產管理人指定後之交易所生之請求權

對遺囑執行人或遺產管理人於其受指定後之交易所生之責任。唯該遺囑執行人或遺產管理人得以實行。

第三百三十一條 當地資產移轉予他法域之遺囑執行人或遺產管理人

如法院認為將當地資產移轉予他法域之遺囑執行人或遺產管理人，對於資產之處理較為便利者，得令當地資產移轉予為此聲請之他法域的遺囑執行人或遺產管理人。

第三款 遺囑執行人或遺產管理人所為之動產及請求權之移轉

第三百三十二條 遺囑執行人或遺產管理人所為動產之移動

1. 遺囑執行人或遺產管理人於移轉之時，可就指定法域內死者所有之動產為讓與，但該動產係由一顯明可移轉之權狀所表彰或由他法域之遺囑執行人、遺產管理人或受其支配之人占有者，則不在此限。

2. 如死者之動產係由一可移轉之權狀所表彰，則占有該權狀之遺囑執行人或遺產管理人得以轉讓權狀之方式，移轉該動產。

3. 住所地之遺囑執行人或遺產管理人就死者之動產非由顯明可移轉之文據表彰者，縱使該動產於移轉之際非在此遺囑執行人或遺產管理人指定之法域而在另一法域內者，其亦得就此動產為移轉，但下列情形則不適用之：

   （a）該另一法域已指定當地之遺囑執行人或遺產管理人。

   （b）此動產在死者另一遺囑執行人、遺產管理人或其所支配之人占有中者。

第三百三十三條　遺囑執行人或遺產管理人所爲請求權之移轉

　　1.死者所有之流通證券或表彰公司股權之憑證，遺囑執行人或遺產管理人占有該憑證者，得移轉該憑證以及憑證所表彰之權利。

　　2.除死者所有之請求權係由顯明可移轉之證券或股權憑證所表彰者外，遺囑執行人或遺產管理人得讓與屬於死者之可移轉請求權，以對抗於讓與之際，受指定遺囑執行人或遺產管理人之法域管轄之人。

　　3.除第 2 項所述讓與之權力外，住所地之遺囑執行人或遺產管理人，就死者可移轉之請求權中，依第 2 項之規定，其他遺囑執行人或遺產管理人不得移轉之請求權，可以移轉之。

第四款　關於土在之管理

第三百三十四條　管理土地之處

　　除土地所在法域之法律別有規定外，該土地僅得由所在法域之管轄法院指定之遺囑執行人或遺產管理人管理之。

第三百三十五條　出賣土地以對在當地已證明之請求權爲給付

　　縱使在其他法域有動產，指示管理之法院，得依其法域之實體法，令出賣該法域之土地，以對請求權爲給付。

第三百三十六條　出賣土地以對在他法域證明之請求權爲給付

　　對於在他法域經證明並受允許之請求權，倘在他法域所有之資產不足以給付時，法院得令出賣死者在該法域之土地，以對該等請求權爲給付。

第三百三十七條　繼承人或受遺贈人得保證償還

　　出賣死者個人之土地，以給付對遺產主張之請求權時，如依土地所

在地法，法定繼承人或受遺贈人有權對死者之動產免予負責或對由
土地出賣結果而受給付之請求權有代位之權，或就死者之另一筆土
地有分享之權者，此權利得在死者動產或土地所在之法域予以實
行，以避免不當得利。

第三百三十八條 他法域之遺囑執行人得實行出賣土地之權

遺囑授予遺囑執行人出賣土地之權力，該遺囑執行人得實行之，縱
其在土地所在之法域未受指定為遺囑執行人。

第三百三十九條 他法域之遺囑執行人或遺產管理人無權就土地上之抵
押權實行之時

除非其他法域之法律有允許之規定，否則一法域之遺囑執行人或遺
產管理人，不得就位於他法域土地上之抵押權，以訴訟行為實行之。

第三百四十條 他法域之遺囑執行人或遺產管理人之受讓人得實行土地
上之抵押權時

1.遺囑執行人或遺產管理人占有死者資產之可移轉證券，並由另一
法域之土地設定抵押權以為擔保者。得依第三百三十三條第 1 項
之規定，讓與該證券以及其上所表彰之權利。

2.如死者可移轉之請求權，由土地設定抵押權以為擔保，但並非由
可移轉之證券表彰者，則遺囑執行人或遺產管理人，可依第三百
三十三條第 2 項及第三百三十三條第 3 項之規定，移轉該請求權
以及抵押權。且受讓人可如未有抵押權擔保之請求權的受讓人得
提起訴訟以實行其請求權之情形相同，在土地所在地提起訴訟以
實行其抵押權。

第三百四十一條 其他法域之遺囑執行人、遺產管理人或其之受讓人得
實行抵押拍賣權時

如土地所設定之抵押權賦予抵押權人，其受讓人或遺囑執行人或遺

產管理人，無須經訴訟即可拍賣抵押土地之權力，則土地所在法域未指定遺囑執行人或遺產管理人者，他法域之遺囑執行人或遺產管理人或其受讓人得實行之，如

(a) 該抵押權所擔保者乃由可移轉證劵所表彰之請求權，且該遺囑執行人、遺產管理人或其受讓人占有該證劵者。

(b) 該抵押權所擔保者，係非由可移轉證劵所表彰之請求權，且該遺囑執行人或遺產管理人可依第三百三十三條第 2 、 3 項之規定移轉該請求權。

第五款　請求權之證明及給付

第三百四十二條　可在當地證明及給付之請求權

除第三百四十三條之規定外，所有債權人不論其住所地何在，均得在管理程序進行之法域，證明其請求權並獲得給付。

第三百四十三條　未對請求權為給付而將資金移轉至住所地

住所地在輔助管理程序法域的債權人，未在輔助管理程序正進行之法院提出任何請求權時， 縱使他法域之債權人已在當地提出請求權，該法院得依其自由裁量，令其遺囑執行人或遺產管理人就其所管有之資金，移轉至住所地之遺囑執行人或遺產管理人。

第三百四十四條　資產如何運用以對請求權為給付；優先權

死者所有之債權人在死者資產管理程序進行之法院已證明其請求權者，於當地遺囑執行人或遺產管理人處分資產以對請求權為給付時，不論該資產之來源或債權人之居所地、營業地、住所地或州籍，均有權按請求權數額之比例受分配，唯就特殊資金享有優先受償權利或留置權，以及給予特別階級債權人享有優先權者，對上述之請求權享有優先之權利。

第三百四十五條　證明請求權期間之準據法

在一法域證明請求權之期間，依該法域的法律決定之。

第三百四十六條　證明請求權方式之準據法

在一法域證明請求權之方式，依該法域之法律決定之。

第三百四十七條　請求權在他法域僅受部分給付之效果

如債權人在一法域就其請求權僅獲得部分給付者，仍可在他法域就其請求權請求給付，直至收受全部數額為止。

第三百四十八條　對破產財團為請求之給付

當全部資產破產時，任一法域之法院將儘可能依比例確保所有請求權之給付，不論債權人之居所、營業地、住所地、州籍或請求權之最初證明地。

第三百四十九條　對破產財團為請求之給付，按比例為之

全部資產破產時，每一法域之法院在對已證明其請求權之債權人為給付時，將加上該債權人在他法域已受之給付，按同一比例為之，以使其與在當地程序受給付之其他債權人處於平等之地位。

第三百五十條　對破產財團所為請求之給付，集中資產

當全部資產破產時，管理程序實行之每一法院將儘可能集中其所控制之資產，以擔保所有債權人之請求權，按一定百分比例受給付，而不論該資產之來源、（或債權人之）居所地、營業地、住所地、州籍或請求權最初之證明地。

第六款　由遺囑執行人或遺產管理人所提起或對之提起之訴訟

第三百五十一條　遺囑執行人或遺產管理人得在受指定之法域為訴訟行為

指定法域之實體法決定遺囑執行人或遺產管理人在其法院為訴訟行

爲之能力。

第三百五十二條　有利遺囑執行人或遺產管理人之判決，對於在其他地方訴訟之效果

遺囑執行人或遺產管理人對於死者之請求權取得屬人之判決者，則其他遺囑執行人或遺產管理人不得就該請求權取得賠償。

第三百五十三條　遺囑執行人或遺產管理人提出之訴訟而對被告有利之判決，對在他處訴訟之效果

1. 除第 2 項之規定， 如一法域之遺囑執行人或遺產管理人就死者之請求權對某人主張而提起訴訟，該判決係對被告有利者，此種判決在其他法域欠缺制 定法之 相反情形下， 就該其他法域指定之遺囑執行人或管理人提起 訴訟 以實現該請求權者， 不構成阻礙。

2. 遺囑執行人提起訴訟，而判決對被告有利者，則阻礙相同之遺囑執行人就相同之請求在他法域提起訴訟。

第三百五十四條　他法域之遺囑執行人或遺產管理人得為訴訟行為

他法域之遺囑執行人或遺產管理人得就屬於死者之請求權提起訴訟以實行之。

(a) 當被告未為及時之異議。

(d) 當請求權係基於他法域之遺囑執行人或遺產管理人所占有可移轉證券、股權憑證或可移轉之權狀。

(c) 提起訴訟， 就該遺產權益最屬有利，且不致有偏頗當地債權人權益之情形。

(d) 法庭地法律授權之其他情形。

第三百五十五條　他法域之遺囑執行人或遺產管理人得為訴訟，於指定遺囑執行人或遺產管理人後之交易所生之請求權

他法域之遺囑執行人或遺產管理人，得就於指定後，某代表遺產爲交易所生之任何請求權提起訴訟。

第三百五十六條 就被告之遺囑執行人或遺產管理人不利之判決，對於他處訴訟之效果

1. 除第 2 項及第三百五十八條之規定，如對死者主張請求權之人，取得對死者資產之遺囑執行人或遺產管理人不利之判決，此判決通常在他法域並不證實該請求權，除非該法域之制定法有此規定；在法令欠缺時，此判決通常將不排除請求人對相同死者之他法域之遺囑執行人或遺產管理人就最初之請求爲訴訟。

2. 當被告爲死者之遺囑執行人，對請求人有利之判決於他法域可資證明，以對抗該同一人，唯其亦爲死亡者於該法域之遺囑執行人，但請求人在任何法域就最初之請求，不得再對之爲任何訴訟。

第三百五十七條 就被告遺囑執行人或遺產管理人有利判決，對於他處訴訟之效果

如對死者主張請求權之人，對死者資產之遺囑執行人或遺產管理人提起訴訟，而判決對被告有利，則此判決對於請求權人在他法域同一死者之遺囑執行人或遺產管理人以相同之請求訴訟，構成妨礙。

第三百五十八條 對於他法域遺囑執行人或遺產管理人提起訴訟

當法庭地之法律授權在該法域得對他法域之遺囑執行人或遺產管理人就死者應負責之請求權提起訴訟且

(a) 基於除實際身體所在外之管轄權基礎，在死者生前得對死者在該法域內爲訴訟行爲（參見第二十九至三十九條），或

(b) 遺囑執行人或遺產管理人在其權限於該法域內爲行爲。

第三百五十九條 與他法域之遺囑執行人或遺產管理人交易後所生之請

求權

就他法域遺囑執行人或遺產管理人管理遺產時，因與該遺囑執行人
或遺產管理人訂約所生之義務或其所爲不當之行爲所造成之損害賠
償，得對之提起訴訟。

第三百六十條　於死者生前已作成之判決，對遺囑執行人或管理人之效
　　　　　　　果

死者生前任一法域對之所作成有利或不利之判決，對其遺產之所有
遺囑執行人或遺產管理人均屬已判決事項。

第三百六十一條　指定法院對遺囑執行人或遺產管理人有管轄權之時期

遺囑執行人或遺產管理人縱使不在受指定之法域，仍受指定其管理
該遺產之法院管轄。除非其被法院解除職務或管理程序終止。

第三百六十二條　遺囑執行人或遺產管理人對指定法院之計算責任

遺囑執行人或遺產管理人必須對於指定之法院就其爲該法院遺囑執
行人或管理人之身分所占有死者所有之資產，以及於其執行該職務
後所應取得死者之資產，負計算上之責任。

第三百六十三條　二法域所指定之遺囑執行人或遺產管理人之計算責任

如一人同時受指定爲二法域或數法域之遺囑執行人或遺產管理人，
其對每一法域僅就其爲該法域之遺囑執行人或遺產管理人，所取得
或應取得之資產，負計算上之責任。

第八款　　餘額處理

第三百六十四條　管理法院如何處理餘額

遺囑管理輔助法院，對請求權給付後，就當地動產資產之餘額，得
實行自由裁量之權，其可命遺囑執行人或管理人移轉該動產資產之
餘額給死者住所地之管理法院；或不爲此移轉，命遺囑執行人或管

理人分配該餘額給有權享有之人或命其移轉部分餘額，再就其餘部分予以分配。

第三百六十五條　管理法院如何處理餘額；在他法域未受給付之請求權

如在其他法域對資產為主張有未受給付之請求權，該請求權又超過其他法域有效給付之基金者，除非就此等請求權之給付，已作成規定外，否則法院不得令就管理資產之餘額為分配。

第三百六十六條　收受之遺囑執行人或遺產管理人對餘額必須負責時

當一法域資產之餘額命為移轉予他法域之遺囑執行人或遺產管理人時，該他法域之遺囑執行人或遺產管理人必須對移轉之數額負計算責任。

第二節　破產程序

第一款　破產管理人之指定

第三百六十七條　主破產管理人之指定

在第三百六十八條限制下，主破產管理人習慣上

(a) 在公司之債權人或股東提起訴訟之情形，由公司設立地之管轄法院指定之。而在其他型態團體之債權人或會員提起訴訟時，則由該團體組成地之管轄法院指定之。

(b) 在債權人提起訴訟之情形，由公司資產之大部分及公司主營業所所在地之法域或非法人團體所在地之管轄法院指定之，如未有此法域，則由大部分資產所在法域之管轄法院指定之。

(c) 在為確定破產管理人而由公司股東提起訴訟之情形，則由大部分資產所在法域及公司主營業所所在地管轄法院指定之。

第三百六十八條　涉及主破產管理人開始行為之效果阻礙他法域指定主

破產管理人

依第百三十六七條之規定，在管轄法院就主破產管理人之指定所為開始行為，如在此行為中該破產管理人係及時指定者，則將排除其後在他法域之法院所指定之主破產管理人。

第三百六十九條　輔助破產管理人之指定

公司或非法人團體之輔助破產管理人得由

（a）在輔助破產管理人指定之行為開始時，由有公司或非法人團體資產之法域的管轄法院指定之。

（b）在公司之情形，由設立地之管轄法院指定之，在非法人團體之情形，由組成地之管轄法院指定之。

第三百七十條　破產管理人權力之限制

指定法域不認許破產管理人之權力，則在其他地方亦不認許該破產管理人有此權力。

第三百七十一條　管理之準據法

關於破產管理人就管理方式所負之責任，依其受指定法域之法律決定之。

第三百七十二條　破產管理人指定之準據法

指定法域之法律決定破產管理人指定之基礎。

第二款　動產及請求權之託收

第三百七十三條　管理動產之處

除第三百七十五條第2項之規定，現於一法域境內之動產，非在他法域之破產管理人或其屬下之占有者，除非表彰該動產權益之可移轉權狀不在該法域內，否則此動產得由該法域管理之。

第三百七十四條　破產管理人占有動產在其他法域受承認

除第三百七十五條第 2 項及第三百七十六條之規定，破產管理人得就其取得占有之動產爲管理，且此占有在該動產所進入之其他法域將會受到承認以及予以保護。

第三百七十五條 *破產管理人指定後，動產始進入法域之管理*

1. 除第 2.項之規定，當動產於一法域指定破產管理人後，始進入該法域，並由該破產管理人占有者，得在該法域管理之。

2. 如動產誤自他法域破產管理人占有中取走，而將之帶至另一法域者，則該動產進入之法域的破產管理人得管理該動產。但受到該被取去之他法域破產管理人就該動產或其所得請求返還權利之限制。

第三百七十六條 *破產管理人得在指定法域外收受動產*

1. 除第 2 及 3 項所述外，破產管理人得在受指定之法域外占有屬於資產之動產，且可移轉及管理該動產。在其移轉之際，該資產就此動產上之權益係由一顯明可移轉之權狀所表彰，而該權狀非在破產管理人占有則不得爲之。

2. 當地破產管理人，對於未有顯明可流通之權狀所表彰之動產，有權在該動產自其法域移離前之任何時候請求返還該動產。如在他法域之破產管理人移離後，始在其受指定之法域作成聲請，則其應對之負責之法院，得依自由裁量，如認爲將該動產返還將更有利於資產之處理者，則法院得令將該動產交還給先前被取走動產之破產管理人。

3. 在動產移離之際，他法域之破產管理人知悉當地已指定破產管理人或其本身之指定僅爲輔助之破產管理人者，如該動產移離之法域的實體法有要求之規定，則該破產管理人必須對當地之破產管理人就返還該動產或其代價，負個人之責。

第三百七十七條　動產交付給破產管理人而視為免責者

　　1.除資產就動產上之權益係由一顯明可流通之權狀表彰外，將該動產為下列之交付者，視為該交付動產之人，免予責任。

　　　(a) 交付給任一法域之當地破產管理人，而該破產管理人得在此法域內，就該動產之交付，對為此交付之人提起訴訟者。

　　　(b) 若交付該動產之人不知當地破產管理人已指定而將動產交付給他法域的破產管理人。

　　2.如非基於第一項所述免責之情形，而係基於其他之情形，將資產中之動產交付給他法域的破產管理人者，如交付發生之法域的實體法有要求之規定，則該交付之人必須對當地之破產管理人，就該動產之價值負責。

第三百七十八條　可流通之文據所表彰動產之交付

　　1.占有表彰屬於資產之動產之流通權狀之破產管理人，有權就該動產為收受，且唯有此破產管理人或其受讓人有此權利。

　　2.將資產中之動產交付給持有表彰該動產之可流通文據的破產管理人或其他人者，視該為交付之人免予責任。

第三百七十九條　股權憑證所表彰之公司股權；股息

　　1.已指定破產管理人之資產，其中所有之股權憑證，非由他法域破產管理人或其所支配之人合法占有者，則該憑證所表彰之公司股權得由該憑證所在之法域管理之。

　　2.已指定破產管理人之資產所擁有之股權憑證，其所表彰之公司股權，於股權名冊上之移轉，以及以占有該股權憑證之破產管理人或其受讓人之名義登記股權後，因該股權所生股息之給付，僅得對該破產管理人或其受讓人為之。

　　3.股權憑證所表彰之公司股權，於股權名冊上移轉給繳出該憑證之

任何破產管理人或受讓人者，則此移轉如同在指定破產管理人前或其受讓人於受讓之前，將股權移至資產之相同範圍，就移轉之公司免其責任。

第三百八十條 非由股權憑證所表彰之公司股權; 股息

1. 屬於資產而未有股權憑證所表彰之公司股權，以及此股權所生之股息，得由該公司設立地法域管理之。

2. 非創設股權之公司設立地的法域所指定之破產管理人，得基於相同之情形，將未有股權所表彰之股權移轉於自己，並就此股權所生之股息對自己爲給付，與第二百八十二條、第二百八十三條之規定，適用於非由可流通之證券所表彰之請求權的給付相同。

3. 非由股權憑證所表彰之公司股權，於股權名冊上移轉給創設此股權之公司設立地法域外之其他地方所指定之破產管理人，且此股權所生之股息亦對之爲給付者，依第三百八十二條及第百三八十三條之規定，與就未有可流通證券所表彰之請求權對他法域之破產管理人爲給付而視爲免責之情形相同，視該爲移轉之人免予責任。

第三百八十一條 可流通證券所表彰之請求權

1. 資產所有之請求權，由可流通之證券表彰者，如該證券不在他法域的破產管理人或其所支配之人占有中者，則此請求權得由該證券所在之法域管理之。

2. 占有屬於資產之可移轉證券的破產管理人，有權就該證券受給付，且唯此破產管理人或其受讓人有此資格。

3. 對提示及繳出可流通證券之破產管理人或其受讓人，就該可流通證券所表彰之請求權爲給付者，此爲給付之人，視爲免責。

第三百八十二條 就非由可流通證券所表彰之請求權，對當地之破產管

理人為給付

除第三百八十一條所規定外；

(a) 破產管理人得在指定法域內，收受對資產之請求權所為的給付。

(b) 對破產管理人在其受指定之法域內，為自願之給付者，其人或其財產受該法域之管轄時，視為免除該給付者之責任。

(c) 對破產管理人在其受指定之法域內，自願為給付者，其人或其財產不受該法域之管轄時，與第三百八十四條之規定，對破產管理人在其受指定之法域外，為自願給付之相同範圍，視該為給付之人的免責。

第三百八十三條　他法域的破產管理人得收受對非由可流通證券所表彰之請求權之給付

1. 除2、3項之規定外，除在為給付時，請求權係由一顯明可流通之證券表彰者外，破產管理人得在受指定之法域外，收受對資產所為之給付。

2. 當地之破產管理人有權要求他法域之破產管理人就其所獲得之給付，自移離當地法域前，移轉於伊。如在他法域之破產管理人將該給付移離後，當地之破產管理人對指定法域為聲請，他法域當破產管理人應對之負責之法院，如依自由裁量認為返還給付將有利於資產之處理者，得令對給付收取地法域之破產管理人為給付之返還。

3. 如在為此給付時，他法域之破產管理人知悉當地已指定破產管理人或其自己之指定僅為輔助之性質者，如該法域之實體法有要求之規定，則其必須對當地之破產管理人就給付之數額負個人責任。

第三百八十四條 對他法域的破產管理人，就非由可流通證券所表彰之
請求權為給付者，視為免責

1. 對破產管理人在其受指定之法域外，就負欠資產而非由一顯明可
流通之證券所表彰之請求權為給付者，如為給付時，不知當地已
指定破產管理人，則視為免除該給付之人的責任。

2. 如給付之人非基於第 1 項所述之情形，對破產管理人在其受指定
之法域外，為給付者，如依此給付所在之法域的實體法，有要求
之規定，則該為給付之人，必須就所為給付之數額對當地破產管
理人負責。

第三百八十五條 破產管理人指定後因交易所生之請求權

對破產管理人於其受指定後，因交易所生之責任，惟有該破產管理
人得收取或實行之。

第三百八十六條 將當地資產移轉給他法域之破產管理人

如法院認為將資產移轉於他法域之破產管理人將有助於資產之管理
者，法院得令將當地資產移轉給聲請移轉之他法域的破產管理人。

第三百八十七條 扣押債權對他法域破產管理人指定之效果

他法域破產管理人之請求權，優先於就其指定後，由住所設於其指
定法域之人所為之扣押，倘如該扣押發生於指定該破產管理人之法
域，其也能享有類似之優先權時。

第三百八十八條 法定繼承人之指定於扣押債權之效果

他法域之法定繼承人對於其受指定後就當地動產所為之扣押，享有
優先權。

第三款　破產管理人所為動產及請求權之移轉

第三百八十九條 破產管理人所為動產之移轉

1. 除動產係由一顯明可流通之權狀所表彰或在他法域之破產管理人或其所支配之人占有中者外，破產管理人得於移轉之際，就現在其指定法域內屬於資產之動產爲移轉。

2. 如屬於動產之資產係由可移轉之權狀表彰者，則占有該權狀之破產管理人，得藉由該權狀之移轉而移轉該動產。

3. 除 (a) 另一法域已指定當地之破產管理人，或

　　(b) 動產在同一資產之另一破產管理人或其所支配之人占有者外；

　　　主破產管理人得就資產中，非由可流通權狀表彰之動產，而該動產於移轉之際，在其他法域而不在其受指定之法域內者，爲移轉。

第三百九十條　*破產管理人所爲請求權之移轉*

1. 占有屬於資產之可移轉文據或表彰公司股權之股權憑證的破產管理人，得藉由該證券之移轉以移轉此等證券所表彰之權利。

2. 除請求權係由一顯明可移轉之文據或股權憑證表彰者外，破產管理人得移轉資產中可讓與之請求權，以對抗於移轉之際，其可以訴訟爲請求之人。

3. 除第 2 項所規定移轉之權力，主破產管理人得移轉資產中可移轉之任何請求權，此等請求權依第 2 項之規定，係其他破產管理人不得對之爲移轉者。

第四款　關於土地之管理

第三百九十一條　*土地之管理*

除非土地所在之法律別有規定，否則一法域之土地僅得由該法域之管轄法院所指定之破產管理人管理之。

第三百九十二條　他法域之主破產管理人得實行土地之抵押權

除法庭地有當地破產管理人或訴訟之結果會偏頗當地債權人之權益者外，他法域之主破產管理人得實行土地之抵押權。

第三百九十三條　他法域破產管理人之受讓人得實行土地之抵押權

1. 破產管理人占有由他法域土地設定抵押以為擔保之流通證券，該證券係屬資產之一部分者，破產管理人得依第三百九十條 1 項所規定之方式，移轉該證券以及其上所表彰之權利。

2. 如由土地設定抵押所擔保資產中可移轉之請求權，非由可流通之證券表彰者，破產管理人得依第三百九十條 2、3 項之規定，移轉該請求權及抵押權，且受讓人可在與未有抵押權擔保之請求權之受讓人，得提起訴訟以實行其請求權之相同情形，在抵押土地所在之法域，為訴訟以實行其抵押權。

第五款　請求權之證明及給付

第三百九十四條　在當地證明及受給付之請求權

除第三百九十五條規定外，資產所有債權人 無論其等 之住所在何處，均得在已指定破產管理人之法域證明其請求權，並受給付。

第三百九十五條　未對請求權為給付，而將資金移轉予主破產管理人

已指定輔助破產管理人之法院，依其自由裁量，得命其破產管理人，將所管理之資金移轉予主破產管理人，縱使當地債權人已提示其等之請求權。

第三百九十六條　資產如何運用以對請求權為給付；優先權

資產之所有債權人，已在破產程序進行之管轄法院證明其請求權，有權就當地破產管理人處理資產以為之給付，按比例分配，而不論資產之來源，或債權人之居所、營業所、住所或其州籍。但對於特

殊資金享有有效之請求權或留置權者，以及對某一特殊種類之債權人享有優先權之債權人，則較前述之債權人，享有優先受償之效力。

第三百九十七條　證明請求權期間之準據法

在一法域證明請求權之有效期間，依該法域之法律。

第三百九十八條　證明請求權方式之準據法

在一法域證明請求權之方式，依該法域之法律。

第三百九十九條　請求權在他法域僅受部分給付之效果

如債權人在一法域內，僅收受其請求權之部分給付者，得在其他法域，就其請求權為請求，直至收受全數總額。

第四百條　對破產財團主張請求權之給付

對破產財團債權人為給付，每一法域之法院將盡可能擔保所有之請求權按比例受給付，而不論債權人之居所、營業地、住所或州籍、或請求權之最初證明地。

第四百零一條　對於向破產財團主張之請求權，如何為給付，按比例為之

當全部資產破產時，每一法域之法院對在該地已證明其請求權之債權人為給付時，每一請求權均按相同之比例為給付。如果債權人在他法域曾受給付者，則必須加上該部分，以使其與當地程序中之其他債權人處於平等之地位。

第四百零二條　對破產財團所主張之請求權如何為給付；集中資產

當全部資產破產時，實行破產程序之法院將盡可能集中其所支配之資產，按比例擔保所有債權人之請求權，而不論該資產之來源，或債權人之居所、營業所、住所或州籍、或請求權最初之證明地。

第六款　由破產管理人提起之訴訟或對其提起之訴訟

第四百零三條　破產管理人得在指定法域提起訴訟

指定法域之法律決定其破產管理人在該法域之法院爲訴訟之能力。

第四百零四條　由破產管理人提起之訴訟而獲得對之有利之判決，對於
在他處訴訟之效果

破產管理人就資產之請求權，取得對人之判決後，其他破產管理人不得再就此請求權請求賠償。

第四百零五條　由破產管理人提起之訴訟而有利被告之判決，對於在他
處訴訟之效果

一法域之破產管理人就已指定破產管理人之資產的請求權，對某人主張而對之提起訴訟，而判決之結果對被告有利者，此等判決通常對於另一法院指定之破產管理人，在該法域欠缺制定法之相反情形下，就其提起之訴訟以行使請求權者，不構成阻礙。

第四百零六條　他法域之主破產管理人對資產之請求權提起訴訟

除法庭地之法域有當地之破產管理人，或訴訟之結果會偏頗當地債權人之權益者外，他法域之主破產管理人得基於其受指定管理之資產的請求權，提起訴訟。

第四百零七條　他法域之破產管理人得提起訴訟；流通文據

占有屬於資產之流通證券、股權憑證或流通權狀之破產管理人，唯其得基於此等文據爲訴訟行爲。

第四百零八條　他法域之破理管理人得提起訴訟以實行股東之責任

如係公司設立地法域之法院所指定之破產管理人，且該法域之法律賦予其爲此行爲之權力，則該他法域之破產管理人，得爲公司之債務，在法庭地爲訴訟行爲以實行股東之法定責任。

第四百零九條　他法域之法定繼承人得提起訴訟

如公司設立地法域於公司解散之際，有效實行之制定法規定公司所有之資產，於公司解散時，移轉給制定法所指定之人，則該受指定之人得就公司之請求權在任何法域提起訴訟。

第四百十條　他法域之破產管理人得提起訴訟；因指定後之交易所生之請求權

他法域之破產管理人得就其指定後因代表管理資產所生交易因而取得之請求權，提起訴訟。

第四百十一條　對被告破產管理人不利之判決，對於在他處訴訟之效果

如某人對已指定破產管理人之資產主張請求權，而取得對該破產管理人不利之判決者，除非其他法域之判定法別有滋定，否則此判決不能在其他法域確定該請求權；在欠缺制定法時，此判決之作成亦不能排除請求權人在另一法域基於同一之請求權，而對相同資產之破產管理人爲訴訟。

第四百十二條　對被告破產管理人有利之判決，對於在他處訴訟之效果

如某人對已指定破產管理人之資產主張請求權而對該破產管理人提起訴訟，判決之結果對破產管理人有利者，則此判決對於該請求權人在另一法域以相同之請求權，對該資產之另一破產管理人提起訴訟，將構成妨礙。

第四百十三條　不得對他法域之破產管理人提起訴訟

通常不得對破產管理人在其指定之法域外以對其管理之資產所得主張之請求權爲基礎，對之提起訴訟。

第四百十四條　決定破產管理人是否負個人責任之法律；指定破產管

人後因交易所生之請求權

1. 破產管理人就其在管理中與他人訂定契約，基此契約，其是否需負個人責任，由適用第一百八十七條及第一百八十八條，所選擇之法律決定之。

2. 破產管理人對於其管理中所為之侵權行為，是否需對之負個人責任，由適用第一百四十五條所選擇之法律決定之。

第四百十五條 得對破產管理人，就破產管理期中所生之責任，提起訴訟之處

1. 破產管理人對於其在管理期中所訂之契約或所為之侵權行為，須負個人責任時，則在對其人或財產有管轄權之法域，均得對之提起訴訟。

2. 破產管理人對於其在管理期中所訂之契約或所為之侵權行為，不須負個人責任時，如指定法院同意，得在指定法域外，對之提起訴訟，則可對該破產管理人在指定法域外為訴訟。

第四百十六條 指定破產管理人前，對公司或非法人團體有利或不利之判決，對該破產管理人之效果

對公司或非法人團體有利或不利之判決，就所有於該判決後方指定之破產管理人而言，係屬已判決確定之事項。

第四百十七條 在他法域破產管理人指定後，對公司或非法人有利或不利之判決，對該破產管理人之效果

在未指定破產管理人之法域，作成對公司或非法人團體有利或不利之判決，對於所有之破產管理人而言，不論其係在該判決作成前或作成後受指定，均屬已判決確定之事項。

第四百十八條 指定法院對其破產管理人有管轄權之時期

破產管理人縱使現在不在指定之法域內，仍屬指定其管理之法院管

轄，直至該法院解除其職務或破產程序終結爲止。

第七款　破產管理人之計算責任

第四百十九條　破產管理人對指定法院之計算責任

破產管理人就其以法院破產管理人身分所占有之資產，以及在其解除職務時，所應取得之資產，對指定法院負計算之責。

第四百二十條　在二法域受指定爲破產管理人之計算責任

如一人同時在二或二以上之法域，受指定爲破產管理人，其對每一法域僅就以該法域之破產管理人的身分，所取得或應取得之資產負責。

第八款　餘額之處理

第四百二十一條　管理法院如何處理餘額

已指定輔助破產管理人之法院，於對請求權爲給付後，可自由裁量對當地動產餘額之處理。法院可命其破產管理人將該動產餘額移轉給主破產管理人，亦可命其破產管理人不爲此移轉，而將餘額分配給有權之人；或是命破產管理人移轉部分餘額，而就其餘額部分爲分配。

第四百二十二條　管理法院如何處理餘額；在他法域未受給付之請求權

如在其他法域對資產尙有未給付之請求權、分配額或費用，而其等之數額超過該法域爲給付之有效資金者，除對此等請求權、分配額或費用之給付已有規定外，法院將不會就其管理資產之餘額，命爲分配。

第四百二十三條　繼受之破產管理人負責之處

當一法域資產之餘額移轉給他法域之破產管理人，則後一法域之破產管理人，必須對移轉之數額，負計算之責。

十六、蒙特維地亞（Montevideo）國際民法公約

一九四〇年三月十九日

第一章　人

第一條

自然人之存在、地位與能力，依其住所地法。刑事上之無行為能力，與宗教、種族、國籍及信仰上之無能力，不承認之。

第二條

住所之變更，於已取得之能力無影響。

第三條

國家與其他外國之公法人，於他國境內得依該他國之法律，有其能力。

第四條

1.私法人之存在及其能力，依其住所所在地國法。

2.私法人依其被賦予之性質，得完全有效於其被設立國以外之地區，行使與其適切、相關之行為及權利。

3.私法人之設立章程所規定之經常性執行行為，依其計劃於當地執行該行為之國家之法律。

4.本條規定於民事團體，亦適用之。

第二章　住　所

第五條

自然人之民事住所，除本條約另有特別規定外，如與涉外法律關係有關時，依下列情形及順序決定之：

(a) 於當地經常居住之事實，與駐留於當地之意思。

(b) 無前款之決定性因素時，由配偶、未成年人或無行為能力之子女共同組成之家庭團體於單一地區經常住居之事實；或與其共同生活之之配偶經常住居之事實；或無配偶時與其共同生活之未成年人或無行為能力之子女經常住居之事實。

(c) 主事務所之所在地。

(d) 無前述各款之情事時，以其單純之居所為擬制住所。

第六條

人不可無住所，亦不得有二以上之住所。

第七條

服親權、受監護或保護之無行為能力人，以其法定代理人之住所為其住所；法定代理人行使代理權之處所，視為其住所。

第八條

夫妻共同生活之處所，為婚姻住所。無共同生活之處所時，以夫之住所為婚姻住所。

第九條

依法分居或離婚之妻於未另設定其他住所前，仍以夫之住所為其住所。婚後被夫遺棄之妻，除證明已於其他國家設定本身之獨立住所者外，仍有其婚姻住所。

第十條

1. 私法人之住所，為其主事務所所在地。

2. 住所在其他國家之法人之機關、分支機構與代理機構，就其執行職務之行為，視為設定住所於其營業所。

第十一條

　　住所變更時，其意思應以住居人於所到之地之主管機關所爲之表示爲準，　無表示時依其變更之情事判定之；　但另有反證者，　不在此限。

第三章　失　　蹤

第十二條

　　失蹤宣告對於失蹤人之財產之法律效力，依該財產之所在地法。與失蹤人有關之其他法律關係，仍依原規範該法律關係之法律。

第四章　婚　　姻

第十三條

　1.人之締約結婚之能力、其締約結婚行爲之方式、締約結婚行爲確已發生之事實與其效力，依其行爲地法。

　2.簽署國對於在其中某國爲締約行爲，而有下列影響其效力之瑕疵之婚姻，無承認之義務：

　　（a）締約當事人有未達可婚年齡，卽男未滿十四歲，女未滿十二歲者。

　　（b）無論婚生或非婚生，而有直系血親或姻親之關係者。

　　（c）有婚生或非婚生之兄弟姐妹之關係者。

　　（d）爲與活存之一方配偶結婚，而有爲使他方配偶死亡之正犯或共犯之事實者。

　　（e）前婚姻未依法解消而重婚者。

第十四條

　　配偶間之權利與義務，依婚姻住所地法。

第十五條

下列事項依婚姻住所地法:

(a) 婚後之分居。

(b) 婚姻之可解消性；但如解消婚姻之理由為離婚，而其實體法上並不承認此項理由者，認其婚姻無瑕疵之國家無承認此項可解消性之義務。依其他國家之法律舉行後婚姻者，絕不構成重婚罪。

(c) 依第十三條規定締約無效之婚姻之效力。

第十六條

夫妻財產制之契約與財產上之法律關係，依其最初之婚姻住所地法，除另有禁止之規定外，嚴格意義之物權事件，依該財產之所在地法。

第十七條

住所之變更於可規範夫妻間財產關係之法律，無論財產係在住所變更前或變更後取得者，均無影響。

第五章　　親子關係

第十八條

親權控制所生之權利與義務，依行使親權控制者之住所地法。

第十九條

因行使親權控制對子女之財產所生之權利與義務、與其財產之移轉及以之為標的之其他行為，除另有禁止之規定外，就嚴格意義之物權事件，依該財產之所在地法。

第六章　　子女婚生性之判定

第二十條

婚生性之判定或因後婚姻而準正之問題，依結婚之舉行地法。

第二十一條

與婚姻之有效或無效無關之婚生性之判定問題，依子女出生時之婚姻住所地法。

第二十二條

非婚生關係所生之權利與義務，依其被認定為有效之國家之法律。

第七章　收　　養

第二十三條

收養就其與人之能力，相關之條件、限制及效力有關之事項，於當事人雙方合意之限度內，依當事人之住所地法，但以收養之行為經認證者為限。

第二十四條

其他與當事人有關之法律問題，依各該當事人所應適用之法律。

第八章　監護與保護

第二十五條

監護人或保護人之指定，依繫爭無行為能力人之住所地法。

第二十六條

1.在任一簽署國指定之監護人或保護人之公法上地位，其他簽署國應予承認。

2.為監護人與保護人之義務與免除義務之事由，依應負義務之人之住所地法。

第二十七條

因行使監護或保護所生之權利與義務，依無行為能力人之住所地法。

第二十八條

監護人或保護人對於非在無行為能力人住所地之財產之權限，依該住所地法，除另有禁止之規定外，就嚴格意義之物權事件，依該財產之所在地法。

第二十九條

無行為能力人之法定負擔，僅於解除監護人或保護人之事務所之國家之法律，與受該法定負擔影響之財產之所在地法一致時，始有效力。

第九章　第四章、第五章與第八章之共同適用之規定

第三十條

與配偶間之人的法律關係、親權控制或監護或保護之行使有關之緊急措施，分別依配偶、家長、監護人或保護人之居所地法。

第三十一條

父母、監護人或保護人依法獲得之報酬，與其取得報酬之方式，依其行使親權或被指定為法定代理人之國家之法律定之。

第十章　物

第三十二條

物無分種類，就其屬性、占有、絕對或附條件之移轉能力，與其可能涉及之物權法律爭訟，專依該物之所在地法。

第三十三條

1. 債權人之權利，以其相對應之債務應履行之處所，爲其本據地。該權利發生時尚無法確定此項處所者，以債務人當時之住所地爲權利之本據地。

2. 權利於其權能範圍與純依交付之移轉，以其被發現地爲其本據地。

第三十四條

1. 動產所在地之變更，於依其取得時之所在地法所取得之權利，無影響。但利害關係人應符合新所在地法就關於取得或保留該權利，所規定之實質與形式要件。

2. 物權訴訟繫屬中之動產，於訴訟繫屬後變更其所在地者，於原應適用之立法或司法造法之規則無影響。

第三十五條

第三人就同一標的物，於其所在地變更後、符合前揭要件前，依其新所在地法所取得之權利，優先於最初取得之權利。

第十一章　法律行爲

第三十六條

文書之性質，依其法律行爲之準據法決定之。該法律行爲之方式與形式，依其成立或實行地法；公告之方法，依各該國之法律。

第三十七條

下列事項依契約之履行地法：

(a) 其實際之存在。

(b) 其性質。

(c) 其有效性。

(d) 其效力。

(e) 其後果。

(f) 其實行。

(g) 最後，從任何觀點認為與契約相關之事項。

第三十八條

1. 因此，與確實且特定之物有關之契約，依該契約成立時其物之所在地法。

2. 與以概括名稱描述之物有關之契約，依契約成立時債務人之住所地法。

3. 與消費物有關之契約，依契約成立時債務人之住所地法。

4. 與勞務之提供有關之契約，依下列規定之法律。

　(a) 與物有關者，依契約成立時該物之所在地法。

　(b) 其效能與某地不可分離者，依契約之生效地法。

　(c) 其他情形者，依契約成立時債務人之住所地法。

第三十九條

與捐助有關之行為，依捐助人之住所地法。

第四十條

履行地法於舉行時不能依前述條文之規定決定之行為與契約，依其舉行地法。

第四十一條

附屬契約，依主要契約之準據法。

第四十二條

依通信方式或依代理人成立之契約之履行，各依其被收到之要約之發出地法。

第四十三條

非因合意而生之債，依其所由發生或之合法或不法之行為之發生地

法，必要時亦得依其相當之法律關係之法律。

第十二章　繼　承

第四十四條

1.遺囑之方式，依被繼承人死亡時遺產之所在地法。

2.但在任何締約國依法正式執行口述或密封遺囑之行為，在所有其他國家均應被接受。

第四十五條

下列事項依同一所在地法決定之：

(a) 繼承人或受遺贈人繼承遺產之能力。

(b) 遺囑之有效性與效力。

(c) 被繼承之權能與權利。

(d) 應繼分之存在與比例。

(e) 可分配之財產之存在與數額。

(f) 最後，與應繼分或遺產有關之一切事項。

第四十六條

應在任何締約國清償之債，對被繼承人死亡時在其境內之財產，得優先取償。

第四十七條

前條之財產不足以清償前條之債務時，債權人就其餘額仍得就其他財產，依比例受清償，但當地之債權人之優先受償權不因此而受影響。

第四十八條

1.應清償債務之處所已無債務人之財產者，債權人除前條另有特別保留之規定外，得請求自其他財產依比例受清償。

2.受不動產擔保之債權，不適用本條及前二條之規定。

第四十九條

遺贈以概括名稱描述之物，而未指定清償之處所者，依立遺囑人死亡時之住所地法。遺贈就其可能遺留於該住所之財產，視爲有效；無此等財產，或爲清償遺產之餘額者，得依比例就立遺囑人之其他財產清償之。

第五十條

1.歸扣之義務，依認爲應予歸扣之繼承之準據法。

2.應繼承之財產包括動產與不動產者，歸扣以屬於遺產之不動產爲限。

3.包括一定數額之金錢者，應就應歸扣之繼承人所捐助之財產與其他財產之比例分配之。

第十三章　時　效

第五十一條

對人之請求權之消滅時效，依其所由發生之債之準據法。

第五十二條

對物之請求權之消滅時效，依物之所在地法。

第五十三條

物爲動產且其所在地已變更者，其消滅時效依認爲已罹於時效之地之法律。

第五十四條

動產或不動產之取得時效，依物之所在地法。

第五十五條

物爲動產且其所在地已變更者，其取得時效依認爲時效期間已屆至

之地之法律。

第十四章　管　　轄

第五十六條

1. 對人之請求權，應向構成訴訟標的之法律行爲之準據法國之法官，提起之。

2. 同一情形亦可向被告住所地之法官提起之。

3. 管轄之領域延展於起訴後，被告自願同意此項延展時，得許可之，但以係爭之請求權與對人之財產權利有關者爲限。

4. 被告同意之意思表示應明確爲之，不得出於擬制。

第五十七條

失蹤宣告，應向被推定爲失蹤之人最後告住所地之法官，聲請之。

第五十八條

保護人或監護人被指定地之法官，有權審理與計算有關之訴訟。

第五十九條

1. 婚姻失效、離婚或婚姻解消之訴，與所有關於一般影響配偶關係之問題之訴訟，應向婚姻告住所地之法官提起之。

2. 第九條所規定之人間之訴訟，最後婚姻告住所地之法官有權審理之。

第六十條

夫妻財產所在地之法官，有權決定夫妻財產之分割，或其他使嚴格意義之物權發生變動之行爲。

第六十一條

所涉及之人之居所地之法官，有權決定與第三十條有關之措施。

第六十二條

社會住所地之法官，有權審理合夥人間有關合夥之訴訟。

第六十三條

因死亡而生之繼承之訴訟，應向遺產所在地之法官提起之。

第六十四條

1.物權訴訟與所謂之混合訴訟，應向係爭之物之所在地法官提起之。

2.涉及在不同處所之物之訴訟，應分別向物個別所在之各地之法官
提起之。

一般條款

第六十五條

本條約之生效，不以所有簽署國之同時批准爲必要。同意本條約之
國家應將其同意，向烏拉圭東方共和國政府表示之，以便其將該情
事通知其他締約國。此項程序可取代換文程序。

第六十六條

依前條規定之方式完成換文程序時，本條約在符合方式要件之國家
間，卽時生效；而一八八九年二月十二日於蒙城（Montevideo）
簽署之條約並因而失其效力。

第六十七條

簽署國建議撤回條約之附署或變更條約之內容者，應向其他簽署國
建議之；但撤回於宣告後尋求新合意之二年期間內，不生效力。

第六十八條

1.第六十五條之規定於未出席本次會議，但有意附署本條約之國
家，亦適用之。

2.在衆人之證明下，前述各國之全權大使一九四〇年三月十九日於
蒙城簽署本條約。

十七、布氏國際私法典 (Codigo Bustamante)

美洲國家於西元一八九一年開始召開泛美會議 (Pan-American Conference)，希望統一全美各國之國際私法及國際公法。一九二八年第六次會議於古巴首都哈瓦拿舉行，通過由古巴法學家布斯他滿地博士起草之國際私法典。經與會廿一國之多數國家通過批准。其中包括巴西、智利、委內瑞拉、厄瓜多爾、波利維亞、秘魯、哥斯達黎加、尼加拉瓜、巴拿馬、宏都拉斯、薩爾瓦多、瓜地馬拉、古巴、海地、多明尼加與西印度。各國並決議卽稱該法典為布氏法典以示紀念其起草人。惟北美之加拿大、美國及墨西哥，卻未批准。該法典都四三七條，內分國際民法、商法、刑法、訴訟法等四卷，在當時實屬空前之創舉。雖然，此法典並未眞正統一國際私法，例如人之身分能力事項究應依住所地法抑本國法，卽仍任諸各國自定；同時，很多通過法典之國家，均附帶保留條款，此均使法典之功效，大受影響。以下僅就國際民商法部分之條文計二九五條，附錄於後，以供比較研究之參考。

前 加 編

第一條

屬於締約國之一之外國人，在他之締約國領土內，與其國之人民，享有同一之私權。

各締約國，依公共秩序之理由，對於他締約國之人民，得拒絕某種私權之行使。或對之附加以特殊之條件。於此場合，其人民所屬之締約國，對於右締約國人民之在自己國內者，亦得拒絕該權利之行

使，或對之附加以特殊之條件。

第二條

屬於締約國之一之外國人，在他之締約國領土內，與內國人享有同一之個人的保障；但各締約國之憲法及法令，設有限制之規定者，不在此限。

此個人的保障，除於國內法有特別之規定外，不及於公的職務之執行，選舉權，及其他之政權。

第三條

關於私權之行使，及同一之個人的保障之享有，各締約國之法令，可分為左列之三種：

一　依住所或國籍而適用。且雖赴外國仍追隨其人之法令，謂之屬人法，或稱為國內的公序法；

二　不論為自國人民與否，凡居住於領土內者，即對之而有拘束力之法令，謂之屬地法，或稱為國際的公序法；

三　專依當事人雙方或一方之明示，解釋或推定之意思，而適用之法令，謂之任意法，或稱為私的秩序法。

第四條

憲法上之規定，為國際的公序法。

第五條

憲法行政法上關於個人的保護，或團體的保護之一切規定，亦為國際的公序法；但有反對意義之明文時，不在此限。

第六條

本法典所未豫見之法律制度，或法律關係，各締約國，得依第三條所定法令之分類，付與適當之性質。

第七條

各締約國，得以住所地法，本國法，或依其內國法已經採用或將來採用之法律，作爲屬人法而適用之。

第八條

依本法典之規定，而獲得之權利，於締約國有完全之國外的效力；但依國際的公序規定，排除其效力或效果之一時，不在此限。

第一卷　國際民法

第一編　人

第一章　國籍及歸化

第九條

各締約國，對於一切自然人或法人之衝突國籍中，有一爲自國之國籍者，則其事實之發生，不問其在自國領土之內外，其根源國籍之決定，並國籍之取得喪失及回復，均適用自國法；在其他之場合，則依本章他條之規定。

第十條

與訴訟地國無關係之根源國籍而生衝突時，適用當事人有住所國之國籍法。

第十一條

於前條規定之場合，如當事人在何國皆無住所時，則適用依訴訟地法所採用之原則。

第十二條

新國籍之個人的取得發生衝突時，依推定取得國籍之法律決定之。

第十三條

因國家獨立之團體的歸化，新國家如已經訴訟國承認者，則適用新國之法律，否則，適用舊國之法律，但不論在如何之場合，不得違反當事二國間之協約。

第十四條

關於國籍之喪失，適用喪失國籍之法律。

第十五條

關於國籍之回復，適用回復國之法律。

第十六條

團體及財團之根源國籍，依許可或認可國之法律決定之。

第十七條

社團（組合）之根源國籍，為其設立國之國籍，如依其地之法律，以登記或登錄為必要時，則必須為之。

第十八條

非股份公司之民事商事或工業等公司，以其章程所定之國籍為國籍，如章程上缺此種規定時，通常以主事務或監督所行地之國籍為國籍。

第十九條

股份公司，以章程所定之國籍為國籍；如章程上缺此種規定時，依股東總會之通常召集地法；否則，依監事會之所在地法。

第二十條

團體，財團，社團，（組合）及公司之國籍變更，除因領土主權之變更之場合外，不可不從其舊法及新法所定之必要條件。

領土主權之變更，由於獨立之事實者，適用第十三條關於團體的歸化之規定。

第二十一條

第九條及第十六條至第二十條等關於法人方面之規定，在對於法人不賦與國籍之締約國，不適用之。

第二章　住　　所

第二十二條

關於自然人或法人之普通及特別住所之性質，取得，喪失，及回復，依屬地法。

第二十三條

外交官之住所，及因職務，或因本國之使命，或因科學的研究，或美術的研究之目的，一時滯在於外國者之住所，爲在其本國最後之住所。

第二十四條

家長在法律上之住所，及於其妻及其未許自治之子；監護人，又財產管理人，在法律上之住所，及於受其保護之未成年人，或無能力人；但此等人之屬人法，有反對之規定時，不在此限。

第二十五條

關於自然人或法人之住所之變更，若法院屬於當事國之一方時，依訴訟地法決定之；否則，依最後住所之取得推定地法。

第二十六條

人無住所之時，以其居所或其現在地，視爲其住所。

第三章　民事人格之發生消滅及效果

第一節　自然人

第二十七條

自然人之能力，依其屬人法；但於本法典或屬地法限制其使用時，不在此限。

第二十八條

是否因出生發生人格及胎兒一切之利益，是否視同旣生者，又嬰兒

之生活能力，及雙生子或數子出生先後之效果，依屬人法定之。

第二十九條

無證據之生存，或同時死亡之推定，關於相互之繼承，依死者之各
自屬人法。

第三十條

因自然人之病死，及法人之消滅，又因職權上之解散，致民事上人
格之消滅，並因未成年心神喪失，精神耗弱、聾、啞、浪費，及禁
治產之事由，是否僅限制其人格，而使其享有負擔特定之權利義
務，各締約國，依各自之法律決定之。

第二節　法　　人

第三十一條

各締約國，以法人之資格，於他國領土內，有同一種類之私權之取
得或行使，及債務契約之能力；但於屬地法有限制之明文時，依屬
地法定之。

第三十二條

法人之性質及認可，依屬地法定之。

第三十三條

除前數條所規定之限制外，行政團體 (Corboraciones organis-
mes admistratifs) 之權利能力，依其設置認可之法律；財團之權
利能力，於本國法上必要之場合，依主務官廳認可之設立章程；又
社團（組合）之權利能力，依於同一條件之章程。

第三十四條

於同一之限制內，民事商事或工業等公司之權利能力，依關於公司
契約之規定。

第三十五條

已消滅之法人，其財產之歸屬，除章程，捐助行爲書，(Chaites de fandation) 或現行公司法規中，有特別之規定外，依屬地法。

第四章　婚姻及離婚

第一節　婚姻舉行前法律上之條件

第三十六條

婚姻締結之能力，父母之同意，或助言，婚姻障礙，及其免除等一切事項，依當事人之屬人法定之。

第三十七條

外國人關於前條婚姻舉行前之規定，依其屬人法。關於婚姻締結之必要條件，必須證明其具備；此證明，就其本國之外交官或領事官之證明書，或一切場合之認定，有完全之自由。婚姻舉行地之官廳，得依認爲充分之其他方法爲之。

第三十八條

屬地法上關於免除不能之婚姻障礙，其他同意之方式，婚姻豫約之有無，強制的效力，對於婚姻之故障，障礙，告知義務，及虛僞申述，在民法上之效果，關於舉行之豫備的注意之形式，及其管轄官署等規定，雖對於外國人，亦適用之。

第三十九條

婚姻豫約之不履行，並因豫約公示之損害賠償支付義務之有無，依當事人之共通屬人法；無共通之屬人法時，依屬地法。

第四十條

締約國，對於一締約國內之內國人或外國人之婚姻，如違反自國法上所認之前婚解消之必要，關於婚姻障礙之血族或姻族之親等，因通姦致婚姻解消後與相姦者結婚之禁止，侵害配偶者一方之生命之責任人與生存配偶者結婚之禁止，及其他一切關於絕對的無效之原因等規定時，無有認其婚姻之義務。

第二節　婚姻之方式

第四十一條

從婚姻締結法，認爲有效之方式，而舉行之婚姻，關於其方式，不論於如何之場合，均認爲有效。

第四十二條

當事人，在法律所認許之國，依其本國之外交官或領事官而爲之婚姻，除適用第四十條之規定外，得依其屬人法舉行之。

第三節　關於夫婦身分之婚姻效果

第四十三條

關於保護及聽從之夫婦間之相互的義務，因夫之住所變更，妻有無追隨之義務，共通財產之處分或管理，及其他因婚姻而生之特殊效果，均依夫婦之屬人法；若夫婦之屬人法不同時，依夫之屬人法。

第四十四條

妻之特有財產之處分或管理，及關於訴訟提起之權利，依妻之屬人法。

第四十五條

夫婦之同居義務並信實，及關於扶助之相互的義務，依屬地法。

第四十六條

不認重婚之民事上效力之屬地法，均強制的適用之。

第四節　婚姻之無效及其效果

第四十七條

婚姻之無效，依為其原因之內的或外的條件應從之法律。

第四十八條

為婚姻無效之原因之暴行強迫或誘拐，依婚姻舉行地法。

第四十九條

由無效之婚姻而生之子之監護問題，如父母不能為或不欲為何等之協定，關於子之監護，依夫婦之共通屬人法；若無共通之屬人法時，依善意配偶者之屬人法；若善意配偶者之屬人法亦無之之時，依夫之屬人法。

第五十條

除夫婦財產上之效果，應依關於夫婦財產制之法律外，其他由無效婚姻而生之民事上之效果，皆適用前條之屬人法。

第五十一條

定婚姻無效之訴在裁判上之效果之規定，為國際的公序法。

第五節　別居及離婚

第五十二條

別居或離婚之權利，依夫婦之住所地法；但於取得該住所以前發生之原因，若非夫婦之屬人法認此為別居或離婚之效果時，不得依該原因，為別居或離婚之請求。

第五十三條

離婚人，基於外國屬人法所不認之效果及原因，而為之再婚，各締

約國，均無許可或承認與否之權利。

第五十四條

離婚及別居之原因，夫婦於訴訟地有住所者，依其地之法律。

第五十五條

訴之裁判上之效果，並對於夫婦及其子之判決之效力，依訴訟地法決定之。

第五十六條

依前數條之規定，而爲之離婚及別居，除第五十三條之規定外，於他之締約國，發生依訴訟地法之民事上效果。

第五章　父子關係

第五十七條

嫡子之推定及其條件，姓氏權，親子關係之證明，及關於子之繼承權之規定，爲國內的公序法；而子之屬人法及父之屬人法不同者，適用子之屬人法。

第五十八條

對於準嫡之子，付與繼承權之法律，亦爲國內的公序法，而應依父之屬人法。

第五十九條

認對子扶養請求權之規定，爲國際的公序法。

第六十條

準嫡能力，依父之屬人法；被準嫡能力，依子之屬人法；然準嫡，不論依何種法律，均須具備其條件。

第六十一條

單純私生子 (Enfants naturels simples)之準嫡禁止之規定，爲

國際的公序法。

第六十二條

準嫡之效果及異議之訴，依子之屬人法。

第六十三條

父子或母子關係之搜索及禁止，依屬地法。

第六十四條

關於認領之條件，於特定場合之認領義務，認領訴訟，姓氏之付與或拒絕，及無效之原因，依子之屬人法。

第六十五條

私生子之繼承權，依父之屬人法；原來父母之繼承權，依子之屬人法。

第六十六條

私生子認領之方法及狀況，依屬地法。

第六章　親屬間之扶養義務

第六十七條

關於扶養義務之法的觀念，扶養義務之順位，扶養之方法，及該權利之消滅，依扶養權利者之屬人法。

第六十八條

扶養義務，扶養總額扶養額之增減需要，扶養之狀況，給付之方式，並扶養權利之拋棄及讓與之禁止等規定，為國際的公序法。

第七章　親　　權

第六十九條

對於子之身分上及財產上之親權之成立，效力，喪失或回復之原因，

及因再婚而生之懲戒權之限制，依子之屬人法。

第七十條

關於用益財產權等諸種特別財產（Pecules）之規定，不問財產性質及其所在地之如何，依子之屬人法。

第七十一條

前條之規定，於外國領域內得對抗第三人之具有抵押擔保之特性及公示之規定時，不在此限。

第七十二條

關於懲戒，或懲罰之親權之性質及範圍，對於官署保護之請求，並無能力，失蹤，以及因處罰之親權之喪失等規定，爲國際的公序法。

第八章　收　養

第七十三條

關於收養之能力條件及限制，依當事人各自之屬人法。

第七十四條

關於養親之繼承及於收養之效力，依養親之屬人法；姓氏權，對於本家保有之權利義務，對於養親之繼承，依養子之屬人法。

第七十五條

當事人從各自屬人法之規定，得就收養，聲明異議。

第七十六條

關於收養而受扶養之權利，及定關於收養必要之方式之規定，爲國際的公序法。

第七十七條

本章之規定，在不認收養制度之國，不適用之。

第九章　失　蹤

第七十八條

關於失蹤時臨時的處置之規定，為國際的公序法。

第七十九條

不拘前條之規定，推定失蹤人之代表，依失蹤人之屬人法定之。

第八十條

請求宣告失蹤之權利人並管理人之順位及條件，依失蹤人之屬人法定之。

第八十一條

失蹤宣告，並其效果發生之時期，失蹤人之財產管理終結之時期及原因，並計算報告之義務及方法，依屬地法定之。

第八十二條

失蹤人之死亡推定，及關於其未來之權利等事項，依失蹤人之屬人法。

第八十三條

失蹤或失蹤推定之宣告，並其撤銷之方法，及失蹤人死亡推定之宣告，與管理人之選任及權限等事項，均有國外的效力。

第十章　監　護

第八十四條

關於監護或財產管理之目的，並其設定及種別等事項，適用未成年人或無能力人之屬人法。

第八十五條

關於準監護人（Protuteur）之選任，亦依前條之法律。

第八十六條

監護、財產管理，及準監護之無能力及辭任，須同時適用監護人財產管理人準監護人之屬人法，並未成年人或無能力人之屬人法。

第八十七條

監護人或財產管理人應供之擔保，及關於監護或財產管理之職務之規定，依未成年人或無能力人之屬人法。其擔保在抵押或典質之場合，須依屬地法上之方式設定之。

第八十八條

計算報告之義務，除屬地的刑事上之責任外，依未成年人或無能力人之屬人法。

第八十九條

關於監護之登記，同時適用監護人或財產管理人之屬人法，並未成年人或無能力人之屬人法。

第九十條

使檢察官及其他之官吏請求對於心神喪失人及聾啞人爲無能力之宣告之規定。其宣告之程序之規定，爲國際的公序法。

第九十一條

關於確定禁治產關係之規定，亦爲國際的公序法。

第九十二條

無能力之宣告，及民事上之禁治產，有國外的效力。

第九十三條

監護人或財產管理人之對於未成年人或無能力人之扶養義務，及依適宜方法之懲戒權能，依屬地法。

第九十四條

爲親屬會員之能力，依當事人之屬人法定之。

第九十五條

親屬會之特別無能力，組織，作用，及權利義務，依被監護人之屬人法。

第九十六條

不論於如何之場合，親屬會之議事錄，及決議，須依親屬會召集地法所定之方式或要式。

第九十七條

認住所地法爲屬人法之締約國，於無能力人將住所由一國移於他國之場合，得要求其監護或財產管理之確認，或要求新監護或新財產管理之設定。

第十一章　浪　費

第九十八條

浪費之宣告及其效果，依浪費人之屬人法。

第九十九條

如被宣告人之本國法，不認前條之制度，而對之爲浪費之宣告者，則可以不拘前條之規定，而不適用住所地法。

第一百條

於一締約國而爲之浪費之宣告，於他國法律所認之範圍內，有國外的效力。

第十二章　監護之解除及成年

第一百零一條

關於監護之解除及成年，依本人之屬人法。

第一百零二條

然關於成年，得以其國之國籍選擇爲條件，而適用屬地法。

第十三章　身分登記簿

第一百零三條

關於身分登記簿之規定，爲屬地的；但由外交官辦理者，不在此限。

前項之規定，爲關於應依國際公法之法律關係，須不妨礙他國之權利。

第一百零四條

一締約國所屬人民，在他國之身分登記簿上之一切記載，須依外交的手段，將其縢本，無償的送達於其本國。

第二編　財　　產

第一章　財產之分類

第一百零五條

財產，不問其種類如何，依其所在地法。

第一百零六條

有體財產，及代表諸種債權之證券，於前條之適用上，依其通常之所在地法。

第一百零七條

債權之所在地，爲債務之清償地，清償地不分明時，爲債務人之住所。

第一百零八條

依法律，於一定之範圍內，許可權利之行使之工業所有權、智能的
所有權，及其他有金錢價值之類似之權利，視爲存在於公式登錄之
地。

第一百零九條

關於特許之權利，視爲存在於適法取得之地。

第一百十條

其他之規定，無特別之明文，且本法典不能豫見之一切場合，各種
之動產，視爲存在於所有者之住所；若無所有者之住所時，視爲存
在於占有者之住所。

第一百十一條

質物，不拘前條之規定，視爲存在於占有者之住所。

第一百十二條

動產及不動產之區別，以不害第三人之既得權爲限，依屬地法定
之。

第一百十三條

關於財產之其他之分類，及法的性質之決定，亦依屬地法。

第二章　所有權

第一百十四條

不可讓與而被負擔之免除，且不能扣押之家族財產，依其所在地
法。
然不認此種財產或無規定之締約國之人民，在他國，僅於不害法定
繼承人之權利之範圍內，得所有該財產，或設定之。

第一百十五條

智能的所有權，及工業所有權，依現行或將來之特別國際條約之條

款。

無條約之場合，前項權利之取得，登記，及享有，依許與地之法

律。

第一百十六條

關於鑛山所有權，漁業船舶所有權、沿岸航海船舶所有權、領海或

海帶內工業上之所有權、特許權之取得或享有，以及關於公益或公

共事業等項，各締約國，得使外國人依特別之規定。

第一百十七條

關於所有權、所有權之取得，或生前讓與之方法，埋藏物，並公

水、私水，及其使用等一般的規定，爲國際的公序法。

第三章　共　　有

第一百十八條

共有，一般的依當事人之合意，或一方的意思定之；若欠缺此項合

意或意思之時，依所在地法。共有，以無特約爲限，認其本據在其

所在地。

第一百十九條

共有物分割請求權，及該請求權行使之方法或條件，絕對的適用屬

地法。

第一百二十條

關於劃定境界、設置界標、耕作地圍障權、消滅建築物，及有倒壞

危險之樹木等規定，爲國際的公序法。

第四章　占有權

第一百二十一條

占有及其效果，依屬地法。

第一百二十二條

占有取得之方法，從其性質，依其各場合應適用之法律。

第一百二十三條

占有人，於其占有有被妨害之虞時，又已被妨害或已被侵奪時，依裁判上之處分或判決而爲之占有保全，其必要之處置及方式，依訴訟地法。

第五章　用盆權使用權及住居權

第一百二十四條

用盆權，從一締約國之法律而設定之時，該法律，對於用盆權，強行的適用之。

第一百二十五條

用盆權，於生前，或於死因行爲，依當事人之意思而設定時，依關於其行爲或繼承之法律。

第一百二十六條

用盆權，因取得時效而生者，依定時效之法律。

第一百二十七條

父爲用盆權者，應否對之免除保證，依子之屬人法定之。

第一百二十八條

對於由於繼承之用盆權而有負擔之生存配偶者之保證義務，及用盆者之某種遺贈或遺產債務之支付義務，依關於繼承之法律。

第一百二十九條

關於用盆權之設定方式及消滅之法定原因之規定，並對於都市、社團，及組合，在一定年數期間內，限制用盆權之規定，均爲國際的

公序法。

第一百三十條

使用權及住居權，依設定斯權之當事人之意思。

第六章　地役權

第一百三十一條

地役權之觀念，種別，不由於合意之取得或消滅之態樣，並此際需役地及供役地之所有人之權利義務，依屬地法。

第一百三十二條

基於契約或基於意思之地役權，依其原因行為或法律關係應從之法律。

第一百三十三條

不拘前條之規定，於公有地之共同牧場（Communidad de past-os）及私人所有山林之枯木，及其他孳息之得利償還，依屬地法。

第一百三十四條

關於為私益或私用而設定之法定地役權之規定，為私的秩序法。

第一百三十五條

法定地役權之觀念、種類，及不因合意之用水、通行、圍障共有、採光、觀望、通水、築造，又關於植林之中間距離，及中間工事之地役，適用屬地法。

第七章　財產登記簿

第一百三十六條

定財產登記制度之規定，及因對於第三人之關係，使之必須登記之規定，為國際的公序法。

第一百三十七條

從本法典之規定，在各締約國有效於他國作成而應登記之證券，或權利名義，及從本法典之規定，於登記簿所屬國有效力或既判力之執行名義，於各締約國財產登記簿記載之。

第一百三十八條

爲國，省，或都市而爲之法律上之抵押之規定，爲國際的公序法。

第一百三十九條

於某法制，許與特定私人之法律上之抵押，以屬人法並抵押財產所在地法共認之場合爲限，得享有之。

第三編　　所有權取得之態樣

第一章　總　　則

第一百四十條

所有權取得之方法，以本法典無反對之規定爲限，應適用屬地法。

第二章　贈　　與

第一百四十一條

基於契約之贈與，在生前之成立及效力，依關於契約之一般規定。

第一百四十二條

贈與者及受贈者之能力，依各自之屬人法定之。

第一百四十三條

因贈與者之死亡而生效力之贈與，有遺贈之性質，依本法典關於遺囑繼承之規定。

第三章　　繼承總則

第一百四十四條

繼承順位，繼承權之範圍，又關於遺囑處分之實質的效力，及其他一般之法定繼承及遺囑繼承，除本法典定有例外之外，不問財產之性質及所在地之如何，依被繼承人之屬人法。

第一百四十五條

人之繼承財產上之權利，自其死亡時移轉之規定，爲國際的公序法。

第四章　遺　　囑

第一百四十六條

由於遺囑之處分能力，依遺囑者之屬人法定之。

第一百四十七條

在心神狀況中之遺囑者，關於其本心回復之確認之各國規定，爲屬地的。

第一百四十八條

不認共同遺囑，自書遺囑，及口授遺囑之規定，爲國際的公序法。

第一百四十九條

關於遺囑之私署證書之方式，及關於因強迫或詐欺而成之遺囑之無效等規定，爲國際的公序法。

第一百五十條

關於遺囑之方式之規定，除在外國所爲之遺囑，及在本國外之從軍中或艦船中所爲之遺囑外，爲國際的公序法。

第一百五十一條

遺囑撤銷之訴訟條件及效力，依遺囑者之屬人法；但撤銷之推定，依屬地法。

第五章　繼　承

第一百五十二條

因遺囑或無遺囑之繼承能力，依繼承人或受遺者之屬人法。

第一百五十三條

不拘前條之規定，依締約國之法律定繼承無能力時，爲國際的公序法。

第一百五十四條

繼承人及補充繼承人之指定，依遺囑者之屬人法。

第一百五十五條

然超過第二親等之指定，又爲遺囑者死亡時尙未生存之人而爲之指定，及關於永久禁止讓與之聲明，遺贈上補充繼承人指定之禁止，適用屬地法。

第一百五十六條

遺囑執行者之選任及權限，依死者之屬人法，且不論於何締約國，皆應認之。

第一百五十七條

於法定繼承外，無他之繼承人，如法律指定國家爲繼承人時，應適用被繼承人之屬人法，若以之爲無主物先占者而指定之時，則應適用屬地法。

第一百五十八條

於寡婦懷胎時應執之必要之注意，依其居所地法。

第一百五十九條

限定承認，或其權利行使之方式，依繼承開始地法，而有國外的效力。

第一百六十條

繼承財產之無限共有，或關於一時的分割之規定，為國際的公序法。

第一百六十一條

關於分割之請求及實行之能力，依繼承人之屬人法。

第一百六十二條

關於繼承財產之清算人又分配鑑定人之選任及權限，依被繼承人之屬人法。

第一百六十三條

遺產債務之清償，依被繼承人之屬人法，但有物的擔保之債權人，得依該擔保物應依之法律，請求其實行。

第四編　債權及契約

第一章　債權總則

第一百六十四條

債權之性質及種別，依屬地法。

第一百六十五條

基於法律之債權，依其規定該債權之法律。

第一百六十六條

基於契約之債權，除依本法典之限制外，於當事人間，有法的效力，應依契約之內容履行之。

第一百六十七條

基於故意或過失行爲之債權，依與爲其原因之故意或過失行爲同一之法律。

第一百六十八條

基於法律上之不處罰，或因懈怠之作爲或不作爲之債權，依爲其原因之過失或懈怠地之法律。

第一百六十九條

各種債權之性質，效力，及消滅，依各債權應從之法律。

第一百七十條

不拘前條之規定，債務清償之條件，及貨幣之種類，依屬地法。

第一百七十一條

關於清償之訴訟費用支付義務人之決定，及關於其費用之規定，均依屬地法。

第一百七十二條

債權證明之許容及效果，依債權自體之準據法。

第一百七十三條

私署證書作成地之如何，影響於證書之效力時，權利被害之第三人，不論何時，均得爭之；而其舉證責任，則屬於主張之者。

第一百七十四條

依外國判決之既判事項之推定，如具備本法典所定於內國執行判決之必要之條件時，應認許之。

第二章　契約總則

第一百七十五條

禁止締結違反法令道德及公共秩序之契約約款或條件之規定，並禁

止宣誓或無效之規定，爲國際的公序法。

第一百七十六條

契約締結能力之有無，依各當事人之屬人法定之。

第一百七十七條

關於合意之錯誤，強迫，或詐欺，適用屬地法。

第一百七十八條

禁止以違反法令或善良風俗之事務，及禁止以交易外之物品爲契約之目的之一切規定，亦爲國際的公序法。

第一百七十九條

關於契約之不法原因之規定，爲國際的公序法。

第一百八十條

關於某合意效力之必要之公證證書，及其他證書之作成，同時適用契約地法及履行地法。

第一百八十一條

因無能力或失蹤而爲之契約之撤銷，依無能力人或失蹤者之屬人法。

第一百八十二條

契約之撤銷及其原因方式或效果，依屬地法。

第一百八十三條

關於契約無效之規定，依無效原因應從之法律。

第一百八十四條

契約，在原則上，依其準據法解釋之。

但前項法律之疑點，應依當事人默示之意思決定之時，假令雖適用與其意思解釋相異之法律，於此場合，應推定適用依第一百八十五條及第一百八十六條所定之法律。

第一百八十五條

除既定之規定，及就以下特別之場合所設之規定外，於附合契約，(Contrats d' adhesion) 欠缺明示或默示之意思時，推定爲提供者或準備行爲者協定之法律。

第一百八十六條

於其他契約，欠缺明示或默示之意思時，應先適用當事人之共通屬人法；若無當事人之共通屬人法時，依契約締結地法。

第三章　關於財產之婚姻契約

第一百八十七條

夫婦財產契約，依當事人之共通屬人法；若無當事人共通屬人法時，依最初之婚姻住所地法。於無契約時，關於補充的法定財產之規定，適用前項之法律。

第一百八十八條

於婚姻繼續中，夫婦財產契約之締結，又禁止婚姻舉行後，因國籍或住所之變更，以致變更夫婦財產制之規定，爲國際的公序法。

第一百八十九條

關於法令或善良風俗之維持，對於第三人夫婦財產契約之效力，及夫婦財產契約之形式等規定，亦爲國際的公序法。

第一百九十條

基於婚姻之贈與，依當事人欲適用之法律定之；但婚姻繼續中，以不反於國際的公序爲限，其應依婚姻一般適用之法律，當事人之能力，法定繼承人之權利保護及無效，不在此限。

第一百九十一條

關於嫁資及嫁資外特有財產之規定，依妻之屬人法。

第一百九十二條

排除嫁資之不可讓與性之規定，爲國際的公序法。

第一百九十三條

不使拋棄婚姻繼續中所得共通之利益之規定，爲國際的公序法。

第四章　買賣債權讓與及更改

第一百九十四條

關於因公益之理由之強制讓與之規定，爲國際的公序法。

第一百九十五條

關於各取得者間之占有及登記之效力，並法定買回權之規定，亦爲國際的公序法。

第五章　租賃雇傭及承攬

第一百九十六條

於物之租賃，第三人權利保留之方法，及租賃不動產買主之權利義務，依屬地法定之。

第一百九十七條

禁止終身或超過一定期間之雇傭契約之規定，爲國際的公序法。

第一百九十八條

關於勞動災害，及勞動者之社會的保護之法律，亦爲屬地的。

第一百九十九條

關於水上，陸上，及空中運送之特別法規，爲屬地的。

第六章　年金及定期金

第二百條．

年金及定期金之性質，及種類之決定，其買回之可能性，時效，並物上訴權，適用屬地法。

第二百零一條

關於長期借貸，其條件，方式，及禁止一定年數後之承認及轉貸之規定，爲屬地的。

第二百零二條

禁止在他人所有財產上，設定年金權，以孳息而爲之支付，由附負擔不動產之孳息之一部而得成立之規定，爲國際的公序法。

第二百零三條

於附保留之年金或定期金契約，而爲之關於附負擔不動產評價之保留之規定，爲國際的公序法。

第七章　公司（組合）

第二百零四條

以適法之目的，要式，及以不動產存在時之財產目錄，爲必要之法規，爲屬地的。

第八章　消費借貸

第二百零五條

關於利息之特約之必要及其利率，適用屬地法。

第九章　寄　託

第二百零六條

關於必要寄託及提存之規定，爲屬地的。

第十章　射倖契約

第二百零七條

　　基於博戲契約在訴訟上之能力之效果，依當事人之屬人法。

第二百零八條

　　射倖契約（Contrats de suerte）之性質，及博戲並賭事之許容或禁止之範圍如何，依屬地法定之。

第二百零九條

　　對於契約締結當時已經死亡者，或罹於不治之病者之生命，而爲之終身定期金契約，以爲無效之規定，爲屬地的。

第十一章　和解及仲裁契約

第二百十條

　　關於特定事項，禁止和解或仲裁契約之規定，爲屬地的。

第二百十一條

　　仲裁契約之範圍及效力，並和解之既判力，均依屬地法。

第十二章　保　　證

第二百十二條

　　禁止使保證人負擔主債務人以上之義務之規定，爲國際的公序法。

第二百十三條

　　關於法律上或裁判上之保證之規定，亦爲國際的公序法。

第十三章　動產質不動產質及抵押

第二百十四條

禁止對於債權人領得質物或抵押物之規定，爲屬地的。

第二百十五條

質權契約之本質的條件，及質物之移轉，其移轉地法與其設定地法不同時，關於其契約履行之規定，亦爲屬地的。

第二百十六條

使債權人或第三人占有質物，對抗第三人，須依公證證書所標日期之確定，及定質物之讓與程序之規定，均爲屬地的。

第二百十七條

關於公設質商，及與此相類之公之設施等特別規定，對於此等人所爲一切之交易，爲屬地的。

第二百十八條

關於抵押之目的、條件、態樣、範圍，及登記之規定，爲屬地的。

第二百十九條

債務不清償時，禁止債權人因不動產質而取得不動產所有權之規定，亦爲屬地的。

第十四章　準契約

第二百二十條

他人之無因管理，依執行地之法律。

第二百二十一條

不當得利之返還，依當事人之共通屬人法；無當事人之共通屬人法時，依清償地之法律。

第二百二十二條

關於其他之準契約，依定其原因制度之法律。

第十五章　債權之競合及優先

第二百二十三條

競合之債權，而無物的性質，須依共通法時，其優先順位，依該法律定之。

第二百二十四條

關於物上擔保，依擔保物所在地法。

第二百二十五條

除依前二條規定者外，關於債權之優先，適用訴訟地法。

第二百二十六條

一問題，在數國法院同時提起時，依事實上管轄優先權行使之財產或金額之訴訟地法。

第十六章　時　　效

第二百二十七條

動產或不動產之取得時效，依其所在地法。

第二百二十八條

動產，於時效進行中，變更其位置時其取得時效，依其所需期間屆滿時動產之所在地法。

第二百二十九條

對人訴權之消滅時效，依債權自體之準據法。

第二百三十條

物上訴權之消滅時效，依物之所在地法。

第二百三十一條

依前條之規定時，如其動產在時效進行中，變更其位置者，依消滅時效期間屆滿時動產之所在地法。

第二卷　國際商法

第一編　商人及商總則

第一章　商　人

第二百三十二條

經營商業，或爲商行爲，及商事契約之能力，依各當事人之屬人法。

第二百三十三條

無能力及其解除，依各當事人之屬人法。

第二百三十四條

無能力人，依其代理人經營商業，或妻以其名義經營商業，應爲之必要之公示方法，依營業地法。

第二百三十五條

在官職人，爲代理商或爲居間營業之禁止，適用屬地法。

第二百三十六條

依某地特別法規，而定與營業不相容之事項時，依其地之法律。

第二百三十七條

對於外交官及領事官營業之禁止，依任命國之法律；然駐在國亦同有營業禁止權。

第二百三十八條

無限公司之股東，或兩合公司之出資股東，（Commandilaires）爲自己或第三人，爲營業或爲某種營業禁止，依公司章程之規定；若該章程中無此種規定時，依該章程應從之法律。

第二章　商人之資格及商行爲

第二百三十九條

商人之資格，有公的性質之一切效果，依行爲地或營業地之法律。

第二百四十條

商事契約及商行爲之方式，依屬地法。

第三章　商業登記簿

第二百四十一條

關於外國商人及外國公司之登記之規定，爲屬地的。

第二百四十二條

關於債權及第三人權利登記之效力之規定，亦爲屬地的。

第四章　交易之處所商館及公債券又
無記名債券之公定市價決定之處所

第二百四十三條

關於交易所，及公債券，又無記名債券之公定市價決定之處所之規定，爲國際的公序法。

第五章　商事契約總則

第二百四十四條

關於商事契約，適用本法典第一卷第四編第二章關於民事契約之規定。

第二百四十五條

隔地者間之契約，若非具備各當事人之法律上之條件，不得爲有效。

第二百四十六條

關於不法契約，及猶豫期間，或其他與此相類之期間之規定，爲國際的公序法。

第二編　　商事特別契約

第一章　　商事公司

第二百四十七條

兩合公司在商法之性質，依公司章程所從之法律；若章程上無此規定時，依公司之住所地法。

第二百四十八條

股份有限公司在商法上之性質，依公司章程所從之法律，若章程上無此規定時，依股東總會召集地法；若此法亦無之之時，依監察會通常之所在地法。

前項之法律，於商事公司及民事公司不設區別時，查其訴訟地商業登記簿上登記之有無，以定其屬於何種；若無登記簿時，適用訴訟地法。

第二百四十九條

關於商事公司之組織、業務、執行方法，及其機關之責任，均依公司章程之規定；若章程中無此規定，依該章程所從之法律。

第二百五十條

於一締約國，關於股票及債券之發行，公示之方法及保全，代理店或支店之業務執行人對於第三人之責任，依屬地法。

第二百五十一條

關於公司之營業行爲之特別法規，均爲屬地的。

第二百五十二條

於締約國之一，適法設立之商事公司，於他國亦認其爲法人；但於屬地法有限制之規定時，不在此限。

第二百五十三條

關於發行銀行、折貼銀行、倉庫公司，及其他與此相類之公司之設立、營業，及特權之規定，爲屬地的。

第二章　行　紀

第二百五十四條

行紀爲盡心保持他人委託之物品之價值，而爲之緊急出賣，關於其出賣之方式之規定，爲國際的公序法。

第二百五十五條

受託人之義務，依委託人商事上之住所地法。

第三章　商事上之寄託及借貸

第二百五十六條

受寄人商事上之責任，依寄託地之法律。

第二百五十七條

關於商事上之利率及其自由之規定，爲國際的公序法。

第二百五十八條

於交易所，以同業會員或官吏出席時之市價表所認定之有價證券爲擔保而爲之借貸之規定，爲國際的公序法。

第四章　陸上運送

第二百五十九條

國際運送契約，各依其性質，以適用適當之法律。

第二百六十條

由運送契約而生之訴權行使之期間及方式，如爲契約中所未豫見者，依訴之原因事實發生地法。

第五章　保險契約

第二百六十一條

關於火災保險契約，依契約締結時被保險物件之所在地法。

第二百六十二條

關於其他保險契約，依當事人之共通屬人法；無當事人之共通屬人法時，依契約締結地法；但於訴權或權利之行使及保全必要之事實，及關於證明不作爲之外部方式，依原因事實或不作爲發生地法。

第六章　票據契約、滙票，及類似之商業證券

第二百六十三條

滙票之發票、背書、保證、參加、承兌，及拒絕證書作成之方式，依各行爲地之法律。

第二百六十四條

無明示或默示之合意時，發票人及受款人間之法律關係，依發票地之法律。

第二百六十五條

與前條同一之場合，承兌人及執票人間之權利義務，依承兌地之法律。

第二百六十六條

於同一之場合，　背書人與被背書人間之背書效力，　依背書地之法律。

第二百六十七條

各背書人義務範圍之廣狹，不能變更發票人及最初之承兌人之權利義務。

第二百六十八條

於同一場合之票據保證，依其行爲地之法律。

第二百六十九條

無合意時之參加承兌之效力，依第三人參加承兌地之法律。

第二百七十條

承兌、付款，及拒絕證書作成之猶豫期間及方式，依屬地法。

第二百七十一條

本章之規定，於免費證、債券、本票、支付命令，　及支票，　適用之。

第七章　信用證劵及無記名證劵之僞造竊盜盜領或遺失

第二百七十二條

關於信用證劵及無記名證劵之僞造竊盜橫盜或遺失之規定，爲國際的公序法。

第二百七十三條

對於依事實發生地法而定之行爲人所爲處分之適用，不能免除該證劵或有價證券之行市決定地法及其付款地法所定之一切處分。

第三編　海商及空商

第一章　船舶及航空機

第二百七十四條

船舶之國籍，依發航許可書及登錄證書證之，以國旗爲其標識。

第二百七十五條

關於船舶所有權移轉之必要公示方法，依旗國法。

第二百七十六條

不問船舶之積貨及發航之如何，其船舶之扣押，及裁判上賣卻之權能，依其所在地法。

第二百七十七條

船舶賣卻後債權人之權利，及其消滅，依旗國法。

第二百七十八條

依旗國法設定之船舶抵押，先取特權，及物的擔保，雖在不認此種抵押或先取特權或法律上無此規定之國，亦有國外的效力。

第二百七十九條

船長之權限及責任，並船舶所有者及船舶艤裝者之行爲之責任，同依旗國法。

第二百八十條

關於船舶之檢查，引水人之聲請，及海上警察，依屬地法。

第二百八十一條

關於士官及海員之義務，及船舶內部之秩序，依旗國法。

第二百八十二條

本章中以上之規定，於航空機適用之。

第二百八十三條

關於船舶或航空機之所有者，及船舶艤裝者，士官，並船員之國籍

之規定，爲國際的公序法。

第二百八十四條

關於在河川、湖沼、沿岸，或締約國內特定地域間之商業，並領海之漁業，以及其他海中事業所使用之船舶航空機之國籍之規定，均爲國際的公序法。

第二章　海商及空商之特別契約

第二百八十五條

非附合契約之傭船契約，依貨物發送地之法律。

第二百八十六條

關於冒險借貸之船長之權限，依旗國法。

第二百八十七條

關於冒險借貸契約，以無特別之合意爲限，依契約地之法律。

第二百八十八條

決定海損之單獨或共同，又就船舶及積貨之海損，定其分擔之比例，適用旗國法。

第二百八十九條

於領海或領空內之船舶或航空機，發生偶然的衝突時，若有共同之國旗，則依其旗國法。

第二百九十條

於前條之場合，若其國旗不同時，則依其地之法律。

第二百九十一條

關於領海或領空內之不法的衝突，不論於如何之場合，均依其地之法律。

第二百九十二條

在公海或公空內發生偶然的或不法的衝突時，其船舶或航空機，若有同一之國旗時，則依其旗國法。

第二百九十三條

關於無同一國旗而發生不法的衝突時，依被衝突之船舶或被衝突之航空機之旗國法。

第二百九十四條

在公海或公空內，發生偶然的衝突時，若其船舶或航空機之國旗不同時，各自從其一方之旗國法，就其比算之損害總額，負擔其半額，並從他之一方之旗國法，就其比算之損害總額，負擔其半額。

第四編　時　　效

第二百九十五條

基於商事契約及商行為之訴權時效，依本法典關於民事之時效之規定。

（以下從略）